心理学译丛
教材系列

Exploring Leadership
For College Students Who Want to Make a Difference (3rd Edition)

大学生领导力
（第3版）

苏珊·R·考米维斯（Susan R. Komives）
[美] 南斯·卢卡斯（Nance Lucas） 著
蒂默西·R·麦克玛洪（Timothy R. McMahon）

马龙海 蓝宝江 许国动 孙利平 李夏妍 万春 译
马龙海 赵冬梅 审校

中国人民大学出版社
·北京·

心理学译丛·教材系列
出版说明

我国心理学事业近年来取得了长足的发展。在我国经济、文化建设及社会活动的各个领域，心理学的服务性能和指导作用愈发重要。社会对心理学人才的需求愈发迫切，对心理学人才的质量和规格要求也越来越高。为了使我国心理学教学更好地与国际接轨，缩小我国在心理学教学上与国际先进水平的差距，培养具有国际竞争力的高水平心理学人才，中国人民大学出版社特别组织引进"心理学译丛·教材系列"。这套教材是中国人民大学出版社邀请国内心理学界的专家队伍，从国外众多的心理学精品教材中，优中选优，精选而出的。它与我国心理学专业所开设的必修课、选修课相配套，对我国心理学的教学和研究将大有裨益。

入选教材均为欧美等国心理学界有影响的知名学者所著，内容涵盖了心理学各个领域，真实反映了国外心理学领域的理论研究和实践探索水平，因而受到了欧美乃至世界各地的心理学专业师生、心理学从业人员的普遍欢迎。其中大部分教材多次再版，影响深远，历久不衰，成为心理学的经典教材。

本套教材以下特点尤为突出：

- 权威性。本套教材的每一本都是从很多相关版本中反复遴选而确定的。最终确定的版本，其作者在该领域的知名度高，影响力大，而且该版本教材的使用范围广，口碑好。对于每一本教材的译者，我们也进行了反复甄选。

- 系统性。本套教材注重突出教材的系统性，便于读者更好地理解各知识层次的关系，深入把握各章节内容。

- 前沿性。本套教材不断地与时俱进，将心理学研究和实践的新成果和新理论不断地补充进来，及时进行版次更新。

- 操作性。本套教材不仅具备逻辑严密、深入浅出的理论表述、论证，还列举了大量案例、图片、图表，对理论的学习和实践的指导非常详尽、具体、可行。其中多数教材还在章后附有关键词、思考题、练习题、相关参考资料等，便于读者的巩固和提高。

这套教材的出版，当能对我国心理学的教学和研究具有极大的参考价值和借鉴意义。

中国人民大学出版社

译者的话

在20世纪90年代初，译者访美期间，发现美国高等教育对大学生领导力开发非常重视，大学的管理者和教育者普遍认为大学生领导力教育是公民素质开发的一项重要内容，是开展通识教育的重要组成部分，也是提高高等教育人才培养质量的重要渠道。很多院校开设了领导力课程供学生修读，而且围绕领导力培养的各类活动和项目开展得有声有色。那时候，译者就萌发了一种将大学生领导力课程和教材引入中国大学的课堂的愿望。进入21世纪，美国通识教育掀起了热浪，国内一些高校在关注通识教育的同时，也开始关注大学生领导力的教育。也就是在此期间，译者开始做大学校长领导力的博士论文，对教育领导力有了更深刻的认识和思考。2009年，译者成立了领导力发展研究中心，与团队的几位同事共同致力于大学生、教师、校长等不同群体的领导力的研究与开发，先后完成了多项国家级和省级相关课题及其他相关多项研究成果，并不断将研究成果转化成教学材料，在译者所在的学校进行了大学生领导力课程教学及实践的探索。

可喜的是，国内越来越多的学者开始持续深入地研究大学生领导力这一新兴领域。从2004年发表的第一篇文章《“发现领导力”纽约七日之旅》，到2008年出现的第一篇博士论文《美国高校大学生领导教育研究》，国内大学生领导力教育已呈现蓄势待发之势。2012年，大学生领导力相关研究成果多达24篇，其中，有3篇是硕士论文。目前，上海等地成立了大学生领导力教育的相关学会，这标志着国内大学生领导力教育的研究和实践正日益走向成熟。

领导力的界定在不同学科视野中有不同的内涵，但最终都是为了实现个体影响力，其核心离不开“愿景”、“过程”、“道德”和“关系”等核心概念，其终极追求是使人与组织走向卓越。大学生领导力教育由美国走向国内，由研究走向实践，由实验走向普及，这归根结底是由于国内有远见卓识的人们与一批教育工作者对学生成长的关爱，对素质教育的不懈追求，对卓越人才的尽心培养。大学生领导力教育之所以能如火如荼地前行，从教育的境界上来说，是因为人才培养目标更加具体，更具有吸引力，更符合人才成长的规律。当然，大学生领导力教育与素质教育、通识教育和能力追求有着紧密的联系，不是非此即彼的，更不是相互排斥的，而是互相补充与促进，是多元化的实现。

如今，国内对大学生领导力开发这一领域，还存在着不同的声音。这就更加需要通过领导力教育，将未来社会的建设者——大学生这一中流砥柱——在人格、道德、信任、诚信等方面进一步升华。大学生领导力教育可以将这些重要的品质具体化和规范化，使大学生们追随愿景而心甘情愿地付诸实践。可以说，对于社会风气的改善、主流文化的推动、道德水准的提升，大学生领导力教育是一种新途径、新方式，是一种更加新颖的补充方案，它必将更加关注大学生追求卓越的过程，为培养未来各个领域的领导者和积极参与者做出积极的贡献。

虽然高等教育已进入大众化发展阶段，但高等教育人才素质的内涵也在与时俱进。社会更加需要高素质的优秀公民和社会的中坚力量。大学生领导力开发不仅与“能力说”、“素质说”有着密切的关系，也是一部实践成长史。实践育人已经成为高等教育质量提升的抓手和突破点，这已是高等教育实践界的共识。令人遗憾的是，国内对大学生领导力教育的认识尚不充分。美国高等教育对未来领导人才的关注和实践值得我们反思。国内大学生领导力教育之所以发展缓慢，从学生的角度来说，是因为卓越意识和卓越行为尚未备受关注；从教育工作者的角度来看，是因为对大学生领导力的开发尚缺乏更加深刻的理性认知，很多人还没有意识到大学生领导力开发实质是对高等教育能力取向的更加清晰的实现方式，是倡导实践育人的更加具体的、更加充满魅力的行动。

如今，教育功利、浮躁化现象比较严重。忽视了大学生成长的过程，却一味关注职业和就业这些目标性结果，造成的结果就是教育不是教育了。大学生领导力开发，就是关注成长过程中的种种关系，就是促进价值理念的提升，就是推动行为和素养的转变。中国梦之大学生的梦是什么？大学生需要一个卓越的梦，需要愿景重塑个体信仰；教育需要信仰支撑卓越人才培养的实践。

在中国开展大学生领导力教育，有识之士应该具有国家战略的紧迫意识。从促进大学生善于应对各个层面变革的挑战、引导社会变革的角度出发，领导力开发具有培养真正有教养的公民的价值取向，有助于社会民主的巩固和改善。同时，青年领导力对于青年社会行为的发展至关重要，对于克服领袖危机、培育未来引领社会健康发展的后备力量至关重要。此外，大学生领导力开发对大学生的职业发展和生命价值实现起着举足轻重的作用，势必对他们的成长速度和质量产生积极的影响。我们生活在一个日益多变的复杂世界，通过领导力开发，大学生在具备热情与激情的同时，可以有更冷静的头脑、更务实的行动，用更积极的态度与合适的方式，联结有不同兴趣、利益与视角的人们，找出大家认可的共同目标，并向着共同目标更有效地前行。套用梁启超在《少年中国说》中的说法，我们认为，若大学生有领导力，则国之未来更有领导力！

关于领导力研究的杰作不少，但针对大学生群体的佳作比较稀缺。考米维斯、卢卡斯和麦克玛洪合著的这部《大学生领导力》是目前世界范围内较少的几部面向大学生领导力开发、学习的最优秀畅销作品。作者将领导力视为“人们共同致力于完成积极改变的关系和道德的过程”；并强调，领导力与我们所有人息息相关，作为个人和团体，我们有责任为所在组织、本地社区、民族以及整个世界做出积极贡献。针对常见的认识误区，作者指出掌权的人未必是领导者，所有积极联结他人实现组织目标的人们都是领导者；每个人都可以成为一个领导者，提升自身的领导力。该书提炼多学科的智慧，很好地诠释了大学生领导力开发的实质，深入浅出地分析了大学生领导力的开发过程。尤为值得一提的是，本书附有学生在领导力开发过程中的感受的精彩习作，具有强烈的现身说法感。这些学生习作全部是第3版新增的内容。中美国情不同，中美高校也存在很多差异，但不少例子对国内教育依然很有启发。例如有些大学生是家里第一个读大学的人，在大一时可能面临更多的焦虑、困惑与挫折。他们/她们怎样更好地融入新的学习生活，大学各部门与师生如何有效帮助这些同学，这些都与领导力开发有关。又例如，关于大学生如何根据所学知识有效联结他人，改善学校、社会的某一方面，书中也提供了许多富于启迪的论述。从这些习作中，我们还看到有些从未思考过领导力、不认为自己能领导的大学生，也能成长为大学校园里积极和自信的成员。此外，本书围绕主题广征博引，介绍了许多著名领导力学者的思想和研究成果，设计了精彩的富有智慧的思考题引导学生付诸实践，推荐了众多一流的领导力文献供学生选读。希望本书的翻译能够为国内大学生领导力教育和研究做出积极的贡献。

此书翻译工作于2011年便开始启动，在翻译成果即将出版之际，得到新版问世的消息，于是，我们的团队重新对2013年的第3版进行研究比对，认真增补和修订。作为欧美畅销书，本书第3版的修订在内容、结构、体系、案例等方面做了全面的更新和完善，尤其增加了社会公平、冲突管理、肯定式探询、积极心理学等方面的新理论和新观点。本书的翻译分工如下：前言、第一部分，马龙海教授、蓝宝江博士；第二部分，孙利平博士、马龙海教授；第三部分，许国动博士、马龙海教授；第四部分，蓝宝江博士、李夏妍博士、万春讲师；马龙海教授对全书进行了通稿审核，赵冬梅教授参与了部分书稿的审校。从事典籍研究的黄中习教授对书中引用《老子》语句的翻译给予了指导帮助；中国人民大学出版社的张宏学、黄超等编辑对此书的审稿和出版做出了极大的努力，在此一并表示衷心感谢。我们在翻译过程中，致力于确保正确理解原著，达到“信”；特别注意中英文语言思维习惯的差异，努力使表述更加符合中文表达习惯，实现“达”；在本书最终修订过程中，力争语言富有表现力，追求“雅”。当然，翻译过程中，由于时间、精力和水平有限，这个译本或有纰漏，还请读者多加指正。

马龙海

于羊城龙眼洞

2013 年 9 月 19 日中秋之夜

前　言

当你听到“领导”一词的时候，你会想到什么呢？你是否会想到一些本国的或者国际的大人物，例如，马克·扎克伯格（Mark Zuckerberg）、玛丽莎·梅耶尔（Marissa Mayer）、希拉里·克林顿（Hillary Clinton）、简·布鲁尔（Jan Brewer）、考利·布克尔（Cory Booker）、巴拉克·奥巴马（Barack Obama）、科菲·安南（Kofi Annan）、昂山素季（Aung San Suu Kyi）、莫罕达斯·甘地（Mohandas Gandhi）、纳尔逊·曼德拉（Nelson Mandela）、赵小兰（Elaine Chao，前总统布什内阁大臣）、巴德·赛里格（Bud Selig），甚至哈利·波特（Harry Potter）？人们在脑海中马上从“领导力”一词联想到“领导者”，或许你也会如此，会想到你的教授、你的上司、一位公司总裁、一位首相，或者一位手持木槌的拍卖师。然而，本书的基本假设是“领导力是人们共同致力于完成积极改变的一个关系过程和道德过程”。也可以说，领导力是关于关系的学说。无论你是以正式领导的身份还是作为一名积极的、尽职的团队成员，你都可以成为领导过程的一部分。

本书的目的

你阅读本书的目的或许是想更多地学习有关领导力的知识，或许是想修读有关领导力的课程、参加专题讨论会、见习居委会助理，或许是为了自我增值而阅读此书。总之，你是想更加有效地实现变革，更加卓越，更加密切地与他人合作。也许你刚刚获得了一个新的领导角色或者选择了一项需要承担领导职责的工作，或者在一个团队里需要做出复杂的决策。也许你拥有了很多领导经验，也许你从来就没把自己看作领导者。事实上，你会认为领导力只注重领导者，而与追随者或者团队成员无关。

我们会时常想起一句流行的至理名言：“众人拾柴火焰高。”此谚语寓意深刻，包含了智慧、包容、共同目标、团队意识以及权力赋予。领导力不是某一部分位高权重的人才拥有的东西，我们都参与着领导的过程，我们都有可能成为高效能的领导者。无论是作为一名有职位的领导者还是一名积极的成员，只要通过与别人合作，你就会在团队或组织中的任何位置上创造卓越。

本书的范畴与话题处理

快速变化的世界要求每一个人都能够在我们所在的团队中尽其所能，卓有成效。我们每一个人都是许多不同社区团队中的一员——家庭、邻里、宗教团体、工作场所、课堂或者运动团队。本书希望你能从以下角度审视你自身以及你所在的团队：你在哪里居住？在哪里工作？你在乎谁？关心什么？以及想怎样提升自我？我们将一起探讨你在与他人的关系中是怎样看待自己的，在不同的团体里你希望怎样与别人进行互动。此书的目的在于帮助你利用大学学习的情境以及在大学生角色体验的框架内理解领导力。协助我们完成本书的学生说：“大部分学生都会跳过前言部分！”

很高兴你没有这么做，阅读前言会帮助你加深对本书的理解。

多年来，我们三位作者都在教授领导力课程，指导学生干部及学生组织成员，参与学生工作者的管理，探索由学生自主管理校园。作为领导者，我们在不断从事领导力的学习与研究。在进行本书第1版写作的时候，甚至在领导力课程的教学过程中，我们便清醒地意识到目前关于领导力研究的成果和内容与多数大学生不相关。但与商科专业的学生相关性较强，因为很多的研究与他们的专业相关联。心理学和社会学专业也与领导力相关，由于领导力研究的跨学科性，许多知识来源于这两个专业。但是，更多的大学生与此无缘，甚至望而生畏，原因是多数的领导力教材的研究对象仅限于集团公司的CEO。一些学生认为基于领导者的方法就是以自我为中心，也有一些学生说："我不是领导者，我只是想做到与众不同。"

我们可以在不同的体系框架中来理解领导力。政治学赋予领导力权力和影响力；商务管理学视领导力为有结果的效力，强调上下级的从属关系；人类学认为领导力是文化影响及相关要素的象征或规范；历史学观照的是关键人物在关键时刻或在领导重大社会运动时的影响和经验；心理学和社会学把领导力看作个体与团体成员的相互作用力。仅一本教材不可能涉猎诸多学科领域并做出解释评判，但我们建议你挑战自我，去探究如何在你的学科领域内学习领导力。

本书的基本视角或框架体系是心理学和教育学结合的产物。我们强调认识自我，并在与别人的互动中了解自我。作为社会各种团体中的一员，了解你个人的价值观、信仰和奉献承诺，将为你在团体中处于何种位置打下坚实的基础。自我认知是理解他人的关键，也是在团体、组织和社区中能有效与他人交流互动的关键。

我们相信，你能够学会理解自我和他人；我们相信，当组织了解环境，成为富有关怀的社区时，该组织才能最好地发挥作用；我们相信，快速发展的世界将要求人们一起做出有意义的变化。领导力以共同学习为基础的观点势必成为我们教育情境中的模式。然而实际情形并非总是如此，你将不断挑战自我，去认识事物的本质、缘由，甚至成为变化的一部分。

在整本书中，我们选取了来自不同地区学生们的小文章和观点表述，你会发现他们的态度和经历是如此有趣。希望你从这些学生的叙述中对他们所持有的领导力哲学观点进行有益的探讨。

内容总述

由于自我认知和自我发展是学习领导力的关键，所以你以及你与他人的关系，和对领导力理论、风格、规范及应用的理解同等重要，都是本书的焦点。

我们围绕四大主题来组织本书：变化世界中的领导力（第一部分），侧重关系领导力模型的建构；关系作为领导力的基础（第二部分）；社区、团体和组织中的领导情境（第三部分）；了解变革，如何通过实践领导力在个人和他人的共同进步中创造卓越（第四部分）。第3版关注了积极心理学的经验，对原版本的某些章节做了内容上的修订和更新，本次修订还增加了个人领导力测评。

第1章介绍了本书中的概念，并特别关注了学生群体的多样性，他们有着不同的经历，抱着不同的目的来学习领导力，在不同的情境中实践领导力；第2章展现了近期对领导力研究和理解的演变，以及快速变化的时代如何带来领导力研究方法的改变；第3章介绍了"关系领导力模型"，此模型重点揭示了关系的实质，人们之间的关系如同建筑物的砖石，相互依存共事，实现非凡成就，完成改变。

第二部分（包括第4章、第5章和第6章）要求你探究自己、他人、你和他人的关系，以及认识诚信领导的实质；了解自我包含你在交往、决策和学习过程中对你的价值观、品格和能力的理解；自我认知是理解领导力的重要基础，它会帮助你在与他人交往中面对共性和个性问题时作出正确反应。第 4 章观照了领导才干和领导能力等概念，建议您坚持一直读下去并使用“克里夫顿优势测评”代码，进一步发掘你的优势和长处。请留意，尽管本书有专门的章节叙述诚信领导，但价值观、道德和品格始终是贯穿本书的主题。

第三部分（包括第 7 章、第 8 章、第 9 章）审视了不同场景，如团体和团队中所需要的领导力；探讨了社区构成的核心要素，强调合作过程的重要性；同时，也观察了复杂组织的方方面面，以及在领导力实践中由此引发的特殊问题；指出了领导力情境下组织更新的必要性。

第四部分（包括第 10 章、第 11 章和第 12 章）论述了变革的实质、变革的过程、变革的影响以及如何成为变革的代言人；探索了服务学习、联盟组建、“肯定式（赏识式）探询”和能动主义等方面的应用与策略。此部分还介绍了被广泛使用的领导力发展的社会变革模型。第 12 章合闭了圆圈，又把我们带回到原点，本章进一步强调了自我认知的基础作用，以及在领导过程中不断更新的重要性。唯此，你的个人才能得以提升，并与团队共同成长。

领导力可学可用

这本书（或者你正在修读的这门课程）意在让你接触领导力的关键概念，并提供鼓励你参与学习领导力的活动。你需要实践这些新的概念和技巧，同时，也要帮助你的同学和好友去实践它们。如果你想学会弹钢琴，你可能会想象着激情澎湃地去弹奏，但你知道那需要不断的练习才能做到。如果你想学打网球，你想象着用反手对角线击球，但你也知道需要反复无数次练习才能打出这完美的一击。同样，如果希望一个团队能经历无数分歧冲突而达成一致，最后形成共同愿景和具有尊重感的社区氛围，你就必须充分了解自己，并实践那些倾听和合作的技巧。你不会因初级的钢琴学习枯燥而放弃钢琴课，也不会因肌肉酸痛而卖掉你的网球拍，放弃学习。同样地，你也应该不会因为艰难和挑战而放弃领导力的实践。共同实践领导力，才有助于每一个人学习领导力。

如果你正在使用本书以及《辅助活动指南》（*Facilitation and Activity Guide*）和《学生练习册》（*The Student Workbook*）作为教材，你会发现本书意在帮助大家成为一个学习共同体。对领导力进行讲解之后，本书的焦点将集中于你自身。学习活动是为帮助你反思自身而设计的，并向你展示如何倾听和向别人学习。当然这不会总是那么轻松自如。一些研究表明，在课堂外频繁地与他人谈论诸如政治、宗教等复杂的社会文化问题，可以增进领导力，原因在于你是在主动倾听和理解他人，从而阐明你的观点。（Dugan & Komives，2010）课堂提供了体验合作领导力（collaborative leadership）、实践学习型社区建构过程等复杂技能的机会。

很多学生告诉我们，他们不喜欢小组项目，但是你只有学会了与他人有效合作的技巧，并一起建立了共同目的，包括在逆境中反败为胜的能力，你才能够真正实践合作领导力。大多数非凡的事业并非靠一个人单枪匹马就能独立成就，即使某个人出类拔萃，高人一筹，通常其成就背后，饱含着许多旁人的功劳与协助。

当你阅读或者讨论这本书的时候，我们鼓励你更多地反思自己。不要“隔岸观火”，置身其外，而要融合概念，经常问这样的问题：怎样才能利用好这本书，让我做事情更有效呢？不可能所有的事情都让你产生共鸣，但你需要立刻反思自己的生活，反思你前进过程中所期待的角色和责任。我们期望你能够在多种情境中探索自己，充实、丰富你的领导力旅程，旅途上的每一步都将增强你的自我意识，并会帮助你意识到，当你与别人积极合作抵达共同目的地时，你就是在领导，你一定会成就非凡。

我们踏上了自己的领导力旅程，这是一段终身的旅程。当我们改变自己或者顺应时代的变化，我们更需要敏锐地注重领导力的关系过程。我们希望在你的领导力旅程中，不断提升能力，并且更加有效。

致　谢

苏珊（Susan）、南斯（Nance）和蒂默西（Timothy）在此为我们三个人合作著作的问世致谢，更重要的是向《大学生领导力》三次修订过程中共同的付出和超越写作过程的珍贵友谊致谢。作为同事，怀着著书立说的理想，匆匆落笔于记事本开启了我们的航程。如今，作为作者，我们成功着陆，并体验了如何发挥我们的独特优势使第3版的修订成为可能。在写作的过程中，我们应用了关系领导力模型，这些模型要素的应用指导我们战胜了合作写作中的烦躁与苦恼。我们为开启这样的同事之旅而骄傲，也为我们经历了转型成为患难朋友而骄傲。我们相互尊重，相互欣赏，相互学习。我们一路走来，从许许多多帮助我们的人们身上获取营养，收益颇丰。

本书经过前两次的修订再版，我们高兴地看到大学校园对学生领导力开发的热情不断高涨，大量的领导力教育资源在不断增长。（Komives，2011）我们为推进和激励大学生在社区中扮演积极的角色所付出的绵薄之力而感到骄傲。

感谢来自其他人的大力支持，真诚感恩家人、朋友和同事所给予的关爱和付出。本次修订的完成与前两版修订提供帮助的那些人息息相关。对于《大学生领导力》第1版的完成，我们要继续衷心感谢玛西·列维·山克曼（Marcy Levy Shankman）、伊丽莎白·麦戈文（Elizabeth McGovern）、迈克·萨里奇（Mike Sarich）、蕾娜·麦尔策（Reena Meltzer）、嘉莉·戈尔茨坦（Carrie Goldstein）、玛丽·坎贝尔（Mary Campbell）和爱丽丝·法龙（Alice Faron）所作出的努力。本书第2版的改编受到了朱莉·欧文（Julie Owen）以及其他参与教师手册编写的同事们的极大影响，他们包括：珍妮弗·阿姆斯特朗（Jennifer Armstrong）、克里斯坦·斯坎多尔（Kristan Cilente Skendall）、克里斯塔尔·克拉克（Krystal Clark）、凯斯·爱德华（Keith Edwards）、杰夫·格里姆（Jeff Grim）、佩奇·哈勃-柯伦（Paige Haber-Curran）、安东尼·卡夫（Anthony Kraft）、卡罗尔·马丁内斯（Karol Martinez）、吉姆·纽迈斯特（Jim Neumeister）、达伦·皮尔（Darren Pierre）、杰西卡·波拉斯（Jessica Porras）、特里·扎克（Terry Zacker）、瑟斯·左林（Seth Zolin）。同时，还要特别感谢马里兰大学的两位在读硕士生简·爱德华·塞拉（Jen Edwards Serra）和佩奇·哈勃柯伦（Paige Haber-Curran）。本版修订我们再次感谢朱莉·欧文，她是一位特殊的有见解的批评家和睿智的领导力愿景专家。特别感谢天才的领导力教育家温迪·瓦格尼尔（Wendy Wagner）和丹尼尔·奥斯迪克（Daniel Ostick），他们组建了强大的团队，开发了学生练习册、教师用书和活动手册。还要感谢克雷格·斯拉克（Craig Slack）和乔什·西斯考克（Josh Hiscock），正是他们的“领导力课程国家认证指南”（the National Clearinghouse for Leadership Programs）丰富了领导力关系模型并培养了新一代的领导力教育者。我们十分感激丹尼·罗伯特（Denny Roberts）对大学生领导力开发所做出的非凡贡献，近期以来，他在不断帮助领导力教育者探索拓宽领导力学习的全球视野。

苏珊：我特别感谢我的丈夫——拉尔夫（Ralph），他给予了我极大的帮助，尤其是他的超凡的苹果机图像应用技术给予我的帮助。还要特别感谢马里兰大学领导力团队的领导力特质研究小组的同仁，包括朱莉·欧文、苏珊·隆戈贝姆（Susan Longerbeam）、菲丽西亚·麦内拉（Felicia Mainella）和马里兰大学的博士生罗拉·奥斯汀（Laura Osteen），是他们成就了我们令人惊喜的“领导力特质开发”（leadership identity development，LID）项目。还有“领导力跨组织研究”（the Multi-Institutional Study of Leadership team，MSL）团队的合作伙伴约翰·杜根（John Dugan）先生，他的研究为本次修订提供了原则和重点的指导。

南斯：感谢我的家人和那些用自身榜样的力量教会我领导力的导师们，尤其是对我的人生产生深远影响的已故的姑姑迪（Dee），还要感谢已故的唐·克里夫顿（Don Clifton），他用天赋和才能为认识和实践领导力做出了学术贡献。我感激已故的唐（Don）和南希·德·拉斯基（Nancy de Laski），是他们以身示教，慷慨相助，激励我朝着人生终极意义和目标前行，他们在新世纪学院（New Century College）组建了意识与转型研究中心（the Center for Consciousness and Transformation，CCT），正是他们的这份珍贵的礼物，为学生和其他人提供了学习的机会，许许多多的原理、实践、概念都在《大学生领导力》这本书中有所体现。感谢我的早期生涯导师乔尔·卢迪（Joel Rudy），是他激励我走上了领导力研究的道路。感谢乔治曼森大学的我现在的导师杰克·塞舌尔（Jack Censer），近年来，他为我提供了多次机会，拓宽了领导力研究的领域。此外，向乔治曼森大学新世纪学院的教师们致谢！是他们的鼓励、鞭策让我全身心投入本书的写作；向乔治曼森大学意识与转型研究中心的教师们的鼓舞、热情以及对使命的奉献致谢！特别感谢玛莎·索德尔（Martha Souder）对我们几位作者的幕后相助，对完成书稿起到了至关重要的作用。衷心感谢我的本科学生和硕士学生对我领导力思维所产生的影响。还有一位总是施予关爱的好姐妹卡伦·席琳（Karen Silien）让我终生难忘，本书各个版次的修订都得到了她的鼓励，自从1989年我们共同发起国家领导力研讨会（the National Leadership Symposium）至今，她一直给予我鞭策与指导，并延续着最真诚的友谊。最后，把最深厚的感激和热爱献给我的伙伴帕姆·帕特森（Pam Patterson），她提供了强有力的鼓励、合作、智慧和爱心，为本书创作过程乃至书稿之外的方方面面指明了方向，发挥了“锚定”（anchoring and centering）效应。

蒂默西：我要感谢我的父亲吉姆（Jim）和我的哥哥汤姆（Tom）所给予的不断支持。在此，向已故的母亲致以深切的怀念！特别感谢科特·考克纳（Curt Kochner），在过去的多年里与我共同分享思想、欢乐和经验，尤其是我们坐着牛车沿着毕敦山小路（the Beaten Path）漫游的情景依然历历在目，令人难忘。感谢我的老朋友、大学室友里里克·豪瑟尔（Rick Howser）与我一起在里格利（Wrigley）和芝加哥共同度过的美好时光。感谢凯西·艾伦（Kathy Allen）、加里·阿尔森（Gary Althen）、斯蒂夫·埃克斯利（Steve Axley）、乔治·贝塔斯（George Bettas）、劳拉·布雷克-琼斯（Laura Blake-Jones）、帕姆·鲍尔西格（Pam Boersig）、布鲁斯·克莱姆特森（Bruce Clemetsen）、约翰·杜肯（John Duncan）、帕特·伊诺斯（Pat Enos）、克里斯·埃斯帕扎（Chris Esparza）、蒂娜·斯科米奇（Tina Gutierez-Schmich）、维尔·凯姆（Will Keim）、芭芭拉·麦斯威尔（Barbara Maxwell）、拉里·琼斯-内波尔（Laurie Jones-Neighbors）、理查德·普雷斯（Richard Preuhs）、拉利·罗普尔（Larry Roper）、丹尼·罗伯斯（Denny Roberts）、卡伦·罗斯（Karen Roth）、大卫·斯特朗（Dave Strang）和米亚·图安（Mia Tuan），多年来，是他们帮助我塑造了领导力哲学思想。我要感谢俄勒冈大学跨文化社区研究中心（CoDaC）和霍尔顿领导力中心（the Holden Center）的所有朋友和同事所创建的学术氛围和对我的支持帮助。感谢Facebook公司及其他朋友对我迁移水鸟照片处理技艺的帮助和鼓励。你们的句句善言驱使我不断前行。

我们诚挚感谢乔西-巴斯（Jossey-Bass）出版社学生领导力团队，尤其要感谢编辑埃林·纳尔（Erin Null）和团队负责人保罗·福斯特（Paul Foster），自上次再版修订以来，他们对学生领导力的支持为本书的形成做出了卓越贡献。他们的崇高愿景带来多部领导力著作、练习册、学生评价手册等的出版发行。他们举办的领导力教育者在线研讨为本书提供了巨大帮助。最后，特别感谢我们的编辑团队与盖洛普民调机构在合作开展“克里夫顿优势测评”评价中所付出的辛勤努力。

作者简介

苏珊·R·考米维斯（Susan R. Komives）

马里兰大学帕克学院荣誉教授，马里兰研究生学生事务部前任主任。她先后担任美国高等教育标准促进委员会（the Council for the Advancement of Standards in Higher Education）主席、美国大学人事协会（the American College Personnel Association，ACPA）主席、斯蒂芬学院（Stephens College）和坦帕大学（the University of Tampa）分管学生发展的副校长。目前，已独立或合作出版专题著作 11 部，发表论文 50 多篇，参加过 400 多场主题演讲。她是美国领导力课程认证中心（the National Clearinghouse for Leadership Programs）的合伙发起人和出版编辑、詹姆斯·麦克雷格·伯恩斯领导力研究院（the James MacGregor Burns Academy of Leadership）的资深学者、国际领导力协会董事会（the Board of Directors of the International Leadership Association）成员。苏珊·R·考米维斯是“领导力发展社会变革模型”开发团队的成员，并担任该团队的首席研究员（PI），其研究奠定了“领导力特质开发”（Leadership Identity Development）基础理论的地位。她还担任跨组织领导力研究院首席研究员助理，并以硕士导师身份，获得“2011 年度马里兰大学董事会教师教学奖”（the University of Maryland Board of Regent's Award for Faculty Teaching）和美国学生管理者协会（NASPA）颁发的优秀学术“谢弗奖”（Shaffer Award）。曾获 2006 年美国大学人事协会（ACPA）和美国学生管理者协会（NASPA）杰出学术研究奖、2012 年美国大学人事协会终身成就奖（the ACPA Life Time Achievement Award）。考米维斯女士于 1968 年在佛罗里达州立大学获得了数学和化学理学学士学位，于 1969 年获得了高等教育管理专业硕士学位，于 1973 年获得了田纳西大学教育管理与监督专业博士学位。

南斯·卢卡斯（Nance Lucas）

现任乔治梅森大学新世纪学院副院长、副教授，意识与变革研究中心（the Center for Consciousness and Transformation，CCT）执行主任。她的研究和学术兴趣集中在积极心理学、领导力、幸福学、伦理学和性格发展等方面。她是《大学生领导力》第 3 版修订及第 1 版、第 2 版的作者之一，也是《领导力再思考》（*Leadership Reconsidered*）和《领导力发展社会变革模型》（*The Social Change Model of Leadership Development*）的主要作者。她曾担任《领导力与组织研究学刊》（*the Journal of Leadership and Organizational Studies*）“热点问题”栏目的副编审，还是多家学术杂志的编委会成员。南斯发起并召集了“1997 全球领导力课程周”项目（一个跨越五大洲的环球领导力课程计划），担任了美国领导力研讨会和美国领导力课程认证中心的联合发起人，出任美国领导力项目联合协会（the National InterAssociation Leadership Project）主席。曾参与家乐氏基金会领导力研究项目的伦理研究小组（the W. K. Kellogg Foundation Leadership Studies Project Ethics Focus Group）、家乐氏基金会高校青年领导力课程评价审核小组（Kellogg Foundation College Age Youth Leadership Program Review Team）、家乐氏高等教育系列规划对话论坛（the Kellogg Forum on Higher Education National Dialogue Series Planning Team）等活动。她还是乔治梅森大学梅森卓越领导力研究所（the Mason

Institute for Leadership Excellence)、传奇领导力培训中心（the Leadership Legacy Program）和“梅森领导计划”（MasonLeads）的创建者之一。卢卡斯博士还被选为乔治曼森大学盖洛普民调组织与高等教育课程学会（The Gallup Organization and the Higher Education Program）的教师会员；在乔治曼森大学任职之前，曾受聘于马里兰大学和俄亥俄大学；荣获马里兰大学帕克学院高等教育管理专业博士学位，主攻领导力研究和伦理学方向；获得宾夕法尼亚州立大学高校学生管理专业硕士学位和产业组织心理学专业文学学士学位。

蒂默西·R·麦克玛洪（Timothy R. McMahon）

俄勒冈大学跨文化社区研究中心（CoDaC）课程改革专家，俄勒冈大学霍尔顿领导力中心（the Holden Center）重大项目办主任。此前，曾担任俄勒冈大学“教学效果工程”的教师咨询师，并兼职俄勒冈州立大学教育学院硕士课程教学。入职俄勒冈大学之前，曾在西伊利诺伊大学教育咨询与高校学生管理系任教。麦克玛洪具有丰富的学生事务管理专业经验，先后在西伊利诺伊大学、艾奥瓦大学、华盛顿州立大学、湖滨大学（Lakeland College）和威斯康星大学河瀑校区从事学生管理研究与实践，在美国全国各地做过无数次有关领导力教育的主题演讲，并从事本科生领导力与跨文化课程的教学。他也是《大学生领导力》第3版修订及第1版、第2版的作者之一。目前他的专业兴趣集中在领导力、混沌系统理论、文化多样性以及教与学相关的课题方面。麦克玛洪先生于1973年获得了伊利诺伊大学天文学学士学位，1975年获得了高等教育管理专业教育硕士学位，1992年获得了俄勒冈州立大学高校学生服务管理专业博士学位。

目　录

第一部分　变化世界中的领导力

第一部分　变化世界中的领导力

比起以往任何时候，当今时代更加要求我们学会跟多元化的人们灵活、互敬地合作。本部分各章节
1 意在打下一个基础，帮助我们理解人们在不同时期如何看待领导力，以及快速变化的网络化世界为何需要新的领导方式。本部分末尾将介绍“关系领导力模型”（Relational Leadership Model），分析该模型的要素，如目的性、包容性、道德性和授权。这四个要素镶嵌在一个整体过程导向中，该导向构成关系领导力模型的第五个要素。

领导力过程与事物无关，而与人有关。阅读这一部分时，挑战你自己，努力思考领导力跟你自身有何关系，跟团体或社区里与你合作的那些人有何关系。发现自身所使用方法的优势，努力思索你需要什么新知识或者新技巧，以便与他人更有效地合作。

中国哲学家老子的著作是对自身和他人的明智引导。在《领导力之道》（*Tao of Leadership*）一书中，海德（Heider，1985）适时地改编了老子的话。老子告诫我们：

> 即使满眼都是证据，肤浅的领导者也看不到事情发生的前因后果。这样的领导者被情节、冲突、感官情绪和兴奋刺激牵着鼻子走，而所有这些东西都会让人疑惑盲目。但是那些反复回到过程意识中的领导者，就能深刻了解事情的来龙去脉。(p. 69)①

这一部分所展示的模型，正是要提出一个领导力的关系过程。

---

① 海德（John Heider）的译文是意译文本，出自《老子》第三十五章“执大象，天下往”，原文是：……道之出口，淡乎其无味，视之不足见，听之不足闻，用之不足既。国学导师张其成先生的解读是：“道”如果说出口，是淡然无味的。看它却看不见，听它却听不到，用它却用不完。——译者注

第 1 章

领导力简介 3

你很可能在书中每一页都看到自己的影子——你的志趣和态度，这无关于你的年龄、性别、种族、民族、性取向、代际特征、社会阶层、能力或者主修专业。无论你主修工程学还是英语，无论你整天筹划着新闻、农业、教育、工程还是法律方面的事业，你都能找到适用于自身志趣方向的观点。其他绝大部分专业也都与领导力有关。

你的习惯也会反映在这里。你或许喜欢细节，或许只关注整体局面；你或许在大声谈论时思维更活跃，或许习惯于再三思量才发言。无论你认为怎样工作和思考才是最好的，你的观点是你的，却也会在本书中有所呈现。

作为一名领导者或者团体中的成员，个人特殊的经历会改变你对自己的看法。想想你所承担
4 过或者观察到的各种领导者角色；想想你在各种团体中正式或者非正式担任领导者的方式，或者充当一名积极参与者的方式；想想在国内外新闻里、家庭团体中、校园里、工作中或者你所选择的职业领域里，那些你崇拜或厌恶的人所展示的领导力；再想想那些你能更加充分表现自己的地方或关系——你的课室、课堂项目、勤工俭学岗位、宿舍、社团组织、学生会、“兄弟会”或“姐妹会”（fraternity or sorority)、运动队、春季小假期课程项目、国外学习经历、实习场地、家长教师联谊会、你的家庭、朋友圈、校外工作、社区服务、你所属的教堂或寺庙——表现自我的可能性是无限的。

你利用你的个性、经历和可能置身其中的情境来实现不同的领导力目标。一些读者可能想加深个人发展，其他人可能想增强事业技能，还有些人可能想改善社会。无论目标是什么，你的领导力之旅都将改变你生活的方方面面。

本书概述

正如前言所述，本书介绍领导者、领导力、追随者等概念，概念介绍蕴含如下理念：当我们与他人一道完成改变时，每个人都可以成为一个领导者。在第一部分，我们描述了领导力的社会构建如何随时间推移而变化，并介绍适合当代各
5 类群体的关系领导力模型。由于这一模型基于诸多关系，因此第二部分探索如何更好地认识自己与了解他人，并分析当你与他人打交道时，道德实践是多么重要。该部分章节主要探讨如何欣赏并运用好你的自身优势与他人的长处。在第三部分，我们把团队、小组、组织视为社区（communities)，在这一视角下研究领导力是如何展现出来的。第四部分考查变化对于领导力的关键作用，以及所有参与者以健康、关系的方式共同进步的重要性。

本章概观

在这一章，我们将向你介绍贯穿全书的一些重要概念和模型，并阐释领导者、追随者和领导力的含义。我们将展示认识领导力所需要的某些新观点——呼吁道德合作（ethical collaborations）的主张，我们也会阐述如何去理解这些新观点。我们确信当组织和个人都敞开心扉一起学习的时候，领导力才会发展得最好。

基本原则

我们鼓励你批判和分析本书所提供的观点和框架体系。你可能会同意一些观点并有一些想法，也可能反对某些观点。试着思考，你同意或者不同意这些观点的理由是什么。

6 如果你尚未充分理解本书所探讨的方法，请重新翻阅前言。运用批判性思维（critical thinking）是你更深刻理解领导力的关键。[①] 我们鼓励你从不同的角度看领导力。要做到这个，你就要知道一些对你来说很重要的原则，并把这些原则与你那些立场角度联系起来。同时你还要注意到哪些概念和观点你不同意，为什么不同意。本书的基本原则有：

（1）领导力与我们所有人息息相关。作为个人和团体，我们有责任为所在组织、本地社区、民族以及整个世界做出积极贡献。社区（工作、学习、居住或者同一意识形态领域）的成员就是这些团体的公民，公民有责任开发共享的领导力并发展参与性治理。

（2）不同学科和文化对领导力的看法和评价不一样。这也是各学科领域的关键问题，所有研究领域以及所有行业的深层次问题都需要领导力来解决。领导力的跨学科研究方法，为我们在不同职业和文化中理解领导力原则及实践中的共性与个性，创造了一个理解的共享平台。

（3）领导力的传统观念已经发生了变化。领导力不是静止的，而一定要灵活实践。快节奏的变化促使人们不断探寻解决共同问题的新方法。

（4）领导力可以通过许多方式来表现。这些领导方式可以在不同情境中予以分析和应用，不同情境需要不同类型的领导力。多元的、自主的 7
领导力重视不同的人们和不同意见的融合，并向着共同目标奋进。

（5）领导力品质和技巧是可以学习和开发的。现今的领导者们是塑造出来的，而非天生的。领导力效能始于自我意识和自我了解，并伴随着了解他人而提高。发展你自身领导力才能的一个关键，就是确认你的核心价值观是什么，优势是什么，并在领导力过程中最大化你的优势。

（6）需要致力于道德行动的领导力来促进变化并承担社会责任。领导力在参与变化的人群中发生。作为一个关系过程，领导力需要尽可能高的公信力、可靠性、正直品质和道德行为标准。合乎道德规范的领导者能在影响他人行为上起到积极模范作用。

当你明白关系在领导力中的重要性时，也就是当你理解领导过程中基本的关系基础时，领导力将获得很大程度的提高。三条基本的原则如下：

知道什么（Knowing，知）。你必须——

① 虽然对“批判性思维”的定义可能难以达成共识，但我们相信大多数教师都认为培养学生的批判性思维能力是本科教育的重要目标。德雷克·博克将“批判性思维能力”定义为提出相关问题、认识并定义问题、分辨各方观点、寻找并使用相关证据、最终做出严谨合理判断的能力（2012，p.75）。要深刻理解领导力，不能仅满足于简单赞成或反对某些观点，而应思考你赞成或反对这些观点的逻辑是什么。——译者注

了解你自己、知道变化是怎样发生的、知道别人是怎么样的，以及为什么别人跟你看事物的观点不一样。

是什么（Being，是）。你必须——是合乎道德的、有原则的、真实的、开放的、有爱心的和包容的。

做什么（Doing，行）。你的行动必须——肩负社会责任、持久一致和适当、做集体的参与者、尽责且有激情。

在快速变化的时代，认为通过传统的领导力行为培养就可成为高效能的领导者或者合作者，这种想法是不现实的。领导力不可能被简化为几 8
个简单的步骤。然而，去开发一种思维方式——一种个人的领导哲学——以及辨别出能够帮助你和他人合作完成变化的核心价值，这却是现实可行的。在错综复杂的时代，我们需要一套指引我们行动的准则。

瞬息万变的时代

面对当今社会的快速变化和各种复杂的问题，我们很容易感到疲惫不堪。我们肩负着各种责任，在快节奏的日子中忙得喘不过气来。你的定时收音机或许会提醒你在世界的某个地方，有人在美国大使馆前面抗议；或者播报你们社区刚发生的骇人听闻的犯罪事件。电脑系统升级了，不再支持你原先最喜欢的一些程序。你去上课，希望能从课堂学到一些对日常生活有用的东西，但往往发现事与愿违。就像你刚坐下来准备写一篇论文，忽然你的一个孩子跌倒，摔断了腿，结果你不得不改变全天的计划。你到达学生活动办公室的工作岗位后，发现昨天没完成的工作15分钟后就要上交了，而不是原来想象的还有两天的时间。你为学生的各类问题而头疼：校园暴力、考试作弊、遭遇约会强奸、粗鲁无礼等。而且，这样那样的问题层出不穷。

我们面对的不再是对或者错的简单问题，而是日益增多的复杂的两难处境和矛盾（complex dilemmas and paradoxes）。例如，我们想要表现得有教养，但又要确保言论自由①；又例如，我们想追求团结和共同目标，但也重视个性和个体区别。

联结个人与他人去达成共同目标，并形成个 9
人领导力方式，并非易事。这需要目标明确和考虑周详。在快速变化且复杂的当今时代，有效领导的一个关键环节是检验我们个人的假设，并意识到别人的看法可能与自己不同。获得新思维的意义是学习辨别和理解范式（paradigm）。

理解范式

在我们生活的方方面面，变化比以往任何时候都要快速、费解和不可预测。日间报纸让我们了解本地的综合新闻，晚间新闻又为我们闪现了国内外冲突的图景。用传统的方式思考和组织我们共享的经验，已经不再奏效。撇开个人决定论、竞争和可预测结构，我们似乎更需要快速反应的灵敏系统，需要合作和一种尊崇多样化的共同价值观。

这些不同的观点或许被称作不同的世界观、框架体系或者范式。范式意为看待事物的模式或方式，并使它们具有意义。有些范式是很清晰的，它有助于事情顺利发展。例如，你很清楚打棒球的范式、上第一次课的范式、去机场的范式，或者是第一次参加你想加入的组织所举行的会议的范式。就拿第一次课来说吧，你可能会坐在一个

① 比如有的人可能会有种族歧视的言论。这时，“人人平等”的理念与公民的言论自由权利也许有冲突。——译者注

喜欢的位置、准备着跟旁边的同学打招呼、拿到课程大纲、知道要买什么教材，或者会提前一点出门。如果你到教室后发现居然没有空位置，或
10 者教授说，我还没备好课呢，你们想学点什么，这时候这个范式就会一下子崩溃。我们很难想到将会发生什么事情，因为规则已经没用了，你头脑中已经建立的范式的确不能填补这些空白。事实上，你可能会因其不可预测而觉得这节课更有趣或者更恐怖了。

某些范式会发生突然的变化，但我们可以适应新的范式。2001年“9·11”事件之后，机场安检变得更为复杂。你现在必须脱掉鞋子，除去外套，摘下珠宝首饰，把它们和个人电脑放到输送带上接受扫描。

什么样的领导者是一个好的领导者，对这一问题的理解存在很多不同的范式。对某些人来说，一个好领导的范式是指一个人口才好、有自信、行使责任、满怀信心地引领追随者。有的人认为授权并让他人参与集体决策、努力使他人融进集体行动中的人是好领导。甚至还有些人超越“好的领导者”，进而考虑“好的领导力”这样的问题。一些人把一个好的领导力范式想象为一群共享领导力的同事，每个人都对团队成果做出贡献，没有人凌驾于他人之上。深入地思考领导力范式，可能有助于理清一些之前不清晰甚至没被发现的东西，并发现一些现在看起来或许很明显的事情。

随着时代变迁，对某个话题的标准理解可能已不再适用。需要新方法来解决问题的意识可能预示着一种范式的转变。在美国历史的某个时期，主流范式认为女人不可能有效地理解政治，因而女人不能参与投票。在其他一些时期，众所周知的旧范式有：教育是精英阶层的特权，企业可以
11 不择手段地追逐利润，吸烟者可以在任何场所抽烟。范式的转变意味着先前所具有的模式或者观点的变化。付账范式的改变意味着你可以通过电子银行从账户中直接付款，而无须再用签支票的方式。通过ATM机，你可以在数千个网点全天候取钱，而无须在限定的时间内赶到银行。当你急匆匆赶回家想看晚上10点钟的一个钟爱的电视节目时，你知道你可以从“网飞”（Netflix）或“葫芦在线影视”（Hulu）下载并储存，甚至当你想要观看时只需按下“点播”键。当你的祖父说“我小时候还没有电视机，我们所有的社交生活都围绕着教堂”的时候，他正在述说当今科技和交通带来的休闲范式的改变。

历史上人们获取信息的方式也发生过多次变化。从时间上来看吧，早期的圣人般的学者向围坐在他们脚下的少数学生传授智慧，而后有了汗牛充栋的图书馆供我们使用，其后出现了电子检索系统让我们能够从网络上获取信息。现在我们很多人都是直接从网上下载文章，而非去图书馆借阅。在这个变化万千的时代，学生可以通过馆际借阅来获得成千上万的书卷，瞬间便可以购买电子图书，也可以修读在线课程，本人并不需要身临教室。在这些情况下，如果仍用图书馆藏量这样一种陈旧的范式来判断一所大学的质量，又有多大的合理性呢？

然而，一个范式的改变并不意味着完全抛弃一个观点或者用另外一种观点替换它。新的范式或观点通常“与旧范式或观点相伴而生，它将在旧范式的内部或四周出现……以旧范式为基础，将其扩大、延伸……而不是将其取代”（Nicoll，1984，p.5）。我们鼓励你结合自身的经历来阅读本书，审视作为领导力手段的命令与控制方式的传统权力范式，并尝试发现或识别其他可能正在出现的新范式。科层制结构（hierarchical structures），例如官僚制（bureaucracies）仍会继续存 12
在。① 科层制有其优势，例如在任务细分、劳动分工等方面。当我们取其长处，发挥科层制的优势时，就将有助于组织实现目标。然而，科层制结构中的某些方法可能变得更加关注各方面的关系和交叉功能。事物与问题（“what”）本身可能依然不变，但方法（“how”）已经变化。

① “官僚制”与“科层制”在中文语境中一般是通用的。理论上，这种组织形式有正式等级结构，组织成员各司其职，按章办事。——译者注

如果旧模式或者范式失灵了，那些持不同观点和掌握新范式的人就会开始应用新方法，这就出现了范式转变。如今，我们在组织中正致力于构建崇尚合作过程的新范式，这种过程是人们相互真诚的合作。当然，一些群体里确实有害群之马（Erickson，Shaw，& Agabe，2007；Kellerman，2004；Lipman-Blumen，2005），但是群体期望已经大大转向期待以诚信为基础的道德过程。

检验范式

长久以来，领导力被视为一种难以捉摸的复杂现象。成千上万的书籍和论文都谈论过领导者和领导力，试图发现指向领导力效能的一些特性，如特质、性格、情境和行为。在Google上简单搜索“Leadership”（领导力）这个词，你会看到超过515 000 000条相关资讯。我们将在下一章展示其中的一些探究过程，你就会看到这些范式是如何出现的，以及随着时间推移，领导力是如何在社会框架下被建构起来的。这些汗牛充栋的公开
13 研究给出了一些洞见，但只有运用你的个人哲学，即你如何理解怎样更有效与他人合作以实现有意义的变化，你才能最好地阐释领导力。

对领导力的研究在很大程度上聚焦于个体领导者，而非领导力过程。很多研究审视了领导者为实现某种目标而带领追随者的所作所为。只有在近期，这种学术视角才集中聚焦于追随者和团队成员的研究。观察一个团队的人们（无论是工作团体还是友谊团体）的传统方式是首先分出一个领导者来，然后才对追随者进行描述。然而，“对领导力与追随关系的理解大大丰富了人们在团体、组织、社会中的参与和回报的形式”（Hollander，1993，p. 43）。

在20世纪90年代之前，大多数领导力文献的重点是管理者如何在组织环境里发挥作用，并通常假定管理者就是领导者。因此，人们的注意力就集中在领导者行为上，领导者让追随者做领导者所希望的事情。这样的领导者通常拥有一个职位，像主席、总统或者主管。这种对职位领导者的重视经常在追随者身上引发一些消极作用，通常忽略了追随者在组织中的角色和作用，也忽略了追随者对职位领导者的影响。这种研究范式明显不足以描述团体或团队人群中的领导力关系。“变革领导力”（transforming leadership）的概念便重视这些追随者如何成为领导者（Burns，1978），这些追随者如何开始认同自己也具有领导力，在追随者当中领导力的过程是如何产生的。

我们必须重建对领导力的看法，“领导力不是仅仅为领导者所拥有，而更多的是一个追随者参
与的过程”（Hollander，1993，p. 29）。更深一层 14
来讲，追随其实是在团体人群中的领导行动。在本书里，我们把领导力看作人们共同致力于完成积极变化的关系过程和道德过程。

❖ 学生文选

在就读德保罗大学（DePaul University）之前，我认为一个人想要成为领导者的话，就必须说话大声、咄咄逼人、要求甚多，并有一种“赢家通吃”（a winner-take all）的态度。虽然我认为自己很有竞争力和能动性，但我并不具备人们期待看到的那种领导力才能，如同人们期待从一位运动队队长或学生会干部身上看到的那种能力。因为以前对领导者的错误认知，我一直是追随者而不是领导者。

在一个学生组织从事管理工作的经验使我重新思考自己对领导力的定义。能够领导并不意味着高声说话，而是意味着有能力有效沟通、理解他人并创造联系（bonds）。我在德保罗大学全球医疗保健协会（Globe Med）分会的职位要求我促成大家的讨论，讨论我们自己、我们的团队与我们共

同生活的世界。这意味着我得努力让大家坐到一起，互相讨论，分享认识，并相互尊重；这也意味着要创造对话机会和氛围，使得人们愿意为某事做出贡献。

这些经历使我意识到，领导力不仅仅是领导；它包含尊重、理解、创造和妥协。只要发挥好自身的长处，每个人都可以凭自己的实力成为领导者。我在大学校园里发现了自己领导才能的用武之地，我希望其他人在大学生涯中也有这样的收获。

莎马萨·格兰德-维克拉玛科拉（Samantha Grund-Wickramasekera）是德保罗大学政治科学专业的大三学生。她是一位阿尔伯特·G·施密特学者（Albert G. Schmitt scholar），全球医疗保健协会的执行成员，并参加了女子足球俱乐部。

15 一些领导方式，例如参与式领导，认为追随者必须有意义地融进全过程；包括从设立目标到作出决策，追随者必须是积极的参与者。通常，这些领导方式并没能够真正地让追随者参与进来，或者与他们分享权力。这样的不同标明了范式的转换，从控制追随者行为转向授权于追随者，使其成为取得组织绩效的核心。事实上，如果领导者只是表面上征求建议并记录下来，实际上却独断专行，坚持己见，那么追随者很快就会识穿这一点并抗拒领导者。追随者通常拥护那些把事情放到集体中讨论和做决定的职位领导者。如果决策能够出自团队或团体，追随者通常愿意自我管理这一领导过程。

探究追随者的新概念

从童年开始，我们就听信这样的经验："跟着领导走"。在小学时，你可能当过午餐排队维持秩序的值日官儿，或者当过公交车治安巡逻官儿。有人告诉我们某某是负责人，所以我们让那个人拿指挥棒，而我们追随他。因此，主流范式应该是：如果我们是领导者，我们希望别人合作并跟随领导。领导力的研究领域包含了一系列关于追随者观点的研究，却很大程度上建立在领导者的角色基础之上。一种极端是，如果认为领导者在等级上远离团队，那么，追随者的作用就会大打折扣，事事顺从领导者的意见。另一种极端是，当领导者嵌入到团队里，这就是一个共享的领导
16 过程，追随者被视为同事。在这种情形下，领导力是人们为了共同的事业或变化的初衷而一起努力的结果。

追随力

很多科层制组织都设有管理者或领导者角色，以及员工或追随者角色。在工作环境下，这些追随者被认为是下属或下级。为了彰显追随者角色的重要性，"追随力"（followership）这一术语开始与领导力结合使用。（Kelley，1988，1992）追随力技能是那些由团体成员践行的技能和过程。然而，不是所有的追随者都是一样的。图1—1所呈现的分类，同时考虑了作为追随者的两个维度：在团队里的表现和对团队关系的重视程度。想象一下玛利亚（Maria），她消极，游离团队，表现不主动，只会做被要求做的事情，是一个消极参与者、下属。詹姆斯（James）与其他成员的合作不多，但他很勤奋，能够把自己的事情做好，尽
自己的职责，是一个贡献者。托雅（Tonya）善用 17
她的人际交往技巧并真正知道如何与别人建立社交网络，但她并不能保证完成她的团队任务和尽她的责任，是一个政客。卡尔（Carl）既热爱他的使命又想把工作做好，并努力发挥团队的积极作用，是一个伙伴。

美国空军中校莎伦·拉图尔和维基·拉斯特（Sharon Latour & Vicki Rast，2004）总结了他们的追随力研究结果，把高效能的追随者形容为

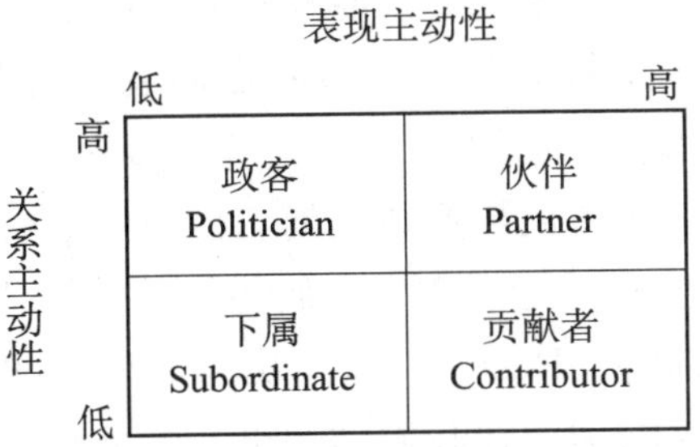

图 1—1 追随者的类别

资料来源：改编自 Porter，Rosenbach，& Pittman（2005），p. 149。经允许引用。

“有高度的组织责任心，并能在一个以变革为导向的团队环境中发挥积极作用的个人。另外，他们是拥有良好信誉和充分能力的独立的、批判性的思考者”（同上，p. 6）。他们假定有活力的追随力是高效能领导的前提。查勒夫（Chaleff，1995）以及里吉奥、查勒夫和李普曼（Riggio，Chaleff，& Lipman-Blumen，2008）对此作了进一步研究，鼓励所有的追随者要勇敢。追随者有特殊义务告诉领导者真相，而且当组织里的领导行为效率低下时，追随者还得冒险劝诫。2011 年曝出的宾夕法尼亚州立大学橄榄球队前助理教练的虐童丑闻，给领导力研究提供了很多教训。这一方面说明，位于组织各个层次的人们将必要信息反馈给组织控制者是多么重要；另一方面，此案例显示对掌权者说实话是多么困难。我们将在第 6 章进一步探讨此问题。

就像领导力的技巧或才能可以开发一样，很多人断言成为高效能的追随者的技巧和才能亦有章可
18 循。领导者和追随者之间很显然存在一种互惠关系。有些研究者对追随者怎样才能有效“追随”职位领导者提出了建议。卢西亚和亚舒华（Lussier & Achua，2004）建议作为追随者的你应该：

- 支持领导者；
- 主动积极；
- 在恰当时候，对领导者扮演顾问和指导角色；
- 必要时提出问题和/或顾虑；
- 从领导者处寻求和鼓励真实反馈；
- 明晰你的角色和期望；
- 表示欣赏；
- 让领导者知道最新情况；
- 抵御领导者的不当影响。

拉图尔和拉斯特（Latour & Rast，2004）提出了追随者重要能力一览表（见表 1—1）。这些研究者确认追随力技巧能够帮助发展领导力技巧，而且是团队合作的关键力量。

表 1—1 追随者能力

能力	描述
忠诚力	表现对组织的极度忠诚；拥护上司的愿景和特权；和谐愉快地提出异议；个人目标与组织目标一致
适应变革力	适应变化的环境，充当变化动力；展示机敏；在领导与追随之间游刃有余
团队力	协作；分享信任；对别人负责
独立和批判性思考力	勇敢提出异议；采取主动；行使自我管理
诚信力	保持值得信赖；说真话；保持最好工作状态；承认错误

资料来源：Latour & Rast（2004），p. 111。经允许引用。

大部分追随力模型的提出都是基于如下背景：科层制组织中的掌权者以某些方式行动并影响着追随者，所以这些模型不能很好地应用于非科层制组织或社团；在后一种情况中，非科层制组织里的人们设法通过公共领导力解决共同的问题。（Luke，1998）在非科层制组织中，人们都是同事，如项目组的同事，通常没有指定的领导者，大家共享权威与权力。把公共领导力作为背景，卢克（Luke）解释了公共组织里的领导者与追随者发展变化是如何不同的：

> 在一个内部相互交织的世界里，这个模型是不准确的。某个人或许是启发和刺激主
> 动行为的领导者，然后其他的领导者和利益 19
> 相关者就会过滤这些初步的愿景，在行动方向上达成一致，并沿着问题解决路径走下去。公共领导者不会让追随者参与领导；不过，合作者、观众和其他自治团体仍会参加进来……高效能的领导者不得不同时成为“领导者和追随者”。公共领导力转换、改变并在不同时期被不同的人在不同的组织里共享。（pp. 32 - 33）

我们需要重新定义对追随者的看法以及团体中关系的本质。用追随者来称呼团体成员似乎十分不准确，这意味着他们是追随着某人或一些事物，不能独立思考，或者是对团体目标漠不关心；而事实上，他们本身正在创造和塑造着环境。

20 **描述追随者有何新术语**

领导力学者们一直在寻找新术语，以更准确地描述追随者。追随者常常被称为“成员”、“雇员”、“协助者”或者“下属”。库泽斯和波斯纳（Kouzes & Posner，1993）早年在谈及关系领导力话题时曾建议将其称为“选民”（constituents）。“一名选民是积极参与组织运作过程、并授权他人代表其行动的人。选民向领导者授权，而不是其他什么方式。”（p. xix）虽然这个概念通常在描述某个特定选区的选民如何授权政治家领导时才被用到，但也适用于其他领域。

假设院长办公室打算对毕业典礼计划做些变动，高年级委员会对此开会讨论，高年级主席很可能被她的选民授权，然后带着大家的期望和意见到院长办公室提议。这时，主席不仅是陈述个人意见，还代表其他人说话。

克鲁姆（Crum，1987）倡导“共创者”（co-creator）这一术语，它提升了授权的、协作的、变革性的团体成员角色。“当我们选择共创者时，我们结束了分离这一导致冲突的根源……他们知道通过负责任地参与，能够相互授权并最终赋权于他们的机构和社会，因而也创造了有意义的、每个人都满意的生活。”（p. 175）如果那些职位领导者们把团体成员看作共创者，他们就会提出这样的问题：“在这件事上我们要怎么办呢？”

罗斯特（Rost，1991）认为追随者的传统概 21
念已经深深地印在我们脑海里，很难再准确地转化成另一种概念了。他要求我们意识到我们已经从一个工业世界过渡到后工业时代。在工业时代世界观里，组织里的人们仅仅是一种资源——就像钢铁和其他原材料；而在后工业时代，人是关键要素，因为他们带来了可应用的信息、知识和智慧。罗斯特现在倡议使用“协作者”（collaborator）这一术语来描述以协作方式共同工作的人们。他表明：“在工业化范式中我用追随者来论述领导力，在后工业化范式下我用的是协作者……已无须花费力气去再造或拯救‘追随者’这个术语了。”（Rost，1993，p. 109）

在这本书里，我们使用“参与者”（participant）这一术语来指代新范式下团体里所涉及的人员。参与者融进了领导力过程中，并与其他成员积极分享领导力。参与者包括非正式或正式的职位领导，也包括那些积极寻求参与变化的团体成员。参与者应该是积极、全身心投入和目标明确的。

关于领导者

在本书中，“领导者”（leader）一词有两层基本含义。其一是指一个被选举、选出或者被雇用的拥有领导职位并承担团体完成变化任务的人。这样的领导者承担明确的决策职责和行动责任。
22 这样一个职位领导者通常有一些头衔，例如主管、总经理、队长、主席或者副总统。很显然，仅仅是占据这些职位，并不意味着这些人就一定懂得怎样去领导、就是一个好领导，或者就能被公认为是一位领导者。我们确实都见到过有些社团主席、主管或者组织长官似乎不知道自己在做什么，更别说能够领导任何人做出改变了。当我们用“领导者”来称呼一个职位领导者时，通常会强调这一点。

领导者的另一层意思——也是我们通常使用的——与前一个意思完全不一样。它是指任何一个积极投入与他人合作完成变化的人。无论是职位领导者还是参与者/协作者/组员，一个发挥主观能动性并在团队走向积极变化的过程中有所作为的人就是领导者。这一哲学能实现你范式的转换，从仅仅把掌权的人视为领导者，转向认为所有积极联结他人实现组织目标的人都是领导者。

你也可以成为这样的领导者。

领导力目标

为什么我们需要领导力？你的领导力服务于什么样的目标？领导力应该致力于取得成效或者完成变革。领导力具有目标性和意识性。从更深的层次来讲，领导力应该在实践中担负起社会责任。这样的社会责任既体现在团体想达到什么样的目标（即团体想要完成什么任务）上，也体现在团体的领导过程中（即团体如何完成任务）。

23 我们关注的是能够提高所有人生活质量和幸福感的领导力。这样，道德领导力的结果可以在一个更大的范围内——在你的校园或者所在社区——促进公共福利（public good）增长。同时，这样的领导力可以在一个小的范围内，如一间俱乐部，有助于公益事业（common good）的提高。公益的概念并不是指大部分人的观点，而是指共同目的和共同愿景。这种对公共福利或者公益事业的担当是对社会责任的重视。

社会责任是一种对人类幸福、我们共享的世界和公共福利的个人担当。它是“一种我们存在于世并紧密与他人、环境相联系的方式”（Berman & La Farge，1993，p. 7）。承担社会责任也意味着你愿意在任何地方——课堂、工作或者你所在的组织，敢于面对来自他人的不公平和不公正对待；意味着在你的组织里以重视关系、合乎道德、尊重、诚信的方式发挥作用，完成自己的责任。

> 具有社会责任的领导力意味着通过团体决策和行动的意识方式影响他人，发挥作用；具有社会责任的领导者会观照团体成员的福祉，注重团体决策对社区的影响。（Wagner，2009，p. 33）

瓦格纳（Wagner）对此进一步解释：

> 一个具有社会责任的户外冒险俱乐部永远都会保持露营营地清洁如常，一个具有社会责任的女学生联谊会总是会确保其传统和社交方式向不同文化和社会阶层的学生敞开怀抱。领导力的社会责任感会影响团体的目标和决策，甚至会影响团体成员如何共同工作。（Wagner，2009，p. 33）

不知怎地，太多人变成了日常生活中的旁观 24
者而非积极参与者。他们就像冷漠的观众，而不是公民和积极参与者。无论是在工作中、俱乐部里、课堂上、学生宿舍楼层间、校内团队里还是在其他任何我们参加的社团中，我们都需要参与提高我们共同经历的过程，而不应一味抱怨或者无所作为。公民参与体现的是对所有那些团体的高度责任感。

公民参与和公民责任

公民参与（civic engagement）不像9年级学生在政治课上学到的那么狭窄。公民责任（civic responsibility）是一种个人责任感，个人作为任何一个团体的成员应该具有维护自己所在团体的义务意识。当然，公民责任亦指在学校、地区或者全国的投票选举，然而公民责任的内涵远超于此。它意味着如果你注意到学校停车场关键的路灯坏了，就要找到相关的办公室告知此事，而不是仅仅在想“我当然不希望有人在黑暗中遭到袭击”。公民参与就意味着去参与学术部组织的自带午餐的研讨会，以此支持筹划此次研讨会的朋友，并成为这个学习群体的一部分。公民责任就是说：“如果我是这个团体的一员，我就有责任与他人合作，让它保持运作并发展得越来越好。”

与众不同 25

在20世纪90年代初，超过70%的18～22岁的学生称能够说出一些他们赞美的人物的名字——那些有所作为的人。（Levine，1993）这些被崇敬的人是当地的英雄：父母、发起本地循环利用运动的邻居、一位部长、驱车数百里给中西部遭受洪水的河堤填充沙包的人们，或到飓风过后的佛罗里达州南部帮忙重建房屋的人们。这些人都不是主要的世界领袖或者富裕的公司总裁。这些真正的英雄都是一些平凡人，他们与其他人共同努力，有时还要克服一些看似无法克服的困难，在其所属社区变得与众不同。哥伦比亚广播公司晚间新闻（CBS news）开始每周公布一名英雄——有非凡贡献的普通美国老百姓。在1995年5月29日，《新闻周刊》杂志封面上是两个服务社区的青年积极分子，标题是“生活中的英雄：没错，你也可以与众不同”（Everyday Heroes：Yes，You Can Make a Difference）。20世纪90年代的社区服务运动巩固了人们在其所属社区的助人行为，并激励新千年的一代人在其生活中做出非凡事迹。在世纪之交，一个富有挑战性的问题是，人们（公司组织）如何在做好事业的同时做些好事、善事。

在不同的框架体系中观察领导力

我们无法触摸、嗅到或者品尝领导力，但我们可以通过所见、所闻、所思、所感来理解领导力。因此，领导力是一种社会建构现象。要理解社会建构（social construction），我们可以想象大
26 部分人都是两性中的一种——男性或者女性；然而，男性和女性就是社会构建的产物，由此迫使个体的角色和期望保持延续。很多现象是由它们是如何被建构来赋予意义的，看、听、思考和感觉都是感知的过程。人们解释他们的知觉并从中获取意义。

许多学科都给出了它们如何看待诸如领导力这样的社会建构现象的框架机制。正如前言所提及的，领导力在很多学术领域被有所探究——包括人类学、历史、社会学、心理学、政治学、教育和商业，甚至文学和艺术也对其有所涉及。领导力以不同的形式呈现，并以不同的方式与不同的专业有所关联。当我们想到领导力时，我们通常想起政治学——一门关于本地、州以及世界范围内国家的治理模式的研究。所以，领导力在别的学科领域中也显而易见。

试想领导力在你的专业里是如何构建的。教授们会用什么范式作为共同的观点呢？领导者的期望是什么？在你的学科里人们如何关联？

人类学家可能会研究本土团体，尝试发现他们的领导者是如何被挑选出来的，以及他们的文化信仰所认为的最重要的品质是什么；社会学家可能会研究人们为什么拥护某些草根运动，以及在这样的团体中领导力是如何发展起来的；心理学家可能会研究领导者和追随者的特征，并试图深究他们特定行为的原因；演讲和演讲交际专业的人通常研究信息领导者是如何传递影响力，或者如何激励别人行动的；组织传播者通常关注沟通交流如何在庞大、复杂组织内发生，以及各种 27
人际交流如何帮助或者阻碍这样的领导力过程；教育专业的人从各个层面研究领导者和领导力——从班级领导到一位地区负责人对一所学院或大学的管理；商务专业的人对不同形式的领导力进行研究，包括领导工作小组、企业创业实践和给大商业机构规划愿景；艺术专业的人经常通过担任管弦乐队的一把手或者导演一场校园剧来面对第一线的领导力挑战；而理工科专业的人在研究团队及各种应用项目中体会领导力。还可以列出其他学科专业的领导力视角特征。

不同的学科领域或许对领导力要素有不同的着重点，但每一个学科领域都关注人们如何能够更有效地合作来达成某种目标。“领导力如同美：难以言传，只有眼见为实。”（Bennis，1989，p.1）每一个学术专业都可以受益于对领导力本质的深刻理解，每个专业都有一些重要的问题让你应用于你的职业领域。想想你的专业吧，懂得更多的领导力知识，会如何助你在将来的事业或其他奋斗领域获得成功？

领导力需要开放学习

以下是哲学作家歌鲁德·史泰恩（Gertrude Stein）临终时发生的故事。她的长期合作伙伴爱丽丝·B·托克拉斯（Alice B. Toklas）绝望地看着即将去世的史泰恩，弯腰俯下身问：“歌鲁德，答案是什么？”歌鲁德若有所思抬头望向爱丽丝，
28 回答道：“问题是什么？”领导者和参与者提出问题，邀请别人进入对话，并能接受不同的意见。问号成为一个领导力工具，因为参与者需要提问、倾听和学习。在索尔·埃林斯基（Saul Alinsky）的古典著作《激进分子规则》（*Rules for Radicals*）里，他写道：“问号是一张倒转的犁，翻起那旧信仰的坚土，以备生长新的事物。”（p. 11）提出疑问促使团队检验其目的和实践，而非不经思索地盲目重复旧的做法。

> 那些自认为知道所有问题的答案、追随者只需被动地服从的传统领导者已经被快速变化的时代远远抛在了后面。这个时代需要领导者在不确定的情况下能够抛开过去，因为那已经是做过的并且成功了。这是一个悖论。高效能的领导者拥有经验，但经验告诉他们不能完全依赖经验……他们会利用从经验所获的专业知识来开发利用经验和他人的创造性能量。（Potter & Fiedler，1993，p. 68）

今天的领导力告诉我们团队中拥有巨大的智慧和能量。团队中的所有成员都可以尽可能地互相学习。当然，学习可以发生在课堂上，但也时常蕴含在日常经历中。积极融入校园内外的活动，提供了丰富学习的实验场地。

华特金斯和马瑟克（Watkins & Marsick，1993）提出了一个很有用的学习的效能模型（见图1—2）。此模型也可用于发生在小组和团队里的
29 学习过程。这个模型包含三个学习要素：关注（focus），即发现学习的机会；能力（capability），包括学习的资源和技巧；意愿（will），即全身心投入学习的动力。当你审视个人目标、角色和能力时，就已经开启了探究你个人领导力方程式的历程。稍停片刻，思考一下你正在达成的目标。你的关注点在哪里？你要达成此目标需要什么能力？你坚持的动机和意愿是什么？在一个更复杂的层面上，我们相信最有效的组织和社团是一种学习环境，在此环境中学习是持续的、一致的、普遍的和受重视的。

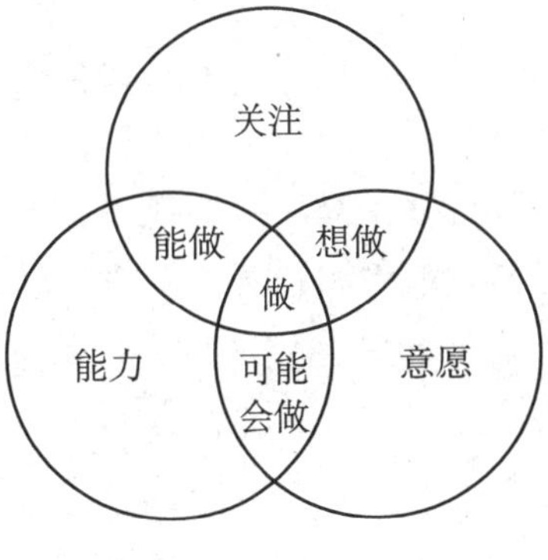

图1—2 学习模型

资料来源：Watkins & Marsick（1993），p. 37。经允许引用。

瞬息万变的时代和信息爆炸要求我们必须是终身学习者。学者彼特·威尔（Peter Vaill，1991）在20多年前就评论说，我们所有人必须经常适应不断地从头开始，以始为终。“这一点并不 30
夸张，每个人的初学者的状态只会继续加深和强化，这样，十年后我们每一个人都能更深刻彻底地适应作为一个终身的初学者。”（p. 81）这意味着我们承认确实对一些东西不了解，但我们仍然有信心聚合多元团队，通过竭诚合作解决共同面对的问题。此时，问题就会迎刃而解。记住，我们所有人的集体智慧比我们中的任何一个人都要聪明。

学习的个人责任

传统领导力观点认为，领导者做计划，激励他人，行使带领团队完成所有目标任务的主要责任。我们不这样认为。所有人都应对自己负责，

并有责任帮助别人。整个团队的参与者，包括有职位的领导者，都要确保有一个开放学习、包容犯错和分享知识的环境。任何阻碍组织学习的行为和情形都会阻碍授权和融合。

自我发展，即让学生成为更高效能的领导者和参与者，是大部分学院和大学的基本目标。领导力技能是终身技能，它既适用于个人关系，也适用于工作和组织责任。在家庭、价值观和梦想的背景下，重新为你的人生定向会使你成为一个更高效能的共事者。正如我们在前言中所提到的，我们信任这样的领导力方式，因为我们所有人都能够了解自己、了解他人、了解变化。通过学习，我们可以保持活力，不断更新。

31 ❖ **学生文选**

作为学前教育专业（early childhood education）的学生，我发现自己不仅有学习的激情，还有兴趣去激励别人成为授权的领导者。这些认识促使我成为“转型与咨询项目”（Transition and Advising Program，TAP）的领导者，并帮助了该项目的第一批学生。这些学生是其直系亲属中第一个读大学的，他们交流了大学生活带来的焦虑和挫折。然而，他们也来参加我们每周一小时的会议，带着寻求帮助的意愿，渴望在学业和个人成长上取得进展。我的合作领导者（co-leader）和我根据这些学生的需求，计划并开展了一些研习会（workshops），主题包括演讲技巧、如何处理群体冲突、压力管理，甚至怎样联系教职员工。通过学习项目的这些课程，学生们取得了明显进步，他们最终意识到了自己的优势，并看到获得成功的潜力。在某些场合，他们甚至用自己发展的能力去帮助同龄人，使其更有信心。见证了他们自尊心增强，我意识到自己作为有效的领导者可以做些什么。这进一步激发我去领导，去授权，并为我的同学指出更加光明的道路。

伊萨·玛丽·门多萨（Issa Marie Mendoza）毕业于多伦多汉博理工学院（Humber College Institute of Technology and Advanced Learning，Toronto），大学专业为学前教育。她曾担任“转型与咨询项目”的领导者，在“儿童教育资源中心”（ECE Resource Centre）做过志愿者，并积极参与促进儿童福利的项目。

体验式学习

了解如何学习和发展领导力，对于你在此书的背景下开发自身潜能是很重要的。大卫·科博（David Kolb，1981；Kolb & Kolb，2005）在社会心理学家科特·莱温（Kurt Lewin）和约翰·德威（John Dewey）等学者研究成果的基础上，
32 研究了学习是如何发生的。科博提出我们是以下述两种方式接触到新信息的：通过做事情接触（具体经历，concrete experience）或者通过思考事情接触（抽象概念，abstract conceptualization）。然后我们以反思这些事情（反思性观察，reflective observation）或者应用这些信息（主动实践，active experimentation）来加工这些信息。这个过程最好是通过一个循环图来理解。图1—3解释了这个过程。

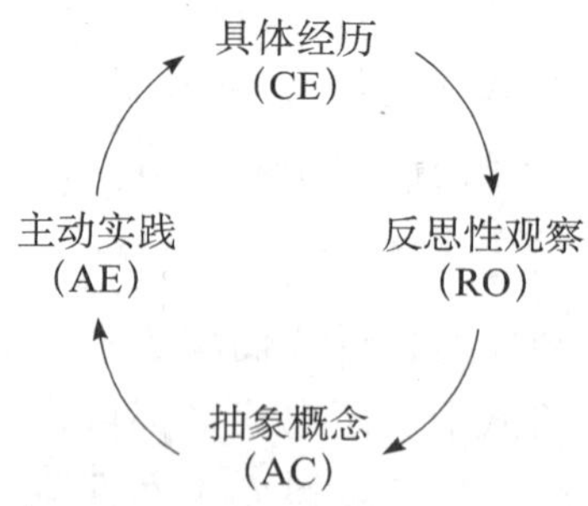

图1—3　科博的体验式学习模型

资料来源：改编自Kolb（1981），p.235。经允许引用。

学习领导力，很大程度上源于所在团队努力共同完成任务过程中的真实、具体的经历。试想你刚有一段经历，如果想从中学到些什么，你就要反思并使它有意义。为什么它会是这样？它的意义何在？然后，你会构建一些猜想，反复思考，并考虑它在别人身上是否适用——如果它在别的

情况下仍适用，你就会寻找它与其他信息的联系。之后，你就想在真实场景中应用这个新理论或新发现。如果我如此尝试，它会像我想象的一样吗？
33 循环就会继续发展下去。我们也可以把它理解为“是什么？”“那又怎样？”“现在怎么样？”

科博提醒我们：如果没经过反思，那么所发生之事并不能自然而然地成为经验。没有反思，事情就是一笔流水账，仅仅发生过而已。我们并没有从许多发生过的事情里学到东西，就是因为我们没有思考或反思那些经历，发掘它们的深层意义。

关系领导

本书将探索领导力思想的演变，以及许许多多理论中的某些领导力理论，这些理论透过多样、复杂的领导方法而产生意义。但是，领导力研究本身并不能神奇地让你成为出色的领导者或参与者。如果你践行上述科博模型的循环过程，把学习所得运用于生活，并反思这一应用过程，那么，领导力探究将有效扩展你的能力。

作为当今挑战与机遇并存背景下的领导力学习者，我们建议你把注意力集中于核心、基础的领导力原则上，它们可以引领你更加有效。我们重申领导力定义：领导力是人们共同致力于完成积极变化的关系过程与道德过程。

没有一种是绝对正确的领导方式。领导力不应被当作一种诀窍或者一份目录清单，更重要的是形成自身的一种领导力哲学去指引你的行动。这种哲学重视道德和包容，承认团体成员的各种才能，并且相信先进思想带来社会责任变化是一
34 个过程，团体成员赞同这种变化并为此努力前行。

关系是领导力效能的关键。因为领导力本来就具有关系属性，所以，“关系领导力”这一术语中“关系”甚至是多余的。然而，确定性地重复某件事情就是强调。阿伦和谢雷（Allen & Cherrey，2000）在他们《系统领导力》（*Systemic Leadership*）一书中观察到，“关系是连接组织的有机体，建立在诚信基础上的关系如同胶水把组织粘贴在一起”（p. 31）。作为团体中的领导者和参与者，我们必须做到并期望他人也能做到：

- 目标明确；
- 参与包容；
- 主动授权；
- 合乎道德；
- 过程导向。

我们在社区（家庭、班级、组织、工作地和邻里）如何与人相处并共同工作，这至关重要。无论在由五人构成的家庭中还是在有 50 人的同层宿舍楼中，你都需要检验自己作为社区成员的角色。

真实世界

这种领导力方式是过于理想化、不现实还是真实可行呢？为什么我们没有看到这些领导力实践被广泛认同和应用呢？这种理想和实际情况间的差异就是认知失调或认知冲突（cognitive dissonance）。（Festinger，1962）如果你们大学的校长在开学典礼上滔滔不绝地说校园充满乐于接受改变的、有道德的、好学的氛围时，你的实际感受却是学校管理者拒绝任何新尝试，甚至害怕改变，那么，你可能察觉到了认知失调。如果学生会主
席说“我们想在做决定前，得到了大家对此计划 35
的反馈意见”，却又非常保守地公布计划内容，于是评论的声音迅速消失，你也不敢提出疑问，那么这也是认知上的冲突。

相反地，回想一下，在什么时候什么场所

你曾被委以重任，被人接纳，并意识到自己所做的贡献是有意义的？或许是在你的学习小组中、你最喜欢的课上、你的办公室里，或许是正在筹划委员会一项为收容所捐献衣物的活动时。在这些地方里你举足轻重，因为在这里你发现，你的所为与你奉行的原则和团队的价值观产生了共鸣。

即使事情并非如此，我们仍然能够以自己的哲学成为我们自己看重的那种人、那种领导者或者参与者。这会带来一种个人的认同感和真实感。教育者不得不面对这样的情况：

> 仅仅让学生知道这个世界是怎样的，这远远不够，我们还必须鼓励学生去思考世界应该是什么样的。如果缺乏对一个更理想世界的期望，人们的思想就会变得狭隘，只顾自身利益并很容易把公民责任抛给别人。（Harriger & Ford，1989，p. 27）

很明显，社区发展不是其他人的责任，而要靠每一个社区成员的承诺和担当。同样，领导力不是其他人的责任，而是参与者的共同责任。简而言之，作为参与者，领导力是你的责任。

36

❖ 学生文选

我是在垒球场学到领导力的第一课的。我是一个接球手（或曰捕手，catcher），这是一个有威望与领导力的职位。我的任务是击球并引导场上队友的发挥。通过防守，全队的发挥依赖于我在每一回合的行动计划。我负责在没有反馈的情况下发出号令。佛罗里达州大西洋大学（Florida Atlantic University）的一位教授很快发现了我的一些潜能，而这些潜能是我已经自认为早已在垒球场上失去了的潜能。扬（Young）教授看到的是我的领导力才能，并给我打开一扇门，告诉我如何作为学生领导者进一步发展自己。这一转型起初是困难的，我意识到了自己不能再像从前那样在垒球场上发号施令；学生领导力应是考虑如何帮助他人有效行动。我不得不开始授权及委托他人，我需要引导别人，提供环境条件，向他人授权。在我的人生经历中这是一个巨大的转折点。我开始学会停下来思考我的方法是否是唯一正确的方法、我们的方法是否是正确的方法。从此之后我对各种事情不再过度紧张，而是学会冷静下来，学会接受各种观点。

帕特丽夏·特鲁布拉德（Patricia A. Trueblood）毕业于佛罗里达州大西洋大学，主修会计专业，辅修商法。她是布劳沃德大学生会计协会（the Broward Accounting Students Association）的主席，曾任布劳沃德临时发言人，也是戴维学生会咨询委员会（Davie Student Union Advisory Board）的成员和积极参与者。

本章小结

在这一章里，我们要求你探索你与领导力相关的独特性格和经历的方方面面。快速变化的复杂时代决定了人们需要以新的领导力方式进行合作，而非简单袭用传统或者工业时代的领导力方式。本章介绍了领导力必须符合社会责任目标的价值观。

本章还展示了以追随者作为领导力过程的积极参与者为重点的领导力世界观。这样的领导力关系方法应当致力于积极改变，其要义是包容、授权、合乎道德和过程导向。关系领导力在学习型组织（learning organization）里能获得最有效的实践。 37

关于本书

本书探讨了几个关键的主题，帮助我们理解复杂时代的关系领导力。我们再次请您留意，前言提供了每一章如何演进的更多细节。了解本书下列主题的重要性，将会提升你对关系领导力的理解：

- 了解你自己，了解他人，认识到在社区中你们是如何合作的。
- 了解诚信的重要性，了解道德目标和积极改变的重要性。
- 了解变革如何发生，以及为什么人们抵制或促进变革。
- 理解提升、运用个人和团队优势的重要性，发展你和别人更高层次的幸福，谋求个人与组织的共同进步。

38 下章梗概

下一章将呈现在不同时期人们是如何认识领导力的；讨论当今时代的复杂性，如何要求人们采用关系更紧密的方式来解决共同的问题。

本章练习

1. 用于架构本书的六个基本原则中，你最认同哪个，为什么？最不认同哪个，为什么？哪个最难实施，为什么？哪个最容易实施，为什么？

2. 创造一些能代替“追随者”并含有授权于他人的含义的词。当有人称你为追随者时，你感觉如何或者将会做出怎样的反应？

3. “领导力的目标是什么？”就此问题做出个人思考和回答。你的领导力目标是什么？

4. 对于你所在或者知道的社团，你认为它是最让人全心投入、合乎道德、授予权力和包容的吗？这个社团里的人们是如何授权他人、做出决策、鼓励反馈、共享权力和威信的？这个社团是如何引入和实施变革的？

5. 懂得更多的领导力知识，如何有益于你在将来的事业上或其他奋斗领域里获得更大的成功？

6. 利用学习模型，停下来精心思考你试图完成的某些事情。你的关注点是什么？你怎样才能够达成这一目标？你坚持下去的动力和意志是什么？

7. 你反思过哪些你拥有的经历并从中总结一 39
些领导力的经验？运用科博的模型描述一下该过程。

补充阅读

1. Lussier，R. N.，& Achua，C. F. (2004). *Leadership：Theory，application，skill development* (2nd ed). Eagan，MN：Thomson-West.

2. Riggio，R. E.，Chaleff，I.，& Lipman-Blumen，J. (Eds.). (2008). *The art of followership：How great followers create great leaders and organizations*. San Francisco，CA：Jossey-Bass.

第 2 章

41 领导力实质的变迁

在我们社会里，领导力常被看作一种梦寐以求的荣耀。人们在日常报纸上、课堂里、学生组织会议上、新闻广播里和晚宴餐桌上都常常提到领导力。然而，被一部分人尊崇的领导者，也会受到另一些人的谴责。要充分理解什么是好的领导力，同样重要的是要知道何为坏的领导力。（Kellerman，2004）

本章概观

本章我们将论述多年来领导力的定义和理论是如何变化发展的；我们将介绍一些关于领导力的神话和真相，还有各种关于领导力的隐喻。我们也会呈现一些从新科技进步中萌生的领导力新视角；传统的领导力研究关注领导者的行为与特质，而这些领导力的新视角更多聚焦于领导力过程。

领导力的复杂性 42

十几年来，数以百计的领导力学者们试图给领导力下定义，假定理论，进行研究并撰写文章；也有人认为理解和践行领导力只需要一般的常识足矣。正如第 1 章所提到的，领导力的社会性构建阻碍了形成单一的领导力定义，因为“对不同的人来说，领导力有着不同的含义”（Yukl，1994，p. 2）。

领导力的含义在不同国家也有所不同，因为文化规范、文化价值观和权力使用等要素有所不同。像日本这样的集体主义社会（collectivistic society）里的领导力，和像德国这样的个人主义社会里的领导力是不一样的。（Hofstede，2003）

罗伯特·豪斯（Robert House）领导的研究团队开展过名为“全球领导力与组织行为有效性”（Global Leadership and Organizational Behavior Effectiveness，GLOBE）的项目，综合研究文化与领导力的关系，研究小组定义了文化的区域维度。（Northouse，2013）他们研究了世界上处于 62 种文化中的 950 个组织。这一长期纵向研究中最有趣的发现是，研究者总结出 62 种文化中普遍受欢迎的领导力特质。一些通用的领导力特质包括：积极、追求解决问题的双赢之道、公正、诚实、乐于沟通、能鼓舞人心并建设团队。他们还发现有些领导力特质普遍不受欢迎，如易怒、不合群、独裁、不合作，以及自我中心。（Northouse，2013）知道这些普遍的特征或特质，有助于我们理解在全球范围内人们一般怎样看待好的和坏的领导力。大多数这些特质与本书所分析的各种当代领导力模型——例如关系领导力模型——有密切联系。

43 这些文化影响进一步说明了领导力研究与实践的复杂性。有学者曾评论道："有多少人试图定义领导力，就有多少种领导力定义。"（Stogdill，1974，p. 259）但仍有人相信"领导力并不是什么神秘的活动"（Gardner，1990，p. 15），领导力的任务是可以被标识的。你对领导力的理解是什么呢？

❖ 学生文选

相对于世界上许多大学的学生，伍斯特理工学院（Worcester Polytechnic Institute，WPI）的学生拥有更多的参与全球领导力实践的机会。在国外参与"互动胜任课程项目"（Interactive Qualifying Projects，IQPs）过程中，WPI 的学生通过跨学科海外团队学分项目解决复杂的社会问题，通过应对复杂的社会问题挑战来进一步开发其领导力技能。除此之外，他们在诸如周末外出旅行活动等方面，既要追求健康的生活习惯，又要注意社会环境影响。

作为在澳大利亚墨尔本完成 IQP 的两名 WPI 学生，我们感到非常幸运，并从项目中获得了非常有价值的领导力经验体会。在许多次周末短途旅行中的一次，我们驱车来到塔斯马尼亚（Tasmania），在那儿我们学到一个重要的团队领导力经验。在长达 3 小时的徒步旅行中，11 名 IQP 项目组成员很快分散成 3～4 个小组。有些人走得很快便充当前阵，而有的人只能用较慢的步伐前进。我俩中的一人只能慢下脚步陪伴落后的同伴前行，尽管与落伍者为伍不是件惬意且令人愉快的事情，但团队中的其他人都认为这是正确的选择。

假设你就是这个落后的人，想象一下你知道其他人都已经赶到前面，而只有你落在后面……这
时你需要停下来想一下什么是真正重要的：赶上先头部队——因为你有这个能力？还是陪伴落后的 44
伙伴并肩前进？

当你作为一个领导者听到这个故事，你应该快速而简单地得出正确的回答：与落伍的伙伴同行。那天徒步旅行的另外 10 个人中，只有一人放慢脚步陪伴落在后面的队员。听到这里你也许感到惊讶，也许觉得并不稀奇；无论如何这个故事完美地阐述了领导力社会变革模型（Social Change Model of Leadership）中的两个重要的概念——个性（character）与自我认知（consciousness of self）。个性常被这么描述："独处时你是什么样的人，就体现了你的个性。"个性可通过言语体现，但更易通过行为展现出来。个性是你的行为使然。（Your character is what you make of it.）在当今世界，感知即现实。你得意识到个性可能给你打开许多扇门，也可能关掉一些——这取决于你自己。

陪同落后伙伴的人在远足中展示了他的真实个性。作为一名领导者，他做了一个慎重的决定，即停下来等待落后的同伴，他知道这是正确的事。他的行动展现出一种可敬的个性。

自我认知则是：在生活中，时刻意识到是怎样的个人信念、价值观、态度和情绪驱动你在各类情境下采取行动。这是非常重要的。良好的自我认知是你增加对他人的认知的关键。作为领导者，你不仅要知道自己的情感，还必须能理解周围人们的情感。别人的言行对你可能有正面或负面的影响，你自己的言行也会对他人有影响。在远足中，停下来等待同伴的人意识到了落后的同伴的需求，而那些一个劲向前猛冲的成员没有体现出对伙伴的最起码的关心。

通过这次远足的经验，当完成全球 IQP 课程项目时，我们心中重新恢复了全球领导力的概念。 45
不同于其他类型的领导力，全球领导力并不关注成为第一。相反，它强调要先他人之忧而忧，而非先考虑自己的需求。在这个全球 IQP 课程项目中，一个人的行动恰恰代表了团体的行动——在远足

例子中，是停下来等同伴的人——相对他人而言，杰出地体现了良好的个性与对他人的关心。在你所处的团队里，在你的全球之旅中，记住那些愿意等待同伴的人……对于整个团队："我们需要等待……我们对落后的团队成员不离不弃。"

斯蒂芬·波塞利（Stephen Berselli）和布鲁克·扎普考斯基（Brooke Czapkowski）是伍斯特理工学院2013届毕业生。斯蒂芬获得理学学士学位，主修专业为管理信息系统，辅修国际研究。斯蒂芬是欧米克朗戴尔塔背靠背学生社团（Omicron Delta Kappa，ODK学生社团）的创始人兼主席，天主教学生领袖社团（Phi Kappa Theta）的执行委员，伍斯特理工学院美国大学宿舍荣誉分会（National Residence Hall Honorary Chapter）的会员，伍斯特理工学院校园导游。布鲁克获得生物化学专业的理学学士学位，是伍斯特理工学院阿尔法菲女生联谊会（Alpha Phi Women's Fraternity，天主教学生领袖社团）的发起人兼主任，担任ODK学生社团协会的副主席，高年级学生会社会部的负责人，欧米伽奥德尔国际希腊领导力荣誉学会（Order of Omega National Greek Leadership Honor Society）的会员。两人都是伍斯特理工学院领导力发展委员会的活跃成员。

抛开领导力研究中奋斗和艰辛的一面，社会迫切需要有能力、有志向的领导者站出来，为我们的社会和我们的世界创造卓越。美国前总统内阁成员和公共事业会的创始人兼前主席约翰·W·加德纳（John W. Gardner，1993）把他的文章（1965年第一次发表）命名为"反领导力疫苗"。他解释道，由于社会对领导者的不信任与日俱增，人们不再愿意接受作为领导者的挑战。无论是在正式职位上的领导者，还是不具备正式头衔的领导者，领导都是一份富有成就感、实现自我的经历。但它同时也可以是一个让人沮丧、疲惫的艰难的过程。

46 撇开对领导力学术的尖锐批判，领导力研究已经取得很多进展，我们对领导力复杂性的认识和欣赏能力已有提升（Northouse，2013；Hughes，Ginnett，& Curphy，2012）。比起20世纪初的前辈，我们对领导力已有更多了解。通过调查分析，很多领导力神话（myths of leadership）都被消除了。有些大学和学院正积极开设致力于领导力学习和实践的专业，设立领导力学习中心和学部。最新的对领导者和跟随者之间相互影响作用的研究、变化的概念、自我领导小组、领导力的个人表达和共享领导力，都让我们对领导力的理解更加深入。对一些特殊领导者的区别性的研究也获得了颇有成效的见地，这些人包括：马尔克姆·X（Malcolm X）、美国前总统罗纳德·里根（Ronald Reagan）、英国前首相撒切尔夫人（Mangaret Thatcher）、爱尔兰前总统玛丽·罗宾逊（Mary Robinson）、加拿大首任女性总理金·坎贝尔（Kim Campbell）、马丁·路德·金（Martin Luther King Jr.）等。

在理解领导力时，我们要考虑的极其重要的因素是实施领导力的条件和背景。"领导的目的是什么"，这是我们仔细分析和理解领导力过程的中心问题。推动社会运动所必需的领导力，与军事背景下特别是在战场上的领导力有着巨大差别。更多聚焦于领导过程而非单个领导者的特质与行为，将深化我们对领导力复杂性与交互性的理解。

47 领导力的神话

领导力的神话可以追溯到20世纪初，即领导力被心理学家和社会学家第一次正式提出研究的时候。在古希腊，只有那些大腹便便的人才会被看作伟大的领导者。在凯尔特人的领土上，鸟被认为是可以授予人领导权力的。从历史上看，有些人认为只有那些拥有超凡魅力的个性的人方能成为强大的领导者。领导力的神话包括：

- 领导者是天生的，而非后天练就的；
- 领导力是按等级划分的，你必须拥有一个正式的职位（有地位和权力）才会被认作一名领导者；

- 一个高效能的领导者必须拥有超凡魅力；
- 只有一种标准的领导方式；
- 不可能同时成为管理者和领导者；
- 高效能的领导者只需拥有普通常识。

领导力的真相

我们提出的“领导力的真相”（truths about leadership）是基于我们的集体调查、多年来的研究和教学，以及我们作为领导者的亲身经历。在此提出以下观点：

（1）领导者是后天练就的，而非天生的。很多人都有能力去领导一个组织、社团、家庭、行业，更重要的是能领导他们自己。一些人不会把自己当作传统意义上的正式领导者，但事实上，他们以其对变化的承诺、价值观和行动，正影响着他们所在的组织。领导者并非天生就拥有使其成为领导者的内在特性和技能。（Gardner，1990）一个人所处的环境能够影响其领导技能和兴趣的发展。（Hughes，Ginnett，& Curphy，1993；Komives，Owen，Longerbeam，Mainella，& Osteen，2005）

48
（2）在今天的流动性组织（fluid organizations）里，领导力存在于各个层次等级。先进性的组织正努力使它们的组织扁平化，赋予组织成员更多的权力来参与领导力过程。曼茨和西姆（Manz & Sims，1989）的自我管理小组概念就是一个例子，处于工人等级的人们对高层决策和组织过程及成效的行为控制都负有责任。人们在其工作生活中，通过共享经历找到价值，以及获得授权感，为组织做出贡献。

（3）拥有超凡魅力的个性并不是领导力的先决条件。魅力非凡的领导者是那些“对跟随者有深远与非凡影响的人”（Yukl，1994，p. 318）。魅力超凡的领导者通常都被描述成对权力有强烈渴望的有远见卓识的人；领导者也被称作印象管理者，他们拥有非凡的能力去激励他人并为他人树立榜样。（Yukl，1994）然而，许多高效能、有成就的领导者并不是魅力超凡的。在每一个魅力超凡领导者的积极例子之后，我们总会找到一个消极例子。例如，马丁·路德·金就被认为是一个积极的非凡领导者，他带领一个国家的公民为争取公民权益而奋斗；而阿道夫·希特勒（Adolph Hitler）就被认为是消极的非凡领导者，他让一个国家的人们因种族、宗教、性取向或者身体缺陷而无知地、冷酷地杀害成千上万的无辜者。

（4）没有一种放之四海而皆准的方式去领导 49
某一组织或团体。在个人层面，一个人的领导方式或风格可能会受其性别、文化背景或个人价值观的影响；在组织层面，组织背景和条件决定了所需的有效领导类型。领导平民志愿者组织所需的领导方式与领导一个营利组织的领导方式大相径庭。

（5）一些领导者和学者认为，区分管理过程与领导过程是十分重要的。（Bennis & Nanus，1985；Gardner，1990；Zaleznik，1977）加德纳在区别管理者和领导者方面颇有建树。他定义管理者为“那些在组织里被打上指导性地位标签的人，他们指挥组织运作的过程，精明地分配资源，尽可能地合理利用人力资源”（Gardner，1990，p. 3）。在加德纳看来，管理者是紧紧地与组织或机构捆绑在一起的，而领导者可能根本不附属于一个组织。弗洛伦斯·南丁格尔（Florence Nightingale）就是这样一个领导者的代表。然而，另一些人觉得这种区别意义不大，他们把管理和领导等同使用，二者可以相互替换。（Yukl，1994）

另外一种观点认为管理者专注于以正确的方式做事，而领导者则致力于做正确的事情。（Zaleznik，1977）管理和领导是有区别的，但在这两个过程中往往又存在功能重合。（Gardner，1990）如果一个领导者能同时完成管理任务，例如资源分配和系统组织，那么成为一个有效的管理者并
表现出色是理所应当的。在一些理想情况下，一 50

个人可以同时成为有效的领导者和有效的管理者。如果可以区分的话，在组织里，领导和管理的功能都是必要的。最重要的是，能够辨别何时以及如何在领导过程中促进管理和行政职能，并能发现谁最有优势来执行这些任务。

（6）领导力是一门可以教授的学科。（Gardner，1990；Parks，2005）任何一个有意成为领导者或愿意承担领导责任的人都可以被教授一定的技能和方法。领导力不仅仅局限于普通常识。凯瑟琳大帝（Catherine the Great）、约翰·F·肯尼迪（John F. Kennedy）、希丁·布尔（Sitting Bull）和哈丽特·塔布曼（Harriet Tubman）成为伟大人物并非偶然。他们有使命或者目标，他们的生活经历塑造了他们的价值观并磨砺了他们的才能。领导力学习和成长为领导者是一个终身的过程，其间包括准备、体验、试验和出错、自我反省和从成败中学习的意志。你的领导力发展过程或许在你领演小学6年级的话剧时就开始了，又或者在你50岁成为当选要员或社区积极分子时才开始。

领导力的定义

领导力研究始于20世纪早期，历经数十年，
51 已经产生了数以百计的领导力定义。（Rost，1991）虽然“领导者”这一术语可以追溯到1300年的英语语言中，但“领导力”一词在19世纪才出现，而且只用于政治影响力范畴。（Greenwood，1993；Stogdill，1974）从1900到1929年，对领导力的定义也只有数十条。在20世纪80年代，我们见证了学界对领导力定义的强烈兴趣，来自各学术领域的学者们创造了110种领导力的定义。（Rost，1991）

在早期，穆姆福特（Mumford，1906—1907）把领导力定义为“某一个或一些群体中的个人在社会现象的控制过程中的盖人之处”（转引自Bass，1981，p. 7）。穆姆福特把领导者描述成事件的操控者并暗示其对人的控制。像穆姆福特这样的早期定义通常都把领导力描述成一个人操控着他人或者劝诱他人服从其命令。

当代的一些定义把领导力描述成一个基于共同目标、向着特定行动和变化迈进的关系过程。大部分现代定义所包含的另一个常见要素是领导者与跟随者有一定程度的互动，他们共同合作以达成一定的目标或特定的行动，这种互动通常都以一定的影响力为基础。例如，加德纳（Gardner，1990）定义领导力为“劝说过程，或者一个个体（或领导小组）劝诱一个团队，去追求领导者所设定的或领导者与其跟随者所共享的目标的范例”（p. 1）。罗斯特（Rost，1993）定义领导力为“领导者和合作者之间的一种影响关系，为此，他们致力于共同目标实现真正的变化”（p. 99）。领导力学者、《寻找你自己的声音：如果你想脱颖而出，学着去领导吧》（*Finding Your Voice: Learning to Lead … Anywhere You Want to Make a Difference*）的作者拉雷恩·马图萨克（Larraine Matusak，1996）表示，领导力过程需要“动员、引导一个团队，并与之协作完成改变”（p. 5）。

在此我们再次强调，正如关系领导力模型所
定义的（将在下一章讨论），领导力是人们共同合 52
作致力于完成积极变化的关系过程和道德过程。领导力与组织成员之间的互动，为深入理解领导过程的复杂性提供了有益的帮助。

以上定义意在何处？它们为什么重要呢？我们对领导力如何在现代组织里发挥作用的理解，受到了伴随时代发展而出现的领导力定义和领导力理论的整体框架的影响。众多的学术领域——例如人类学、心理学、历史学、社会学、艺术和哲学——都加入并丰富了如何研究和实践领导力的跨学科范畴。我们如今对领导力的理解比19世纪深刻得多，当时领导力的学术定义只有一个。今天，我们知道领导力不存在同一绝对的定义。这迫使我们又回到这样的问题上来：在确定哪个领导力定义最符合特定条件或情境时，领导力的目标是什么？

领导力的隐喻性定义

也有人用隐喻的有趣方式来定义领导力，隐喻（metaphors）也就是“比喻语言：用于指示该种物体或想法的一个字或词组，在别处用来指示相似性或比拟的修辞方法”（《韦伯斯特新大学词典》第9版，1986，p.532）。科恩和马奇（Cohen & March，1974）和维克（Weick，1979）提供了大量的例子，说明如何通过隐喻来描述和理解领导
53 力和组织。科恩和马奇（1974）用了8个隐喻来描述我们可以如何看待大学的管理和大学校长的职能：竞争性市场隐喻（competitive market metaphor）、管理隐喻（administrative metaphor）、集体讨价隐喻（collective bargaining metaphor）、民主隐喻（democratic metaphor）、民意隐喻（consensus metaphor）、无政府隐喻（anarchy metaphor）、独立司法隐喻（independent judiciary metaphor）和公决专制隐喻（plebiscitary autocracy metaphor）。隐喻例子能让我们更清晰、更直观地理解一个概念、过程或者现象。

一个常见的现代隐喻把领导力比作一支管弦乐队或交响乐团。想一下交响乐指挥和演奏者们的角色和任务。指挥负责引发挖掘每一位交响乐演奏者的艺术才能和天赋，而演奏者们共同合作、演绎乐章。成功的爵士乐队或交响乐团不可或缺的恰恰是演奏者们如何出色地和谐演奏。同样，领导力的过程也是如此。

彼特·威尔（Peter Vaill，1991）把管理比作艺术表演，以此描述管理和领导的艺术性质。威尔鼓励领导者把“行动看作艺术表演”（p.117），由此可以审视部分和整体，以及两者间内在的联系。在艺术里，形式很重要。威尔用例子说明了在衡量过程和结果的重要性时结果是否可以决定方法手段，他阐释了形式和质量过程本身就存在于管理和领导力之中。

马克斯·德·普雷（Max De Pree，1989）也把领导力阐述为一项艺术，并把领导力过程类比为“一种信仰、一种心灵状态”（p.148），而不是一种科学或者一份任务清单。德·普雷的艺术隐 54
喻把领导力描述成一些不可见的东西、一套价值观、信念、人的工作和热情的密切度。他还继续说：“从根本上说，艺术领导力的那些可见信号表现在实践中。”（p.148）德·普雷也用了爵士音乐家的隐喻来解释领导力过程：

> 爵士乐队队长必须负责挑选音乐、找到合适的演奏者，还要公开表演。但是表演的效果好坏依赖很多因素——环境、乐队演奏的志愿者、每一个人的独奏和与团队的合奏、队长对乐队成员的绝对信任、队长（领导者）所需要的每一位成员（追随者）的出色表演。这是对一个组织多好的总结！（Max De Pree，1992，pp.8-9）

在阐释融合整体、重视个体、展示公共利益重要性和让人们实现其才能与天赋上，德·普雷的领导力的爵士乐队隐喻是很有说服力的。领导力的爵士乐队隐喻说明了现今组织和团体里的新兴领导力模型。

罗斯特（Rost，1993）把领导力比喻成片段事件（episodic affair）。“每当人们实施领导力时，他们都会融入一个被时间、主题、具体的领导者和合作者、地点和场合所限定的过程里……这成为人们生活中的片段。”（p.103）那么，领导力就是特定的时间、特定的地点和特定的情境，个体在这些片段时刻中体验领导力。例如，领导力不会固定地在人们工作或服务社区的每一时刻里发生，人们往往“片段性地践行领导力——10分钟在这儿，半小时在那儿，现在15分钟，晚些时候是两个小时”（p.103）。

我们再看看这样的一个隐喻——“背跃式跳 55
高”（Fosbury Flop），用来描述领导力范式的变更（McFarland，Senn，& Childress，1993）：

> 在多年前的跳高运动中——从高中田径比赛到奥林匹克运动会——赢得跳高项目冠

军的运动员，无论男女，总是使用传统的跨越式。直到迪克·福斯贝利（Dick Fosbury）出现并创造了一种全新的跳跃方法，后来被称作“背跃式”。很快，如果你不能把跨越式的老方法改掉，换用全新的、更有效的背跃式跳法，你就会丧失比赛资格。（p. 184）

对于我们所处的变化世界里的领导力也是如此。我们的技术在变，我们的人口特征在变，邻里的概念在变，我们的宗教在变，我们学习的方式在变，我们通过社会媒介交往的方式已经改变了关系的形态。或许测试我们能否领导一个活跃的现代组织的首要考验就是，我们能否做到领导力的“背跃式”转换。Facebook 网站的创造者和平板电脑的发明者非常好地理解了这种转换。

领导力理论的演变

接下来，我们将探索领导力理论的发展进程，让你饱览其中几个主要的理论。这会给你提供对领导力理论的概念上的理解。领导力理论的信息如此之丰富，本章将成为全书领导力理论的基础。本章附有一份领导力理论演变小结（见表 2—1），查阅此表，你将获得更深入详尽的领导力理论描述和分析。

56 说领导力是一种复杂和难以捉摸的现象，一点也不过分。在不完整的领导力理论和不充分的领导力研究中前行，如同在沼泽里跋涉一样让人困惑。领导力的跨学科性质增加了它的语境丰富性，也丰富了领导力作为艺术形式的隐喻。

另一种隐喻亦可用于描述领导力理论和研究的状态：领导力就像一个原子。（Van Fleet & Yukl，1989，p. 65）在早期的原子研究里，有人提出原子“被认为是构成物质的最简单、单一的不可分粒子”（Van Fleet & Yukl，p. 65）。正如早期人们对于原子的科学猜想，在将近一个世纪之前，领导力也被看作一种简单、可预测和非复杂的结构。也正如原子，当领导力被放到社会和行为科学家的显微镜下时，人们发现领导力有很多特性和形式。（Van Fleet & Yukl，1989）“对此，我们曾认为领导力只是一个相对简单的结构，而现在我们承认它是一种复杂的社会现象。”（Van Fleet & Yukl，1989，p. 66）无论领导力研究有何明显缺陷和人们对其怎样批判，这一领域显然已经具有“充满活力和令人崇敬的智慧历史”（Heilbrunn，1994，p. 66）。

有很多方法可以把历史演化中不同时代的领导力理论进行分类。根据本章目的，领导力理论将被分成如下几类：伟人方法论（great man approaches）、特质理论（trait approaches）、行为理论（behavior approaches）、情境权变理论（situational contingency approaches）、影响力理论（influence approaches）、混沌理论（chaos theories）和交互（互动）式领导理论（reciprocal leadership approaches）等。我们将描述影响学者和实践者对 57
领导力理解的一些重要理论。这些不同时代的领导力理论汇总在表 2—1 中。

伟人方法论

伟人方法论出现在特质理论之前。达尔文进化论思想支配着 19 世纪的众多理论，在其影响下，领导力被认为是基于遗传特性的。（Bass，1981）伟人传说植根于被赋予权力和影响力的统治帝王及其官宦兄弟，人们认为近亲联姻能够产生比低级阶层高贵的贵族阶层。（Bass，1981）像圣女贞德和凯瑟琳大帝这样的伟大女性却不被认为是拥有内在和天生禀赋的领导者范例。

特质理论

在 20 世纪早期，伟人方法论让位于特质理论。特质理论的出现标志着第二代领导力理论的兴起。如果领导力依赖的不是领导者是谁，那么人们就可以从那些被认为是领导者的人所具有的性格特征中理解领导力。人们假定，领导者是具有特定特质或性格的，例如智慧、高度和自信，

表 2—1　　**领导力理论演变小结**　58

方式	时期	主要猜想	主要批评	
伟人方法论	19 世纪中期到 20 世纪初	领导力发展以进化论原则为基础；领导者是天生的，不是后天培养的；领导者有天赋的权力和影响力	科学调查显示，领导力并不基于遗传因素；领导力被认为只存在于一小部分个人身上	
特质理论	1904 年到 1947 年	领导者拥有超人的或者天赋的品质；特定个人拥有天生的领导才能；领导者拥有区别于追随者的特质	此方法论并不考虑情境变量；很多特质都太模糊或太抽象，无法衡量与观察；研究结果不能把特质与领导力效能充分联系起来；大部分特质研究忽略把领导力行为和追随者动机作为调解变量	
行为理论	20 世纪 50 年代到 20 世纪 80 年代初	只存在一种最好的领导方式；对人和生产或关怀和定规表现高度关注的领导者是高效能的领导者	情境变量和团队过程被忽视；研究无法指明具体情境需要哪种具体相关的领导力行为	59
情境权变理论	20 世纪 50 年代到 20 世纪 60 年代	领导者依据不同情境有不同的表现；情境决定谁可能成为领导者；不同情境需要不同的领导力行为	大部分的权变理论都是模糊的，很难产生确切的、可验证的命题；理论缺乏确切的量化	
影响力理论	20 世纪 20 年代中期到 1977 年	领导力是一种影响力或者社会交换过程	关于有效的领导魅力在领导者—跟随者互动上的作用需要进一步研究	
交互（互动）式领导理论	1978 年至今	领导力是一个关系过程；领导力是一个共享过程；重点在追随力上；领导力是参与者的结果，或是领导者对共同事项或变革倡议的互动；领导力结果导致社会变革	不够清晰，难以全面量化；魅力型领导力与变革式领导力的相似之处与差异需要进一步区别分类；合作、变化和授权的过程难以取得并进行量化；缺少显示确切组织变革的证据	60
混沌理论或系统论	1990 年至今	尝试在一个复杂、快速变化的背景下对领导力进行描述；领导力是一个关系过程；控制是不可能的，所以领导力是一种影响的关系；强调系统的重要性	缺乏深入的研究；一些概念难以定义和理解；整体分析难以实现和测量；难以对动态的、流动的环境或情境中的变化过程进行量化分析	
诚信领导力理论	1990 年至今	领导力是真实和透明的；真实、诚信产生于领导者和参与者的互动；领导力发展与时俱进；以积极心理学行为和特质为理论基础；领导力是受明确的道德范畴驱使的价值和目标	由于过于复杂，难以确切量化和定义结构；模型和理论尚处于形式阶段；对战略的应用缺乏深入研究	61

这些特质把他们与非领导者区别开来并使他们获得成功。（Bass，1981，1990；Yukl，1994）特质
62 理论提炼出许多的个人特质，认为只要个人拥有这些非凡品质，成功的领导力就可以实现。基于特质理论的研究问题集中在：什么特质把领导者和其他人区别开来？区别的程度如何？（Bass，1993，p. 38）以“某一场景下的领导者在别的场景下未必是领导者”（Greenwood，1993，p. 7）为前提，拉夫·斯托格迪尔（Ralph Stogdill）对特质理论提出了异议。总的来说，研究成果无法提供确保领导者取得成功所必需的一系列特质特征；这为领导力研究的行为理论开辟了路径。（Rost，1993）“领导者做什么”比“领导者是什么”变得更能吸引人们的注意力。

行为理论

人们常用“一种最佳途径”这句话来描述领导力行为理论，因为该理论提出了存在着一种最佳的领导方式的概念。（Greenwood，1993；Phillips，1995；Van Fleet & Yukl，1989）如果领导力不能为领导者特质和个性所解释，那么，大家的注意力就会转移到领导者所做的事情上来——领导者行为、技巧和风格。行为理论包括分析“管理者在工作中实际做了什么”（Yukl，1994， p.12），还牵涉到管理的活动、角色、功能和责任内容。通过对比高效能领导者和低效能领导者的行为研究，意在发现两者间的差别。（Yukl）在历史上，心理学很大程度地影响了行为研究，推动20世纪50年代到60年代领导力知识的发展。（Hughes，Ginnett，& Curphy，1993）

63 俄亥俄州立大学和密歇根大学的领导力行为研究，被公认是行为理论的开创性研究。（Yukl，1994）俄亥俄州立大学的研究结果提出了管理下属行为的两个维度：关怀维度（consideration structure）和定规维度（initiating structure）。关怀是指“领导者对下属表现友好、支持和关怀，以及注意维护下属福祉的程度”（Yukl，p.54），定规维度是指“在实现团队正式目标的过程中，领导者界定、构造自己与下属的角色具体细致到什么程度”（p.54）。因为这两个维度相互独立，所以，领导者可能表现为在关怀维度上高，而在定规维度上低；领导者也可能同时在关怀维度上和定规维度上都呈现高的态势。布莱克（Blake）和穆顿（Mouton）提出了一个双因素方法论：关心人和关心生产。他们于1964年在此基础上提出“管理方格模型”（The Managerial Grid Model）。（转引自Greenwood，1993；Yukl，1994）依据这一模型，相关研究得出的结论是：高效能管理者同时高度关注员工和关心生产。

密歇根大学领导力行为研究包括“领导者行为、团队过程和团队绩效计量等的关系识别”（Yukl，1994，p.59）。区别高效能管理者和低效能管理者的行为有三类：任务导向行为、关系导向行为和参与性领导力。研究显示，领导者大多专注于高绩效标准。类似于俄亥俄州立大学的研究，密歇根大学的研究显示，有效的领导者行为
64 依情境变化而变化。时至今日，几乎没有领导者行为的研究能够表明，哪种具体的行为适合于哪个具体的情境。（Yukl，1994）人们对行为理论的主要批判就是：它为复杂问题提供了简单的解释（Yukl，1994），某些领导力行为并没有产生出具体的成果。（Northouse，2004）大部分的领导者行为研究都忽略了情境变量和团队过程。有些研究结论具有不确定性和不一致性，这就为情境权变理论的诞生敞开了大门。

情境权变理论

情境权变理论（Situational Contingency Approaches）认为领导者应根据环境或情形的不同，采取不同的理论和行为。情境决定谁会成为领导者——领导者是“情境的产物”（Bass，1990，p.38）。研究的主要的问题是：“领导力的效果是如何随情境的不同而不同?”（Yukl，1994，p.285）权变理论体现在通过调节情境变量来分析领导力的效果。（Yukl，1994）情境理论则强调分析领导力行为不能在真空中进行，必须包含情境要素。（Bass）

“最不愿共事者”（The Least Preferred Co-Worker，LPC）模型和途径—目标理论（the Path Goal Theory）是情境权变理论的两个主要理论。费德勒（Fiedler）在20世纪60年代中期开发了“最不愿共事者”模型（一个量表问卷），描述了情境如何调节领导者特质和作用的关系。（Yukl，1994）这种权变领导理论聚焦于情境对领导行为有效性的重要影响。途径—目标理论由乔革波罗斯（Georgopoulos）等人在1957年最先提出，后来被罗伯特·豪斯（Robert House）在20世纪70年代应用，并广为人知。（Van Fleet & Yukl，1989）范弗利特和尤克尔（Van Fleet & Yukl）这样写道：

> 如果团队的一个成员认为高生产力是个 65
> 人达到目标的轻松途径，那么他/她将会成为一个高效的生产者。另外，如果其目标可以通过其他途径达到，那么这名成员就不大可能会成为一个高效的生产者。团队领导者的任务是，增加对下属绩效的回报奖励，使他们通向目标的道路更清晰、更容易。（p.71）

员工个人特质和工作环境是与途径—目标理论相关的两个权变变量。技能、需求和动机决定了员工的个人特质，而任务结构、正式权力、组织系统和工作群体从整体上决定了工作环境。（Van Fleet & Yukl，1989）领导者行为的作用因

情境因素变化而不同，这便是任务和下属的个性特征。这些变量影响他人对特定的领导行为模式的偏好，进而决定了领导者对下属满足程度的影响。（Yukl，1994，p. 286）对这一理论的担忧在于支持性研究的缺乏、下属责任和能力之间不明确的关联性以及下属的发展程度。（Northouse，2004）

影响力理论

在 1924 年和 1947 年，德国社会学家马克斯·韦伯（Max Weber）在管理领域使用“魅力”（charisma）这一术语来描述影响力。他认为影响的形式并非依据传统力量或正式权威，而是依据追随者对领导者天生的特殊品质的一种感知。
66 （Yukl，1994，p. 317）有趣的是，魅力型领导力（charismatic leadership）最初出现在政治运动、社会运动和宗教运动中，在这样的背景下，领导者会在危机中脱颖而出，并表现出解决问题的远见卓识。（Bass，1990；Yukl，1994）直到 1977 年罗伯特·豪斯正式提出魅力型领导力理论，即可以通过一套可测量的变量进行解释的理论，关于魅力型领导力的研究才趋于成熟。（Yukl，1994）

对于领导者，魅力归功于追随者，有赖于追随者的感知、领导者的成就、环境背景以及个人和团队的需求。魅力型领导力理论由以下几种理论构成，包括豪斯的魅力型领导力理论、魅力归因理论（attribution theory of charisma）、魅力型领导力自我概念理论（a self-concept theory of charismatic leadership）、魅力型精神分析与社会感染解释理论（psychoanalytic and social contagion explanations of charisma）。（Yukl，1994）这些理论可能会依据影响力过程的相关变量，以及对魅力型领导行为如何定义而有差异。

豪斯的魅力型领导力理论的应用具有明显的综合性，他提出了一系列可验证的命题。他的理论“解析了魅力型领导者如何施展行为表现，怎样与众不同，以及在哪些情况下最具魅力”（Yukl，1994，p. 318）。

促进魅力型领导力的条件包括遭遇危机的次数和追随者愿意挑战现状的程度。（Hughes，Ginnett，& Curphy，1993）魅力型领导力作为一种在领导力情境中的实践标准受到了各种各样的评论。追随者对个体领导者过多的戒备（畏惧）可能会产生一种危险的境地，据此，个体领导者会滥用权力或者传播一种空想愿景。（Yukl，1994）
正如前面所提及的，如同有积极正面的魅力元素 67
存在一样，社会也存在消极负面的魅力元素，这些玷污社会的魅力元素力量极大，影响力极强，可能使别人走向死亡，使组织走向毁灭。凯勒曼（Kellerman，2004）补充道，从负面领导力或领导力的黑暗面中我们可以学到很多东西——领导者们创造并维持了致使组织毁灭的负面的组织文化的同时，也驾驭维系了人们的生活。“我们必须牢牢掌握领导力的两种矛盾对立面：好的领导力和坏的领导力。”（Kellerman，2004，p. 14）

交互（互动）式领导理论

自 20 世纪 70 年代末以来，相继诞生了一系列领导力理论，这些理论关注领导者和追随者互动之间的关系和交互的实质。这些理论强调领导者和追随者之间的共同目标和动力，提升了追随者在领导过程中的重要角色。换言之，这些理论主张领导力不应当仅仅是领导者作用于追随者，领导力是领导者和追随者有意义地参与的过程，在此过程中，重视参与者的贡献，共享权力，把领导看成相互依存的人们之间的一项包容性活动。参与者被授权施展领导才能，为实现组织的愿景做出积极的贡献。有些情况下，参与者会转换成领导者。领导力的过程包含了所有人不可或缺的角色作用，包括参与者的角色。我们称这些理论为“交互式领导理论”（reciprocal leadership approaches）。

68 有些社会运动的例子可以说明这些理论的应用，这些例子包括民权运动、女权运动、同性恋权利运动、反对或支持堕胎的运动、反战运动、环保运动和最近的“占领华尔街”运动。历史上的这些社会权利运动联结了世界各地人们的力量，推动了各类政策、措施、机构与整个国家的改变。有的社会运动还未完成其使命，随着推进共同目标的人们网络化的日益发展，这些运动方兴未艾。这些社会运动以合作的性质使大量的人们参与进来，汇集了多样化的利益与多元化的人们，使其通过创立愿景与执行策略，实现深刻而长期的变革。

❖ 学生文选

我对“占领华尔街”运动的关注始于去年秋天，当时我的伦理学教授给我们播放警察暴力对抗抗议者的视频。看到宪法第一修正案赋予我们的权利被国家的公仆如此暴力地侵犯①，我决定更深入了解“占领华尔街”运动。随后的季度我广泛研究这一运动，并在本季度成为占领芝加哥运动的积极参与者。占领运动被称为自发运动或无领导运动（leaderless movement），不是因为它真的没有领导者，而是因为所有成员都是领导者。通过跟朋友家人分享我的研究成果，我用自己的方式进行领导。我确信，如果我们用好伟大祖国所赋予我们的民主权利，我们就能实现美好的变革。

米沙尔·库雷希（Mishal Qureshi）是德保罗大学（DePaul University）国际研究专业的大三学生。她是阿瑟·J·施密特奖学金（Arthur J. Schmitt Scholar）获得者，学生领导力协会的成员；她还是“芝加哥民选”（Chicago Votes）这一非营利性组织的组织者，芝加哥各地社会运动的积极支持者与参与者。

69 有几种理论属于交互式领导理论。在本章，我们重点学习我们认为比较重要的理论，因为它们与下一章讲述的关系领导力模型相关联。这些重要的理论有服务型领导力（或仆人式领导力，servant leadership）理论、变革型领导力（transforming leadership）理论、复杂性领导力（complexity leadership）理论、共享型领导力（shared leadership）理论和追随力（followership）理论等。

服务型（仆人式）领导力理论

服务型（仆人式）领导力首先把领导者看作“仆人”，一个首先愿意服务他人的人。这样的“仆人”通过关心他人或组织的迫切需求，把自己转变为领导者。（Greenleaf，1977）服务型领导者参加某一俱乐部、社团或社会活动的唯一目的是服务他人，因而变得与众不同，他们参加这些活动并非要领导别人或给自己的经历增光添彩。特蕾莎修女（Mother Teresa）的形象就是公认的服务型领导者。（Rogers，1996）在当地社区里，这样的服务型领导者的例子随处可见，为了他人，他们倾心建设社区使之变得更加美好。这些服务型领导者可以是居民、本地商人，也可以是社区活动组织者或政治家。

服务型领导者认为“执行官、员工、主管和董事在维系组织信任，在为社会创造更大财富的过程中都扮演着重要的角色”（Spears，1995，pp. 6－7），这些都是领导力过程交互性的实质。彼得·布洛克（Peter Block，1993）将此概念比作“管家”（stewardship）。在服务型领导力过程中，领导者和参与者都是组织的管家，他们致力于关心他人和组织的需求，升华组织的使命和价值。

服务型领导者与想领导一个组织的人（谋求 70

① 美国宪法第一修正案赋予公民言论、出版、集会、向政府和平请愿等自由。——译者注

官职的人）的最大区别，就是服务型领导者把别人的需求放在自己的需求之前。有人加入学生会是因为她想给学生社团提供更好的学术服务和建议，这就是服务型领导者的例子。有人加入学生会是因为她想竞选职位，也许某天成为主席，这是有领导抱负的例子。服务型领导的最终目标是帮助那些想成长的人，使自身变得更智慧，更有力量，获得相互依存或独立，成为服务型领导者。

对服务型领导力理论，研究者的主要批评是它带有负面的标签，并且难以用可测量的指标来检验理论模型。（Northouse，2013）进一步地，其他研究者认为这一理论强调了领导者是领导过程的主要因素，而追随者在这一理论中扮演了更传统或被动的角色。

变革型领导力理论

变革型领导力理论是交互式领导理论的一个主要理论，由詹姆斯·麦格雷戈·伯恩斯（James MacGregor Burns）于 1978 年提出。伯恩斯（1978）把变革型领导力定义为“领导者和追随者相互提升更高水准的道德和动力的过程”（p. 20）。
71 变革型领导力会产生一种互相激励、互相提高的关系，在此条件下，追随者会转变成领导者，领导者可能转变成道德代言人（p. 4）。领导者感染、吸引追随者的地方在于高尚的理想和道德观念，比如自由、公正、平等、和平与人道主义，而非负面的情绪如恐惧、贪婪、嫉妒和憎恨。（Yukl，1994，p. 351）

变革型领导力理论的假设前提是领导力与追随者的需求和目标密不可分。领导者与追随者关系的本质是人们之间的互动，是那些体现不同动机层次、不同潜力（如技能水平）的人们为追求共同的或至少是合伙的目标的一种互动合作。（Burns，1978，p. 19）权力是用来实现共同目标的，而非用于剥削或操纵他人。因此，变革型领导力理论的独特方面在于它的道德成分。

变革型领导的最终目标是领导者和追随者相互提高，使伦理志向和道德行为（ethical aspirations and conduct）达到更高水平。伯恩斯认为变革型领导能被领导者和追随者在所有不同层次的组织中实践。经常被人们公认的变革型领导者有甘地、约翰·肯尼迪、特蕾莎修女、马丁·路德·金、亚伯拉罕·林肯、富兰克林·罗斯福。（Bass，1990；Burns，1978）那些正面的领导者或角色榜样，恰恰就是这些被人们高度认可的变革型领导者。（Bass，1990）

伯恩斯（1978）对变革型领导力和交易型领导力进行了比较，主张领导者和追随者的互动关系有两大类：变革型领导和交易型领导。伯恩斯把交易型领导定义为“一个人为交换有价值的东西而主动与他人交往的过程”（p. 19）。一个领导 72
者的行为有可能既包含交易型领导又包含变革型领导。交易型领导更加观照追随者的个人利益，而变革型领导更加观照领导者和追随者两者的高尚理想和道德价值。（Burns，1978；Yukl，1994）

例如甘地，作为一个变革型领导者，他满足了成千上万印度人民的希望和要求，使他们的生活和个人品质都得到了改善和加强。（Burns，1978，p. 19）若某一政治候选人承诺建设更多学校来拉选票，这就体现了交易型领导力。表 2—2 列举了变革型领导力与交易型领导力的基本价值观。（Burns，1978；Yukl，1994）

对这一理论的批评主要集中在整体上缺乏明确性和确切性。因此，虽然这一领导力理论模型被广泛研究，但很难实证检验。（Northouse，2013）此外，变革型领导力实际上把个人和组织变革到什么程度，这也很难衡量。变革型领导力的属性包括其伦理道德维度，这一理论对精英领袖的关注导致有人批评它过于“以领导者为中心”（Northouse，2013）。

表 2—2　变革型领导力与交易型领导力

变革型领导力	交易型领导力
基于更高或终极价值	基于交换或形式价值
秩序	诚实
平等	公平
独立	责任
自由	法定程序
正义	勇气

73 复杂性领导力理论

交互式领导理论特别关注非正式领导者（无正式职位的领导者），关注创建愿景，以及使愿景变为现实。而复杂性领导力理论则反映了网络式世界，包括社区、大学或学院以及各类组织等的现实情况。我们生活在一个非线性的世界，这要求我们个人与人类整体要学会适应复杂的变化、混沌和诸多不可预测的事件。在我们所处的知识经济时代，推进领导力的研究与领导力实践，就必须理解这些复杂性。“对于领导力的理解，许多人没有意识到领导力不应该仅仅局限于个人或几个人之间的影响作用，反之，它存在于一个复杂的大量互动力量的相互作用的过程中。”（Uhl-Bien，Marion，& McKelvey，2007，p. 302）利希滕斯坦、尤尔-比恩、马里恩、西尔斯、奥顿、施赖伯（Lichtenstein，Uhl-Bien，Marion，Seers，Orton，& Schreiber，2006）将领导力定义为：

> 领导力是发生在人和思想的互动空间里的一个动态过程。也就是说，领导力是动态的，它超越了单独个体的能力；它是相互作用、应对压力的产物，是认识和理解上控制变化的规则交换的产物。(p. 2)

这些学者建议，我们应该从重点关注单个领导者转向关注一个领导力事件，这一事件被定义为“一个被感知的行动片段，这一行动的意义产生于相关行动者的互动”(p. 2)。

复杂性领导力理论把重点放在领导过程中所有相关者的互动，并且视领导力为情景事件（episodic event），这一事件可能包括也可能不包括正式的（有职位的）领导者的参与。变化的情形可能归因于领导者驱使，但变化的直接来源是领导
74 力过程中所有相关者的动态互动。复杂性领导力理论的前提是：各类组织是复杂的、非线性的，领导力本身是组织成员与合作者关系互动的结果。(Lichtenstein et al.，2006）在这一理论中，关注的重点不再是单个领导者的行为及其影响，而是作为一个集体的参与者之间的互动。尤尔-比恩等（2007）强调了人们和其所处环境有相互依赖的本质关系，这一强调基于以下观察：“代理人（agents）彼此必须相互依存，这意味着代理人或代理人集合体的富有成效的福祉有赖于他人的富有成效的福祉。”（p. 303）

“占领华尔街”运动为复杂性领导力理论提供了一个现实案例。这一社会运动不归因于一个单一的领导者，人们运用系统性思考来组织运动，提出共同目标，最终沿着人们的一套复杂的互动过程推动“占领华尔街”运动的演化发展。领导力产生于互动的空间，一边是“占领华尔街”的各项活动，另一边是人们基于网络思考解决问题的思想。总之，复杂性领导力理论通过组织各个层面人们的相互影响和相互作用，充分体现了领导力的创造、学习和适应性响应（adaptive responses）等特征。

适应性领导力理论

与复杂性领导力理论相一致的是适应性领导力理论，适应性领导力被定义为“一个互动事件，这一互动中知识、行动偏好与行为改变驱使组织更加适应环境”。适应性领导力并不意味着追随者一定要跟随领导者的意愿，相反，当参与者（代理者）相互作用产生适应性结果时，领导力便随之发生。（Lichtenstein et al.，2006，p. 4）适应 75
性领导力呼吁组织各层面的参与者发挥其优势与才华，解决复杂问题，实现有效变革。如同复杂性领导力理论，它是通过组织成员的相互作用来生成意义、达到目的、最终实现领导力的。

在这一模型中，压力也会影响领导过程，并导致适应性变化。（Lichtenstein et al.，2006）压力可以用作一种实现创新、产生新知识和新观点的方式。领导力的后工业范式（postindustrial paradigm of leadership）把解决团体面临的压力视为正式领导的一种职责。适应性领导力要求参与者以积极的眼光看待压力的价值，视之为产生新想法和促成良好的领导效果的途径。“适应挑战（adaptive challenges）并不是简单服从权威命令或遵循标准的操作程序，而是需要探索、做出新发现和调整。”（Uhl-Bien，Mario，& McKelvey，2007，p. 300）在应对挑战的过程中，组织成员和领导者共同学习新的方法，及时解决问题。

(Heifetz & Linsky，2002）“他们/她们贡献新思想和新观点，扮演‘魔鬼辩护士’[1] 的角色，直面诸如‘桌子上的大象’这样显而易见却被大家尽量回避的问题。”（Uhl-Bien et al.，2007，p. 311）海菲兹和林斯基（Heifetz & Linsky，2002）断言：“若人们期待权力或权威为适应性挑战提供简单的答案，那只会产生功能性障碍，以失败告终。”（p. 14）当今各类组织与群体面临的很多复杂的适应性挑战，是无法简单通过什么规则手册或标准的操作手册来解决的。

复杂性领导力理论与变革型领导力理论有所不同，后者提出领导者要提升他人的道德水平与领导力水平，而复杂性领导力理论呼吁组织的所有成员主动参与领导过程，使责任贯穿
76 于组织的始终。组织成员具有了领导身份符号，承担领导职责，主动参与变革，引发创新。他们不再依赖正式的（有职位的）领导者为其指明方向、授权或肯定其工作。在复杂性领导力过程中，正式领导者更多的是从事战略性的任务或者担当组织的各种外部角色。在知识经济时代，人们的学习能力以及人力资本中的情感和社交智力已成为领导力过程中至关重要的资产。（Uhl-Bien et al.，2007）

共享型领导力模式

类似于复杂性领导力理论和适应性领导力理论，共享型领导力模式也强调领导的过程，但共享型领导力更进一步强调领导过程包含了组织的其他成员。皮尔斯和康吉（Pearce & Conger，2003）定义共享型领导力为：

> 团体成员间一个动态的、相互作用的影响力过程，这一过程引领每个成员努力达成团体或（和）组织的目标……领导力广泛分散于组织成员中，而非集中于某位上司手中。（p. 1）

在共享型领导力模式中，领导力属于整体而非属于个人或正式的领袖；领导效能取决于参与者的相互作用和联系。（Avolio，Walumbwa，& Weber，2009）

77 **❖ 学生文选**

作为南卡罗来纳州大学的卡罗来纳州可持续发展协会（Sustainable Carolina）的选举监察成员，我的最大收益是有机会看我的一些同学、同事，从那些从未考虑过领导力和认为自己能领导的人，转变为大学校园社区的积极和自信的成员。我们的合作领导方式允许持任何动机的个人为组织做出贡献，无论其背景、特长、知识水平或技能水平怎样。我已经看到有的大学生（包括我自己）在同学与导师的鼓舞启发之下，着手创建各种复杂的可持续发展项目，例如：覆盖全校范围、由学生主导的堆肥项目（composting program）；建设和维护学校花园，美化环境，并为居民和餐饮设施提供高质量的营养供应；带头发起校园绿色交通，提倡在校园内骑自行车，通过游说和宣传，最终直接与本州立法委员直接联系；提出规划和协调全校可持续发展的倡议。我看到我的伙伴全身心投入这些活动，并增强对自身领导技能的自信。他们（包括我）逐渐意识到，真正的领导力不是天生的或者被授予的，而是通过自身的艰苦努力，以及在一群很棒的伙伴与朋友的支持下发展起来的。

萨姆·约翰逊（Sam Johnson）毕业于南卡罗来纳大学（University of South Carolina）荣誉学院，主修生物科学，辅修政治科学，目前正在攻读地球和环境资源管理硕士。他是南卡罗来纳大学卡罗来纳州可持续发展协会会员、哥伦比亚地区南卡罗来纳非营利性的可持续中部协会（Sustainable Midlands）会员、南卡罗来纳大学卡罗来纳科学推广学会发起人。

---

① devil's advocate，魔鬼辩护士。简单说，就是指特地扮演提反对意见或批评意见的角色，帮助组织做出更完善、更明智的决策的人。——译者注

78 弗莱彻和考夫（Fletcher & Kaufer，2003）总结了共享型领导力发生的三个转变。

转变1：分散和相互依存（distributed and interdependent）。

- 由单个领导者的领导、责任以及权力转向共担责任与共享集体成果。
- 人们的相互依存的互动与关系决定了领导力的过程。

转变2：领导力存在于社会互动中（embedded in social interaction）。

- 领导力产生于关系中，并贯穿关系的始终。
- 领导力来源于追随者自下而上的影响和推动。

转变3：作为学习的领导力（leadership as learning）。

- 学习产生于领导过程中群体关系的方方面面。
- 互相学习、提高认识与积极行动构成了共享型领导力。（pp. 22－23）

共享型领导力超越了领导者仅仅意味着授权于他人的含义。通过关注组织上、下及各个层级领导力任务和职责分布的需要，它重塑了领导力"是谁"、"在哪里"的形象……通过关注创建集体学习发生所需的技能和能力条件，它重塑了领导力"怎样（如何领导）"的形象。（Fletcher & Kaufer，2003，p. 24）

追随力理论 很多时候，在领导学文献中，追随者被看作领导者的羔羊，领导者吩咐他们做什么、怎样做、什么时候做。卡内基梅隆大学工业管理研究生院教授罗伯特·E·凯利（Robert
79 E. Kelley）提出了关于追随者的一些重要思想。凯利（1992）重新定义了追随者和领导者。他不赞同领导者的工业模型——这一模型认为领导者优于追随者。他认为领导者和追随者的地位同等重要，只是活动各异而已。追随力是人们在领导过程中扮演的角色。

凯利（1988）从独立的批判性思维和有依赖性的非批判性思维两种维度出发，概括出五种追随力类型：疏远追随者（alienated followers）、盲从者（sheep）、唯是者（yes people）、生存者（survivors）和有效追随者（effective followers）。有效追随者具有以下特征：

- 能很好地自我管理；
- 服从组织，目标明确，遵守原则，听取别人意见；
- 建构能力，集中精力扩大影响；
- 勇敢，诚实，守信。（p. 144）

领导力与追随力的交互性实质在于追随者把自己看作领导者的共同冒险者。（Kelley，1988）组织的成功归因于有效的追随力和有效的领导力。有效追随者需要被授予权力，需要被嘉奖所做出的贡献，需要得到价值观的满足，他们为帮助组织达到目标、实现愿景所发挥的作用而感到自豪。

在一个组织统一体中，追随力的这种作用可 80
以表现在组织对应的两端，一端是新的组织成员，如果展示了刚刚提到的追随力方面的才能，新成员就会对组织产生巨大的影响；另一端是组织中的旧（离岗的）官员，如果他们能够与组织保持联系，那么他们的积极影响对现任领导者会产生巨大的帮助。

发展中领导力范式 罗斯特（1991）用工业范式模式描述了20世纪的领导力理论。20世纪的领导力理论是工业时代的写照，当时的理论呈现以下特征：结构功能性的，管理导向的，只关注领导者个性的，以成就目标为取向的，从个人兴趣和个人主义观念出发的，男性主导的，伦理观念上的功利主义和物质主义的，纯理论、技术至上、线性和量化的，语言和方法论科学化的。（p. 27）

总的来说，这些出现在20世纪初到20世纪70年代初之间的领导力理论，是建立在工业范式的基础之上的。因此，罗斯特（1993）呼吁我们进行"领导力概念的彻底转换"（p. 98）。交互式领导理论使我们的领导力模式从工业范式转换到后工业范式。我们需要一种对当代领导力理论的综合理解，这种理解有赖于思考领导力的新方式。我们也承认有些群体，例如女性，确实以交互式或共享权力的方式进行领导，而没有出现范式的转换，但是，这些方法只能以传统的实践方式被重视和采用。（Komives，2011；Komives & Dugan，2010）在接下来的章节中，我们将审视这个新的后工业范式领导力理论的有关方面。

81 ## 快速变化世界中的领导力图谱

正如卢桑斯和史洛克姆（Luthans & Slocum，2004）在介绍《组织动态学》（*Organizational Dynamics*）中的特殊问题时提到的，“面对前所未有的经济、技术、社会政治和精神伦理的翻天覆地的变化，领导力需要注入新理念、新程序和新思想”（p. 277）。

很显然，这个世界比想象中要混乱得多。这个世界也许是有规则的，但规则常常被掩盖。控制这个世界是不可能的，尤其当其他人也牵涉其中，它就充满了混沌或混乱（chaos）。但是，在这样的世界里，混沌被视为可接受的东西而不是令人畏惧的东西。为了安全地在这世界上航行，新的地图必不可少——一张描述在瞬息万变的时代我们需要什么样的领导力的图谱。就像史黛丝（Stacey，1992）所说的：“如果地域是新的，旧地图就没有用处了。”（p. 4）因为这个世界与 50、40、30 乃至 20 年前大不一样了。看待世界运行的方式有传统视角和现代视角，表 2—3 列出了这些视角的一些不同之处。

82 **表 2—3　　传统视角向现代视角的转变**

传统视角	现代视角
稳定	变化/风险
确定性	不确定性
可控	混沌
表达	倾听
本地或全球	本地和全球
科层制	网络式
金钱和底线	价值观与愿景
金钱驱动	灵魂驱动
大学的院系	学习的社区
教	学
在教室里学习	在任何地方学习
解释	探索
弥补弱点	强化优势
个人错在哪	个人对在哪
接受	反思
防御	连接
竞争	合作
设定限制	设定预期
批判性分析	批判性思维
时间管理/平衡	正念（或专念）
设置行动过程	灵活敏捷

资料来源：改编自 Kochner in McMahon，T.，Kochner，C.，Clemetsen，B.，& Bolger，A.（1995）。引用得到许可。

另一种定义新世界的方法是问两个问题。首先要问的问题是：我的生活（组织）像机器吗？你可能会用“机器”这个词来比喻你的生活（组织）有条理、有次序的一面。例如，如同操作一部机器，某些操作程序必须遵循，使得组织机械化。当动用组织或机构的基金，或预定会议室时，需要按规定的程序进行。这些程序是预先设定的，不会每个月都变动。不遵循这些程序就会给组织带来麻烦。所以，你需要工具来运行，这与你的“工具箱”也就是你的技能息息相关。

第二个要问的问题是：我的生活（组织）像天气吗？83
也许你会用“不合理”、“无法预知”、“不可控制”这些词来描述生活。就像天气，组织危机风暴经常发生在意料之外。它们的出现没有任何征兆，它们的到来不能被准确预报。但组织必须随时做好应对这些暴风雨的准备。

以上两种特质一直同时存在于宇宙万物之中。只接受其中一种观念就意味着否定另一种观念。曾有个学生会干部这样描述这两种观念的不同：“有条理可控制的世界是我希望事物是怎样的，而另一个不可预见不可控制的世界是我知道事物是怎样的。”艾伦和薛里（Allen & Cherrey，2000，p. 20）对“期望与现实的矛盾”进行了总结，见表 2—4。

表 2—4　　期望与现实的矛盾

事情应该呈现的模样	事情实际的情况
第一时间期望完美	被告知需要试验
目标完全可预知	其他的新目标总会出现
控制可以预期	完全控制少见并难以持续长久
效率是竞争的标准	冗余与迂回激发创造与革新
预测可假定	可能性是常态

资料来源：Allen & Cherrey（2000），p. 20，引用得到允许。

84 混沌，我们把它定义为“无序，不可预见”（Cartwright，1991，p. 44）。正如史黛丝（1992）所说，“混沌行为有两个主要特点……它天生有不可预知性，然而在另一层面，它隐藏着另一种模式”（p. 62）。近期的一些作品论及量子世界或混沌世界时，把这个世界描写为骚乱、多变、危险、总是充满挑战的，这些声音被随声附和并不断蔓延。当你听到“混沌”这个词时，你想到了什么？是否想到了“无组织”、“不整洁”、“放荡不羁”、“提心吊胆”、“无政府状态”、“散乱无章”和“低效率”这些词？如果你不再奢求这个世界变得完全井然有序，你会明白上述形容词描绘了世界是怎样真正运行的。阴和阳、有条理和无条理、有序和无序这种世界观是描写真实世界的核心。应用混沌及相关概念来描述领导力与生活已经成为许多作者聚焦的重点。（Allen，1990；Briggs & Peat，1999；Eoyang，1997；Holland，1998；Lewin & Regine，2000；Pascale，Millemann，& Goija，2000；Wheatley，1999）

混沌世界是量子世界，这是相对于整体而言的，并非部分。正是在这个世界里，一切生物根据它们从周围环境大量反馈回来的信息而总是有机地联系在一起。最终，这个世界是无法被控制的。（Wheatley，1999）当我们深思领导力变化的实质时，这种混沌世界会给予我们更多的想象。本小节将探究框架世界的关键因素，认为世界更像混沌或更像天气系统，而不像机器。

85

关系、联系与“和”

关系和联系很重要，玛格丽特·惠特利（Margaret Wheatley，1992）这样写道：“没有人可以不依赖和他人的关系而独立存在。”（p. 34）另一种认识联系重要性的办法是思考“和力”（andness，计算机用语，“与”操作）的概念。“和力”出现在你和某事某人有联系的时候——你表面上是和它/他们在一起的。除非你与某事某人“和”（anding）在一起，否则就没有变化可言，没有新事物产生，也没有新能源被创造。按此思路想想，我们都知道“1＋1＝2”，但是这个公式用在人类身上就不同了。想象你的好朋友或同事，当你们两个在一起，共同完成一样东西，并且完成得很出色，比任何两个你认识的人做得要好。在这种情况下，协同作用在起作用，1加1等于5或者等于10甚至等于100。现在想一下，你和你相处不来的人共同做一个项目，在这种情况下，你们两个就像在空间斜交的两条直线，永远不会有交点，因此1加1等于0。（Meadows，1982）如果你能成功地与混沌理论“和”起来，你将每天看到无数个这样的例子。因此，值得注意的是，转变我们的思维很重要。就像艾伦和薛里（2000）所指出的，“系统领导力是双方的‘和力’，不是单方的‘和力’”（p. 21），事物不一定是非对即错，有可能是对错并存。

我们相信，领导力必须目的明确、包容、授权、体现道德、过程导向。帮助组织创建一种引人入胜的愿景，并把这一愿景切实纳入组织生活之中，这对于任何领导者而言都是一种挑战。大多数刚被提拔的领导者都迫不及待地动手做事。86
他们认为，花些时间来深刻反思组织存在的意义，或确定组织要体现什么样的价值观和理想，这些好像完全是在浪费时间。实际上，面对各种问题与困境，有一种“和力”的心智有助于产生更好更明智的决策或行动。

诚信领导力

领导力的深度进展表现为对交互式领导力理论和后工业领导力研究的进一步剖析，一些学者由此看到了这些领导力研究方法背后所隐含的主题，这便是被称作“诚信领导力”（authentic leadership）的概念。正如梅、霍奇等（May，Hodges，Chan，& Avolio，2003）所说：“从最基本的观念出发，诚信的人处于诚信领导力的中心地位，诚信领导是所有积极的领导力社会结构形态的基础。”（p. 249）

卢桑斯和阿沃利奥（Luthans & Avolio，2003）认为，诚信领导力是积极心理学（positive psychology）、变革型领导力和德行领导力（moral/ethical leadership）的汇集；诚信领导者是一个“自信、有理想、乐观、灵活的人，是透明、有道德、未来取向的，并重视把同伴发展成为领导者的人”（p. 243）。阿沃利奥等（Avolio，Gardner，Walumbwa，Luthans，& May，2004）学者持同样观点，他们把诚信领导者描述为“一个高水准真诚的人，因为他知道自己是谁，知道自己的信仰和价值观，在与他人公开透明地互动时，他奉行这样的价值观和信仰”（p. 802）。

87 诚信领导力的概念增进了我们对领导力的理解。阿沃利奥等人（2004）还把诚信领导力描述为“根的构建”（root construct），“无论它以何种形式存在，诚信领导力都是建设深远、积极的领导力的基础和核心”（p. 818）。同样，诚信领导力认为需要理解希望、信任、积极情绪的巨大力量，也需要理解追随者的态度和行为。（Avolio et al.）追随者对诚信领导力来说尤其重要。萨米尔和艾拉姆（Shamir & Eilam，2005）指出：“诚信领导力包含了诚信的追随力，也就是说那些因为真诚的缘故追随领导者的追随者们与领导者有着信任可靠的关系。”（pp. 400－401）加德纳等（Gardner，Avolio，Luthans，May，& Walumbwa，2005）认为诚信领导者和追随者的关系具有以下特点：（1）透明、公开、守信；（2）以有价值的目标为导向；（3）重视追随者的发展。（p. 345）

阿沃利奥等（2004）指出：“诚信领导力理论强调确立高标准的道德标准，以诚实、守信树立榜样（即角色榜样）引领的理念。”（p. 807）梅、霍奇等（May，Hodges，Chan，& Avolio，2003）提出以下诚信领导力的“任务”：建造追随者的自我功效、创造希望、增强乐观、提高适应力。（pp. 274－278）萨米尔和艾拉姆（2005）这样阐述诚信领导者：

（1）诚信领导者的领导力不是伪领导力，也不是假领导力；

（2）诚信领导者不是为了地位、荣誉及其他的个人好处而行使领导角色或从事领导活动；

（3）诚信领导者具有原创或独创性，并非复制或照搬；

（4）诚信领导者的领导行为以其价值观与信念为基础。（pp. 396－397）

需要强调的重要方面是，诚信领导者具有指 88
示（指令）、参与的特性，甚至可能具有权力主义（authoritarian）特性。他们的行为方式本身并不是区分诚信领导者和非诚信领导者的必要条件。诚信领导者的行为与个人牢固的价值观和信念相一致，通过鼓励接纳不同的观点，与追随者建立合作关系的网络，建立信誉，赢得追随者的尊敬和信赖，因此，才能以追随者认同的真诚的领导方式行使领导职责。（Avolio et al.，2004，p. 806）

虽然在某些方面诚信领导力与其他领导力概念有相似之处，但在此需要关注它们的不同之处，尤其是与变革型领导力理论的某些不同。萨米尔和艾拉姆（2005）提出：“变革型领导者可以是诚信的，也可以是不诚信的，而非变革型领导者可能是诚信的。”与之相关，阿沃利奥等（2004）指出：“诚信领导力理论无需深入探究变革型领导力的核心问题，即无需对伯恩斯提出的将追随者转变成领导者的核心问题刨根问底。”（p. 807）尽管与其他关于领导力的描述有些地方相似，但诚信领导力以其对核心（根基构建）和积极情感的观照，为我们提供了独特的领导力见解和宽广的领导力视野。

本章小结 89

对于领导力理论的研究，我们经常用“但是”（but）现象加以描述：有很多关于领导的理论，“但是”我们对于领导者如何与众不同、如何影响组织知之不多；领导力已经被作为一门学科研究几十年了，“但是”我们仍未取得多大进展；有很多关于领导力的研究，“但是”研究结果都是不全面的、模棱两可的。

学者、从业者和学生的领导力在近十几年取得很大的进步，他们通过思想再碰撞，研究问题再梳理，使之适应不断变化中的组织和世界。领导者和领导力研究者正通力合作，在现代组织的领导力过程中铸就新知识，形成新发现。学者和研究者不应该凌驾于组织或社团各个层面的群体之上，不能游离于那些辛勤耕耘于领导力实践“田野”的群体之外。当我们继续寻找与领导力有关的答案和知识时，我们看到的应是半满的杯子而不是半空的杯子。

本章中，我们也探索了复杂性领导力和适应性领导力理论，指出它们不同于那些把世界运行视为线性且理性的过程的传统模型。在这个崭新的世界里实践领导力，要求组织与社区的所有成员学会适应快速变化，重塑领导者与参与者的身份和角色，并不断学习。我们已经增进了对领导 90
力的理解，把领导力视为同心同德、推动变革的人们互动交流的副产品。我们正处在一个令人兴奋的、具有挑战性的动荡的时代，这就要求用新的、不同的方式定义领导力概念并引领组织和世界。

最后，我们介绍了诚信领导力的一些新观点。通过对构成领导力核心层面，包括希望、信任、积极情绪以及追随者态度行为关怀等的分析，诚信领导力为我们提供了观察领导力的新视野。

下章梗概

下一章将介绍一种强调关系重要性的领导力模型。关系领导力模型关注的重点是包容、授权、目标、道德及过程导向等方面。

本章练习

1. 讲述你自己最好的一次领导经历——你做事最有效的一次经历。什么领导力理论或隐喻能最好地描述你的领导方法，为什么？

2. 什么动力使你承担领导责任或领导角色？你为什么领导？

91
3. 对每一种领导力理论类别（如特质理论、行为理论等）列举具体的领导者或参与者的例子。举例说明哪些人实践了这些理论。

4. 运用罗斯特的后工业领导力定义和范式，描述如果你所在的组织、办公室或者社团实践这个领导力理论的话，会是什么样子。会有什么相同之处？会有什么不同之处？

5. 回顾你近期的亲身经历或观察到的现象，举出一个复杂性领导力理论应用的真实例子，阐述其中领导者与参与者的关系。这与领导力的工业模型所描绘的情况有什么不同？

6. 分析与你有关的一个组织或社团。如果这一组织像共享型领导力理论描述的那样，那它会是什么样的？在这样的情况下，你自己的角色会有什么不同？

7. 思考卢桑斯和阿沃利奥（2004）是如何描述诚信领导者的。讲讲你自己对希望和乐观的理解。同样地，思考一下希望和乐观对你所熟悉的一个组织的意义。你会如何培养追随者的希望和乐观？领导者如何能提升组织的希望和乐观程度？

8. 回顾本章讲述的复杂性领导力的定义。根据你的亲身经历或观察，举出一个复杂性领导力的真实场景的例子。这一例子中的领导力与传统模型的描述有何不同？

补充阅读 92

1. Avolio, B. J., & Gardner, W. L. (2005). Authentic leadership development: Getting to the root of positive forms of leadership. *Leadership Quarterly*, 16, 315 - 338.

2. Luthans, F., & Avolio, B. (2003). Authentic leadership development. In K. S. Cameron, J. E. Dutton, & R. E. Quinn (Eds.), *Positive organizational scholarship: Foundations for a new discipline* (pp. 241 - 258). San Francisco, CA: Berrett-Koehler.

3. Northouse, P. G. (2013). *Leadership: Theory and practice* (6th ed). Thousand Oaks, CA: Sage.

4. Pearce, C. L., & Conger, J. A. (2003). *Shared leadership: Reframing the hows and whys of leadership*. Thousand Oaks, CA: Sage.

5. Senge, P. M. (1990). *The fifth discipline: The art and practice of the learning organization*. New York, NY: Currency/Doubleday.

6. Wheatley, M. J. (2006). *Leadership and the new science: Discovering order in a chaotic world* (3rd ed). San Francisco, CA: Berrett-Koehler.

第3章

93 关系领导力模型

在前一章，我们回顾了领导力的概念与理论是如何演变的，从领导者仅仅是与生俱来的观念，转变到认为学习领导力的最好方法，就是观察那些被视为领导者的人们的行为或实践。随着相关理论研究的进一步演化，领导力被视为一个复杂的过程。事实上，领导力是一个转换过程，这个过程会提高所有参与者的水平，使其成为有效的领导者。

领导力可以被理解为一种哲学。理解哲学的核心问题意味着理解价值。“影响、动机、态度、信仰、价值、伦理、道德、意愿、承诺、喜好、规范、期望、责任——这些都是领导哲学关注的方面。研究这些方面是极为重要的，因为领导本身就是一种实践的哲学，有行动的哲学。”（Hodgkinson，1983，p. 202）对领导力的哲学思考能够发现领导力的本质。那些研究历史上著名
领导者的人们，就经常分析是什么样的价值观和 94
道德感塑造了这些领导者的领导力。

> 哲学分析……更像是如此进行：我们生活在一个共同的世界；我们都有各种需求和希望、情感和理想。我们问：什么样的人能够实现这些目标？并且更重要的是，什么样的人才能帮助别人实现这些目标？如何建设有利于这些目标实现的持久、可持续的环境和社会？（Koestenbaum，2002，p. 13）

重要的是，我们每个人发展出个人的哲学——我们希望这种个人哲学能包含本章模型中提到的各种要素。

本章概观

本章将展示一种关系领导力模型，来建立你自己的领导哲学。具体分析模型的每个因素，提供更多关于各组成部分的信息。

关系领导力

领导力必须处理好关系问题，而关系的作用怎么强调都不为过。领导力本身就是一个内在关系，是共有的过程。“领导力总是离不开滋生的情境，而情境是依据我们认为有价值的关系所建构的。”（Wheatley，1992，p. 144）尽管人们可以通
过有说服力的文章或演讲来发挥领导力，但更多 95
的是在个体之间或团体成员之间的互动情境中发挥作用。因此，我们再次强调：我们把领导力看

作人们共同致力于完成积极变化的一个关系的过程和道德的过程。

第 2 章概述了领导力理论和领导力模型随时间的改变而改变的观点。你可以从对“领导力”一词的术语描述的演化中窥见一斑。这些领导力理论和概念的流派有情境权变领导力、变革型领导力、服务型领导力、诚信领导力和以原则为中心的领导力。“关系领导力”这一术语已经提示我们注意，关系是领导过程的聚焦点。

关系领导力主要关注五大方面。一是目的性，领导方法具有目的性并围绕积极目标展开；二是包容性，宽容不同的人和多样的观点；三是授权性，向参与的人授权；四是道德性；五是过程导向性，即以上四个要素的实现是由过程决定的。

关系领导力模型为团队、团体和当代组织提供了可供参考的一种框架和方法。具有这些基本的理念和使命，个人可为任何组织做出有意义的贡献。该模型本身不是一种纯领导力理论，无法预知领导力所期待的变化结果，也不追求描述目前所有组织或团体的领导力实践方式，但目的在于提出一种方法来发展和支持建立一个健康的、有伦理
96 的、有效率的团队。正是这样一个理论框架连接了五个关键要素，对领导力方法做出了有力的回应。图 3—1 形象地展示了该模型的组成要素。

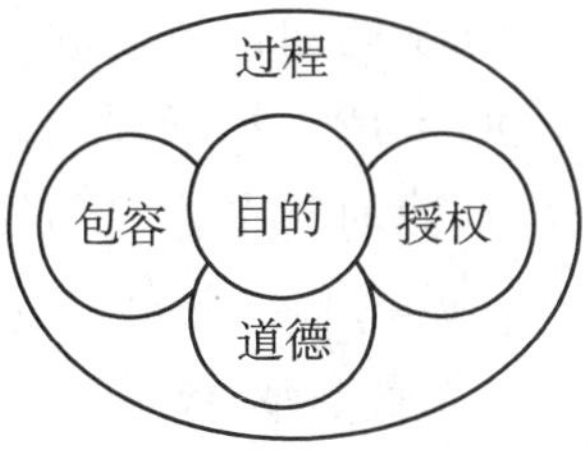

图 3—1　关系领导力模型

关系领导力的要素是由一些复杂的概念构成的。当你阅读每个要素的相关信息时，想想你自己对每个成分的感受和理解程度。这个模型反映了组织或社团的目标或目的（purpose）怎样影响到包容性（inclusive）、授权性（empowering）和道德性（ethical）这三个要素。“目的”是这一模型的中心，因为它指明了群体中个人的领导力行为应聚焦于哪些方面，在什么环境下进行。例如，校园的“仁人家园”（Habitat for Humanity Club）的目的在于为那些单靠自己的能力买不起房的成员提供住房。目的的含义还包括包容他人，授权他人发挥他们的领导才能，做到与众不同；目的还包括道德性，使他人受益，提高社区的生活质量。实现目的的步骤或过程与结果同样重要。目的如何达成和他人如何参与其中是领导力过程的主要内容。目的是由愿景导向的，不是由地位导 97
向的。领导者和成员是通过共享愿景来推动组织目的的实现，而不是为了个人私利如获取更高的职位或荣誉。

表 3—1 列出了一些重要的、体现每个要素的知识、态度和技能。这些知识、态度与技能会帮助我们更加深刻地理解关系领导力。每个部分都含有对这些核心要素在“知—是—行模式”（the knowing-being-doing model）中的应用所做的简单的解析。例如，为了实现包容性，你必须：

- 知己知彼，在发展自己角色所需要的能力时努力学习新知识（知识）；
- 接受不同观点，重视别人的意见（态度）；
- 在倾听、结盟、沟通及有效公民表达（civil discourse）等技能方面付诸实践（技能）。

表 3—1　　关系领导力模型与“知—是—行”的比较 98

领导力组成要素	知（知识与理解）	是（态度）	行（技能）
目的性	变化如何发生的，变化的核心要素，使命或愿景的作用，共享的价值观，共同目标	充满希望，有承诺，“能做事”的态度，愿意改进，对社会责任的承诺	识别目标，展望未来，构建意义，创造性思考，联合他人共创愿景
包容性	自我与他人，公民化，多种框架与多样化的现实	包容差异，尊重公平，网状思维，相信每个人都可以成就非凡	发展才能，掌握倾听技巧，构建联盟，框架与重构，公民表达

续前表

领导力组成要素	知（知识与理解）	是（态度）	行（技能）
授权性	权力、政策和程序是如何阻碍或促进授权，个人掌控、控制是不可能的	相信每个人都能做出贡献，自尊，关心他人成长，认可他人的贡献，愿意分享权力	守门员技能，共享信息，个人和团队学习，鼓励或肯定别人，能力建设，促进自我领导，实践创新
99 道德性	价值观如何发展，系统如何影响正义与关怀，自己和他人的价值观，道德决策模型	承担社会责任，对抗行为，正直，值得信赖，真实可信，了解个人性格，负责任，期待高的标准，他人福祉重于个人利益	持久一致，被人信赖，可靠，有勇气，运用道德想象力
过程导向性	社区，群体过程，领导力的关系方面，过程与结果同样重要	重视过程，同时重视结果；质量成就；发展系统性观念	协作，反思，意义构建，挑战，良性冲突，学习，给予或接受反馈

知—是—行

参与领导力过程中的个体（领导者、参与者、合伙创造者等），在通过与别人有效合作来影响改变和实现目标之前，需要清晰地了解自己。简单地履行议程或者赢得大小胜算是远远不够的。领导过程需要那些参与其中的人们有知识（知），知己知彼（是），践于行动（行）。知—是—行模式展现了自己和他人的领导力发展的系统方法。这
100 三个成分是相互联系的——你拥有的知识影响你的思维方式，以至影响你的行为。不言自明，你的信仰和你存在于这个世界的方式（being）影响你的活动，以至影响你的行为。这种影响模式是循环运行的，不是直线延伸的。

另一种了解系统方法的途径是运用知识、技能和态度的框架或者说头脑、心脏和实践的模式。帕默（Palmer，1998）用“头脑、心脏和实践”来形容教学的自相矛盾，如果我们把头脑（知，知识和智慧）与心脏（是，存在）分开，结果会怎样；进而把头脑和实践（行，行动）分开，结果又会怎样。帕默认为教学的过程少不了这三种成分。这个道理也同样适用于领导力过程。

美国陆军总部就刻有这样的词语“知、是、行”。（Center for Army Leadership，2004）人们愿意和可靠的人合作——那些知书达理的人。领导者需要表现得有能力并保有特定的知识量。赫塞尔宾和辛斯基（Hesselbein & Shinseki，2004）提出了四种重要的领导技能水平：沟通技能、概念技能（创造性思维能力）、技术技能（职位所需的专业技术）和策略技能（洽商、人际关系及其他实现目标所需的技能）。（p. 12）“知”是一个让领导者不断发展、学习和成长的永续的过程。

美国陆军的“是”意味着知道什么样的价值观和特质让你成为领导者。（Hesselbein & Shinseki，2004）“你的品质使你知道什么是对的，更重要的是，它牵引你把知识行动起来。品质给予你勇气去做正确的事情，不管周围环境如何、结果如何。”（p. 11）美国陆军把对领导的理解缩写 101
为LDRSHIP：忠诚（Loyalty）、责任（Duty）、尊敬（Respect）、无私奉献（Selfless service）、荣誉（Honor）、诚信（Integrity）、个人勇气（Personal courage）。（p. 11）这就是领导力“是”的核心。本书中所引用的老子语录是领导力“是”的另外一个缩影。东方文化强调的自我意识以及自知之明，对处理好与他人关系起着重要的作用。

“知”和“是”的表现意味着行动，也就是“行”。在领导过程中，仅有品质和知识是不足以促进变化的。行动才会产生结果，实现愿景，创造改变，并影响他人也行动起来。有时候领导者会行动失败，原因是不果断，或是过分追求完美。

"有能力、有信心的领导者都会容忍不是由粗心大意引起的诚实的过错。一个设置'零瑕疵、无错误'标准的领导者也会说：'不要任何机会都不放过。'"（Hesselbein & Shinseki，2004，p. 15）"行"的一致性意味着你的行为和行动与你的价值观和态度是一致的。

学习是知—是—行发展模型或者反馈系统的结果。要知道新的学习会改变你的态度行为甚至改变你的全部。在学习的循环过程中，关键是反思自己如何学习和学习了什么。"一些领导者提出了至少以下三种学习方法：通过自身学习提高个人水平，通过帮助别人、集体（或组织）来学习，通过营造组织文化的实践来促进学习。"（Hesselbein & Shinseki，2004，p. 133）

在你继续往下读的时候，思考一下这个模型怎样增长了你的知识。你如何把这些信息运用到你的领导力信仰中？运用这些新知识，你将采取哪些行动？审慎地检查一下你的思想、感受和行 102
为，使你能继续学习与成长，不管是以领导者的身份还是以普通人的身份。

关系领导力具有目的性

目的性是指对目标或活动信守承诺、承担责任，也是一种与他人合作、进行积极改变的能力。创造积极的改变意味着努力解决参与者之间的各种问题，找出共同的努力方向，构建共享的愿景，改进组织，或在某种程度上使他人得到提高。即使参与者个人没有愿景，他也懂得问别人："提醒我，我们正在为什么而努力，我们都希望发生什么。"在这个互相信任的过程中，团体中的一些人会达成一致的观点，也有些人会流露出对愿景和目标的追求，通过对愿景和目标的出色表达，来赢得几乎每个人的赞同。因此，重要的是让所有成员明确目标并以目标为动力，形成集体行动，这是关系领导力中的基本因素。

传统的领导力范式通常主张有职位的领导者一定要有一个清晰的愿景。然而，研究表明，愿景活动主要变现为两种类型：个人化的愿景（personalized vision）和社会化的愿景（socialized vision）。（Howell，1988）个人化的愿景指的是个人的愿景，这个人往往拥有法定权力，宣布一个
103 梦想或发布一个计划，以此影响他人。参与者几乎没有什么选择，必须接受这个愿景，由此产生了某种程度的个人权力和责任。设想某一社区学院理事会招聘了一位新院长，该院长的愿景是将社区学院转变为能授予技术及医疗领域学位的四年制大学。这一愿景将驱动所有院长的行动，无论教职员工与学生同意与否。

社会化的愿景是指在群体成员之中建立的愿景，人们认同并支持他们自己建立的愿景。共享愿景并不是说每个人都要创造愿景、拥有愿景，而是说每个人都应该和别人一起参与建设愿景。这种愿景描绘的是你自己或你所在组织的"现实的、可信的、吸引人的"（Nanus，1992，p. 8）前景。回到上述那个社区学院的例子，假设该学院理事会授权给新院长，利用该地区的增长和当前市场对于大学毕业生的需求，与学院教职员工探究学院新的未来。经历融合、参与的过程，通过对各种观点的评价，可能会达成相同的愿景，即将社区学院转变成四年制本科学院，并能授予技术及医疗领域的学位；也可能会产生这样的愿景，即继续作为两年制的社区学院存在，只是扩展在线教学，并将发展的重点放在科学、技术、工程、数学（Science，Technology，Engineering and Math，STEM）等新领域。"有效的领导者不是把愿景强加于别人，而是邀请他人共创愿景。特别是在这个数字化时代，权力倾向于围绕思想产生，而不是围绕地位，领导力是一个伙伴关系，而不是一个挂名的头衔。"（Bennis & Thomas，2002，p. 137）现在考虑一下你的个人偏好是什么。你是否设想过你的未来，思考过各种事情可能的愿景？你是创新性地思考问题，看到每件事情的可能性，还是马上就摇摇头，认为"没门！这对我来说是很难做到的"？

听了授权领导力和共享愿景的重要性的介绍 104

之后，我们的一个同事走到我们旁边。她说："我只是缺乏创意，也不会明确表达一个愿景。我务实，我实事求是。我感觉到自己的能力，但我更像一个维护者而不是创建者。我可以使工作不停地运作，而不是首先把事情想出来。"组织顾问伯特·纳努斯（Burt Nanus，1992）给那些想避免在组织愿景上犯错的人的第一条建议就是："不要独自一人做事。"（p. 167）

集体愿景的目的性包括积极的改变，这会有助于你设定优先事项，做出与愿景梦想一致的决策。"愿景推动目标，激活目标，并将其转变为行动。"（Bennis & Goldsmith，1994，p. 101）透过18世纪苏塞克斯的一间教堂的雕刻版画，这种愿景的行动表现被描述得淋漓尽致。

> 没有任务的愿景不过是场梦，
> 没有愿景的任务就是份苦差，
> 有愿景又有任务的是世界的希望。①

"为了达到鼓舞激励的目的，愿景必须成为自尊和共同目标的发源地……愿景的核心部分是组织的使命宣言，它描述了组织的总体目标。"（Yukl，1989，p. 336）执行官们经常用来开发共享愿景的一种方法，是开展在杂志上登载愿景的活动。组织的成员需要确定他们喜欢的杂志，或者是与组织目的紧密相连的杂志，然后写一些描述组织未来（四五年以后）的专题文章，附上标题。（Yukl）这个强有力的活动使所有人一起寻找梦想，带着创意、想象和激情进入构建愿景的过程。

你个人有目的地对团队项目的共同愿景分担责任，意味着你会进入角色，共享资源，带着同样对愿景的期待来支持你的队友。愿景指引行动。 105
"愿景是什么不重要，愿景做的是什么更重要。"（Kazuo Inamori，转引自 Senge，1990，p. 207）"周末回家"这个愿景最广泛地深入到学生群体之中，从而指引着所有学生社团对多样化的社团活动作出选择。

愿景激发能量，产生目标。已故的诺曼·施瓦茨科普夫（Norman Schwarzkopf）将军曾说过："我发现，为了做一个领导者，你几乎总在为一项事业服务。"（Wren，1994，p. 4）有目标的参与者会从情感上认同这个目标，接受这个梦想。"如同一部强有力的引擎，没有什么能比一个迷人的、有价值的、富有成就的、广为共享的未来愿景，更能驱使组织走向卓越并且长期辉煌。"（Nanus，1992，p. 3）

为积极改变而努力

促使人们走到一起的一个共同目的，是通过努力实现好的改变。变化过程中有各种动机与此相关。关系领导力模型支持正面的积极的变化——那些可以改善人们生活条件的变化，和那
106 些不会故意伤害他人的变化。与之相反的是毁灭性的变化，就像纽约市世界贸易中心被袭击事件。

罗斯特（1991）在其经典著作《21世纪的领导力》（*Leadership for the Twenty-first Century*）中提出，领导力是发生在群体有意愿改变的时候，而不是发生在已经完成改变的时候。任何具有改善情形、完成任务或实施共同目标的意愿，都是改变过程的一部分。改变未能完成也许有很多原因，但实现改变的最核心的要素是团体成员有意创造卓越。全国公民联盟的主席约翰·帕尔（John Parr，1994）写道："当拥有不同看法的人组成一个团队，每个人都被视为平等的同事的时候，积极的改变就会发生。积极的改变需要有高水平的参与度、清晰的目标、充足的资源，以及足够的决策权与执行力。"（p. xiii）

有些情况从深层次上很难改变。因为人们往

---

① 引自 *Transcultural Leadership*，p. 106，by G. F. Simons，C. Váquez，& P. R. Harris. Copyright © 1993，使用得到"爱思唯尔"（Elsevier）荷兰电子期刊数据库的允许。

往难以脱离现状，从事物的本来方式中解脱出来。变革理论（change theory）提出，当一些约束条件“解冻”，改变就开始了。通常事情都是这样循环的：解冻——变化——再冻结。触发事件会引起“解冻”，比如校园偏僻停车场发生的车祸、体育赛事后的一场校园骚乱、因仇恨引起的犯罪，或者某一活动耗资不菲但出席的人很少。人们通常关注出事前毫无准备的事件所引发的问题。同样，当外部政策改变时，比如说颁布一项新法律，“解冻”也会发生。“解冻”可能使那些需要解决但尚未被人们觉察或注意的问题得到解决，或者政策得以调整。因此，改变的过程就是参与的过
107 程，就是促使问题得到解决的过程。在当今时代，如果认为完成了某项变革，所有问题就“再冻结”（问题终止）了，那么这种认识是错误的。相反，我们应该把问题的结果看成一堆“烂泥”，这样，就不会把问题的解决看成终结，而应把它看成动态的、开放的、不断地再解决的过程。也许可以认为解决问题的途径最好是主动检查、定期评价、富有灵活性。经典的变革模型（Lewin，1958）将变革描述为从当前状态转换到过渡状态，进而转变到理想状态（desired state）。这一模型依然有效，但我们提醒大家注意不要僵化地而应更灵活地界定理想状态。

“变化”可以理解为把一些状况从现状中移到其他地方去，积极的改变意味着走向更美好的地方。要明白这种转变困难的原因，就要审视促进改变的动力因素和阻碍改变、努力保持现状的阻力。很显然，不是所有的改变都是适宜的或值得支持的。如果是合适的或值得支持的，就要强化促进变化的动力，减少限制性的阻力。这便是“力—场分析”（force-field analysis）理论的要义，是一种推动变革、分析判断形势的经典与实用的方法。（Lippitt，1969，p. 157）

科特和科恩（Kotter & Cohen，2002）提出“消除心里的障碍”（removing barriers in the mind）的概念，认为这是人们反对变革或赞同变革的另一种原因。“长年稳定、渐进的微变，或失败的变革尝试，使人们在心里深深内化了自己没能力跨越的烙印。他们也许不会大声说出‘我做不到’，但他们感觉自己做不到，即便事实不是这样。”（p. 112）思想可以促使也可以阻碍个人改变，明白这点很重要。

我们不断面对事情实际上如何运行和我们认为事情应该怎样运行的动态张力。这个“实然— 108
应然”（is-ought）二分法告诉我们要面对现实，也要为真正的改变努力——转向更有希望的愿景。这种“创造性的张力”给变革带来了动力。（Senge，1990，p. 150）把个人的希望和责任与团队愿景联系起来是一个创造性的过程。这个过程会花费大量时间。我们将在第 8 章详细解析，当一个团队新成立，在制定团队愿景的过程中，如果团队很快意见统一并承担责任，那么这个过程是充满能量和希望的；如果团队意见不一致，那么这个过程是焦虑和谨慎的。加入一个已经创建愿景并在运行的团队时，新参与者需要确定他们是否能与那个愿景联结融合，或者感觉到他们能在今后长期帮助团队改善、不断发展愿景。

关系领导力具有包容性

包容性是指理解、重视并主动接受不同的看法、方法、风格和个性，如性别、文化，从而能从多个角度看待团队活动。在第 4 章你将有机会发现自己的态度和特性，在第 5 章你可以了解他人的态度和特性，这些发现是评价包容性的基础。表 3—1 列出了包容性的各个方面，阐明了你如何开发这方面的能力。这意味着了解不同团队与个人可能从不同角度和框架看待问题，意味着坚持尊重差异，发挥各自的优势，重视公平和参与。这意味着要用网状或网络链接的思维来考虑问题，
而不是孤立地、离散地看待困难和问题。校园里 110
还有什么样的人们或者工作人员，也在意你所在的群体关心的那些问题呢？包容性有利于发展成员的才能，使成员更容易地融入团体事务。感同

身受地聆听他人（以同理心倾听他人）和礼貌交流是有益的沟通技巧，这些技巧会促进对他人的接纳。包容性可以滋生新的领导力，创造使组织长期保持品质的良性循环。

109 **❖ 学生文选**

2011年的春天当选国际信息系统审计协会（Information Systems Auditing and Control Association，ISACA）迈阿密大学分会的会长之后，我便立即热心于分会的福祉。当时我们正面临成员流失、参与度下降以及专业活动机会减少的困境。这些趋势迫使我们必须在分会灭亡前振兴它。为此，我号召管理团队以目标感付诸行动。

在第一次常务会议上，我解释了分会面临的严峻形势；并强调在分会被撤销前，立即采取行动来遏制目前消极低迷状态的重要性。我建议管理团队冷静地思考分会潜在的命运，紧接着要求大家致力于分会的振兴。对此号召大家作出了集体的回应，整个团队表示同意按要求做出最大努力。

新的目标感给团队注入巨大的动力和专注力。我们的会员增加了近一倍，会员参与度大大提高，获得更多重要的专业活动的机会。就这样，确保分会在未来获得成功的目标深深地植根于管理团队，那一年我们分会取得了近年来最好的成绩。基于目标的领导将确保我们的ISACA分会在接下来的岁月中，保持其在迈阿密大学的运作力和影响力。

乔纳森·图德尔（Jonathan Tudor）系迈阿密大学2012优秀学生、迈阿密大学商科优秀毕业生。主修管理信息系统，辅修游戏研究（game studies）。他是信息系统审计协会迈阿密大学分会的会长、迈阿密商务咨询（Miami Business Consulting）的首席信息官（CIO）、迈阿密大学视频游戏设计俱乐部（Miami University Video Game Design Club）的联合创始人、国际商学院优秀学生协会（Beta Gamma Sigma）和斐陶斐荣誉学会（Phi Kappa Phi，全球优秀大学生社团）会员。

你在最后一章可以看到，虽然很多东西看起来无法预料，甚至毫无关联，但它们本质上是统一的，似乎不相关的部分其实互相影响。把这些观念应用到领导力领域中，我们就会理解团队或组织代表了一个统一体或整体，这个系统中的最小的子系统很大程度上组成并影响了统一体或整体。“如果我们不是把组织视为很多复杂部分的拼凑，而是把它看作一个整体，那么，在领导力中遇到的许多问题都会迎刃而解。”（Fairholm，1994，p. 59）

个体很重要，因为他在代表整体的同时也影响整体。整体的目标、愿景和价值观要通过个体成员的实践才能得以体现和实现。一个团体的目标不是消除参与者的差异和不同，事实上，正是这些差异和不同带来了创意和活力；团体的目的应该是建立共享的目标。包容性意味着开发成员的优势和天赋，使其更好地服务于组织的目标。“引领别人自
111 我领导是开发智力、振奋精神、激发创造、担当责任的关键，更为关键的是释放每个个体独特的、巨大的潜能。”（Manz & Sims，1989，p. 225）

> 领导者加强对下属的了解，帮助他们提高主动性，加强判断力，使之成长并为组织做出更大贡献。这样的领导者，凭借学习，能成为其他人的领导者和良师益友。（McGill & Slocum，1993，p. 11）

领导者不能仅仅是参与式领导者，使组织成员融入团队活动还远远不够。组织必须更进一步意识到在很多情况下要改变组织文化，使其能有效包容有不同背景、不同看法的人们，甚至是可能不赞成主流文化规范的人们。另外，在实践中，包容性的语言也显得格外重要。我们在组织中如何谈论人、如何称呼他们（同事还是下属、参与者还是追随者）、组织的结构是怎样的，这些都是衡量包容性的指标。（Hesselbein，2002）设想一下传递信息时用“我们”而不是用“我”的效果。假设你参与一个谈话，并听到对方过多地用“我”，这时候那个人给你留下的印象是什么？你会觉得谈话投机吗？赫塞尔宾（2002）用她自己

的亲身经验很好地解析了什么是包容性的模式。

> 建设包容的、有凝聚力的、充满活力的机构确实需要博大的胸襟（biggest basket in town），因为它需要能包容我们所有人的气
> 112 量。不仅要包容那些外表和内心与组织一致的受器重、受欢迎的少数人，而且要接纳那些成为团队未来一分子的所有的人。当平等参与成为主流时，包容的协作作用会激励我们挣脱旧有的桎梏，穿越壁垒去发现隐藏着的丰富机会。（p. 20）

经常对可能阻碍包容的实践活动进行审视评价，团队将从中获益。如果一个团队习惯于投票表决每一个决策，就会疏远那些觉得这一方法不够好的成员。这些成员可能喜欢采用一种共识决策模式（consensus model of decision making），以确保每个重大决策都得到所有人的同意。例如，当问题仍未得到解决、方向尚未明确时，充分使用“罗伯特议事规则”（Robert's Rules of Order）有可能减少争议。另外一种情形可以对此加以说明，学生会项目委员会通常只在校园的一个区段播放流行音乐或热门电影。该委员会应该审查这种做法，让其他不同兴趣的学生参与决策，使项目多样化。另外，组织内的一些活动安排，例如总是在晚上 9 点开会，可能会排除那些本应参会的成年学生，拒绝那些此时因履行家庭或工作义务而不能到校的人，或者因为交通问题无法到校的人。如果团队组织发现，例如，没有一个通勤学生到会，或参与的学生都是同一种肤色，或全部是男生，那么，这些都意味着这种决策出了问题。此时组织需要寻找新的沟通与协商的方法，以及在团体决策过程中能包容多元化利益的新方法。

113

❖ 学生文选

在卫斯理学院领导者教育、意识与发展（Wesleyan Engaging Leaders through Education, Awareness or Development，WE LEAD）协会工作期间，我学习到的概念中，最重要的一个是“公共对话”（public dialogue）。2011 年 11 月，一群学生、指导教师和我计划并主持了一个公共对话论坛，主题是西弗吉尼亚州处方药滥用问题（prescription drug abuse）。我此前没有参加过此类型的活动，也没有想到这是我人生中的转折性经历。当时会场里有地方政治家、商人、社区成员、学生，大家提出很多执法提案，论坛充满授权、关注与和谐的氛围。每个参与者提出自己的观点，一些人跟大家分享了个人的与主题相关的故事。对某些人来说，这是一个得到启迪的时刻；对于其他一些人来说，这是一个意识到自己并非孤军奋战的时刻。我此前不知道，仅仅把人们召集起来谈论同一个话题，就能取得那么多的成效。WE LEAD 协会最棒的一个方面是，它给大学生展示了各种不同类型的领导力，以及常常被忽视的一些解决问题的策略。

贾斯汀·弗莱（Justin Frye）是西弗吉尼亚州卫斯理学院（Wesleyan College）的毕业生，主修运动科学。他是 WE LEAD 协会健康和保健问题团队的一个活跃的成员和协调员、学生议会（Student Senate）的执行成员、学生大使项目（Student Ambassador Program）的代表。

调动团队外部力量

包容性也意味着认可股东（shareholder）和组织外部的利益相关者（stakeholders）融入团队，在按既定计划的变化过程中，他们对团队承担责任（股份，share）或分享利益（股本，stake）。如果一个团队设想他们能独立完成一个重要改变，那这种想法是排他性的，而非包容性的。114

例如，一个组织如拉美裔学生联合会（Latino Student Union），想寻求改善校园的某项活动，比如如何向拉美裔新生宣传奖学金颁发制度。包容性的做法意味着拉美裔学生联合会应该考虑其他校园社团或组织，他们也是该问题的利益相关者，因为他们的利益会受到相关行动后果的影响。（Bryson & Crosby，1992）因此，拉美裔学生联合会应该主动与其他组织结盟或使他们适当参与其中，如黑人兄弟理事会及姐妹会分会（the Council of Black Fraternity and Sorority）、黑人学生联合会（the Black Student Union）、学生管理协会的多元文化事务委员会（the Multicultural Affairs Committee of the Student Government Association），以及其他相关的学生组织如优等生联合会（the Honors Program）。此外，拉美裔学生联合会应该意识到解决该问题的“股东”的作用——如助学金办公室、学生事务办公室主任和少数族裔事务办公室等校内机构，这些机构都有向学生宣传奖学金颁发制度的愿望，不应该认为它们对宣传活动的改善会持消极或反对的立场。事实上，它们对问题现状更有经验，会很乐意参与并帮助解决问题。

利益相关者对同一问题不一定都持有同一看法，而且他们不一定都寻求同样的解决方案。布莱森和克罗斯比（Bryson & Crosby，1992）阐明了利益相关者看待问题的态度（从高度支持到强烈反对），以及受他们看待问题的重要性（从不重要到很重要）的影响。这使利益相关者的反应更容易被理解（见图3—2）。当关系型领导者努力变得更具包容性时，他们在决策时就会考虑利益相 115
关者可能作出的反应。

对事务的态度或立场

重要性程度		强烈反对	高度支持
	很重要	敌视 Antagonisti	支持 Supportive
	不重要	质疑 Problematic	不关心 Low Priority

图3—2　利益相关者对共同事务与目标的反应

资料来源：改编自 Bryson & Crosby（1992），p. 268。引用已被允许。

即使利益相关者不同意一个议题，也应该让他们参与其中。参与会有助于利益相关者获得关于问题的新思路，从而赢得众多利益相关者的支持，达成某项预期的变化。他们也会注入外部的观点，对团队整体认知做出贡献。而且，利益相关者有可能看到团队所忽略的问题的某些方面。所以，赢得支持和形成联盟是关系型领导者不可或缺的技能。

关系领导力具有授权性

“成功的、健康的变革要求向组织中的每一个人授权，没有那么多‘如果’，没有那么多‘而且’，没有那么多‘但是’。”（Peters，1989，p. xiv）授权有两个方面意思：（1）自我感觉，要求拥有权，要求参与过程，期望融入其中；（2）一系列的环境条件（团队或组织的），减少对个人才能发展和
116 参与的阻碍因素，鼓励参与者的完全融入。授权既是要求拥有某种权力（“我有法定权利待在这里和表达我的感觉想法”），又是分享某种权力（“你也应该包括在内，你也有权利待在这里，告诉我们你的感觉和想法”）。实施授权意味着改善不利于他人实质性参与的组织氛围。授权环境应该是一种良好的学习氛围，在这一氛围中，人们既渴望成功，又可以从失败或错误中吸取教训。因此，重要的是建设能授权他人放手去做并成就自己的组织环境。

“授权”这一概念的根本字眼就是“权”。理解权力如何动态演变，对理解授权的哲理是很关键的。在可能情况下，职位领导者一定愿意分享他们的权力或权威，而参与者一定愿意为组织成果承担更多的责任。从传统上看，权力是以“零和”（zero-sum）思维为基础的。也就是说，传统

方法认为如果一个人在组织中权力很大，就意味着其他成员的权力很少。实际上，在各种领导关系中，不同的权力同时存在于不同人手中。权力有不同的类型，从权力“凌驾于人”（专制方法）到权力“分享”（合作方法），再到权力“伴随”（合议方法）。有些领导力研究者用“来自”（from）这个词深入描述权力的含义，指的是给予领导者的权威和权力“来自”团队的参与者。有效的职位领导者明白他们的权力和能力来自他们团队的成员——他们的参与者。（Kouzes & Posner，1987）

117 **权力的来源**

一个人如何使用权力和对别人的权力作出怎样的反应，这些问题在关系领导力中值得探讨。弗兰奇（John French）和瑞文（Bertram Raven）在他们 1959 年发表的一篇经典论文中，提出个体获得影响他人的权力的五种来源或基础。这五种社会权力基础是：专家权（expert power）、威望权（或参照权，referent power）、法定权（legitimate power）、强制权（coercive power）和奖赏权（reward power）。正如表 3—2 所示，瑞文和克鲁格兰斯基（Raven & Kruglanski，1975）在这一分类基础上增加了第六种权力：信息权（informational power）。

表 3—2　弗兰奇和瑞文提出的权力基础

权力类型	定义
奖赏权	具有此类权力的人可以带来积极的结果，或消除负面的作用
强制权	具有此类权力的人能够产生负面的结果，或消除积极的结果
法定权	因为所处的位置或承担的责任，团队成员认为他/她拥有权力理所应当
威望权	出于尊重、崇拜，团队成员对具有此类权力的人言听计从，并希望受到其喜爱
专家权	团队成员认为具有此类权力的人拥有特别的知识与技能，并且值得信赖
信息权	团队成员相信具有此类权力的人拥有别处或他人所没有的重要知识与信息

资料来源：改编自 Johnson & Johnson（2006），p. 237。

专家权是指一个人的技能或综合能力。专业技能知识来源于专业的训练和正式接受的教育（像工程师或医学博士所接受的教育），或所掌握的专业信息（如记得最近研究的结果或懂得学生手册的规章制度），或长期积累的经验（如做了三个孩子的母亲或经验老到的棒球运动员）。我们信 118
任专家并给予他们权力是基于对他们高水平的知识或丰富经验的假设。

威望权是指两个人或两个人以上之间关系中的性质以及所处的优势。想象一下一位博学的学长，他/她会深受敬重，他/她在小组讨论会上的发言举足轻重。

法定权是由某个人所拥有的正式角色职位所决定的，通常他/她具有一定的职责或权威去行使某些权利。比如说，一个学生组织的主席可以根据他/她的职责有权做出某些决定。当学生请求复查一篇论文的评分时，一位教师有权对分数评定作出变动。但是，权威人士普遍认为这种法定权是脆弱的。

强制权是指通过实施强制性或威胁性的惩罚制裁，或者去除奖励或利益来影响个体或群体。

强制可以改变某些行为，但通常需付出很大的关系代价。因为领导力是一种影响的关系，保持这种影响的“非强制性”很重要。（Rost，1993，p. 105）

相反，奖赏权是指通过传送积极结果和渴望得到资源的能力来影响行为。奖励可以是外在的，如加薪、奖牌或授予特权；也可以是内在的，如赞扬或支持。

信息权来源于某人拥有团队所需要的且别处没有的信息。这种权力可能体现为高度有效的口头沟通或书面沟通，包括“理性论证、数据确切，以及有逻辑”（Johnson & Johnson，2006，
p. 237）。虽然信息权与专家权很类似，但是拥有 119
信息权的人不一定是某个领域的专家，但一定掌握团体所需要的重要信息。

你可能会有意使用某种权力。例如，你可能在笔记本电脑上下载了学生手册，当大家想了解大学的某些规定时，你就可以有所介绍。反之，别人也会在你无意识的情况下赋予你某种权力，例如，因为你的威望或强势，某些人会担心你的

反对，此时你便拥有威望权或强制权。给我们自己和别人授权，是理解权力必不可少的内容。

理解权力

在很多情况下，我们放弃了权力。当我们的意见与专家意见相违时，我们不相信自己，从而放弃了自己的权力，因为我们假设专家无所不知。但是，当医生很快下结论说你只需要卧床休息，而你知道自己的身体比医生说的要更加严重时，你会坚持让医生重新做诊断。当一个拥有法定权力的人宣布一项计划或一种措施时，如果我们没有说“我们想再讨论讨论，因为我们还有些想法可能会有益处”，那就会置之不理而放弃权力。我们也有可能得到一些不适合自己或不该得到的权力。如果小组认为因为你是英语专业的，所以你就是写小组报告的最佳人选，那么他们很可能是错误的。

权力不是限定的，它的的确确可以共享和扩展。有些人认为权力可以设定在一个特别的框架
120 内，将权力视同“爱情”：付出得越多，收获就越多。如果你同事的领导力范式是传统型的，他们就会认为权力共享是优柔寡断或逃避责任的行为。其他人可能会滥用分享给他们的权力。然而，那些拥有法定性权威角色的人分享权力给别人后，往往发现自己组建了更为强大的团队。

为了社会的正常运行，领导者以及他们所掌控的系统必须赋予某些权力的使用程度。如今一个普遍的情况是，领导者所能运用的权力，远远少于他们为完成所分派的任务实际所需的权力。他们一定要有足够的权力以获得预期结果。（Gardner，2003，p. 201）

加德纳（2003）还说，那些拥有权力的人必须承担责任。如果领导者在等待别人实施一种制衡和约束体制之前，便首先肩负起责任的使命，那么，他/她就会处于更加显著的有影响力的权力地位。

在领导力过程中囤积权力（权力集中）会导致消极的回应，例如破坏、回避、抵制、愤怒以及与团队积极目标有冲突的行为。“领导者能提供的重要礼物是权力。”（Bolman & Deal，2003，p. 341）如果人们可以在组织或社团生活中听到自己的声音，那么，他们就会感受到他们所关心的公正和信仰。

自我授权

授权是对组织中任何职位应该拥有的权力的一种诉求。因此，自我授权是承认你有法定的权力表达观点，有信心成为解决问题或改变过程的一分子。“虚拟电子世界，除非自我挖掘，其自身就是一个不合逻辑的世界……但它提供了一种自我授权的方式来开发自己天生的、可学习的和职业的特质，从而拓宽你的领导力视野。”（Haas & Tamarkin，1992，p. 35）

默雷尔（Murrell，1985，pp. 36－37）提出自 121
我授权的六种方法：

（1）教育（发现/分享信息和知识）；

（2）引领（鼓舞，奖励，指导）；

（3）建构（创造结构因素，如安排时间、召集人马、改变政策或程序，使改变适用于创造它的人）；

（4）提供（确保其他人有资源进行工作）；

（5）辅导（建立亲密的人际关系）；

（6）实施（承担任务—赋予权力—担当责任）。

如果重视授权给所有成员，就会创造出一个有更多人参与的团队，他们就会全心全意投身于团队使命的过程之中，就会感到对改变的结果负有不可推卸的责任。充分授权能打造出自我驱动的组织（leaderfull organizations），而不仅仅是领导者驱动的组织（leader-led organizations）。

主流和边缘性

授权会使你置身于事务发展的中心地位，而非你觉得可有可无的边缘之地。分析主流和边缘
性的概念之后，对此会有更深刻的理解。斯洛斯 122
伯格（Schlossberg，1989b）在研究成年人的转型时，拓展并应用了社会学家莫丽丝·罗森博格（Morris Rosenberg）关于“主流”（Mattering）的研究成果。“主流是动机：是一种别人依赖、相信我们的感觉，别人对我们感兴趣，关心我们的

命运……这些对我们的行为产生了很大的影响。”（Rosenberg & McCullough，转引自 Schlossberg，
123 1989b，p.8）在新的环境下，在新的角色中，或与新的队员相处时，我们可能会感到自己被边缘化了。如果团队不欢迎我们，不寻求我们有意义的参与，我们就会感到自己可有可无。相反，主流就是我们对他人、对过程富有意义的感觉。想象一下，一个潜在的紧张、被边缘化的新成员第一次参加校园环境联盟或其他组织的会议的情形，他们可能几乎不被注意，变得孤独，为人所忽视；他们也可能受到欢迎，融入其中，共同努力，他们知道自己举足轻重，成为主流。想象一下，当一个大一新生被某组织的元老级人物鼓励发表他/她的观点时，心情是多么灿烂。

❖ **学生文选**

最优秀的领导者脚踏实地地工作。他们不会凌驾于成员之上，而是与他们携手共进，积极地按照成员的要求采取行动，实现人们的理想。这些领导者授权给组织成员，使其主动投入组织事业中。授权是领导者所掌握的最有效的一种工具，授权需要良好的沟通以阐明目标，需要清晰界定目标、鼓舞士气（infusement of spirit），需要真正理解你的成员以及你所处的环境。南卡罗来纳大学（the University of South Carolina）举办的“卡罗来纳栋梁之才”（Pillars for Carolina）强化课程班就是向学生授权的最好的例子。在为期一星期的活动中，低年级大学生被授权以工作人员和导师的身份，为将入学的新生服务。这些大学生为新生讲解大学的传统、如何适应新学期开始后的生活，以及为了在大学里获得成长发展需要知道利用哪些重要的资源。这些领导者不仅是为学校出力和学习成为未来的领导者，而且授权了大一学生主动开展对大学生涯的探索之旅。仅仅在第二年，这项活动已经显现了巨大成效，无论是充当导师还是参与活动的大学生，在校园的其他活动中都担当了重要的领导角色。这些大学生彼此帮助对方成为更优秀的领导者，并在授权的进程中推动整个校园更好地发展与进步。

尼克·莱利（Nick Riley）毕业于南卡罗来纳大学，主修化学和心理学。如今在威斯康星大学攻读分析化学的博士学位。他通过多种渠道学习领导力技巧：参加各类学生组织活动，投身于社区服务，以及在俱乐部中参加体育运动。

授权的环境

团队、组织或周围环境可以增强主流感，也可以使人置于外围、处于边缘。在一定范围内，我们需要促进人类精神发展的环境，这样才能产生“一种心智的根本性转变，这样的转变会使个体相信自己有能力建造理想世界，而非仅仅是对无法控制的环境做出被动反应”（Kiefer & Senge，1984，p.86）。

授权很有可能发生在那些人们认为事物总会变得比现在更美好的组织环境里。行使授权的组织致力于消除恐惧和耻辱，信任他人，包容他人。如果你在一个组织里感觉不到授权，就很可能会评估该组织的动态趋势，看它是个令人鼓舞的组织，还是一个控制过强的组织。可能存在“内团
124 队”（in-group）与“外团队”（out-group）之分，在“内团队”组织里，人们被排斥于信息之外，没有机会参与决策过程。（Kohn，1992）憎恨就是“内团队”一种不幸的表现。在“内团队”组织中，人们有时会采用被误导的逻辑检验“外团队”人们的适合性和承诺，对他们另眼相看。当这种现象从身体上和心理上产生伤害时，就根本无法期待出现授权的环境。如果该组织动态从根本上是相互支持的，那么，可能你就需要通过提高能力、扩大人脉或培养特质来加强自我授权，对组织做出有意义的贡献。

授权不同于委托。一个领导者不能简单地把任务交给参与者——不管那些任务有多重要——然后就以为参与者感觉被授权了。事实上，当委托任务时，如果领导者保留大部分的权力或控制他们，参与者就会感觉到自己只是在机械地操作，

没有做准备，厌恶甚至觉得自己受伤害。相反，如果有职位的领导者适当地与团队分享权力和责任，信任他们，那么分享的任务就是赋予别人权力，可以增进团队能力。促使团队成员充分参与，确保在团队成员间传递信任，才能达到授权的目的。

关系领导力具有道德性

一个7岁男孩小约翰尼跟着爸爸去食品杂货店买东西。回到家后，他爸爸发现他口袋里塞满了糖果，而那些糖果并没有付款。小约翰尼的爸爸看到他居然偷东西，非常震惊，要求小约翰尼把糖果还回去，向店主坦白、道歉，并保证再也
125 不偷任何商店的东西。对我们中的某些人来说，诸如此类的事情是我们上的第一堂道德课，从中我们学会辨别什么是好的，什么是坏的，什么是美德，什么是邪恶。我们很小的时候，如同类似的教训一样，我们被教导要诚实而不欺诈、善良而不残酷、正确做事而不违法乱纪。

伦理和道德领导

关系领导力模型强调伦理和道德领导，其意义在于领导力受价值观和道德标准的驱动，本质上领导力向善，是道德的领导力。了解用来描述分析伦理和道德领导的语言极为重要。有些人趋于把“伦理”（ethics）和“道德”（morals）这两个词等同使用（Henderson，1992；Walton，1988）；有些人把它们区别开来，但认为两个词关系密切（Shea，1988）。肖和巴利（Shaw & Barry，1989）把伦理定义为“支配和限制我们行为的社会规则，尤其是判断正确与错误的根本原则”（pp. 2－3）。

从词源上看，“ethics”（伦理）这个词源于“ethos”（民族精神），在希腊语中含有“品质”和“群体的情感”之意。（Toffler，1986，p. 10）其他对伦理的定义有“支配个人或行业的行为准则”和“行为规范”。（Shea，1988，p. 17）做到符合伦理是指“遵守既定的行业或团队的规范。任何组织都可以制定自己的伦理标准，可以决定遵守或不遵守”（Toffler，1986，p. 10）。无论是个体设定还是组织建立的伦理标准，都有助于指导人们的决策和行为。根据这种模式目标，伦理可以 126
被定义为“支配行为的准则或规范”（Toffler，1986，p. 10）。

比尔·乔治（Bill George）是《真北》（*True North*，2007）一书的作者。他使用“真北”（true north）来隐喻领导者内心的指南针，意在说明当面对逆境，或当你可能会偏离正确轨道时，保持正确的价值观和原则是多么重要。乔治（2007）声称你个人的价值观是你“真北”的基础，你的领导力原则就是“转换成行动的价值观”（p. 86）。

行业通常会建立伦理标准，使人们在特定的行业有章可循。美国律师必须遵守美国律师协会对律师的行为规范，美国医学学会对美国家庭医生也有行为规范。众多周知，每间麦当劳餐厅都展现其行为规范，保证提供美味的食物和贴心的服务。仔细观察，这些组织期望通过行为准则规范行业或员工的行为。

“道德”（moral）意为“与辨别对错相关的原则”（Toffler，1986，p. 10），或者“由良知引起的对善恶的感知，是辨析善良与丑恶的洞察力，是知道什么是好什么是坏的一种教养”（Shea，1988，p. 17）。人们普遍认为，道德受宗教或个人信仰的影响。道德领导力关注的是“好”的领导力，这样，领导力就是用好的方法获得好的结果。

我们的领导力哲学是价值导向的。因此，还是要再次强调我们对领导力的定义：领导力是人们共同致力于完成积极变化的关系过程和道德过程。运用这种哲学，领导者和追随者以共有的价值观行事——渴望进行真正的改变并致力于实现共同目标。领导者和参与者的行动来自一系列价 127
值观，我们期待这些价值观是一致的，并被大家所接受。价值观是“人们自由选择的个人信仰”

(Lewis，1990，p.9)，或者是“我们生活的指导原则，与我们个人的生活目标和社会目标极其相关”（Kouzes & Posner，1993，p.60)。简而言之，价值观就是我们的个人信仰。

尽管在研究中对领导力的定义和理论还存在许多分歧，甚至对领导力是价值中性（或价值无涉，values-neutral）还是价值驱动（values-driven）的观点尚存争议，但有一点是很清楚的，那就是大多数人们都希望领导者做正确的事情。2003年盖洛普针对州政府信任度的民意调查(Gallup Poll）显示，只有53%的被调查者“非常信任”或“比较信任”本州的政府。(Jones，2003，p.1）自2001年“9·11”事件之后，人们对政府的信任就开始下降。确保和保持民众（选民）对你的信任是领导力核心。2003年盖洛普针对青少年的民意调查显示，13到17岁的青少年中，67%的人在学校有“大量”或“相当数量”的舞弊行为，他们中的一半人承认曾经作弊。(Kidder，2005，p.267)

哈里斯民意调查（Harris Poll）显示美国民众对国会的信任急剧下滑，受访者对国会高度信任的比例，已经从最高水平——1966年的43%，急剧下降到2011年的大约7%。(Hurley，2012）在哈里斯民意调查中，对商界的高度信任比例出现类似趋势。在1966年，55%的受访者表示高度信赖美国的企业，而在2011年，这一比例仅为13%。(Hurley，2012）这些领域中信任缺失的主要因素源于民众对领导者缺乏足够的信任。

128 然而，大学生愿意成为解决这一问题的一股力量。美国学院与大学协会（Association of American Colleges and Universities）2007年的一项教育研究报告（Dey & Associates，2008，转引自O'Neill，2012）对个人责任与社会责任的教育进行了研究分析。该研究发现，“在被调查的23所院校的24 000名大学生中，超过90%的被访者认为，对个人责任和社会责任的教育应当是大学教育的核心内容；这些责任包括追求卓越、为更广泛的民众服务、认真对待他人的不同观点”(p.7)。该研究指出，“赞成上述观点的大学生中，超过50%的人强烈呼吁这种教育应该成为大学校园教育的主流”（p.7)。这项研究还调查了超过9 000名大学管理人员和教育者，包括教师、学生事务工作人员、高级学术管理人员。“超过90%的管理人员和教育者认为良好的个人责任与社会责任应当是大学教育的重要目标，超过70%的人们强烈赞成这一观点。”（O'Neill，2012，p.7）但是，现实的教育状况与大学学生和大学教育者对大学的期望还存在着一定差距。

> 将近一半的学生总体上强烈认为，他们来到大学重要的就是要增强并获得贡献社会的意识，但是只有三分之一的人强烈认同大学教育有效扩展了他们的认识，传授了改善美好社会所必要的技能，或增强了他们对改善美好社会的奉献意识。(O'Neill，2012，p.20)

在大学里学习道德领导力的经历，对你未来的发展将起到重要作用。

当前，作为领导者和公民，我们面临的挑战 129
是缩小公众对道德领导的期望与领导力角色中德行屡遭践踏的现实的差距。我们需要大胆、勇敢的领导力——伦理道德上言行一致的领导力。令人鼓舞的是越来越多的人对国家和本地领导者违犯伦理道德的行为表示深恶痛绝，大众普遍认为伦理在领导力中扮演着重要角色。尤其令人振奋的是，最近的一些研究（O'Neill，2012）证实，大学生把这些认知视为大学生涯的重要组成部分。

曾任美国卫生教育与福利部部长以及公共事业组织主席的约翰·加德纳（1990）深刻地阐释了共享价值与正确行事的道德承诺之间的关联性。他认为：

> 在一个运转良好的社会中，一切事情——领导力和其他一切事情——都产生于一系列的共享的信仰之中，这些信仰涉及社会可接受的行为规范并控制着个体成员的行为。领导力各个层面的任务之一便是重树这种共享信念和价值，吸取其营养，使其成为团队努力奋斗的动力源泉。领导者能够通过

> 努力使价值观得以不断更新。同时，他们能够与崇尚价值但同时又践踏价值的虚伪做斗争。他们能够帮助我们明晰历史和现时的困境，担负起创造社会应有的思想状态的重任。领导者必须建构、明晰目标，带领人们走出偏见，团结他们奔向更远大的目标。（p. 191）

加德纳含蓄地指出，领导力的“走向更远大目标”在本质上具有伦理道德基础，这些目标应是积极的、建设性的目标，而不是那些破坏性的、有害的或伤风败俗的结果或结局。

130 为了强调领导力与伦理的重要关系，我们加入了那些坚信伦理是领导力核心的学者的行列。离开了正确行事的承诺，离开了合理的伦理行为规范，领导力就不会出现。有人争辩领导力由于缺少看得见的伦理元素，因而是不可能被体验的，“伦理领导”（ethical leadership）这个短语有些累赘。但是，我们觉得缺少伦理行为的“领导力”叫什么都行，就是不能被称作领导力。就像阿道夫·希特勒的例子。的确，现在你可能认为希特勒是一个领导者，但你会对他的领导行径感到厌恶，这也是一些领导理论家与你一致的观点。我们和其他学者所持的观点一样，认为希特勒的行为与我们的领导力观念背道而驰，他的行为体现的是独裁。（Burns，1978）

伯恩斯（1978）在他的变革型领导理论中高度重视价值观和伦理对领导过程的重要性。他指出：

> 检验道德领导力的最终标准，不是看它应对日常事务多重的所想、所需和期望的能力，而是它回应更高的道德发展水平的能力；以及把领导力行为——它的角色、选择、风格、承诺——与一套理性、相对清晰、自觉的价值观相联系的能力。（p. 46）

伴随着伯恩斯基于道德的领导力建构的大胆思考，20世纪90年代对领导力的社会观念发生了转变，这种转变是领导力从价值中立转向了价值驱动。（Beck & Murphy，1994；Bok，1982，1990；Gandossy & Effron，2004；Kouzes，& Posner，2002；Northouse，2004；Piper，Gentile，& Parks，1993）正是对什么是正直的、什么是善良的理解，驱动了道德或伦理领导力。

榜样领导 131

作为一项练习，领导者和参与者应真挚地反思一些问题，例如：我为什么而活？为促进共同利益或做正确的事情，我愿意付出多少呢？根据对领导者的研究，库泽斯和波斯纳（Kouzes & Posner，2008）提出榜样领导力的五种习惯行为。其中一个是“以身作则”，或者叫“说到做到”。他们的研究发现，领导者行为与其信奉的价值观保持一致是很重要的。行动与价值观一致，领导者才会被他人认为是一个诚信领导者（authentic leader）。（Avolio & Gardner，2005）

榜样领导是一种影响组织价值和道德的有效方法。它的意思是使你自己的价值观与组织的核心价值观保持一致。榜样领导力包含了价值与行动的一致性。拉尔夫·沃尔多·爱默生就说过这样的警句：“你说的声音很大，大到我听不清你说了什么。”这句话特别强调了价值观与行动保持一致的重要性。诺贝尔和平奖得奖者吉米·卡特（Jimmy Carter）是当代第一位宣称卸任后要追求更高目标的总统。事实上，他在外交部门工作，还参加社区服务，比如“仁人家园”（Habitat for Humanity），这证明了他的价值观和行为是一致的。公开表明价值观是一回事，但实现价值是另一回事。

榜样领导并非易事。大多数（如果不是全部）的领导者刚开始都想做正确的事。一些领导者出于同伴的压力或者某种诱惑偏离了方向，不再为公共利益而领导，而是考虑自己的私利或小团体的利益。维系伦理和道德领导力的关键是对高标 132
准的坚定承诺，包括诚实守信、真实、组织价值观和做正确的事情。与同伴为伍，要坚持一个正确但不被接受的决定，需要有勇气、敢作敢为。想象一下，在一场校园骚乱中，一位大学生想阻止同学掀翻别人的汽车，该需要有多么大的勇气。或者一个“兄弟会”成员、乐队成员或“预备役军官训练营”（Reserve Officers' Training Corps，

ROTC）的初级军官会很有勇气地说："不，我认为我们不该食言，不应该等他们失去知觉了再把他们扒光放倒在树林里。这样不仅很危险，而且这不是我们的兄弟情谊之中应有的。我不想这么做，希望你们也是。我会帮忙计划有趣且更有价值的活动，而不是干这些事情。"

尽管我们似乎旗帜鲜明地强调诚信领导和榜样领导的重要性，但遗憾的是，仍有很多地方领导者或国家领导人被发现贪污腐化，为了私利置人民于风险之中，还掩盖真相。理查德·M·尼克松任总统初期心存善意，然而后期却逃脱不掉政治腐败的结局。诚信领导不一定是一个整齐划一的过程，但它很可能成为确保领导者持续发挥能力的驱动力。在第6章我们将再讨论伦理领导的话题，仔细研究如何决策才符合伦理，探讨伦理理论以及如何创造与保持团队和组织的伦理环境。

关系领导力具有过程性

过程性是指团队如何成长为一个团队，如何维持一个团队，如何实现团队的诸多目标。它的内容包括团队成员的招纳和参与，团队如何决策，
133 如何处理与使命和愿景相关的各项任务。每一个团队都拥有过程，每个过程都可以被描述。过程必须具有意向性和目的性，而非随机性和偶然性。关系领导力模型的过程元素的意义在于个体与他人互动，领导者和参与者同心协力，实现变化。过程会创造能量、协作和动力。

惠特利（Wheatley）认为事物的混沌状态亦有其规律性。当被问到这一世界观如何影响她的组织工作时，惠特利（1992）说："以前我花很多时间详细计划和分析问题，现在我关注那些能促进关系的结构因素。我发现，如果把人、单位或者任务有效联系起来，我会得到一些有用的成果，即使不能很精确地预测是什么结果。"（pp. 43－44）当团队设计和实施能促进共享目标的过程具有道德性、包容性和授权性时，人们可以相信这种过程会帮助他们渡过难关，解决复杂的任务，并确信他们共同的合作好过他们个人的独自奋斗。

过程也常常会贬低人们的价值，这样的过程往往被严格控制，为荣誉而不惜一切代价，把那些有意参与改变的人拒之门外，或者期待每个人都有同样的思想和行动。参与过程意味着深刻思考或意识到团队如何运行，这样参与者才可能会说："稍等，听我说两句，如果我们这样做的话，我们会忽略某一重要的学生群体的需求，这不是我们想要的。"惠特利认为我们生活在一个过程的世界里。她陈述道：

> 如果过程体现了我们的计划和意图，我们就会更好地、更谨慎地参与到过程之中。我们不宜把相关的计划、标准和组织结构等要素看成我们要完成的目标，而应把这些要素视为能够使团队保持清晰目标的过程，视为能够加强联结新成员和新信息的过程。(p. 516)

几个关键的过程对关系领导力至关重要。它 134
们分别是合作、反思、反馈、良性冲突（civil confrontation）、团队建设和关于意义建构的深刻理解。我们将在这里和以下章节讨论其中的几个。过程导向指的是参与者和团队作为一个整体要了解过程。他们善于反思，勇敢迎接挑战，团结协作，关怀他人。过程导向是指要意识到人们在团队中的动态变化。许多团队直奔任务或目标，却没有关注过程。如果参与者关注团队生活或社区生活的过程，他们就会发问：为什么我们要用这种方式做事呢？我们如何做到更有效率？参与者保证了团队能继续运转下去，成员们共同学习。

合作与协作

竞争似乎嵌入了美国的许多结构中。对抗的法律制度、体育竞赛、扑克游戏和充满竞争的自由市场经济，所有这些都表明竞争渗透在我们共同的生活当中。要找出没有竞争的例子似乎很难。

即使不考虑如何努力打败他人、如何争取第一，许多人也强烈地认为自己要跟自己比。也许他们想比上一次考试考得更好，或者想超越上一次电脑游戏的得分。

135 一个得到证实的观点是：“在促进成功和提高生产率方面，合作优于竞争。”（Johnson，Maruyama，Johnson，Nelson，& Skon，1981，p. 56）早在20世纪80年代，明尼苏达州大学的研究者探讨了50年来的122项针对竞争、合作和个人成就的目标导向的研究。他们进一步区别了团队内部运行中合作（非竞争）的巨大效益和团队与外部其他团队竞争中的激励效果之间的不同。（Johnson et al.，1981）

研究的结果一致表明，不管成员来自哪种类型的团队，他们都更倾向于领导者和同事能建立合作或协作的关系，而非竞争关系。（Kanter，1989；Spence，1983；Tjosvold & Tjosvold，1991）甚至喜欢体育运动竞赛的团队成员也不会喜欢内部竞争的环境，如委员会、学习小组或工作单位里出现的与他人竞争，相互攻击，甚至用各种竞争手段——例如隐瞒信息、贬低别人成绩等现象。事实上，“理解为什么竞争一般不会促进卓越的简单办法，是去发现努力做好和努力打败别人是两码事”（Kohn，1992，p. 55）。在支持和合作条件下，一个人会卓有成效地完成工作，而在恐惧、紧张或强迫的条件下是难以做到的。

合作与协作的概念是不同的。

> 协作不仅仅是简单地分享知识和信息（或交流），不仅仅是互相帮助实现共同目标
> 136 的关系。协作的目的是创造一个共同的愿景，创新联合战略，解决那些靠任何一个单方面所解决不了的问题。（Chrislip & Larson，1994，p. 5）

伍德和格雷（Wood & Gray，1991）主张“协作出现在团队中独立的利益相关者为解决问题而互动的过程，他们遵守共同的章法、规范和结构，对相关问题采取行动或作出决策”（p. 146）。例如，微软和英特尔通过协作共同发展个人数字助理和智能手机的无线应用。这些公司通过协作而不是通过互相竞争来实现共同的愿景。前任总统乔治·沃克·布什和比尔·克林顿，他们曾经有过激烈的政治竞争，却能共同面对2004年东南亚海啸、2005年卡特里娜飓风大灾难以及2010年海地地震，协作起来实施救援项目，战胜了这些自然灾害。

合作与协作都是有益的过程：合作帮助他人或其他团队完成他们共同的目标，而协作是融入他人或其他团队，共同设立目标，互相合作完成共同的目标。协作的前提是树立这样的理念：“如果通过广泛交流建设性地把适合的人们聚合到一起，他们会真诚地创造愿景和战略，应对组织和团队共同关心的问题。”（Chrislip & Larson，1994，p. 14）仁人家园的招聘新员工广告传单可以和食品订购合作社（Food Cooperative）的广告传单一起派发以节省邮资，或者一起加入另外一个团队的宣传活动，这就体现了协作。两个团队或更多团队可以为了共同的环境目标，设计新的广告宣传单，以便吸引新会员加入共同的事业之中，或一起计划更加大型的活动，这也是协作。

第2章提及的乐队例子就是描述这种团队合 137
作的极佳比喻。音乐家要具备娴熟的个人技巧和责任感，同时知道自己是集体的一部分，属于一个团队。进一步而言，想象一下爵士音乐的表演和即兴的舞蹈结合。舞者和音乐家都能找到奇妙的旋律和声音，用各自的方式同时诠释音乐，互相影响彼此的工作。舞者和音乐家很明显能为了共同的创作而互相协作，互相尊重，承担各自的任务。然而那些艺术家并不仅仅是走进工作室和设计一些动作。舞者擅长摆动身体，音乐家擅长弹奏乐器。他们知道怎样作出回应，为什么要作出回应，什么时候作出回应。为了让团队有效运作，所有成员都必须扮演自己的角色。他们对自身优势、不足、天赋和能力的自知之明，带来了共同努力过程中的协作。类似地，想象一下大家自愿奉献自己的知识和技能，参与一个很棒的班级项目［“我可以用‘普利智’（Prezi）做幻灯片演示”，或者“我可以找企业拉赞助”］，恰当的分工成就了一

个强大的项目。了解自己并渴望了解团队其他成员，为团队创造了一个有益于协作的团队气氛。

意义建构

领导力需要建立一个真正的对团队共享经验的理解过程，或者说意义构建的过程。分步实施过程使过程透明、开放，接受批评和改变。意义既有认知（观点和思想）的一面，又有情绪（感觉）的一面，“这些方面可以让人们了解世界的不同侧面（事物实际呈现的情况和事物应该呈现的模样），使人们与对世界的看法相关联”（Drath &
138 Palus，1994，p. 4）。意义建构的一部分内容，就是要求我们认识到在瞬息万变的世界中，我们将不断面对这样的过程挑战，从数据中提取信息，把信息转化成知识，知识影响理解，理解变成智慧，智慧促成有意义的思想和行动。这一循环如下所示（Komives，2000）：

> 数据→信息→知识→理解→智慧→思想和行动

意义建构是“我们对经验理解的处理过程。因此，我们可以知道过去发生了什么，正在发生什么，甚至可以预知将来会发生什么。这就是我们自身或我们对世界的知识建构”（Drath & Palus，1994，p. 2）。德莱斯和帕卢什（Drath & Palus）清晰地论述了对“意义”（meaning）这个词的两种理解，引导我们对意义和领导力进行深刻思考。一种理解体现为标识（符号意义）——例如文字——代表或指向某种事物。这种命名和解释的过程有助于弄清意义，形成必要的观点，对重构和理解多样化的现实世界起着关键作用。例如，有人也许会认为某个特殊的行为是违法的，也有人可能认为这行为是温和抵抗。有人也许认为这是个破坏性的聚会，而其他人却认为是团队加强联系、表示庆祝的聚会。符号文字的解释与发生的事件的有机联系，会有助于团队的意义建构。圣吉（Senge，1990）把这叫做“心智模式”（mental models）。

对意义的第二种理解包含了人的价值观、关系和承诺这些内容。（Drath & Palus，1994，p. 7）
139 人们在乎并想过有意义的生活。如果事情是有价值的，人们会对此做出承诺，找到个人的目标，承担个人参与的风险——它重要，它就有意义。相反，如果事情没有意义，没有价值，那么，人们就不会投入情感，为此做出承诺。然而，对意义进行判断时，我们要小心谨慎，不能过早下定论。因为有时候，重要的事情表面上看起来是没有价值的。例如，有些晚自习的学生反映了对在偏僻的停车位取车的安全问题的担忧，这种担心就值得倾听。倾听这些建议的人也许是那些住在公寓附近的负责学生管理的官员，也许是那些住处附近就有停车位、从来不必担心取车安全的校园管理人员。换个角度，站在别人立场上去看待事物需要“关系移情”（relational empathy）的技能，这些技能可以验证某些事情是否有意义。（第 5 章对关系移情有更详细的解释。）

理解如何建构意义有助于团队对那些正在寻求解决的问题进行剖析和重构。构建的过程需要对问题进行定义，发现问题的实质，找到可能有助于应对问题的干预措施或解决方案。假设对一个问题这样去进行构建思考：“行政管理部门不愿意为额外的安全照明提供资金支持。”这样的问题将会导致一系列的争论，人们会想出许多策略，来改变行政管理部门。重构的意思是找出一些解读问题的新视角，从而产生新的看法并帮助团队变得更有效率。（Bryson & Crosby，1992）上述问题从重构意义上去考虑，就是要给同盟者、股东和利益相关者带来新的意识，比如，是否可以这样重新作出思考：“我们怎样才能联合校园的各方力量，共同应对针对女性的犯罪事件的快速增长？”

反思和沉思 140

若想在快速变化的过程中、从模糊不清的材料中找出意义，个人和团队就要学会反思。反思是个静下来的过程，从行动中退后一步，然后提出疑问：什么正在发生？为什么它会发生？事情意味着什么？这对我有什么意义？我可以从中学到什么？老子曾鼓励花时间来反思（Heider，1985）：

> 无穷无尽的世相会模糊人的知觉。太多的噪音影响着感知。不停输入的信息模糊了

> 真实的洞察力。不要用哗众取宠替代学习。投入时间进行静静的沉思。在心里消化发生过的事。让感觉休息，从而成长。教导人们学会摆脱困扰。全身心投入到特定的情境中去。如果团队成员有时间作出回应，那么他们会看得更透彻，能分清什么对自己及他人是最重要的。(p. 23)①

史密斯、麦格雷戈、马修斯和加贝尼克（Smith，MacGregor，Matthews，& Gabelnick，2004）认为“反思性思维应该是元认知的”（p. 125）。“元认知”（metacognition）是“对思考的再思考——当前被认为是有效学习和解决问题的关键”（p. 126）。团队有目标的讨论过程才能实现反思，但往往一个团队在讨论过程的时候，只对失败进行反思。他们尝试找出什么地方出错了，以及怎样避免再次犯这些错。要想真正成为学习型组织，团队也需要反思成功，需要使每一个参与者对以下问题的答案达成共识：为什么我们可以做得那么好？我们的哪些共同努力使它成功？
141 怎样保证下次还能努力一起做得更好？霍伍德（Horwood，1989）观察到：“反思是个辛苦的脑力活。这个词本身的意思就是后仰沉思……反思的脑力工作包括深思熟虑……反刍品味……苦苦思索……冥想顿悟。”（p. 5）反思是成为学习型社团的关键程序。你可能还记得，在第 1 章科博的体验式学习模型中，反思是个人经历转化为有用信息的关键环节。

在一项对成功领导者的研究中，本尼斯（1989）发现，有效的领导者鼓励“反思性的顶撞意见”（p. 194）。他们知道实话实说的重要性，他们鼓励同伴诚实地反映自己的所见、所闻、所想。“反思，在每个层次、每个组织中都是重要的，所有的领导者都应该学会践行以下三个 R：退后（retreat）、更新（renewal）、返回（return）。”（p. 186）团队反思的一种形式就是找时间讨论或加工共享的经验。比如，当一个困难的会议将要结束的时候，可能会有组织成员（或组织的顾问）提议：“最后，让我们抓紧时间来梳理一下大家的看法，确定我们今晚做出的决定，希望我们下次做得不一样。”反思也有助于团队沿着正确的轨道前进。团队可能会刻意地在年中检查一下目标和任务，讨论他们的活动是否与团队使命相一致，或者讨论他们是否应该重新调整方向。反思是领导过程的重要组成部分，使个人和整个团队保持目标一致。

沉思是反思的一种，能使我们深刻地思考发生在我们周围的事，思考我们的感受、我们的情绪。奇克林、道尔顿和斯塔姆（Chickering，Dalton，& Stamm，2006）把沉思比作“意义构建的
大脑代谢过程。就像我们咀嚼吞咽食物，然后食 142
物进入我们的胃里，仅仅给我们提供营养，只有新陈代谢后才成为我们的血液、肌肉、神经和身体化学物质的一部分”（p. 143）。生活的经历也同样是这个道理。如果没有反思和沉思，我们学到的知识和经历过的事情最终就会像“没有被消化的残渣”。反思的实践使我们思考发生在我们周围的事情，或思考发生在我们身上的事情，然后我们方能从这些经历中建构意义。

参与对重构是否更有意义？

随着时间推移，你会获得越来越多的领导力技能。一些管理工具——例如举办会议或者计划议程——很容易跟真正的领导力混淆起来。然而，运用关系领导力的原则，你可以重建一些特殊的

① 海德的译文是意译文本，出自《老子》第十二章“五色令人目盲”，原文是：五色令人目盲；五音令人耳聋；五味令人口爽；驰骋畋猎，令人心发狂；难得之货，令人行妨。是以圣人为腹不为目，故去彼取此。国学导师张其成先生将其解读为：五色使人眼花缭乱，五音使人听觉不灵敏，五味使人丧失口感，纵情围猎使人心发狂，稀罕的宝物使人行为变坏。因此得道的圣人只为饱腹不为耳目享受，所以要抛弃后者选取前者。——译者注

技能，例如计划议程，使其更加有效。团队会议议程的目的不仅在于保证短时间内讨论或决定所有被提交讨论的话题，还在于使大多数人参与其中，允许之前被排除在外的人发表言论，确保没有人草率表态，保证公平公正地做出决定，通过协作的实践使其他人共同建构议程。

回想你参加过的那些由领导者宣读所有内容的会议。好像就是处于核心的两三个人管理着整个会议，你永远不用说一个字。我们都有过这样的经历。你会感到被边缘化，可能还会困惑为什
143 么你非得费劲去参加这样的会议。设想一下在一个会议里，人们的意见激烈冲突，然后有人很快提出进行投票决定。投票的结果是持相同观点的大多数人胜利了，那些不同意的少数人投票失败了，并觉得投票是草率行事。

想象与此不同的一种场景，在一个会议里，职位领导者或会议召集者这样说：“按照惯例，我们在对这些问题进行表决前，每个人都可以参与讨论，每个人都可以发表意见。执行委员会要求你们三个就议程的第一项内容介绍存在的主要问题；然后我们分成小组，在表决前花 15 分钟讨论所存在的问题，找到我们解决问题的途径。讨论时，要遵循先重后轻的原则，讨论那些重要的问题，以有助于我们最终做出决定。”即使你不同意最终的决定，你也会因为自己提出了不同的观点而感到无所遗憾，因为开会的一个意义就是参与其中。

本章小结

瞬息万变的世界要求我们每一个人都要成为团队里有效的成员，从而更好地和他人共事，实现必要的变革，达成共同的目标。我们之间的相互关系很重要，它是我们的社会责任的象征。培育团队的集体感需要时间的积累，这说明了关系是有效领导建设的核心。关系领导力是有目标性的、包容性的，重视授权，讲究伦理，并且是过程导向的。专注于关系领导力的实践，意识到个人的重要价值，成为负责任的参与者，才能建造强大的组织。

144 下章梗概

当我们理解了人们对领导力的各种各样看法，认清当前构建以关系为基准的领导力模型的紧迫性之后，更为关键的是我们要理解人们作为参与者在所有关系中的重要性。也许最需要了解的重要角色就是你自己。下一章，也就是第二部分的开头，将鼓励你挖掘自己各方面重要的领导力才能；接着下一章将论及开发他人的领导力才能，以及与你自身的开发有什么不同。第二部分的最后一章，将说明伦理和诚信在领导力过程中以及与他人建立关系的过程中的重要作用。

本章练习

1. 想一想，找出一位你认同的榜样领导者，一个言出必行、以高标准自我要求的人。找出当地的、国家的或者历史上的榜样领导者。你认为一个人需要什么样的品质才能成为榜样领导者？他/她信奉的是什么价值观？他/她一贯实践的是什么？

2. 用“知—是—行”的三个组成成分讲述你的领导力哲学。

3. 描述你的领导力指南针。什么样的原则或伦理指导你的个人生活和你的领导力？

4. 说说在什么情况下你成功运用了弗兰奇和
145 瑞文界定的某种或多种权力的来源。每一种权力来源的有效运用给你带来了什么？想一下领导者滥用某一种权力来源的例子，滥用权力对他们个人领导力带来什么后果？

5. 复习关系领导力模型的五大要素，哪个最适合你，为什么？哪个要素的知识、技巧或者态度，你还没学会或还没发展？

6. 模型的简单性使它经常忽略一些本应包括的概念。你觉得有什么概念应该加到这个模型的五大要素中的任何一个中？或者应增加什么新的要素？

补充阅读

1. Chrislip, D. D., & Larson, C. E. (1994). *Collaborative leadership: How citizens and civic leaders can make a difference*. San Francisco, CA: Jossey-Bass.

2. Gandossy, R., & Effron, M. (2004). *Leading the way: Three truths from the top companies for leaders*. Hoboken, NJ: Wiley.

3. George, B. (2007). *True north: Discover your authentic leadership*. San Francisco, CA: Jossey-Bass.

4. Hurley, R. F. (2012). *The decision to trust: How leaders create high-trust organizations*. San Francisco, CA: Jossey-Bass.

5. Komives, S. R., Wagner, W., & Associates. (2009). *Leadership for a better world: Understanding the social change model of leadership development*. San Francisco, CA: Jossey-Bass.

6. Kouzes, J. M., & Posner, B. Z. (2008). *The student leadership challenge: Five practices for exemplary leaders*. San Francisco, CA: Jossey-Bass.

第二部分　开发你的领导潜能

147 关系领导力模型强调了在有目的的变化过程中参与者之间关系的重要性。发展并维持健康的信任关系始于对自我的认知，始于敞开心扉欣赏他人，尊重他人。

本书这一部分包含三个章节，可以丰富你的自我意识。这些内容可以帮助你探索你自己和他人，以形成个人的领导哲学。第 4 章介绍了盖洛普公司开发的一份评估量表——“克里夫顿优势测评”（the Clifton Strengths Quest），本书会指导你如何使用代码进行在线评估。一旦完成这个优势测评，你将会收到一份描述你个人排在最前面的五项优点的简要报告。这项测评强调了认清你自己的重要性以及你最突出的优点。同时，这一章还着重介绍了“性格表现评价”（Virtues In Action，VIA），这是一个免费的在线评估，用以测评你的性格优势。

这部分的最后一章重点揭示了关系领导力模型中的伦理要素，探究了高尚的人格和诚信生活的重要性。本章坚持这样的观点，在所有情境中，关系型领导力都必须建立在伦理的基础上，营造伦理氛围，采取道德行动，实现共同目标。在各种情境中营造伦理氛围是关系领导力模型的一个重要方面。

148 老子曾注意到（Heider，1985）：

> 睿智领导者的能力并不仰仗技艺、权术或系列训练。觉悟、反省的方法适用于所有人和所有情境。
>
> 领导者的个人觉悟状态能够营造一个开放性的氛围。核心层和基层给领导者提供稳定、灵活和耐力。因为领导者看得透彻，所以能够为他人指明方向。（p. 53）[①]

在前面章节所提到的关系领导力模型中，我们鼓励你成为目标明确、包容他人、重视授权、践行道德和过程导向的领导者。重新思考一下你需要知道什么或想成就什么，或做什么才能有效地体现关系型领导力。你可以返回到表 3—1 再次理解这些概念和评估自己。

问自己一些有深度的问题以训练你的自我意识、对他人的感知和你的领导力。这种模式如下。

目的性：你有清晰的目标以及对于你来说很重要的责任意识吗？你是按自己的方式做事的吗？或者你能找到与他人的共同目标吗？你知道改变是怎样发生的吗？

包容性：你包容别人时感觉到惬意和有效率吗？当你同意或不同意他人的观点时，你了解你自己的动机吗？当你和与你意见不一致的人相互交流时，你是很容易地包容差异还是很难理解他人呢？

授权性：你知道怎样发挥自己的优势和他人的优势吗？你觉得共享权力和共担责任是件容易的事还是件困难的事？

道德性：你觉得做到诚实守信容易吗？你是否清楚指导你个人行为的价值和原则？你是相信还是不相信他人？

149 过程导向：据你了解，你所喜欢的哪些方法会促进改变和实现目标？你倾向于合作的方式还是竞争的方式？当你强烈不同意某些人的观点时，你是如何有效协商的？

作为一名领导者或一位积极的参与者，使你变得更加有效的最大成就是学会清楚地认识自己。本书的第二部分将帮助你发掘自己的价值，提高你的品格，帮助你更好地学习，使你认识到自己的优势所在，懂得如何塑造你自己（包括你的性别、文化及交际模式）。当你探索并了解你自己的方方面面时，我们希望你能同样理解并看到其他人的这些方方面面。

---

① 译文选自海德（John Heider）的意译本，出自《老子》第二十七章“善行无辙迹”，原文是：……是以圣人常善救人，故无弃人；常善救物，故无弃物。是谓袭明。故善人者，不善人之师；不善人者，善人之资。不贵其师，不爱其资，虽智大迷，是谓要妙。国学导师张其成先生的解读是：因此圣人总是善于救助别人，所以没有被遗弃的人；总是利用外物，所有没有被遗弃的东西。这就叫做内藏聪明。所以善人是不善人的老师，不善人是善人的借鉴。如果不尊重他的老师，不珍爱他的借鉴，虽然自以为智慧却是大糊涂，这就叫做精要玄妙。——译者注

第 4 章

了解自己 151

想象一下，当你在上课或开会的时候，脑海里或许会浮现出以下想法：

- 我们协会的主席是一名优秀的演讲者，为什么我不能像她那样？
- 当我的同学来征求我的意见时，我会倾听他的想法，让他对自己以及自身的处境更有自信。
- 为什么我总是忽略某个主意的具体细节，结果会如此被动？
- 当对方的评论并不妥当时，我很骄傲我能毫不犹豫地立即予以反驳。
- 今晚，我的幽默缓解了团队中的紧张气氛，让一切向着预期的方向发展。

认清楚自己以及他人的优缺点需要我们认真 152
反省。了解自己惯用的思考、联想和学习的方式，以及发现自身价值，这些都是重要的自我认知技能。能够清楚地表达自己的信仰与价值观有助于了解自己的动机与行为。了解自己的优势，懂得如何管理自己的弱势，会有助于自身的发展，提高自己与他人真诚相处的技能。

由于领导力形成于人际关系之中，了解自我对于人际关系交往中的真实性至关重要。也许那些能够转换成领导效能的最基本的生活品质是诚信和真实的自我认知，以及乐于成长、愿意学习和勇于改变的态度。

本章概观

在本章节中，我们鼓励你去思考如何塑造你的个人身份，如何激发你的个人动机。我们将探讨自我认知在领导力中所起的作用，包括自我观念和自尊等方面的作用。同时，也将探讨如何形成自己的价值观，以及价值观对你性格养成所产生的影响。了解你的个性特征以及性格优势，知道如何把这些优势应用于生活之中；了解你的情绪智力的维度，懂得如何运用智商影响他人并评估你自己的幸福状况，这些认知能力将最大限度地提高你和他人的绩效。了解自己是参与领导力过程的先决条件。本章将介绍两个自我评价工具，一个是“克里夫顿优势测评”，另一个是“性格表现评价”，量表的测评会增强你对内在优势和性格优势的了解。

了解自己 153

是什么造就了你？你所接受的教育方式、你的周边环境和生活环境对你的世界观、价值观、秉性、个性以及对你积极性的影响有多大？你身上有多少特征是天生的或遗传的？

多年来，人们在激烈讨论是教养（社会化）还是天性（遗传）决定人的行为。认识到教养和教育对自身发展的作用有利于了解你自己。比如，你有可能个子很高，你会意识到有些人觉得你威武高大，就算你是一个很腼腆很安静的人，他们还是会觉得你外向、好胜。或许你个子很矮，但你发现人们最终还是会根据你本身的言行举止来对你进行评价。有些人可能会说："你的个性和你的小个子很不配啊！"你可能学会了体谅别人的看法，对别人的看法加以思考，或对此感到滑稽有趣，或感到焦急担心。

不管你是如何成就了今天的你，你都可以有意识地选择去发展自己所感兴趣的特质或技能。你无法改变自己的身高和其他遗传特征，但可以通过自我认知对所学习的知识进行加工整理。尽管你不可能过多地改变别人对你的看法，因为他们带有认识的偏见或某种归因，但是，当你朝着你理想中的自己迈进时，你至少可以做一个真实可靠的人。

讨论你的自我认知是一种个体心理学研究形式。如果你并不赞同个人观念这种说法，有可能是因为人类感知能力和行为的分门别类让你觉得过于局限或者老套，你会觉得这些分类让人不舒服。还有一个原因是把焦点放在自身的需求或者 154
自己身上显得很自私，或者与你所接受的家庭教育和文化传统大相径庭。然而，我们希望你可以通过审视专家学者们理解人类行为模式的研究方法来获取发展个人洞察力的机会。

❖ 学生文选

作为一名领导者，要了解你自己，首先必须清楚你是谁。你必须知道你如何处理各种情形。你必须清楚你想去做的是什么。这不可能在一天之内就完成。但是随着时间的推移，它可以实现。在过去的一年里，我一直是办公室主管，而开始的时候，我怀疑我自己，并且因为这一点我的同事们也怀疑我。看到这种情形，我决定提高我自己。所以，一天一次，一点一滴，我在改善着我的个性、我的性格，以及我整体上的自己。我规划着我的生活，弄明白我现在是谁，以及我正在做什么。从开始至今，我已看到了自己的巨大进步，尤其是我的自信和我的同事对我的信心。了解自己并不容易，但是你在一天一天地成长，并且会逐渐明白你是谁。我知道自己要成为一名组织者，并且知道它适合我。我明白自己是谁，这是最重要的。同时它也展示了你的个性。

佩内洛普·萨潘斯基（Penelope Shapansky）是瑞普学院（Ripon College）的一名三年级学生，专业是英语，辅修专业是新闻学。她是"黑人学生协会"（the Black Student Union）的会员、"瑞普学院生活报"（Ripon College Days）报纸领导者、学生宿舍管理助理、办公室主管。

通过观察别人的反应，你能分辨他们是否与你的看法一致或有何不同。例如，你经历了亲人
155 离世或你所爱的人去世的场景，如果你知道对许多人来说，痛苦悲伤的过程有一系列可预期的阶段（如拒绝、愤怒、挣扎、沮丧、最后接受的阶段），那么，你会明白你个人对此的反应是非常正常的，并不突然。（Kübler-Ross，1970）然而，也可能由于你经历的独特性，再加上诸如你与过世之人深厚的亲近关系、你从家人那里得到的巨大慰藉，还有你的宗教信仰以及你对平息缓解悲痛状况的反应能力等因素，你对哀伤的反应显得如此坚强或不如库布勒-罗斯（Kübler-Ross，1970）模式中所叙述的那样强烈。不管各种理论对人类行为现象的展示有何不同，你都可以找到最符合或至少适合自己的理论来了解自己，来观察别人和自己的不同或相似之处。

自我领导力开发

《星球大战》(*Star Wars*)这部电影在冒险与娱乐背后蕴藏着更深刻的含义。在《星球大战之绝地武士归来》(*The Return of the Jedi*)中，年轻的天行者卢克（Luke Skywalker）努力挖掘著名的绝地武士尤达师傅（Jedi Master，Yoda）身上隐藏的秘密。卢克开始并不相信这个矮小的绿色生物就是尤达。之后，卢克还因为无法得知秘密而心灰意冷。后来，尤达带领卢克走进了自己的世界，教导卢克要重视和相信自己的内在力量才可以真正做到“愚公移山”。这样的内心旅程昭示卢克及我们每个人要通过自我认知发掘能力，找到优点和缺点；同时，这样的旅程提升了自我信任的意义，要求我们充分相信自己，相信你自己最基本的效能。

156 通过对许多著名领导者的观察，可以得知除了你自己之外，没有人可以教会你认清自我。(Bennis，1989）而且，通常人们都尝试尽力做到和别人一模一样，因此最终还是如同生活在别人的世界之中。顾问、朋友或者家人可以在这个过程中助你一臂之力，但是认知要求你最终还是要靠你自己大彻大悟，成为这个世界里真实的自己。本尼斯（Bennis，1989）指出理解以下四点可促进自我认知：

- 你就是自己最好的老师。
- 承担责任，不要推卸责任。
- 学习一切你愿意学习的知识。
- 真正的理解来自你对自身经历的反省。(p. 56)

“领导力意味着自我发现，意味着从自身的特质中获取更多的产出。”（Hass & Tamarkin，1992，p. 6）目前，你在生活经历中很可能已经学会了设定目标，激励自己去达成目标，如果失败则要承担负责。作为一个团队的成员，对于某些人来讲，把自我约束的生活技能和内在动力转化为行动的指南是件很困难的事情。如果你在开会时常常想：“这并不是我的责任，这是领导该做的事情，反正这是他们的工作。”那么，你就需要掌握更多自我领导的技巧。

你不想成为泛泛之辈（通过阅读此书证明），要成为与众不同的人就是自我领导力的最好的宣言。你知道自己不能随便夸大或贬低诸如老师、父母或上司等外来因素对自身动力的影响。然而，总会有一些诸如歧视或压力等因素阻碍你前进。157 因而，你需要向前看，要问问自己：如何才能在那些重要的事情上有所作为、成就卓越？

自尊和信心

约翰·W·加德纳（John W. Gardner，1990）讲过一个小故事：在一次研讨会上，他坐在马丁·路德·金的旁边，当时第一篇演讲的题目叫“首先，请教会他们阅读”。看了一眼题目之后马丁·路德·金对他小声说：“首先应该教会他们相信自己。”(p. 10)

你对自己的评价以及自我的感觉都是你动力的源泉。自我观念是指客观上我们如何看待自己，其基础是我们所扮演的角色和自己的性格。你可能会说：“我是个有两岁孩子的妈妈，我喜欢追逐潮流，愿意接受新事物。”或者：“我是一名学生，比一般学生年长，拥有非凡的智慧以及高度的积极性。”又或者是：“我是拥有音乐才能、富有创造力的人。”自尊（self-esteem）则是指你在主观上对自己的感觉。比如，你有可能会说：“我拥有音乐才能，富有创造力，但是我不善交际，和权威人士在一起我会觉得不自在。我为自己的音乐才能和创造力感到骄傲，同时又对自己的交际能力感到失望。”欣赏你的优势、认清你的弱势是走向更高层次的自尊的关键的第一步。

如果你能发现自己的长处和短处，同时意识
158 到自己在某些需要改进的地方有所成长，有所进步，你的自尊便会进一步得到加强。高度的自尊是重视自我观念的表现。自尊的不足可能意味着你期望会表现得更好，或者是你的表现与你自己预期的不同。作为生物专业的学生，你可能平均绩点为3.3，有一大群好朋友，而且刚刚被选为学校“国际特赦组织”（Amnesty International）分会的副主席。你可能小有名气，为这些成功感到骄傲。反之，如果你因为想上医学院而为3.9绩点奋斗时，你就会觉得自己的绩点还不够，就会在学习上缺乏一定的自尊。

自信（self-confidence）是指在许多情境中了解自我之后的自我信赖能力，知道自己可以在任何情况下相信自己的长处，相信自己的能力和技能。有一些人一直在他们所做的事情上表现出色，但是他们并不肯定自己的能力，所以他们缺乏自信。也许是因为自信的人记性更好，更容易记住自己之前的出色表现，所以他们可以一再尝试。

完全接受自己恐怕是一生中最难完成的任务之一。意识到自己在某些方面不能完全改变自己可以有助于加强你的自尊。譬如说，如果你现在只有1.68米高，那么你不可能长到1.88米。你也不可能改变自己的种族，不认你的兄弟姐妹，或者让自己的雀斑消失。然而，你可以学习新的技术，增长自己的知识。你可以通过发挥你的强项和管理你的弱点来提高自己的信心。

如果你自身的某些方面对自尊具有消极影响，那么你必须区分什么是你必须要去做的，什么是你只需换一个角度去思考的。这会使你在更大程度上接受自己。用不同的方式来理解事情的方法 159
叫作“认知重建”（cognitive reframing）——一种不同的思维方式。当你觉得自己很腼腆很安静的时候，你会自我感觉很糟糕，但如果换种思维方式，将其解读为善解人意和深思熟虑，你就会备受鼓舞。在回顾自己的年轻岁月时，歌手及演员贝特·迈德尔（Bette Midler）说道：“小时候的我很不合群，这曾经困扰我很久。如果我早点意识到自己的与众不同是一种财富就好了，那样的话，我的童年就会过得轻松一些。”（摘自 *The Quotable Woman*，1991，p.39）人类的差异并不是一种需要解决的问题，而是一种突出的宝贵财富。

❖ 学生文选

一个人在他/她并不清楚自己是谁的情况下如何去领导一群人？答案很简单，他/她并不能。当我担任由从事未来教育研究者组建的“宿舍学习协会”（Residential Learning Community）主席时，非常重要的一点是要了解我自己以及我作为他们领导者的角色职责。首先，我必须确定我想为组织做些什么，以及我如何实现它。最重要的是我如何领导这个组织。我是采用一种更专业的方法，还是采用更随意的方法？我总是为这些问题进行着思想斗争，并觉得自己并不是一个最称职的领导者。后来，我学着去关注自己，集中精力尝试一种一贯的领导风格以便成为一名有效的领导者。为此，我不断地问自己什么对我最重要，我怎样给其他人树立形象，我所领导的下属期望我去做什么。一旦这些问题得到解答，一个领导者才算真正地了解了他/她自己，并为成为一个有效的领导者做好了准备。

贾斯汀·塔贝尔（Justin Tarbell）在詹姆斯麦迪逊大学杜克校区（James Madison University Duke）主修西班牙语，辅修中等教育和人力资源开发专业。贾斯汀在校园里担任多项领导职务，例如，学生会的领导职务、学生大使，并担任新生入学指导活动的领导者。

正念——找到你心中理想的自我 160

致力于自己的领导力开发对于发展、革新、学习和个人转型至关重要。领导力开发是一个终身追求的过程，会给你带来更多的发现、更广泛的影响。博亚齐斯和麦基（Boyatzis & McKee，2005）将伟大的领导者描述为“头脑清醒、自觉、能适应他人和周边环境……伟大的领导者具有很高的情商，同时也是个有心人（mindful）：他们寻求生活在自我、他人、自然和社会的全意识之中”（p. 3）。正念（mindfulness）是一种整体的生活方式，是自身和周边环境相协调的一种状态。[①]“正念是这样一种能力，它能充分认识到在自我之中所经历的一切——身体、头脑、心脏、精神，以及全神贯注于发生在我们身边的一切——人、自然世界、我们所处的环境和事件。”（Boyatzis & McKee，2005，p. 113）

作为一个根深蒂固的概念，心理学家、神经科学家、佛教哲学家提供了科学的证据来报告有关正念的实践成果，揭示它们对自我意识、增长的创造力和思维方式灵活性的影响。对你身边的情感、思想、互动和身体感觉等线索的敏锐洞察能力和习惯，会使你的价值观和行为
161 具有更密切的契合性。这意味着倾听你的身体，倾听你的心声，聆听你直觉的内心声音。“正念始于自我认知：了解自己使你能够对如何回应别人和适应环境做出选择。”（Boyatzis & McKee，2005，p. 120）

对于正念实践效果，比如“冥想”的研究，已经显示出其对心理影响的积极效果，包括压力的减轻、身体健康（对免疫系统的促进）和更大的韧性（从困境中迅速恢复活力）。（Davidson & Begley，2012）应对危险处境和消极情绪（如恐惧和不安全感）的新模式，可以通过对大脑思维进行再训练得以实现，这样便可以获得改变思想和情感的更大的力量。

“正念通过利用大脑连接的可塑性对这些思维习惯进行重新训练，创造新的思维习惯，强化一些旧的思维习惯，同时削弱一些其他的思维习惯。”（p. 205）你可达到平静的状态。正如汉森（Hanson，2009）所描述的那样：“让你的大脑从糟糕的片刻转变到正常的状态。”“在平静的状态下，你对事情的初始反应——获得胡萝卜，推开那根棍子——被留在一个思想的泥浆池，但你脑海深处依然清晰、整洁、平和。”（p. 109）一个平静的状态使你的回应更加开放，使你的情感、目标、倾向、理解和宁静更加稳定。（Hanson，2009）平静的空间感是同情、仁慈和为他人的幸福感到快乐的强大后盾。（p. 117）

使你的大脑安静下来以便达到更高程度的正念，需要付诸实践以及对如何使这些实践转变为习惯做出承诺。目前，许多关于正念训练的实践已得到科学验证，行之有效，譬如冥想、瑜伽、聆听美妙音乐、反思性写作和散步等。关键是要
选择适合你的训练，让你的头脑安静下来，关注 162
你内心和周边环境所发生的一切。

正念对于领导力开发有两个突出的优点：一是它能让你更深刻地反思“你是谁”，二是它会使你将这些信念与你的行为结合起来。正念使你获得对别人和周边环境更多的洞察力，产生更清晰、更深刻的见解，促使你与他人真诚交往。这为你提供了展示领导力的机会，这种领导力的基础是你的价值观和品格与你自身行为的一致性。正念实践训练会让你变得更加踏实，让你展示更强的领导才能，并使你的领导力表达方式更加灵活（如以柔克刚的能力或受到攻击时的反应能力）。

---

① 一些文献中，“正念”亦被称为“内观”、“专念”、“专注力”。——译者注

情绪智力

在传统观念里，有效领导力的特质通常包括智力、韧性、视野，同时拥有高水平的技能。今天关于“什么使得领导更有效”的研究已经超越了上述特质，还包括了自我意识（self-awareness）、自我调节（self-regulation）、动机（motivation）、移情（empathy）和社会技巧（social skill）。这些素质被定义为情绪智力。（Bar-On，2007；Goleman，1998；Shankman & Allen，2008）情绪智力（emotional intelligence）被定义为“一种认知我们自己和他人的情感，激励我们自己，善于管理自己的情绪并善于控制我们与他人关
163 系中的情绪的能力”（Goleman，1998，p. 317）。在一份关于领导人的何种能力会产生非凡表现的研究中，丹尼尔·戈尔曼（Daniel Goleman，2004）发现，与情绪智力相关的一些能力，诸如自我意识能力、移情能力和自律能力，与领导者的优异表现直接相关，比技术和认知技能的联系更紧密。事实上，戈尔曼发现，那些拥有出色业绩表现的、身居高位的领导者比起那些业绩平平的中层领导者，具有更高的情绪智力水平。戈尔曼的情绪智力模型有五个组成部分，即自我意识、自我调节、动机、移情和社会技巧。

你或许会问，与情绪智力相联系的五个领域是否能够习得。事实上，通过他人的反馈和你对他人施加影响认识的提高，这些技巧是可以习得的。例如，倾听是一项与移情相联系的核心技能，对于所有领导者来说都是一项关键技能。领导力中的移情意味着能够理解和回应他人的感受，作决策时能够充分考虑别人的感受。（Goleman，2004）在领导过程中具有与他人合作的能力以及处理关系的能力是社会技能中不可或缺的成分。从这种意义上说，社会技能是后天的习得性行为，并且在关系领导力模型中处于基础地位——为了一个共同的目标或议程与他人共事。

总之，领导者的情绪智力超越了技术和认知技能。情绪智力，作为可习得的行为，为建立和深化与他人的关系提供了基石。培养和提升你的情绪智力是需要时间的，需要从真正的愿望开始，需要你致力于从自我学习开始，从你努力影响他人开始。

164 发挥你的天赋和优势

天赋是人类最宝贵的财富之一。（Buckingham & Clifton，2001）每一个人都有自己的天赋。在这个星球上最可持续的资源是人类的天赋。认清自我包括认清自己的天赋——所谓天赋就是你生来就擅长的东西。天赋是指“可以有效应用的思想、感觉或者行为的任何循环模式”（p. 48）。优势或长处被定义为“在任何活动中一贯的近乎完美的表现”（p. 25）。不幸的是，我们常常从自己的不足或弱势出发——过于看重自己的缺点或者深受其困扰。过分追求弥补我们的弱点削弱了我们的领导能力，知识天赋和优势无从发挥。在我们一生的长河中，我们没有足够的时间去纠正我们的不足，甚至在发挥自己天赋的同时也没有足够的时间努力将我们的弱势转化为优势。你所要关注的是你自己在成长。

效率高的领导者都知道自己最擅长什么，懂得把自己的才能运用到生活的方方面面。当然，这并不意味着你应该忽视自己的缺点。相反地，你应该对没有做好的事情有清醒的意识，同时寻找到解决的方法，这样你就可以提高自己的效率和成就。管理你的弱点的一个方法就是和那些与自己天赋各异人融为一体，与那些有能力成功取得业绩并实现变革的人打成一片。如果你能管理好自己的缺点而不是想办法完全改掉它们，你就

可以投入更多的精力到优点的发挥中。

165 当你懂得发挥自己的优点时，就意味着你是在用天赋的哲学理念来指导自己的行动。白金汉和克里夫顿（Buckingham & Clifton，2001）提出了指导领导力开发的两大设想：

（1）每一个人的天赋都是持久的和独特的。

（2）每一个人最具发展或生长的空间是他/她最有优势的领域。

我们常常会认为自我成长或发展的最好方法是改善自己的缺点。盖洛普咨询公司在过去十年里对杰出人士进行了两百多万次的访谈，让他们来描述究竟是什么因素造就了他们的出色表现。(Buckinghams & Clifton，2001）他们通过研究发现了人类普遍存在的34类天赋或优势项目（见表4—1）。研究表明这34类天赋（行为表现）足以造就非凡的成就。白金汉和克里夫顿（2001）指出：“真正的人类生活的悲剧不在于优势的缺乏，而在于我们没有充分发挥自己潜在的天赋。”(p. 12)

表4—1　34项优势识别主题

成功者	催化	适应性	分析
统筹	信仰	控制	交流
竞争	联系	语境	审慎
开发	纪律	移情	公平
专注	前瞻	和谐	意念
包容性	个性	输入	思考
学习者	最大化	积极性	交际
责任	修复	自信	意义
战略	说服		

资料来源：改编自 Buckinghams & Clifton，(2001)。

在生活的各个方面，无论作为一名普通成员 166
还是作为领导者，对所有的人来说在各种事情上都会存在压力。综合来看，存在着一种人人都能够多才多艺或样样优秀的假设误区，结果经常导致平庸或碌碌无为，使本来可以充分发挥的才能无从发挥。在领导力开发方面，优势方法意味着你在最大程度上发挥你已有的优点，而不是努力将自己的弱点转变为优点。

❖ 学生文选

在从事任何领导活动之前，你必须清楚你自己的优势和弱势。通过评估你个人强项和弱项的特点，你能够很好地预测你可能会遇到的困难障碍，团结那些你身边最符合团队需求的个体力量。个人反思使你不仅能够很好地了解自身，而且能理解自己作为一个领导者的角色。作为一名领导者，你必须确定你希望给团队带来什么，而且能够预见你可能有的任何缺点。此外，作为一名领导者，对你自己更深刻的了解能帮你清晰地认识到如何利用你的优点来促进团队的发展，以及如何弥补你的弱点。

杰西卡·艾尔文（Jessica Erwin）是得克萨斯大学阿灵顿分校的一名硕士研究生，攻读教育领导力和政策研究方向。担任“秋季领导力修炼”（Fall Leadership Retreat）训练营员工顾问，目前获得得克萨斯大学阿灵顿校区“新生指导”（New Maverick Orientation）项目的研究生实习岗位。

以天赋和优点来领导是“积极心理学”这个新兴领域的研究成果。积极心理学把研究重点从对个人缺点的临床式诊断转移到了个人优点的发挥上来。它是对积极行为和积极情绪的科学研究。
167 在积极心理学领域，语言是关键，焦点是描述人和组织的积极正向的方面。运用这种方法，弱点被视为非优势的东西。积极心理学的研究显示，人类能记住四个消极回忆中的每一个积极点。(Roberts et al.，2005）因此，个人通常对赞扬和积极的肯定做出回应。在你的领导力开发中，当你的优势和才能得到肯定时，你的信心和你成长的动机就会增长。这种领导范式通过激励鼓舞为自己和他人注入新活力，带来更多新机遇，鼓励自己和他人发挥最大优势，做自己所擅长的事情。

在任何情况下，每个人都会伴随着优点和缺

点成长。具有讽刺意味的是你的一些优点，如果过分强调，则会变成你的缺点，而你认为是缺点的方面恰恰可能被他人视为优点。你可能是一个批判性思维很强的思想家，总是能够找出逻辑上的一些漏洞。如果你们团队要准备演讲，这将会成为一种明显的优势。但是，如果有人向你介绍或展现一个想法，你只是一味地去找漏洞，而不去倾听和沟通的话，就会产生消极的妨碍作用。同样的道理：谦虚与沉默会让别人忽视你的声音与建议，但也可以让你成为理解他人想法、体谅别人的好听众。当你在能够发现个人的长处和短处的同时，又能了解你自己的潜藏的优势，领导力的自我意识就会大大增强。

168 **了解你的兴趣与长处**

当看到别人在做某事，你心里也在迫切地对自己说“我想试试看”的时候，克里夫顿和纳尔逊（Clifton & Nelson，1992）建议你要关注那样的事情。有时候，我们很难去识别自己的长处。“我做这件事的时候，我觉得很有成就感。”你关注一下你说这类话的次数有多少。克里夫顿和纳尔逊建议通过以下策略来发现自己的长处：

（1）当你自己很好地完成了某事时，就算别人没有察觉到，也要听一听自己的想法。

（2）当你知道自己在某项事情上表现优秀，具有成就感的时候，测试一下自己的满意度。

（3）发现自己易学易做的事情，如善于写实验报告，能轻松地与陌生人攀谈，能快速掌握一门新的电脑技术，或是可以耐心地给小孩读书，等等。

（4）把握自己可以获得成功的线索，来看看自己在哪些事情上会有出色表现。（Clifton & Nelson，1992，p.50）无论是在演讲时还是在帮助别人时，通过回顾和思考自己的成功，你最终会发现自己的长处。

（5）想想自己出色的地方——在你可以完整地唱完一首你喜欢的歌时，在你能够掌握一堂复杂难懂的课程中的深刻含义时，在你掌握并实践一门技术（可能是烹饪、打篮球或者是公共演讲）时，如果每一次都能看到优势所在，你会感到从中受益，有所提高。

你身上的长处有迹可循。发现并把这些优势标示出来意味着我们可以将自己可靠的天赋才能运用到实际情形中去，根据实际情况来运用自己的天赋和加强自己的领导才能，这样既可以增强自信和自尊，又可以丰富领导力实践。

现在来看一个简单而有力的比喻，这个比喻 169
可以指导你的日常生活与交际，它被称为“汤姆的勺子与水桶理论”（Rath & Clifton 2004）。每一个人在某种程度上就像一个不透明的水桶，因为有一把可以舀水的勺子，所以水桶可以时满时空。当你的水桶是空的，你会感到失望、沮丧。当水桶是满的，你会充满力量。这把勺子就是领导能力中的一个有效工具。当你说出一些积极的话语或者关注别人的优点时，你就是用勺子往别人的水桶里加水。当然你也可以用勺子把别人水桶里的水舀出来，别人会感到被贬低，受到打击。当我们往别人的桶里加水时，我们自己的自尊意识也会增强。当我们同时往自己和别人桶里加水时，我们是在对自己的优势和天赋予以肯定。

想想自己所擅长的事情，再想想当你做好某事的时候获得别人认可时的感受，你会受到鼓励，会继续做下去，因为这是你所擅长和热爱的事情。当别人往你的桶里加水时，你会感到内心满足、舒畅。组织行为研究表明，当你有机会做你所擅长的事情，表现优异，受到肯定时，你会觉得做这些事情很有意义，同时对自己的表现具有较高的满足感，结果你的工作效率会得到提高。（Buckingham & Clifton，2001）把你的优势和天赋运用到领导过程中，会使你的水桶满溢，永不干枯。

管理你的缺点

我们都可以管理好自己的缺点。有人认为缺
点“可以改正但是不可能转化为优点。所以我们 170
的目标是，控制好自己的缺点，使优点得以释放并得到发展。当你的优势成为正能量、变得强大之时，缺点就会显得无关紧要”（Clifton & Nelson，1992）。一个人既可以控制好自己的不足，不让缺点束缚优点的发挥，也可以克服缺点，使之转化为优点。

汤姆·克鲁斯（Tom Cruise）、奥兰多·布鲁姆（Orlando Bloom）、基努·里维斯（Keanu Reeves）、乌比·戈德堡（Whoopi Goldberg）、列奥纳多·达·芬奇（Leonardo da Vinci）、巴勃罗·毕加索（Pablo Picasso）、托马斯·爱迪生（Thomas Edison）、阿尔伯特·爱因斯坦（Albert Einstein），还有约翰·列侬（John Lennon）等人有什么共同之处呢？他们都患有读写障碍症（参见 http：//www.dyslexia.com/qafame.htm），很难进行快速阅读或者很精确地拼写单词，但是他们都成功地控制好了自己的不足，不让缺点阻碍长处的发挥。汤姆·克鲁斯说过："我做过自我培训来使自己集中注意力。于是，我学会了视觉化。我学会了如何在心里形成图像来帮助我理解所阅读的内容。"（参见 http：//www.dys-add.com/backiss.html#famous）其他人也有着不同的困难。海伦·凯勒（Helen Keller）有听、说、看等方面的障碍。但是她却能够和别人顺利沟通。奥运会运动员杰克·佳那·克斯（Jackie Joyner Kersey）每天都在与严重的哮喘抗争。不管有什么样的缺陷或局限，这些天才都学会了管理好自己的缺点，使自身的优点更加突出。

我们鼓励大家重视自己的缺点，发挥自己的天赋。然而，有一些缺点是会给人造成困扰的，因为它们会妨碍你优点的发挥。这些是需要迅速加以控制的。举个例子来说，你可能并不擅长在众人面前演讲。你可以通过一些方法来控制，如使用幻灯片或者讲义，或者鼓励团队互动等。演员詹姆斯·厄尔·琼斯（James Earl Jones）患有衰弱性童年口吃，但是他成功克服困难，最终成为一位著名的演说家。我有一个学生，她认为自己不擅长演讲，但是她很喜欢课堂讨论，喜欢提
171 出自己的观点。很显然，她的天赋可以帮助她控制自己的缺点。她的一个同学指出她的这些技能之间的联系，她眼中的缺点在别人眼中却是优点。

一个强有力的合作策略是，通过与其他人优势互补来最大限度地提高你的影响力。如果你擅长对任务做出安排或组织能力强，却不善于制定战略来将自己的任务推进到下一个阶段，你可能需要一个具有战略性和前瞻性眼光的合作伙伴。白金汉和克里夫顿（2001）将此称为互补性的伙伴关系。（p. 155）

发现你的明显优势

通过本书的学习，你有机会通过盖洛普公司的"克里夫顿优势测评"来确定你个人排在最前面的五大优势。完成测评后，你将会深入了解你自己最突出、最明显的优势。此项评估是建立在你所擅长的行为基础上的，与侧重性格评价的"迈尔斯-布里格斯心理类型问卷"（Myers-Briggs Type Indicator）有所不同。

完成"克里夫顿优势测评"将要花费你 25 分 172
钟。用最理智的选择来回答每对陈述——尽量不要对这些陈述想得太多。这不是什么对或错的选择，也不是"此"选择好于"彼"选择的选择。所有 34 项具有鲜明个性的主题都是很有价值的，这些主题都是团队活动和领导活动中所需要的。在你完成评估之后，你将会通过电子邮件收到描述你五大优势的简介。仔细阅读你的报告，注意什么最能使你产生共鸣，认真思考如何才能在你生活的各方面将这些优势最大化。你的优势分析提供了一份关于你最擅长做什么的证明。

当你对优势分析报告中的五大优势进行分析思考时，请记住，你的策略是将你拥有的优势最大化并将你的弱点控制好，这样一来，你的弱点事实上就变得无关紧要。也许你会花费更多时间来修复你的弱点，这意味着你的优点在你的领导力中没有得以充分发挥。下面这则题为"一个愚蠢的故事"的寓言，说明了在领导过程中强调你和他人优势的重要性。

从前，动物们决定他们必须做点什么英雄事迹来解决“新世界”的问题。所以他们组建了一所学校。他们开设了一些活动课程，包括跑步、登山、游泳和飞翔。为了便于管理，所有的动物参加了所有科目。

鸭子擅长游泳——事实上，他比他的教练还要强——但他在飞翔方面的成绩仅仅是及格，在跑步方面的成绩则很差。由于鸭子跑得慢，为了练习跑步，他放学后不得不留在学校，并放弃练习游泳。鸭子这样坚持着，直到他的脚蹼严重受损，所以最终，他的游泳成绩只是平均水平。在学校平均水平是可以接受的，因此除了鸭子自己以外没人对他表示担心。

173 兔子一开始的跑步成绩在班里名列前茅，但是在游泳课上由于太多的练习作业要做，他精神崩溃。

松鼠在攀爬方面很优秀，但在飞行课程中遭遇了挫折。因为老师教他从地面向上飞，而不是从树顶向下飞。由于过度劳累患上了肌肉痉挛，他最终的爬行成绩仅得了个“C”，跑步成绩为“D”。

老鹰是个调皮的孩子，纪律性很差。在攀爬课程上，他击败了所有其他动物而到了树顶，但这是他坚持用自己的飞翔方式才获得的。

到了年底，一只游泳成绩非常优秀、可以跑步和攀爬、仅能飞行一点的鳗鱼得到了最高的平均分，还在毕业典礼上作为代表致告别辞。

性格优势与品行

另一种实用的测量工具被称为“性格表现评价”，是由彼得森和赛里格曼（Peterson & Seligman，2004）开发的，可以通过一些正面的特质了解你的性格优势。“性格表现评价”分类包括了三个层面的概念：品行（德行）、性格优势和情境主题。品行指的是普遍的核心特征，包括智慧、勇气、人道、正义、节制和超越性等。彼得森和赛里格曼相信：“对于一个人来说，这些品行必须呈现在临界值之上（超出一般意义的价值之上）才能被视为是良好的品性。”（p. 13）他们说，性格优势是“心理成分——过程或机制，是它们决定了品行”（p. 13）。

174 性格优势会使你开阔视野，这些优势包括创造力、好奇心和开阔的思维等。“情境主题是特定的习惯，它可以使人们在给定的情形下表现出已有的性格优势。”（p. 14）比如，学校主题可能与工作主题或者家庭主题有所不同。与你的朋友相比，你在学校可能是富有竞争力的，但你在社会上则可能不具备竞争力。使用情境主题可以在特定环境下获得优势，个人也可以通过利用不同的情境主题来达到同样的结果。“优势识别器”（The Strengths Finder）用来测量一个人的天赋和优势，而“性格表现评价”则用来测量一个人的性格优势，它是用基于优势的途径去测量一个人的性格。“性格表现评价”的分类围绕6项品行特征组织展开。（Peterson & Seligman，2004）

（1）勇气：“做正确的事情，甚至当你要失去很多的时候。”（p. 36）

（2）正义：公平，公民权，平等。

（3）智慧和知识：“努力提高智力，用于人类公益……崇高的智力——以一种无人憎恨、人人心存感激的形式呈现。”（p. 39）

（4）人道：表现出慷慨和利他主义；展现出（助人）亲社会行为，诸如和善与仁慈。

（5）节制：控制和管理情绪，表现出自我控制。

（6）超越：与更高境界人士交往，激发你的希望、敬畏和感激；获得超越自我利益的意义和目的。

“性格表现评价”分类包含了24项性格优势，通过这些优势特征的测评可以反映6项品行的综合状况（见表4—2）。

彼得森和赛里格曼所开发的“性格表现评价”

体系主要用来测量这 24 项性格优势。“性格表现评价”已经得到了科学的验证，可以免费通过以下网站进行测评：www. viacharac ter. org。点击“免费 VIA 优势目录”的链接并按照指令行事。网上调查将用时 25 分钟。在你完成测评之后不久，一份综合的“性格表现评价”报告将通过电子邮件发送给你。该报告将会提供一个从高到低的性格优势排列，使你更深入地了解是什么成就了你，你现在的优势在哪里。

175 **表 4—2　“性格表现评价”（VIA）分类**

智慧和知识	勇气	人道
创造力 好奇心 判别力 学习热情 视野	勇敢 毅力 诚实 热情	爱 友善 社会智力
正义	**节制**	**超越性**
团队合作 公平 领导力	宽恕 谦恭 谨慎 自我约束	欣赏美和卓越 感恩 希望 幽默 灵性

资料来源：改编自 Peterson & Seligman，(2004)。

塑造你领导力身份的要素

伴随着你的成长，几个核心的、突出的特点可能成就了你的现在，或决定了你的未来。思考一下你的民族、种族或者文化背景如何让你变得不同，
176 并且形成了你自己的方式。因为你是一个男人或者女人，你的信仰或行为表现有何特点？你的性取向是否影响了你的态度和行为？你的年龄是如何影响你的兴趣和观点的？哪些特殊的有利条件或不利条件决定了你的认识能力和技能？你在家里排行大小是否与你个人的发展有关？你扮演的哪些重要的角色使你深感责任在肩并影响你的决策——是儿子还是女儿，是志愿者、为人父母、办公室经理、主日学校（Sunday School，星期日对儿童进行基督教教育的场所）教师，还是运动员？你的精神追求如何影响你的世界观？宗教对你的思维导向是否重要？你家庭的社会经济地位对你的发展以及对你关于领导力的看法有何影响？每一个人都会因为性别的不同（男或者女）、年龄的不同（年轻或者年老），还有宗教信仰的不同（爱尔兰基督教教徒、犹太人或者伊斯兰教信徒）等而引起行为的不同。对个人所处环境的了解需要考虑许多因素，这有助于提高自我认同感。

不管你的性别、种族或宗教身份是什么，具有全球思维很重要。“因为正是这种被用来应对一个多样化、多元化世界所需要的能力也有助于你与他人一起高效率地工作。”（Cabrera & Unruh，2012，p. 21）卡布雷拉和恩路（Cabrera & Unruh，2012）描述了具有全球领导身份的重要性——不仅仅是全球性的行动，而是真正意义上的全球领导者。他们将全球领导者定义为“理解文化、社会和政治差异——正是这些差异致使参与者之间保持距离，有时正是因为这些差异，或尽管存在某些差异，促使我们去寻找建立、培养和联系它们的方式”（p. 12）。全球领导者是一种观念，某种程度上也体现了个人的领导身份。我们生活在一个相互联系的世界，它呼唤领导者成为全球性的领导者。拥有全球思维意味着判断他人时不再关注对方与你的不同之处，而且应该有能力从多元的和竞争的视角去分析境况。利用倾听技能来理解不同的文化，并致力于学习那些不同于你自己的文化，是一名具有 177
全球思维的领导者的组成部分。

卡布雷拉和恩路（2012）认为，全球领导力如同人体肌肉，可以通过长期的锻炼和关注得到加强。与来自不同文化的人们交往，从全球不同地域的人们那里获得新知识和经验，这是培养你全球领导思维的一个开端。你可以考虑加入一个团队来拓展你关于其他文化知识的了解，也可以坐在食堂里与那些来自其他文化的人们共用午餐（不要总是同与你文化相同的人一起用餐）。

我们相信每一个人都有潜在的领导能力。就像我们在第 2 章提到的，很多研究领导能力的观

察家认为领导力不是天生的，而是后天形成的。每一个人都有潜在的领导能力。（Haas & Tamarkin，1992）如果每一个个体都能意识到自己的动机，了解他人来自何处，有意义的交流和有效的领导过程就会产生结果。或许你印象中的领导者更愿意承担起职位领导角色，或许你更倾向于尝试积极参与者的领导角色。不管是哪一种角色，在你身上，是你的能力才使你成就卓越。

价值、信念、道德与品格

也许我们很难确定诸如性别、种族或者宗教信仰等特征是如何影响你的思维和行为方式的。同样，清楚地识别那些导致道德行为和品格构建的价值观和信念就更加复杂、更加重要。

178 **价值观与信念**

世上最难以表达清楚的是指导人们行为的价值观。如果你自己的行为和思想对你来说还很神秘，你就不可能了解自己的价值体系。信念造就价值观，价值观又影响着人的思想和行动。如果你能清楚地表达自己的价值观，你就可能意识到自己的原则和信念。

价值体系的比照不可能像《星际旅行》中那样表现得如此分明。史巴克（Spock）冷静地对地球星际舰队、星船的外科医师博恩斯（Bones）说："医生，你太感情用事了。这是不理智的。"博恩斯于是勃然大怒，大声反驳："史巴克先生，你怎么说也有一部分人类血统啊，怎么一点感情也没有呢？"我们在构建自己的价值体系时肯定会有所偏好。你也许是注重逻辑与科学的人，又或者是一个感性的人。你可能是个偏向具体、实在的人，也可能是一个仅凭直觉来衡量轻重的人。当然，不能说哪一种类型的人是最好的。你的选择只是你自己来源于经验的意义建构的一个缩影。

在关于价值观的讨论中常常会出现一个重要的问题：价值观属于谁以及价值观的目的是什么？像信守诺言和反对暴力这类的价值观意义重大，于是早就成为了文明社会中的准则。（Bok，1990）在一项关于不同的男性和女性致力于有意义的改变的研究中，研究人员问每一个人："如果你能够帮助创建一个全球道德规则，它会包括什么？换句话说，从你自己的文化背景出发，什么样的道德价值观可以摆到桌面上来？"（Kidder，1995，
p. 17）他们的研究得出了对于全球未来至关重要 179
的八类道德价值观：爱、诚实、公平、自由、团结、宽容、责任和尊重生命。（pp. 18－19）

❖ 学生文选

为了让自己真正理解作为一名领导者的自己，我首先必须清楚自己为什么要成为一名领导者。对我来说，成为一名领导者主要是为了支持一个想重建俱乐部的朋友。在她向我求助之前，我对成为一名领导者并没有什么兴趣。产生这样的感觉主要是因为我认为自己不具有领导素质。一旦走上这个位置，我必须想清楚为什么作为一名领导者我要继续前行，为什么人们确实在意我所说的话。我意识到构成我个性的核心价值观也是其他人所共享的基本价值观。这些核心价值观包括可靠、决心、公平、开放和鼓励。在不妥协我基本的价值观的前提下，通过吸收、融合我们俱乐部其他成员和领导者的意见和想法，我意识到其他人给予了我尊重。这本身也体现了他人对我的信任，他们想倾听我的想法。经过这样的思想过程，我发现我也一直具有领导素质，只是没有意识到而已。

谢丽尔·凯因兹（Cheryl Kintz）是佛罗里达大西洋大学的一名本科生，主修心理学，辅修生物科学和社会学。她兼任布劳沃德心理协会（the Broward Psychological Association）副主席，是欧米克朗戴尔塔背靠背学生社团（Omicron Delta Kappa，简称 ODK 学生社团）的积极会员，并参加多种社区服务项目。

这些价值观对于个体性格的发展是不可或缺的，理解价值观在了解他人和达成共同目标中起到了重要作用。

180 请想象以下场景。

斯科特一边摇头，一边对着他的朋友凯里和迈克叹气："我实在不敢相信。我刚刚听说詹姆斯他反对拨款给希勒尔学生社团作为活动经费。我觉得他太有偏见了，滥用自己的权力。现在我退出学生会了，我不想再和学生会有什么联系。不想再和一个做事情这样蠢的主席有什么联系。"

"等一下，斯科特，"迈克说，"詹姆斯一向都是公正、理智的人。我相信他。应该是有什么我们不清楚的原因吧。他这么做应该是有理由的，以我们对他的了解，应该是有什么特殊理由的。只是有可能我们现在不了解他做这个决定有什么隐情而已。"

"嗯，我完全赞同，"凯里补充道，"我挺了解他的，他是一个很不错的人。我们现在去找他谈谈吧。"

认识詹姆斯的人都了解和信赖詹姆斯的正直。当一个人诚实、可靠的价值观深入人心时，人们可能不同意他某一个决定，但是不会质疑他的人格。同时，斯科特不像他的两个朋友一样了解詹姆斯，但是他可以坚定自己的立场和信念，当这个组织做出这样的决定时，他可以选择退出。这也是对一个人正直程度的衡量以及面对自己所不能容忍的道德冲突和矛盾时所做出的正常反应。价值观在背后引领着这些学生们的行为。

181 **品格与道德行为**

人们需要在价值体系引领下共同努力寻求改变，而人际关系中的诚信在价值体系中扮演着重要角色。真诚植根于行为之中，"在这个世界上或在我们之间，真实和真诚同样来源于行动"（Terry，1993，pp. 111－112）。不管你的品格是否诚实、真实、可靠，你品格中的核心部分在真诚地联结他人以团队精神致力于合作改变过程中起到了关键的作用。

一个有品格的人往往主张决策要符合道德规范，同时也希望别人能以道德约束行为。约瑟夫森道德伦理协会（The Josephson Institute of Ethics）提出了六种"持久的和必要的"核心品格，有助于领导者的伦理领导力实践。（Jones & Lucas，1994，p. 4）这些核心品格就是值得信任、尊重他人、有责任感、公平、体贴以及富有公民意识。

值得信任不仅仅指不撒谎，它的价值意义在于诚实守信、遵守承诺以及保持忠诚，这意味着你要让其他人看到你坚持自己的信念。尊重意为体贴他人，但不意味着钦佩或赞成别人的所有观点或表现。尊重他人实际上是一种善待他人的承诺，既不贬低他人也不利用他人。有责任感指的是对你的行为担负起责任义务，在否决一项行动时能够强烈地意识到道德伦理的意义所在。因此，负责任就是承担义务，追求优秀，实施自我约束。

公平就是要努力达到公正的结果。实现公平公正就要开放，愿意倾听，放下自己的偏见，与那些可能影响自己决定的偏见抗争。体贴就是你有意识地去关心别人的情况。关心需要的是同情 182
和善意，尽量考虑别人的感受，不去伤害别人。公民意识是指公民的道德表现，即意识到自己是社区的一分子，有责任尽心尽责为团队福祉做出贡献。有公民意识还指遵守法律，承担社会义务。

❖ **一个有品格的人：**

- 是值得信任的（诚实、守信、遵守承诺、忠诚）
- 是尊重别人的（彬彬有礼、爱好和平、不卑不亢、接受能力强）

- 是负责任的（有责任感、追求卓越、善于自我约束）
- 是公平的（正义、平等、开放、理性、不偏不倚）
- 是体贴的（友善、有同情心、为他人着想、无私）
- 是一个合格公民（遵守法律、恪守职责、乐于履行社区服务责任、保护环境）

我们现在来看一个故事：

一个星期五的晚上，举行完校园演唱会之后、两名学生负责核算销售演唱会门票的所得款项。他们发现现金抽屉里的钱比售出票数应收款少了120美元。所以，第二天那两名学生把账目交上去，并把问题汇报给学生活动办公室。而那天下午，有个学生拿着一个装票的信封进入办公室，信封里面装着120美元。显然，她在当时买票高峰的时候疏忽了，将这120美元留在了装票的信封里，没有锁在抽屉里。

办公室的会计员问那个学生："你为什么不自己留着这些钱呢？没有人会知道这件事的。"

那个学生立即愤慨地回答道："我早就知道，但我知道自己绝不能做那样的事！"

这个学生的价值体系和自己的诚信观早已深 183
深扎根于心里，所以她无法接受违背自己价值观的行为。她从人际交往的关系中赢得了信任与尊重，对她品格的评价怎么高都不为过。还有一个新闻中出现过的例子是：2005年在卡特里娜飓风过后，有一个学生志愿者在履行灾后清理服务时，在一个空房子里发现了30 000美元现金。于是，他把钱上交给相关机构。"领导力……要求我们要有一种特殊的奉献精神，一种执着的信仰。我认为当你前行的时候，你需要为自己设定一个伦理道德价值标准，为你在生活中的决策、判断提供选择。无论如何，你必须成为真实的自己。"（Schwarzkopf，转引自 Wren，1994，p. 5）

本章小结

本章讨论了自我意识中的几个重要方面，作为领导者和参与者，这些方面对于你了解自我将起到关键作用。本章还探讨了识别自己优势和弱势的一些方法，目的在于发挥自己的天赋，用一种健康的自尊和自信心态对自我的现实状况做到真正的了解。我们还评析了基本价值观对个人品格的重要作用。"优势识别器"和"性格表现评价"作为一种自我评价的工具，为更深刻的自我认知，以及在领导力中的应用提供了帮助。

下章梗概

了解自己和提高自我领导能力是与别人交流沟通的宝贵财富。第5章会鼓励我们在了解他人的基础上探索自我。下一章会进一步论述如何通过加强理解与别人的共性和差异来改善人际关系。这种理解将促进交流，巩固与其他参与者之间的人际关系。

本章练习 184

1. 想一想你的性别、种族、性取向、特殊技能，或者缺陷、年龄、社会经济地位、宗教、在家里的辈分等任何你能够想到的因素，想想看，这些因素是否对你的个性和学习方式的选择产生了影响？

2. 写一下你自己的使命宣言书。你人生的目标是什么？你认为重要的价值观是什么？你想成为什么样的人？什么样的特质和能力对于你是至关重要的？

3. 再回顾一下本尼斯发展自我能力的故事，从你自己的生活中举出相关例子。在什么时候，你是自己最好的老师？在什么时候，当事情发展不顺时，你会自己承担责任？什么时候你会学习一些你需要学习的东西？什么时候你是在反省自己的过程中学到了东西？

4. 看看“优势识别器”评估报告中你的前五个优势，想一想你如何在你的领导过程中应用它们。举一个例子来说明：在过去的一周内你是如何应用这五个优势的？这些优势如何整合到你的领导活动中？

5. 想想最近你在领导活动中或作为成员的所有行为。你的哪些行为属于你的前五类优势？哪些行为不属于？你如何将你的优势与你的领导活动结合起来？

185 6. 许多人用积极肯定的方式来增强自己的自信心。尽管这样不会弥补自己的缺陷、提高技术或能力，但它可以帮助你提振信心。举例来讲：在一天当中一遍又一遍地对自己说“我可以在众人面前做好演讲”，每天说上 20 次，就会有助于相信自己。开发两到三种肯定的方式来增强自信。

7. 另外一种技巧是创造性的设想。同样地，这并不会提高你的技术或能力，但可以帮助你提高自信。想想接下来几天要做什么只会增加你的忧虑。现在，请你设想自己可以成功地完成任务。当你为接下来的事情担忧时，请不断地想象自己会取得成功。当事情结束后，你再来看看事先的设想有没有帮到你。

8. 运用勺子与水桶隐喻理论，登录盖洛普公司网站（http：//www. bucketbook. com/drops/eletronic/），同时在网上给别人的水桶加点水吧。

9. 作为一个简单的正念练习，想一下当前你正在体验的一种感觉。它存在于你身体的何处？你觉得最大的影响在哪里？伴随着这种感觉，你具体能做些什么？

10. 想一下在过去的 24 小时里你的一个好的行为或姿态，再想想另外三件你做的好事。反思一下你为丰富他人生活所做的事情，无论大小，甚至是一个动作。再想想在你的人生中他人对你的帮助，感谢他人对你的恩惠和影响——什么是你最感激的？回忆一下你最近遭遇或经历的充满挑战性的时刻，描绘一下你自己是如何应对这些问题的。你面对这些问题时能够镇定自若吗？(Salzburg，2011)

11. 审查一下你的“性格表现评价”分析。对 186
于你来说最突出的品格是什么，为什么？

12. 从你的“性格表现评价”报告中，找出你的三至四个性格优势。然后想一想，在过去的一周里，你是如何将这些优势应用到你的生活和领导活动中的？

补充阅读

1. Boyatzis，R.，& McKee，A.（2005）. *Resonant leadership：Renewing yourself and connecting with others through mindfulness，hope，and compassion*. Boston，MA：Harvard Business School Press.

2. Cabrera，A.，& Unruh，G.（2012）. *Being global：How to think，act，and lead in a transformed world*. Boston，MA：Harvard Business Review Press.

3. Davidson，R. J.，& Begley，S.（2012）. *The emotional life of your brain：How its unique patterns affect the way you think，feel，and live—and how you can change them*. New York，NY：Hudson Street Press.

4. Goleman，D. （2004，January）. *What makes a leader?* Harvard Business Review，pp. 1 - 11.

5. Hanson，R. （2009）. *Buddha's brain：The practical neuroscience of happiness，love，and wisdom*. Oakland，CA：New Harbinger.

6. Rath，T.，& Clifton，D. O. （2004）. *How full is your bucket：Positive strengths for work and life*. New York，NY：Gallup Press.

7. Salzburg，S. （2011）. *Real happiness：The power of meditation*. New York，NY：Workman.

第 5 章

理解他人 187

请思考以下情形：

作为某组织的成员，当你参加一场特殊的会议时，你是否会有以下想法……

劳里不明白为什么该组织里的男同学似乎老是想把自己当成会议的支配者和领导者。

玛蒂娜对那些从不发言的成员感到不能理解。

詹姆斯觉得很奇怪，为什么某些成员总是喜欢争论不休。他们似乎很享受大家意见出现分歧和激烈争辩的场面。

帕特里克不知道会议室里如果坐着几名有色种族学生会怎么样。

朱莉安娜想知道同性恋者在协会里是否会觉得不舒服，没有安全感。

安杰拉想了解在会议中，他们的讨论是否会冒犯到笃信宗教的学生。

188 雷米和布卢默想知道为什么这个学生组织和其他学生组织对招收国外学生不像他们那样感兴趣。

当你身处某种类型组织的会议之中时，你是否对别人的动机和行为很感兴趣？

了解自我的主要目的是建立一种意识，意识到自己与他人存在一致性，存在共同的目标。在任何情况下，你都可以问自己以下三个重要的问题（Komives，1994）：

- 我是否喜欢独处？
- 我是否只喜欢和一部分人来往？
- 我是否喜欢和大家在一起？

我们每一个人都会针对各种情形呈现自己独特的个性。正如第 4 章所提到的，你的能力、背景和性格造就了一个独特的你。但是你并不是独自一个人。要真正做到包容、授权、共同提高，你就必须了解他人。现在社会越来越多样化，在通信技术日新月异的发展中世界也变得越来越小、越来越扁平时，这是再重要不过的事情了。（Friedman，2005）对于所有领导者来讲，了解他人是一门必修课。它也是一个最让大学毕业生受用的技能，“从不同于你的其他人那里学习——并意识到你们的共同特点。这是教育的一个重要部分，并为你走向社会做必要的准备”（Michigan State University，p. 2）。

189 本章概观

本章要探讨的是：如何通过更多地了解不同的性别、种族和文化等特征之间的差异，努力实现具有包容性和授权性的领导力。同时，我们还讨论了不同的领导过程——包括沟通交流、解决冲突、制定决策。采用不同的方法可能会对领导过程产生不同的影响。本章还涉及交际技巧方面的内容，例如移情作用及自信心等技巧，在与他人共同有效合作的领导过程中都是行之有效的。

个性与共性

在第4章，你探索了你自己。其他人可能与你相似，也可能和你很不一样。即使你们看起来很相似，在个人优势、价值观、喜好或者学习的方式上也不尽相同。我们身上和其他人身上的这些差异来源于我们身份的某些方面，如性别、性取向、种族、年龄、宗教、社会经济地位、能力等的不同，某些差异也受到环境因素的影响。

从人类物种生存庞大的组合系统来看，我们的相同性大于差异性。有关人类基因组的研究就证实了这一点。寻找人类共性目标的关键就是聚焦或统一我们对差异性的认识。诗人玛雅·安吉罗（Maya Angelou，1994）对于人类的共性有着自己独特的看法。她所写的诗歌《人类大家庭》（“Human Family”），描述了人们的那些独特之处
190 使我们有所区别，但是，她总结道：“我的朋友啊，我们的相似之处远远超过我们的不同!”（pp. 224 - 225）因而，无论何时，当我们处于团队环境之中时，我们必须尽一切可能牢记团队的成员有哪些相似之处，有哪些不同。只考虑一个方面而不考虑其他方面是不完整的，且会对与我们共同工作的人们产生伤害。

无论在什么团队中，你都可以观察周围的人，看看那些与你相同的人。你可以观察男性、女性，具有明显种族特征的或者不同年龄层的人们。你还可以观察和你穿着打扮相似的人，如有些人和你戴着相同的配饰，这些配饰往往具有象征性意义，如结婚戒指、女学生联谊会徽章、粉红三角符号、六芒星（大卫星）或者携带溜冰板。你也可以观察那些和你有相似观点、相似经历、相似目标的人，尽管他们在某些外在可见的特征上与你不尽相同。你当然也可以观察人们在兴趣上的共性，如那些和你学习同一个专业的人，那些和你住得很近的人，那些对当下时事看法和你一致的人，那些像你一样平时喜欢运动的人，那些和你同样已经为人父母的人，或者那些和你有共同宗教信仰的人。寻找和自己具有共性的人会让你觉得自己是团队里面的一分子，这种感觉叫做社会认同，让你对所属的团队有一种归属感。

广泛地讲，不管周围的人和你有多少不同，你身边的每一个人都会通过某些事情与你捆绑在一起：或许你们都在同一个课堂上学习同一门课程；或许你们都很看重参加讨论社团组织目标的会议，关心学生宿舍管理联合会、合气道俱乐部（the aikido club）或者圣经学习班所设立的目标；又或者你们都在为改变学校图书馆开放时间而努力。领导力所面临的挑战就是要从个体条件下所
产生的广泛差异中寻求达成共同目标。能从个体 191
形成的群体中找到目标、愿景、共同责任，创造“我们”（we）的氛围，这是对团队的严峻挑战。

英语有可能是众多语言中最强调自我概念的语言，因为第一人称单数的“我”在英语中是大写的“I”。这种对个人主义的强调源自西方主流文化。而那些并非植根于西方文化的人们则更容易想到“我们”（we）这个概念，因为他们的文化注重集体主义，注重家庭和团队。为了增加“we”的集体感，个体需要学会摈弃自我，寻找与他人之间的共性。

布伯（Buber，1958）鼓励探索“我—你”（I-Thou）之间的关系。一些领导力教育家则鼓励人们探寻“我—你—我们”（I→you→we）的转换模式。（National Invitational Leadership Symposium，1991）从图5—1的象征表达可以看出，该模式主张应该减少对个体的“我”（I）的强调，使其变成小写的“我”（i），倾听他人，与别人，也就是“你”（you）平等相处，从而变成一个集体，成为“我们”（we）（见图5—1）。

“I” ⇒ “i”
⇧ ⇒ “we”
“you”

图5—1 “我→你→我们”转换模式

要做到这一点，第一个挑战就是要很好地了解自己，从而得知别人对你的看法，这样就可以

改善自己的行为，调整自己的态度，以开放包容的心态来与别人相处。第二个挑战是努力地去实践理解别人的艰巨任务，这样有利于构建和谐的团队，为团队变革形成联盟。

192 团队成员的构成具有多样性特征。即使所有成员都属于同一种性别、同一个种族或者是同一个专业，他们的性格、长处、学习偏好和经历也是不尽相同的。一个团队的多元文化指的就是团队成员的巨大差异性。这要求人们彼此理解，以实现共享目标。当不同种类的人们合作共事实现改变的时候，就会产生多元领导力（pluralistic leadership）；当每个人理解、欣赏并掌握了跨文化交流所需的技巧，达成理解共识的时候，多元领导力就可以得到加强。

了解性别差异

这是一个很关键的问题。你问问自己：性别如何影响你的态度和行为？作为男人或女人，性别如何影响你的世界观的形成？它是如何影响别人世界观的形成的？反映性别差异的特征非常广泛，目前还很难全面开发，但重要的是，我们必须意识到我们既要面对性角色又要面对性别角色。这两个概念可以互换使用。但是性角色是以生物学为基础的，就比如说女性会怀孕，或者说男性会有肌肉等。而性别角色是以社会构建为基础的，比如说一位女性很有女人味或者说某位男性很有男子汉气概。

当具体指向每一个男人或者女人时，你会发现对性别角色理解存在着一定的局限或误解。例如，尽管只有女性才能生小孩，但并不是只有女性才可以养育小孩。从历史的角度来看，在孩子成长过程中，男性很少照顾抚养孩子，因为他们
193 认为这是女性该做的事。同样地，有些女性也可能热爱运动，但是她们很难参加像足球、橄榄球等体育运动，因为容易产生身体碰撞。同时很多人也认为这是男性的运动。不生育和抚养孩子的女性以及不爱好运动的男性都会受到歧视，因为他们的行为与传统与固有的范式背道而驰。同样地，持有传统领导观念的人会认为领导者应该果断、负责、富于竞争性、独断专行，这通常是传统的大男子主义的看法，这样就排斥了女性成为领导者，同样也排斥那些有能力、但是看法和角度都与传统思维不同的男性成为领导者。

我们从很小的时候开始，对性别角色认识的形成受到了来自外部环境的大量信息的影响。有些父母不提倡老套的性别角色或性角色类型，他们会挑选合适的故事书给孩子看，不让那些传统观念扎根在孩子心里，他们又让男孩玩洋娃娃，让女孩玩大卡车玩具。但是，父母渐渐会发现社会因素（如同伴、玩具、电视节目和每天早上在一起坐校车上学时与同伴的对话等）在不断地加深这种传统的性别观念。于是男孩子学着坚强、客观、冷静和好胜。女孩子则学着彬彬有礼、体贴周到、注重感情以及乐于助人。

如果要了解男性和女性之间的差异是如何形成的，我们可以从儿童的教育发展过程窥见一斑。小时候我们的玩耍方式影响了我们成年后的工作与交流方式。小男孩们喜欢在户外玩争夺打斗的游戏，他们中的“领导者”往往是那些外向型的孩子，这些孩子头通过大吵大嚷控制着整个局面。输赢对于他们来讲很重要。大多数的游戏都是分等级来玩的。即使像电子游戏和电脑游戏等室内游戏，也会分为多个复杂的等级系统，每一个级别设有繁复的规则和程序。这种体现支配、统治、摧毁敌人的游戏深受男孩子们的喜爱。女孩子则 194
喜欢在室内与一两个或者一小群朋友安安静静地玩。从她们所玩的游戏，可以看出她们重视社交、重视彼此之间亲密的关系。她们玩的游戏不分输赢，每一个人都有玩的机会，如跳绳、跳房子、过家家等。（Tannen，1990）在玩乐中或者从其他经历中，女性往往学会并追求和重视人际交往与亲密友谊的建立，而男性则往往追求和重视独立。

亲密是人际联系的关键。人们在复杂的友谊网络中磋商，减少分歧，尽量做到求同存异。既

重视个人的独特性，又能就某方面达成共识，同时也要尊重别人的不同之处。而在等级社会中，独立也很重要的，因为建立自己的社会地位的一种方式就是告诉别人如何做事，接受命令或指令就是低阶层的标志。(Tannen，1990，p. 26)

只有在最近的一些娱乐活动中，我们才看到人们扮演的角色与传统的性别角色有所区别。你能否想起你看过的电视或者电影中，某个女人扮演了传统上被认为应该是男人扮演的角色？或者你是否发现某个男性角色扮演了本该由女人扮演的角色？似乎找到一个女侦探长或女军人比找到一个男幼儿园老师或男护士要容易。

男性和女性对于个人的成败归因也不尽相同。许多女性把她们的成功归因于运气和天时地利等外在因素。她们有可能会说："这不是我一个人的功劳，我的成功和大家的帮助是密不可分的。"同
195 时，她们会将失败归因于自己准备不充分或者自己技术还不成熟，所以效率还不够高等内在因素。相反地，许多男性倾向于把他们的成功归因于自己的内在因素，像准备充分或者自己很有能力。至于失败，他们觉得是受外在因素的影响——没有天时地利人和，也没有好运气。

然而，在过去的30年里，"与性别特征相关的心理或者生理数据显示，与两性之间的差异相比，两者之间的共性程度越来越突出"（Lipman-Blumen，1984，p. 4）。不管是男性还是女性，都有能力正确决策，进行有效领导，对团队成员负责，准确清晰地交流。但是，男性和女性处理和完成以上任务过程的所作所为大不相同。（Eagley，Karau，& Makhijani，1995）事实上，如果我们坚持强调两性之间的差异，恰恰说明了继续存在着的一种关系力量，从男性的做事方式、见解以及制造物品来看，这种力量暗示了比女性更高的社会阶层。因为从传统意义来讲，男性通常较多身居领导职位。而社会也普遍认为，在传统的领导模式中男性有许多特征与领导者的特征相吻合。有趣的是，近些年来，关于性别的传统话题已经发生了转变。现在的问题是，很多男孩和男人都已经不能达到他们应该达到或可以达到的程度。(Kimmel，2008)

如果人类所扮演的角色受到限制或者被迫压抑他们的个性，就会阻碍他们在团队中有效地施展才能。性或性别只是我们特别拿来讨论的一个问题。此外，还有其他一些显著的社会身份特征可以体现两性之间的差异与共性，这些特征与我们的文化、民族、年龄或者性取向相关。

196 了解文化差异

文化包括一个群体所有人的思想、感觉以及行为，是人们的思维方式，是一种"大众化的共识"(Brown，1963)。文化是——

> 人类行为的综合模式。包括某一种族、民族、宗教或者社会群体的思想、交流、语言、实践、信仰、价值、习俗、礼仪、仪式、角色和互动的方式、关系和期望的行为，以及将上述行为方式传递给后代的能力。(National Center for Cultural Competence of Georgetown University—http：//www. ncccurricula. info/glossary. html)

因为我们"身在此山中"，所以很难认清文化的"庐山真面目"。

所以，文化是一个很广泛的概念，可以应用到任何地方，办公室、校园、不同年龄层的人以及不同种族的群体。任何一个群体中都会有多种文化并存。有效的领导者需要对多元文化兼收并蓄，共同协作，达成共识。深刻理解多元文化主义的前提是对文化知情假设（culturally informed assumptions）或文化的接受与理解具有清醒的意识。(Helms，1992；Pedersen，1988)

人们经常会用种族或民族来定义文化。我们建议大家要注意"种族"这个概念的意义。我们很早就知道"从某种程度来讲，种族是个不确定的概念，用来区别大量的、或多或少具有明显遗

197 传生理综合特征的人种群体”（Hoopes & Pusch，1979）。加利福尼亚新闻纪录影片公司（California Newsreel）一部名为《种族——幻觉的力量》（*Race—The Power of an Illusion*）的纪录片用了三个小时来探讨种族这个概念。该纪录片用证据表明种族这个概念没有任何生理方面的基础。下面是来自他们的网站上的内容：

> 世界上的人类被明显地划分成四种：“黄种人”、“白种人”、“黑种人”和“褐色种人”。这种分类深深植根于我们的灵魂之中，被世人广泛接受，如果对此提出任何异议，很多人就会马上强烈反对，予以拒绝。然而，这部加利福尼亚新闻纪录影片公司拍摄的颇具煽动性的长达3小时的新闻纪录片对此做了分析和纠正。《种族——幻觉的力量》质疑种族与生理特征的关系，并提出：用种族来划分人类和相信太阳围绕着地球运转一样荒谬。当然，种族仍然有其自身重要的意义。虽然种族与生理特征没有直接关系，但并不意味着它不存在。现实中，不同种族的人在人生中面临的机会和机遇会有所不同。

著名教育家杰拉德·温·苏（Derald Wing Sue，2003）曾经说过：“如果用种族作为主题词来划分人类的话，其实是存在很多问题的。”

然而，在历史上，种族对美国人的生活影响很深。现在美国的校园里，种族的影响仍然存在。因为种族的关系，很多人会排挤某一群体，而很多学生在学校也会受到种族歧视。在关系领导力模型中，我们强调包容、授权，我们认为，如果我们能够倾听所有人的意见，不忽视他人，同时重视每个人所做出的贡献的话，那么，这个团队、组织、社区、国家乃至整个世界都会变得更加美好。

从历史上来讲，主流文化——即社会中主流群体倡导的文化——不必接受信仰与实践的检验，
因为它们占据优势而不受质疑。人们常常用主流 198
文化中的行为规范作为标准来衡量非主流文化中人们的行为。美国人对于种族与民族多样性的重视也让大家开始思考在美国文化中白种人和欧洲历史起源的意义。佩吉·麦金托什（Peggy McIntosh，1989）创造了一个新词汇叫“无形的背包”（invisible knapsack）来描述“白种人特权”。白种人就好像有一个很轻的背包，里面装的是生活必需品，以备方便旅行之用。即使是很善良的白种人，也会把这种特权看成是理所当然的，因为他们习惯了，习惯了在购物的时候不会被人盯着，习惯了可以按照自己的意愿买房或者租房，习惯了在买玩具和油画时，那些玩具娃娃是白种人，画中的人物是白种人。（Talbot，1996）从广泛意义来讲，这是一个很值得思考的问题，实质上，赋予白种人的特权让我们成为主流文化的强大的“多数”，这种特权赋予我们不同的特征（如大男子主义、支持异性恋、体格健全、有才华、有教养或者生活富裕）。仔细审视一下，我们是否在无意识中强化这种特权意识，相关的一些特权特征可能威胁或者伤害到别人，尽管很多时候，这种伤害或抑制都是无意的。克里斯·卡里南（Cris Cullinan，1999）对于这种特权的诠释有些细微的不同。她认为有这种特权意识的人通常都是单纯的、有才能的，值得拥有这种特权。我们必须弄明白的是，这些特权形态的特点如何与我们所期待的真正意义上的领导者或者非领导者有可能相关联。我们必须学会重视，至少我们要承认，在领导过程中要接纳和包容不同的特性。

199 **❖ 学生文选**

在圣诺伯特学院（St. Norbert College），我一直在帮助促进多元化意识和相关因素的发展。校园里很多黑人女性会遭遇歧视，面临孤独、自尊等问题，或者她们仅仅需要一个能够让她们轻松表达情感的地方。学校也一直努力保留黑人学生。我的解决方案是创建一个项目，为校园里的黑人女性

营造一个鼓励和支持的氛围。为此我创设了每个周五晚上的黑人女性的晚餐系列活动。每次晚餐有不同的主题，开展不同的活动，有食物、演讲嘉宾。这个集体活动在我毕业后仍将继续，并在活动中增加了志愿者项目，包括指导和鼓励高年级的黑人女孩去追求更高层次的教育。在圣诺伯特学院，我不仅培养了自己深厚的领导力素养，而且，我能够通过指导帮助黑人女性，为她们的成功提供施展才能的平台，使她们也能在校园里的致力于领导力的实践活动。

蒙特莉夏·古丽尔（Montriesia Gourrier），毕业于圣诺伯特学院，获得社会学学位，辅修领导力研究。她是“多元文化奖学金”（Diversity Scholarship）获得者、系主任提名奖优秀学生、同辈团体的导师。她在校园里和附近社区积极从事社会活动研究，促进多元化意识的发展。

理解世界的多样性

你会发现，和不同国家的人一起工作是一件复杂而有趣的事情，你可以获得很多宝贵的经验。
200 但是，有时这是一项极具挑战性的任务。大学生们通常获得的最大机遇是有机会认识其他国家的学生，与他们共同学习，甚至能够出国留学。就像贾伟丹和豪斯（Javidan & House，2001）在描述全球性领导者时所说：“为了更好地与来自其他文化的人们相处，管理者需要了解不同文化的一致性与差异性。我们还要了解不同文化差异的内在意义，掌握实施行动所需要的技能，适当作出决策，并时刻保持对不同文化的敏感性。”凯茨·德·弗里斯和弗洛朗-特里西（Kets de Vries & Florent-Treacy，2002）曾说过，全球领导力开发意味着要提高一个人的适应能力、文化认同感，接受分歧，摒弃仇外主义，把握文化的相对性，以及意识到自己的文化根源与文化偏见，了解那些“似乎”的特征（“as if” quality）。（p. 307）他们进一步强调：“对文化相关性的独特见解，优秀的人际交往技巧、好奇心以及高超的情商造就了出色的全球领导者。”（p. 304）

GLOBE项目（Global Leadership and Organizational Behavior Effectiveness）对全球上千名中层经理开展广泛研究后，将文化定义为“价值观与信仰的共享”，认为价值观是指“人们对于自己做事方式的看法和意愿”，而信仰则是“人们对在自己的国家中如何做事的认识能力”（Javidan & House，2001，p. 293）。该研究总结出不同国家之间不同的九大文化特征：自信、未来取向、性别分化、风险回避、权力差距（文化中的权力不平等现象）、提倡集体主义或个人主义、小组集体主义（在人数较少的团队或者家庭中）、看重绩效、以人为本（公平、慷慨以及体恤他人）。（Javidan & House，2001）

每一个国家在不同特征上的表现程度有高低 201
之分。比如说，美国人比英国人更大男子主义，而德国人比美国人更大男子主义。（House，Hanges，Javidan，Dorfman，& Gupta，2004）为了将这些概念延伸到大众身上，要小心谨慎地看待和使用诸如该报告上的信息。这表明，当你和不同国家的人一起工作的时候，如果能意识到这份报告中所提到的文化特征的差异性，你就可以更好地了解他们，以便提高工作的效率。

伴随着全球一体化，世界变得更加“扁平”，了解其他国家的知识、文化显得更加重要。（Friedman，2005）对美国学生来说，这方面应该得到加强。丽贝卡·内森（Rebekah Nathan，2005）是一位人类学家，她将自己伪装成一名新生生活在宿舍楼里，暗中进行观察、研究。她发现：

> 外国学生最经常抱怨美国学生最突出的一点，说得直接点，就是觉得美国学生很无知。如同那些被调查者所描述的，这种“无知”，

就是指美国学生对自己和对别的国家存在信息不对称，或缺乏真正的认识和了解。(p. 84)

了解自己国家的文化遗产

我们建议你去多了解一些自己国家的文化遗产，去看看自己是否了解自己国家的文化和民族的价值观和信仰，以及看看自己在哪些方面与民族文化、价值观和信仰有分歧。你也可以读一读其他的文化信息，比如你可以学习白人文化或者欧美文化、非洲裔美国人文化或者黑人文化、拉美裔美国人文化或者西班牙裔美国人文化、墨西哥裔美国人文化或者印第安裔美国人传统文化，
202 也可以从来自其他国家的学生身上了解他们的文化。学习更多的与老年人、成年人发展相关的知识，读一读与聋人文化、宗教多样性以及地区多样性相关的知识。在任何情形下，都要意识到在团队中每一个人的行为都会或多或少地影响到其他人。保持这种意识会使你受益匪浅。

文化能力

有一个术语最近被用来描绘在全球化、多元文化世界里有效运作所需的意识、知识和技能，这就是“文化能力”(cultural competency)。米尔顿·贝尼特（Milton Bennett，2011)，国际著名教育专家，使用了一个类似的术语——“跨文化能力”(intercultural competence)，即在多元文化背景下，一系列有效支持和相互作用的认知、情感和行为技能与特征。(p. 3) 一览表5—1“跨文化能力”列出了上述两个概念所包含的一些特征以及在这些领域范围变得更具竞争力的方法。

建构多元文化视角

若想在一个多样化的组织里成为优秀的领导者或参与者，或者想以领导者的身份增进组织的多样性，就需要我们更多地了解如何培养开放的心态，欣赏各种文化，熟悉其他文化不同的方面。保罗·彼得森（Paul Pedersen，1988）支持这样的观点，他认为人们需要增强意识、扩大知识面以及提高自己的技能，才能在多样化的文化环境中有良好的工作表现。贝尼特（Bennett，2004，2011）为我们提供了一个有用的框架——“跨文化敏感性发展模式”(Developmental Model of Intercultural Sensitivity)，用于检验我们自己在这个领域的成长（见一览表5—1)。这是关于跨文化敏感性的发展模型。在这个六阶段模式中，人们通过不同阶段从最少接触与自己不同的人发展到感觉或发现差异的问题，然后最终进入到一种具有强烈文化意识的状态，意识到作为文化一分子的身份，意识到哪些文化具有相似性，哪些文化具有差异性。

203

一览表5—1：跨文化能力

我们对跨文化能力知识的了解

文化知识并不必然产生能力。

文化接触并不必然产生能力。

文化接触可能会减少刻板印象。

语言学习并不能充分替代文化学习。

如何获得跨文化能力?

有目的、发展性地设计系列课程。

平衡挑战与支持，减少焦虑。

促进跨文化体验之前、其间和之后的学习。

跨文化体验的深度，语言浸入。

跨文化能力培训。

培养好奇心和认知灵活性。

(Bennett，2011，p. 5)

第一阶段——否定差异。这个阶段的人们所经历的是对文化差异的“否定中”状态——除了在极少情况下，他们体会不到差异。

第二阶段——抵制差异。抵制或防御阶段是指人们的主导经历倾向于采用非此即彼（即要么我们，要么他们）的两极化方式体验文化差异。

204 第三阶段——差异减少。差异最小化的主要体验是已经达到了“跨文化敏感性”的境地。抵制差异的两极化体验转变成不同文化背景下的所有人们认识到拥有共同的人性（我们就是世界）。

第四阶段——接受差异。当接受是主要的体验，人们会体会到情境中的文化差异。

第五阶段——适应差异。适应是对接受的应用。当需要与不同文化的人进行互动时，这种接受就成为最主要的体验。

第六阶段——差异的整合。整合体验意味着一个人并非只根据任何一种单一的文化来定义——典型例子就是有的人拥有两种文化或者多元文化背景。（Bennett，rev. 2011，pp. 1－11）

珍妮特·贝尼特（Janet Bennett，2011）采用这个框架确认了认知、情感和行为等领域的一些特定方面。认知领域包括文化的自我意识、文化的一般知识、文化的具体知识以及互动分析。情感领域包括好奇心、认知灵活性、动机和思想开放等。最后，行为技巧领域包括关系建立的技巧、行为技巧（倾听、解决问题和移情）以及信息采集技巧。

这个进程的目标是多元文化主义，多元文化并不是最后的状态，而是一种欣赏自己和他人文化、享受学习的持续过程。这是终身学习的任务。这种对新体验的开放丰富了一个人的生活，进而使得个体分享对他人有价值的个人文化成为可能。

我们可以看出，该模式（见表5—1）将会有

205 **表5—1** **跨文化敏感性发展模式**

阶段	此阶段学习者的表述
1. 否定差异 拥有这种主要体验的人以简单粗暴的方式对文化差异持否定态度。当被问及他们自己的文化时，他们可能会感到困惑，因为他们从来没有思考过自己的文化对自己的生活产生过什么影响。对其他文化的人他们会提出无恶意的但可能会很幼稚的问题（如“日本有电视机吗”）。他们对容忍的理解很肤浅（“活着也让别人活着”）。某些情况下，这种取向的人对他人存在非人性化倾向，认为不同的行为是由于智力或人格上存在的缺陷。	“活着也让别人活着，那就是我要说的。” “所有大城市都是一样的——建筑多，汽车多和麦当劳餐厅多。” “只要我们都说同样的语言，那就没有问题。” “我最关心的是如何在周边找到餐馆订餐吃饭。” “根据我的经验，我可以在任何文化环境中，无需特别的努力而获得成功——我从来没有经历过文化冲击。” “我最需要了解的是政治和历史，只要这样，其余的我不在话下。”
206 2. 抵制差异 有抵制体验的人习惯用一种两极化的极端的方式体验文化差异——非此即彼。他们感觉自己处于人们的“包围中”，用简单、消极的刻板印象看待他人。他们会在自己和他人之间筑起坚固的防御来保护自己。形式上看，对自己的文化大加赞扬，对其他文化则以陈腐观念加以鄙视。这种文化等级观念使得人们形成一种文化达尔文主义，认为自己的文化凌驾于其他文化之上。 一个常见的变化是两个极端的转化，导致一些人诋毁自己的文化，却不加批判地赞扬他人的文化。同时这种转化在表面看来更具文化敏感性，但实际上仍然摆脱不了二元的极端化和过分的简单化。	“这些人为什么不说我们的语言？” “当我和其他文化接触时，我才知道自己的文化是多么的好。” “我的文化应该成为其他国家的榜样。” “这些人不像我们那样珍惜生活。” “孩子，我们可以教这些人更多东西。” “这个社会是如此男性至上！” “这些人都是城里人，圆滑世故，不像家乡的人那么单纯。” “我的同胞让我很尴尬，所以我所有的时间都用来与我旅居国的朋友打交道。” “我希望我能放弃我原有的文化背景，真正成为旅居国的一员。”

续前表

阶段	此阶段学习者的表述	
3. 差异减少 差异最小化的主要体验是已经达到了“跨文化敏感性”的境地。抵制差异的两极化体验转变成不同文化背景下的所有人们认识到拥有共同的人性（“我们就是世界”）。文化世界观的相似性是坚信我们在本质上是一样的，无论是身体上/心理上，还是精神上/理念上。这种关于人们本质上类似的假定，促使人们规避只认识自己的文化模式，学会理解他人，并逐渐做出恰当适时的回应。这种与人类之间具有共性的假设被认为是典型的种族中心主义：既然大家在本质上一样，在跨文化环境中应该充分保持“自我本色”。	“在任何文化中，处世之道的关键是做好你自己——真实和诚实。” “习俗当然有差异。当你真正了解他们后，会觉得他们和我们没啥两样。” “不管他们有什么文化背景，我和他们都能心灵相通。” “技术为发达国家带来了文化上的同一性。” “情境可能会不同，但是交流的基本要求在世界各地仍是一样的。” “无论文化有多大差异，人们在很大程度上被同样的事情所驱动。” “如果人们真的很诚实，他们将认识到某些价值是普世的。” “毕竟，这是一个很小的世界。”	207
4. 接受差异 当接受成为一种主导的体验时，人们在一定的情境中体验文化差异。他们承认所有的行为和价值观，包括他们自己，存在于特定的具有差异的文化背景之中。人们的行为和价值模式可以在特定的文化背景中加以辨别。 他们将文化视为向组织提供的人类生存的可行的替代解决方案。他们对什么是解决自己文化问题的抉择感到好奇。接受并不意味着对那些可供选择的价值的认同或者喜好，而是对一种文化观念中具有显著特色的现实予以接受。	“差异越多越好——每个人都一样会很无聊。” “其他文化的人的不同方式是我以前没有想到的。” “我去一个地方前总试图想学习它的文化。” “你了解的文化越多，你就会做出越好的比较。” “有时会感到困惑，知道不同文化的价值观是不同的，要尊重不同的文化，但还是想要保持自己的核心价值观。” “当在国外学习时，每个学生都需要对相关文化的差异有清醒认识。” “我的寄宿家庭和我有着非常不同生活经历，我们相互学习。” “在哪里我可以学到更多的墨西哥文化以便更有效地进行交流？”	208
5. 适应差异 适应的体验是一种有意识的观念转变和有目的的行为改变。适应是接受的应用，当需要与不同文化的人进行有效交流互动时，适应便可能成为一种主导性的体验。接受另外一种文化的组织现实，会促使你用一种与其他文化相似的方式重新组织构建你的经验，这样便加快了适应的步伐。这便是跨文化的移情作用。与其他价值观念所产生的共鸣（移情）作用，反过来，会使被修正或改变的行为通过这样的体验很自然地进行流动、交流。正是这种行为的自然流动阻止了编码转化为虚假或不真实。	“为解决这个争端，我不得不改变我的方式。” “我知道他们确实非常努力地去适应我的风格，所以公平起见，我也尽可能地满足他们。” “我用我们习俗中的方式和人打招呼，本土文化的人们使用不同的方式，这就是文化差异，可以理解为一种交流上的文化尊重。” “我能以适当的文化方式保持我的价值观和行为方式。” “在一个海外学习项目中，每个学生都要适应一些文化差异。” “由于我和我的不同文化背景的合作伙伴之间存在现实差异，为解决这个争议，我必须改变我的行为。” “我开始感觉好像自己是这个文化圈中的一员了。” “我对某文化理解得越多，我对这种语言的掌握就越好。”	209

续前表

阶段	此阶段学习者的表述
210 6. 差异的整合 整合的体验指不能以任何单一文化来定义一个人——尤其是一个人拥有双重文化背景或多元文化背景。当一个人有意做出重大的、不懈的努力来使自己在新的文化环境中变得充满竞争力时，文化融合的体验就出现了。对于非主流文化的群体成员，如果适应（或同化）了主流文化或殖民文化，他们可能转变为一种主体的体验；或者如果他们在其他文化环境中长大，或生活相当长的时间，他们也会体现主流文化的特征。边缘文化的身份特点使得个体会积极参与到各种各样的文化中去，但有时也会产生“无家可归”的感觉。有此倾向的人感觉自己处于文化融合的过程之中，并且他们一般都有大量可资利用的文化观点和行为等待提升、开发。	“有时我感觉在团队里不合群，但我有能力相对轻松自如融入或游离之外。” “到处是家，前提是如果你非常了解这里的处世之道。” “当我在不同文化之间起到桥梁作用时，我感到最惬意。” “不论情况怎样，我通常都能以不同的文化观点来看待问题。” “在一个跨文化世界里，每个人都必须拥有跨文化思维。” “我真的很享受能充分体验两种文化。” “通过多框架文化的参考，我的决策技能得到了提高。”

资料来源：改编自 Bennett，Milton J.（rev. 2011）. A developmental model of Intercultural Sensitivity. Retrieved from IDRInstitute website http：//www.idrinstitute.org（pdf），经允许使用。

211 助于老年文化向年轻文化开放，或者说黑人学生会和犹太人学生会在一起互相欣赏彼此的观点。美洲的土著有许多经验教训值得我们学习。多元文化主义的优点在于使我们超越了用自己的话语方式去解释世界，我们可以从吸收别人合理的观点中健康成长。这种欣赏并不意味着我们去赞同甚至发现决策很容易，而是意味着我们要学会理解他人的观点和观念。

❖ 学生文选

今年春假，学生管理协调员汉纳·皮迪娅和尼古拉·弗里曼（Henna Pithia & Nicola Freeman）以及项目管理员杰尼佛·甘布尔（Jennifer Gamble）带领13个学生到哥斯达黎加参加一个“全球可持续发展和文化渗透项目”。在哥斯达黎加停留的一周内，学生们住在一个生态友好型的农庄内，把这个农庄作为一个学习中心。通过参与家庭住宿计划、在当地学校任教、参与其他社区事务等，他们深入了解哥斯达黎加文化。这个春假的目的是团队领导和创造变化性团队，让学生以一种新颖而富有创造性的方式学习。

作为学生管理协调员，尼古拉和汉纳向一些赞助商提供建议，主持有关文化浸入和个人成长的讨论，帮助学员寻找活动后的实习机会，如在餐厅等地举行“哥斯达黎加项目研讨会”和“哥斯达黎加主题之夜”等，通过这些活动来丰富了哥斯达黎加项目。

212 尼古拉和汉纳还通过利用旅行中的机会增进不同学生之间的文化浸入，从而锻炼了团队领导能力。汉纳和尼古拉充当了智囊角色，为学生们面对新环境、感受挑战提供帮助。他们还为学生创造对话条件，鼓励不同文化之间的理解，提高竞争力；帮助学生应对文化冲击并适应不同文化，让他们体验并学习适应新环境。从这些角度来看，在项目协调员之外配备这些学生管理协调员是十分有益的。

汉纳·皮迪娅是加利福尼亚大学欧文分校（the University of California，Irvine）的毕业生，主修国际关系和政治学两个专业。她除了担任艾滋病（HIV/AIDS）课程的朋辈教育者和一个本科生研究项目的助理之外，还担任“绿色校园计划”的团队领导和学生公寓咨询员达两年之久。现在，她正在南加利福尼亚大学法学院学习，并希望谋求国际人权法方面的职业。

对待差异性的态度

该如何对待那些与我们持不同观点的人们呢？这的确是一件很复杂的事情。毫无疑问，当我们从一个年幼无知的小孩子慢慢地成长为一个能够接受和赞赏他人行为的年轻人的时候，我们会发现这确实是个循序渐进的过程。在年复一年的学习过程中，我们经历了各种各样积极或消极的事件。消极的经历使有些人开始讨厌和害怕差异，而更极端的是，对差异的恐惧会渐渐演变成为种族歧视、对同性恋的憎恨和恐惧以及性别歧视。而积极的经历则使我们学会了赞赏和包容许多现存的差异。

在前面的内容中，我们阐述了从种族中心主义到文化多元主义的整个发展过程。其中一种解释“对待差异性的态度”的模型被称作“里德尔测量模型”（the Riddle Scale）。（转引自 Leppo & Lustgraaf，1987）正如表 5—2 所描述的，在整个模型的前四个阶段（拒绝、遗憾、容忍、被动接 214
受）属于对待差异的消极型态度，这是因为他们固守着一个观点，即那些与自己持不同观点的人的价值观都不及自己。而模型的后四个阶段（支持、认可、赞赏、培养）则属于对待差异的积极型态度，这是因为他们认为他人所持的观点与自己的具有同样的价值。多萝西·里德尔（Dorothy Riddle）所创建的这一模型最初是为同性恋者所“量身定做”的，目的是便于研究人们对待同性恋者的态度。但是我们的学生们发现这一模型特别适合研究差异性以及研究人们对待残疾人的态度、对待不同宗教习俗的态度。

表 5—2　**里德尔测量模型：对待差异性的态度** 213

消极型态度
拒绝：视那些与自己持不同观点的人为陌生的、恶心的、疯狂的，甚至是反感的，而认为那些使他们变得更加“平常”的事物或保留主流的部分是正当的、无可非议的。
遗憾：视那些持不同观点的人为怪胎并认为他们很可怜。认为差异为幼稚的现象，予以反对，因此对这样的人，应该强化其正常行为。
容忍：认为差异是绝大多数人产生分歧的发展阶段。所以个人应该像对待咿呀学语的婴儿一样保护并包容他人与自己的差异。
被动接受：个人不得不去适应和习惯他人与自己的差异，但不承认其他人的某些特质与自己相同、存在同样的价值。
积极型态度
支持：努力维护他人具有差异性的权利，对此人们可能感到不适，但他们意识到这样的社会氛围以及存在的一些不合理、不公平的现象。
认可：承认我们的社会生活存在许多差异性，愿意正确地看待自己，并且为改变自己对他人的偏见而努力。
赞赏：尊重人性的多样化并能够愿意直面不理智的态度。
培养：认为人与人之间的差异性在社会当中是必然存在的，需要用一种积极的态度对待差异。鼓励、倡导差异存在的必要性。

资料来源：改编自 Leppo & Lustgraaf（1987）。Copyright by John Leppo. Adapted with permission from Dorothy Riddle，“Scale for Homophobia，” unpublished document。

微侵害

“微侵害”（microaggressions）是心理学家德拉尔德·温·苏（2010）最近提出的一个术语，是指“由于某个人的群体身份而对其进行传递诋毁性信号的交换行为”（p. xvi）。微侵害涉及的方面主要针对种族、性别或者性倾向。本书的重点将聚焦种族微侵害（racial microaggressions）——“集中在一般性的语言贬损、行为或者环境侮辱，无论有意还是无意，都传递出敌意、贬损或消极的种族歧视和对有色人种的侮辱。”（p. 29）往往表现为以下三种形式。

微损害（经常是无意识的）：“交流中传递了粗鲁、不敏感以及对别人种族文化的贬低。”

微攻击（经常是有意识的）：“毫不隐讳地进行种族贬损，主要表现为，通过激烈的言辞、非言辞或者环境攻击，利用叫名字、规避行为或者有意的歧视行为来伤害受害者。” 215

微失效（通常是无意识的）：“其交际行为对心理思想、情感，或者对有色人种的现实体验表露出排斥、否定或者废止的倾向。”（p. 29）

❖ 学生文选

迈克戴着醒目的配饰，在周末喜欢穿着华丽的服饰，经常在上课前和我分享他的滑稽故事。

在一堂关于教授对同性恋研究的课堂讲座上，一个同学嘲笑同性恋者如何令他恶心。迈克和我听后，对这个评论不屑一顾。

“他真蠢。”我喃喃道。

议论在继续，我发现迈克随着每句诋毁侮辱的话语，整个人几乎僵硬了，他看上去一动不动，表面上看，那些评论没有伤害他——但事实上却伤害了。

终于在3周后，我为自己沉默了这么久而感到愧疚，我转过身请求那位同学是否可以在课间休息时到外面谈谈。我不想在公开场合让他尴尬，那样无济于事。出去后，我的心跳加快，我向他解释道，他关于同性恋者的评论太敏感，有点没考虑后果，我感觉受到了伤害。

“我就坐在课堂里，听到了你说的话。因此请求你不要再这样说了。”

他接受了，以后再也不说了。

一次下课后，我把此事说给迈克听，并且带着仿佛面对一个陌生人的压力，眼泪夺眶而出。但迈克拥抱了我并笑着说：“我知道你所做的一切都是为了我，谢谢你！”

特里娜·谭（Trina Tan）获加利福尼亚大学富勒顿分校英语学士学位。担任该校跨文化意识协会（the Association for Intercultural Awareness）的行政主席。她是美国学生人事管理协会本科生分会（NASPA Undergraduates Fellow）会员，目前在“为美国而组织”（Organizing for America）的一家社会团体效力，这是一个美国民主党全国委员会社会组织项目。

216 理解微侵害很重要，因为它有助于解释那些被边缘化的人群在日常生活中所经历的事情。你是否曾经有过这样的经历，比如，你的一位有色人种朋友遭遇了种种不利的伤害，但他只能自言自语：“我不知道这有什么可大惊小怪的……对我来说这似乎并没有什么大不了的。”这背后的事实是，你的朋友在一天之内遭遇如此经历的概率可能是1/10、1/20或者1/100。这仅从表面上就会成为“压倒骆驼的最后一根稻草”。培养关系移情的强烈意识很重要，当其他同学与你分享他的校内外生活体验时，它会有助于你理解一切所发生的事情的真相。

沟通

你可能经常会留意到团队成员五花八门的行为特征：有些人很健谈，具有较强的口头表达能力；而有些人则沉默寡言，更具有思考性文字功夫。有些人本来性格外向，善于表达，比较感性，但文化因素的影响促使他们表现出更多的细致周到、客观理性以及分析特质。由于个体间的复杂性，有些人性格开放，比较外显，有些人则内向谨慎，小心翼翼。文化因素的影响，促使一些人更加直接、现实，另外一些人学会了富于象征和隐喻意义的表达；一些人学会了重视直接的或勇敢的眼神交流，另一些人则学会了善于直接利用
217 肢体语言表达尊重；有些文化倡导守时并重视行动迅速，另外一些文化则重视随机应变。理解团队不同成员所偏好的复杂的交流沟通方式，会促进团队成员间交流互动过程中的相互了解。姑且不要去评判别人的是与非，不要在乎别人的行为是否无礼，你自己来回答这样的问题可能更有益处——站在别人的角度，设身处地地想想：我如何理解他的行为表现？他们希望别人如何对待他们？

我们发现，沟通的另外一个更有效方面是“言语社区”（speech community）。所谓的“言语社区”是指人们相互分享的有关如何运用话语以及达到什么交际目标的准则。（Wood，2004，p. 115；citing Labov，1972）牢记这一点相当重要，因为来自不同言语社区的人们对彼此之间的语言可能会产生误解。（Wood，2004）“言语社区”受到性别、种族、工作场所、兴趣爱好等因素的影响，并受到语言的普遍核心模式和语言使用方式等群体特征的制约。“认可和尊重不同的言语社区能够更好地提高我们融入多元文化的能力。”（p. 119）比如，那些特别喜爱玩“光晕”（Halo）游戏的青年学生，他们之间就会形成一个特别的言语社区。他们相互交流所使用的语言，也许没有玩过该游戏的学生们是听不懂的。在学生社团组织中经验丰富的成员也会形成属于他们自己内部的言语。例如，他们在交流时会使用首字母缩略词或讲一些笑话，只有他们自己人才听得懂。但在正式选举新团队代表时，这样的言语社区就会显得不那么包容。

最后请记住，非语言交际（nonverbal communication）的作用也很关键。正如伍德（Wood，2004）所提到的，“非语言交际模式跟语言交际模式一样，能够反映人们的价值观、个人观点、准则以及特定的文化遗产”（p. 134）。我们交流的时候往往会伴随着身体动作、个人空间距离、面部 218
表情、手势姿态、触摸动作、眼神交流、情感表达和对时间观念的态度等——所有的这一切都包含着文化要素。（Andersen，2003；Wood，2004）以上这些，是一个在我们身上都能够不同程度地发现和应用的领域，正如我们经常说的那样：“我根本就不知道这到底是怎么一回事，这对我来说不应该有什么问题啊。”而且，当我们尝试与他人交往时，谨记一点，即“差异只是差异，差异本身并没有错”。

冲突解决和决策制定

你或许会观察到人们所表现出来的各种各样的行为，如对抗性的行为或是隐蔽性的行为。生活中，有些人敢于承担责任，具有一定的责任感，而有些人总是推卸责任，还有的人追求和谐，顾全面子，希望人与人之间永远都不发生任何矛盾冲突；有的人固守自己的处事方式，关闭了听取别人意见的大门，然而有的人则从不同的观点中寻求共同点；有的人认为对权威的服从是解决矛盾冲突的关键，而有的人则更偏向于挑战权威；最后，也有一些人倾向于采取平和的手段（如人与自然和谐相处的价值观）来解决矛盾冲突。解决冲突是关系型领导力的一个极其关键的方面，因为几乎任何程度的变化都可能引起某种程度上的冲突。请牢记，在关注变化的目的的同时也应维持积极的人际关系。与此同时，保持道德和包容的心态也是至关重要的。虽然保持这种心态具有一定的挑战性和难度，但是非常有必要的是，当矛盾冲突发生的时候，这种心态能够帮助我们

试着把不愉快的事情暂时放置一边或忘掉原有的冲突。

人们做出决策的方式能够折射出两种解决冲突的态度，一种是那些崇尚多数权力的规则或重视选举投票的人，另一种是那些寻求包容少数意
219 见或重视达成共识的人。在有的团队中，如果团队意见没有清晰明白地表达出来的话，那么有些问题就会被人们完全忘记或在过了很长一段时间后才会被提及。这是因为有些人认为决策理应由身居高位者或权威人士制定，而另外一些人则认为应该由专家或参与者们做出决定。

关系型领导力要求领导者具备帮助团队的每一个人努力去理解他人的交际技能，而不仅仅具备说服别人的交际技能。所有的沟通者都应该不断地反问自己：我的观念和偏好如何掩盖或影响了我的观点？要以何种沟通方式，别人才能够更好地理解我，而我也能够更深入地了解别人呢？

领导力与沟通

成为一个高效的沟通者能够对生活中要完成的每一项事情都有所帮助。沟通技巧绝非只是如何提高交谈的说服力和写作的技巧。正如一位学生干部所告诉我们的那样：“上帝赋予了我们两个耳朵和一张嘴巴，我想这就是告诉我们要多听少说。”就像许多亚洲语言一样，汉语也包含了能够描绘出相关概念的符号，而且这种符号能够创建出一个新的意义。中国的象形文字“聽”就是由“耳”、“目”、“心”所构成的（见图 5—2）。

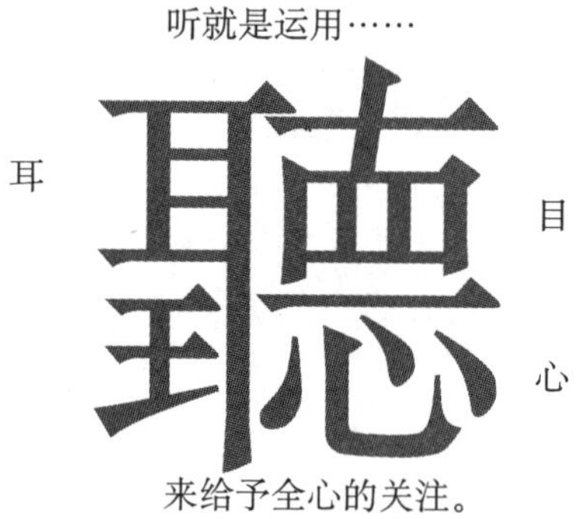

图 5—2　倾听

资料来源：引自 Simons，Vázquez，& Harris（1993），p. 37. Copyright 1993，使用已获得爱斯维尔（Elsevier）数据库网站的许可。

对于我们当中的大多数人而言，“听”是一种自然的、几乎也是一种自发性的行为。然而，“倾听”则是一门学问，它需要“用心”。倾听具有一定的目的并需要技巧。（Gudykunst，1991，p. 38）要记住，真正的倾听并非一种被动的行为。

220 倾听与沟通在多元化情境中，要求个体要带着共情心（移情心境）去倾听。移情的倾听是“带着智力和情感去走入另一个人的内心世界的过程”（Bennett，1979，p. 418）。所谓“共情/移情”（empathy）是站在他人的角度和立场去理解他人的经历和感受。与“共情/移情”类似的一个词是“同情”（sympathy）。同情虽然也把自己放在他人的角度看问题，但是你仍旧保留了自己的观点而且仍旧依据自己的标准做出判断。换句话说，“同情只是对他人的遭遇深表可惜、伤感”（Cormier & Hackney，2005）。

当别人在诉说自己的经历时，你若能够从他的角度出发，真正理解和感受他的心情以及他所经历过的各种情感的话，那么你在聆听的同时已经产生了共情（移情）。可以想象得出交流沟通的时候，当你和他人的情感经历融为一体时，他们会有什么样的感受！这意味着即使别人没有直接地告诉你他们的感受，你同样也能够按照别人所希望的方式去对待和理解他们。（Gudykunst，1991，p. 122）试想一个缺乏自信的朋友向你吐露：“今天我在例会上所发表的言论简直是糟糕透了，大家肯定都在取笑我。”为了表示同情，以往这种情况下，你总会只说一些鼓励之类的话，比如你可能会这样说：“噢，可我觉得并没有那么糟糕，你讲的内容只是太幽默罢了。放心，大家很快就会
忘记的。”然而，若是从共情（移情）的角度出发 221
的话，你或许会说：“我知道在会议上发表评论确实是一件很困难的事情。当时你也并没有说太多

的内容，想必是太紧张了吧。”比起在第一种回应中忽视了你朋友的情绪和明显的痛苦感受，第二种回应让人觉得更加真诚。

❖ 学生文选

在“亚利桑那州蓝筹项目”（the Arizona Blue Chip Program）中，我是11年级小组的领导者，这是一个非常活跃健谈的团队，经常有激烈的讨论，但是有一个学生一直很安静。我用尽教材课本中学到的各种办法试图使这个学生打开心扉，但一直没有成功。在设计T恤衫时，其他的团队成员忙着讨论如何裁剪这套T恤衫，使其适合一般的社交活动。但是，这个学生只是一个人安静地躲在一个角落里，我担心她是对这个裁剪设计过程不感兴趣。当其他成员邀请她坐到一起共同商量设计时，她仍然待在她的角落里。大约30分钟之后，她展示了一个令人惊讶的精心设计，原来她一直在为团队的目标而努力。那天晚上，我开始懂得尽管有些人没有外显地表现他/她们对活动的积极参与，但这并不意味着他/她们没有从这个过程中学到任何东西。作为一名领导者，包容是如此的重要，每个人都有不同的强项和优点，很可能因为领导者对这些方面的忽视，他们没能获得合适的表现机会，从而丧失了参与的可能。

米歇尔·法斯（Michelle Faas）是亚利桑那大学（the University of Arizona）会计专业的一名大四学生，目前担任“亚利桑那州蓝筹项目”的主题协调员助理、神经科学研究生课程行政助理、阿尔法卡帕天主教学生领袖协会商科职业联谊会（the Alpha Kappa Psi Professional Business Fraternity）的一名活跃会员。

222 著名的心理学家卡尔·罗杰斯（Carl Rogers）经常要求听众在发表评论前复述前一个发言者所讲的内容，以培养倾听的技能和共情/移情意识。倘若你能够真诚地理解和赞同前一个发言者的观点并对此进行思考，而不是快速地作出批判、拒绝甚至否认的话，那么你在倾听的过程当中已经学会了如何共情/移情。“先理解别人，才能得到别人的理解。”（Covey，1991，p.123）这要求在倾听的过程中，你必须稍微停一下，思考一下，理解对方讲话的内容，然后将其复述出来，最后才能产生共情/移情。仓促的批判只会让发言者认为你没有真正用心地听他讲话。

共情性沟通（empathic communication）是一个很难的过程。想一想那些典型的对话中复杂的程序过程，我们对话的内容及其方式都会影响接收者从我们共同分享的话语信息中建构意义。交际包含了言语和非言语两部分要素，从下列言语过程可以看出言语沟通过程中的复杂性：

我到底想说些什么？
我实际上说了些什么？
你听到我说了些什么？
你认为我想表达什么？
你到底想说些什么？
你实际上说了些什么？
我听到你说了些什么？
我如何理解你说的意思？

上述过程中的每个步骤都受到了我们的文化和性别观念的影响。例如，你认为男性和女性谁的话更多？通常情况下，大家都认为女性的话更多。但是，几乎在所有男女同校的课堂上，男生似乎更乐意第一个发言，而且从总体来看，他们发言的次数更多、时间更长。（Hart & Dalke，
1983）另外，男性和女性发言的内容也是有所不 223
同的。黛博拉·坦能（Deborah Tannen 1990）指出男性与女性在公共场合中谈话的内容和在私下聊天时谈话的内容存在着一定的差异。通常情况下，男性更倾向于报告型的谈话（report-talking）而女性则更喜欢融洽型的谈话（rapport-talking）。（p.77）男性的谈话体现了他们性格中独立的一面，通常他们会分享各自的观点和看法，也会开些玩笑，或是讲些轶事。而女性的谈话，即使是在像会议和课堂这样的公共场合下，其目的也是

为了更好地与他人建立友好的关系或加深与他人的联系。一般地，女性在发表自己的观点之前或之后都会多加几句，让其他人能够接得上话，因为她们不想让自己的想法显得太突兀或与他人的有太大的差别。例如，她们经常会说："这只是我个人的观点，但是……""我知道还有其他不同的观点，只是……""我认为……你同不同意呢？"

自信地沟通

社会化在我们学会如何与他人交流的过程中起到了至关重要的作用。有些女性总是表现得安静或是告诫自己应该保持缄默，这大概是因为她们认为自己的观点没有他人的那么重要或是为了避免引起不必要的矛盾冲突。她们学会了如何与别人和睦相处。然而有些男性则认为好斗是男子气概的表现。他们总认为自己的观点具有价值和意义，所以其他人必须服从或接受。

在每一次交流沟通的过程中，每个人既有发言的权利也有倾听的义务，同时也拥有提出要求和问题的权利。听众甚至可以犀利地提出自己的看法并作出评价。想象一下在自信连续体（assertiveness continuum）中一个人可能呈现的三个层级形态：不过分自信（unassertive）、自信（assertive）和过于自信（aggressive）。（Alberti & Emmons，1974）如果你属于不过分自信型，那么 224
有时你会被动地放弃原本属于你自己的权利，迁就他人，而过后，你又认为自己本来就不该这么不自信，说的做的应该有所不同。表5—3阐述了这三种不同的状况。

做到自信并不意味着你总是以自己的方式处理问题，而是指你做了让别人能够理解的力所能及的事情。同样，践行关系型领导力并不意味着团队中所发生的事情将会完全按照你的意志行事。因此，你必须竭尽所能尊重他人的参与，倾听并真正理解他们，使自己成为一名高效的团队成员。

表5—3　对不过分自信、自信和过于自信沟通形态的描述

问题："你能够代替我出席今晚的活动吗？因为我有一些事情需要处理，去不了。"	
不过分自信型的回应： 即使你早已有了计划安排，你的回答仍可能是温顺谦和的。你忽视了自己的权利，被动地答应了别人的请求。你会陷入一种尴尬或者害怕说"不"。你完全处于被动地位。	"好的，没问题。我想我能够代替你去。"
自信型的回应： 这样的答复既认可了别人享有请求他人帮助的权利，也表明了你拥有拒绝帮助别人的权利，你依照自己的想法作出正确的决定。自信意味着你能对别人的请求说"不"而没有内疚感和歉意。	"恐怕不行，我还有其他的计划，所以不能够帮你了。"依据你的讲话风格，或者你会说："很抱歉，我无法抽身，如果下次有空的话，我一定代替你去。但还是要谢谢你想到了我。"
过于自信型的回应： 这样的答复否认了他人具有请求别人帮助的权利，这种答复非常不恰当。	"你怎么敢让我代替你去？你这是在逃避责任，这忙我可帮不了你。"

艰难的对话 225

学会谈论政治或宗教等社会文化话题是具有挑战性的，对于领导者来说显得尤为重要。培养应对此类话题的技巧是丰富校园领导力课程的首选项目。关于社会文化问题的讨论无处不在，参与有关差异的对话是检测领导效果最好的风向标。（Dugan & Komives，2007，p.17）珍妮特·贝尼特提供了很多方法帮助你保持“跨文化好奇心”(intercultural curiosity)（见一览表5—2）。当你参与应对这些艰难的社会文化话题时，你会感到以下的几项原则非常有必要。

一览表 5—2：增强跨文化好奇心的原则

1. 搁置我们的假设和价值判断
2. 保持文化谦卑
3. 提高我们的认识技能
4. 发展多维视角
5. 增加对歧义、模糊的容忍度
6. 提出与文化相适应的问题
7. 成为合适的观察者
8. 成为分析性的探寻者
9. 评估跨文化信息来源的可信度

资料来源：Bennett，2011，p.10，经允许使用。

226 然而，有时人们善意的、无心的话语可能偏离了社会文化对话的原则。差异咨询家莫拉·库伦（Maura Cullen，2008）在她的《好心人所说的35件蠢事》(*35 Dumb Things Well-Intentioned People Say*）一书中列举和描述了很多这样的例子。例如：

“我的一些好朋友是……”

“我完全知道你的感受!”

“我不认为你是……”

“开个玩笑！别那么认真!”

认清“意图”与“影响”的概念很重要。在我们的经历中，人们说一些事情时本来没有想要伤害谁的“意图”，但其“影响”却是非常有害的。有些人在你并不是懂很多的时候对你的要求也不高，有些人却希望在遇到不同类型问题时，你能知识渊博。作为一个领导者，尽可能多地了解这些社会文化问题将有助于你领导能力的提高，并有助于你在不同的环境中加以实践。

关系共情/移情

有效的共同工作需要“关系共情/移情”(relational empathy)。(Broome，1993，p.97）关系共情/移情超越了仅仅对他人的理解，“强调倾听者对说话者原始的话语进行意义的再创造”(p.98)，寻求意义的共享。关系共情/移情承认情境的重要作用。这意味着创建了一个新的“第三方文化”(third culture）(p.103)，即从文化和情境这两个独特的视角分析整合，构建一种新的文
227 化、一种移情作用和深刻理解的环境。“当共享的情境产生时，即使是存在成员分歧的组织也会开始形成一个新的情境氛围。”(Simons，Vazquez，& Harris，1993，p.39)

第三方文化，或曰共同的情境，会形成“行话、定义、愿景及理解能力”等现象的新文化移情作用，由于这样的作用，来自不同环境的团队成员就能够走到一起，合作共事。在这样的组织当中，文化的意义表现在：

- 人们善良、诚实、值得信任；
- 人们怀有目标；
- 每个个体都能做出独特的贡献；
- 复杂问题要求在局部解决；
- “我和你”的关系替代了“我或你”的关系。(Kiefer & Senge 1984，pp.75－78)

这些关于“人性本善”的观念引导我们如何接近他人。“自我实现的预言”证实，一个人确乎可能变成你所看到的那个样子。(Argyris，引自Yukl，1994，p.176）如果你认为团队中的所有成员都不能与你和睦相处的话，那么，冲突在所难

免，具有极大的伤害性；如果你认为大家都习惯于推卸责任，那么你自己的行为也要受其影响，变得被动、消极，甚至沮丧。如你所料，那些与你共事的人同你预想的也不会有什么两样。相反，如果你感到团队中的成员都能和睦相处，敢于共同面对冲突，坦诚相待，互相帮助，勇于承担责任，那么，你将满怀希望，努力践行，“自我实现的预言”也将得以成真。

想象一下当你第一次参加团队项目会议的时候，你发现所有人都很松懈懒散，无精打采，而你却不得不独自完成所有的工作，其他人对此不
228 屑一顾。于是，你就想想这些假设的前提，从那些微小的线索中找到了答案：“啊！原来如此。”反过来，再看看以下会是什么景象：你第一次参加项目委员会的会议，大家紧张繁忙，都关心要开展的工作，人们尽心尽责参与其中，大家就会集中精力解决那些应该解决的问题。

不同的环境确实存在着巨大的差异，在一种情境下团队成员显得消极被动，在另一种情境下却表现得积极主动。最大的差异在于团队成员内在假设中对情境条件认识的不同，这种理解和认识主导了人们的期望——在那样的情境条件下，一个人该如何积极主动，这样的表现又如何能引起其他人的反响？构建新的第三方文化面对着对固有观念的挑战，可以通过回答下面开放性的问题来找到答案：“我如何能和这里所有其他人一样呢？”

运用关系共情/移情，你将会更好地理解你所在的团队或组织中的其他学生所面临的挑战。具有这样的社会视角要求你走出自己的经历，去理解他人的生活。例如，在你们的团队里，年长的学生可能会承担多项家庭和工作职责，同时要照顾他们的父母；宗教信仰会影响学生在哪一天、什么时辰去做什么，以及他们喜欢使用什么样的语言，并希望其他人也使用这样的语言；社会经济状况会影响学生的生活以及他们对团队的财务资助；性别身份能够影响晚上走在校园里的安全感和归属感；患有残疾的学生所关心的问题可能是某些聚会地点是否方便；民族/种族特征会影响到学生对校园的归属感。我们这样说并不是在为某种行为表现和不作为的表现寻找“借口”。我们只是提醒有这样问题存在，这些问题会影响我们在任何会议、团队或任务中能力的展现和成为“最好的自己”。作为一名领导者，重要的是能够对团队或组织成员如何在校园及周围环境中获得感受和历练保持强烈的意识。

229

文化对领导行为的影响

意识到种族、民族、年龄、性别认同、宗教信仰、能力和社会经济地位如何影响我们自己以及团队中其他成员的行为，将是成为一个有效的关系型领导者的至关重要的一步。没有一个团队是完全相同的。由于文化因素的影响，我们在个性偏好、处世态度、风格、价值体系、信仰和观念等方面都存在差异，而关系领导力则注重在多元团队中的有效领导过程。许多领导力实践都被描述为参与性，这是因为领导力实践重视了授权予追随者。关系领导力和多元领导力总是寻求组织和团队核心文化的变革，把团队的多样性视为其真正的资本。（Loden & Rosener，1991）

仅根据一个人某一方面的特征来描述这个人，很明显这种做法是不正确的。行为往往源自许多重要背景因素作用下的复杂的互动过程。观察人们的行为，尝试着去理解他们的态度，比仅凭借着固有的想法去推测人与人之间的差异性更有意义。在领导力环境中审视那些重要的人类行为是很有意义的。而且，在领导过程中，即在诸如增进沟通、解决冲突、制定决策等的过程中，应考虑到文化因素的影响作用。

多元化研究顾问小R·罗斯福·托马斯 230
（R. Roosevelt Thomas Jr.，2006）对此的观点是：

> 多元化的焦点将从重视种族、性别、公民权利运动和社会正义等概念转向重视从差异性、相似性、紧张格局和复杂性之中作出

> 有效决策的技艺……我们必须谨记的是，即使不是绝大多数，也还有许多社会正义问题存在于差异性、相似性和紧张格局之中，可以把它们看作对高质量决策过程的种种挑战。采用有利于决策的技艺将会提高达到社会正义目标的可能性。(p. 49)

托马斯还确定了具体的方法，他相信多元化对话的话题在未来将会发生变化（见一览表5—3)。阅读一下一览表5—3，这些变化中的哪一个是你已经看到的？你同意托马斯对未来多元化对话话题的变化方式所展望的观点吗？

一览表5—3：未来的十个展望

1. 未来的领导者将在代表性（representation）和多元性（diversity）之间进行区分。代表性指的是工作场所多种族和男女性别的同时出现，而多元性是指当代表性得到实现后人们之间存在的是行为差异、相似性以及紧张格局……

2. 未来的领导者将不再仅仅从多样性的视角来思考问题，也不会将多样性仅仅作为公民权利运动的延伸。领导者将关心多样性管理并将其视为一门技艺——这可以弥补传统公民权利运动的缺陷，因为它仅仅专注于种族和性别等问题。

3. 未来的领导者会将多样性管理定义为“在差异性、相似性和紧张格局之间作出高质量的决策”。 231
这种定义将帮助他们处理各种各样的议题，包括差异性、相似性、紧张格局，并把他们自己置身于多样性管理之中。

4. 未来的领导者不会轻易假定所有不当的种族行为都是由种族歧视导致的。他们将会意识到人们在差异性、相似性和紧张格局之间作出高质量决策是有困难的，这些困难是情有可原的而非出自偏见。

5. 相比于现在，未来的领导者更愿意应对在多样性之间进行决策的难题。面对多样化的特殊形态，他们在探讨具体的方式方法等方面将更加得心应手。从某种意义上来讲，这是因为他们可以区分更广泛意义上的多样性，比如民权运动的种族和性别焦点。其结果是，多样性的困难可能被认为与触犯道德没有太大关系，其原因更多地是管理的不确定性或低效率——尤其是那些什么“主义”的基础因素并不充分的案例更是如此。

6. 随着这些趋势的出现，未来的领导者对把多样性管理作为一门技艺的理解将会更加深入。

7. 拥有多样性管理技艺的领导者将会在应对紧张格局和复杂性方面变得更加得心应手。我们都已经见证了一些人的低效率，这些人对多样性的紧张格局感到很不舒服。我们大多数人还会说：“我只是没有见识足够多的复杂性。”相反，我们尽力“让它简单化”，这确实是避免了复杂性。这有可能减少紧张局面，但这也会冒扭曲和低效率的风险。

8. 鉴于多样性管理的普遍性，各国领导者将会使之成为解决全球性问题的技艺而非仅仅局限于美国。随着全球化越来越成为一种规范，领导者将会在国内外使用多样性管理这门技艺。

9. 未来的领导者在处理多样性和多样性管理方面将会变得更具有战略性。关于要关注什么、对一 232
些问题如何回应等决策将会依据一个组织的使命、愿景和发展战略来确定。因此，如果一个组织的使命、愿景和发展战略存在差异，在一种特定环境中比较得体的战略，在另外一种环境中可能就不合适。战略环境背景将起到限定作用……

10. 由于未来的领导者在他们的工作中掌握了多样性管理的技艺，他们未来将不可避免地、逐渐地将其注意力转向国内和社区内的多样性问题。譬如，在美国，这将意味着可以解决我们经历的很多分歧，至少有以下问题：人种、阶级、种族、性别、政治、地理和宗教……

（Thomas，2006）

马丁·戴维森（Martin Davidson，2012）继续阐述了这一主题，他指出，领导者必须从“管理多样性”转向“平衡差异”。他继续道：

> 但在事实上，建立在差异基础上的工作方式是一个巨大挑战。这需要大量的由不同社会身份、背景和经历的人组成的领导团队和组织的参与。这一点很重要，也是我们考虑多样性时谈论得最多的话题。但这还不够，那些平衡差异的领导者们应该采用一种正念的领导思维以便更大胆地对他们的领导行为进行修正。（p. 51）

戴维森（2012）这样说道，通过采用“平衡差异的正念思维”进行多样化管理，前提是我们承认差异的重要性，充满好奇心，让那些袖手旁观的领导者参与其中。

233

本章小结

能够理解他人并为他人所理解，以及通过合作创建一个有效的组织和团队环境，这是关系领导力所面对的一系列挑战。真正理解文化遗产、性别以及其他方面的差异对我们所产生的影响，有利于我们共同应对变化。其实在很多时候，我会发现人类具有更多的相似之处。我们大家对共性、良好意愿以及共享目标的期待可能变成“自我实现的预言”，这种潜意识将有利于我们在任何团队中创建一种新的第三方文化。

下章梗概

在下一章，我们将会对领导力与道德以及诚信领导的重要性进行详尽的阐述，同时也将对创建和维持道德组织以及制定道德决策的策略做出评述。

本章练习

1. 在团队中，对性别、种族、民族、家庭风俗的看法是如何影响到你沟通、解决冲突和制定决策的行为的？

2. 根据米尔顿·贝尼特的“跨文化敏感性发展模式”，想想你现在处于该模型的哪一阶段。什么阶段最好地描述了现在的你？哪些经验能够帮助你敞开胸怀、接受他人？

234 3. 让一个与你性格有所不同的朋友带你参加一次活动或一个聚会，活动或聚会中的大多数人与你朋友的性格相似。对你而言，在团队活动的实践中，哪些是你最容易理解的，哪些是你最难理解的？还有你性格中的哪些方面使得你很难得到他人的理解？

4. 根据表5—3“对不过分自信、自信和过于自信沟通形态的描述”，回忆最近的一次沟通。有人请你帮忙，向你求助，参照表中的描述，你将会做出何种答复？你对自己的答复满意吗？为什么会满意/不满意呢？如果不满意，若再给你一次机会的话，你又会怎么做呢？

补充阅读

1. Cullen，M. (2008). 35 *dumb things well-intentioned people say*. Garden City，NJ：Morgan James.

2. Johnson，A. G. (2006). *Privilege，power and difference* (2nd ed). Boston，MA：McGraw-Hill.

3. Kimmel，M. S.，& Ferber，A. L. (Eds.). (2003). *Privilege：A reader*. Boulder，CO：Westview.

4. Kivel，P. (2011). *Uprooting racism：How White people can work for racial justice* (3rd ed). Gabriola Island，BC，Canada：New Society.

5. Wise，T. (2005). *White like me：Reflections on race from a privileged son*. Brooklyn，NY：Soft Skull. http：//www. timwise. org.

6. Yoshino，K. (2006). *Covering：The hidden assault on our civil rights*. New York，NY：Random House.

235

影像资料

Adelman，L. (Executive Producer). (2003). *Race—The power of an illusion*. (Three-episode video). (Available from California Newsreel，Order Department，P. O. Box 2284，South Burlington，VT 05407.)

网上资料

Chimamanda Adichie：The danger of a single story. http：//www. ted. com/talks/chimamanda _ adichie _ the _ danger _ of _ a _ single _ story. html.

第 6 章

237 # 诚信领导

试想一下如果你处在以下情境中，你该做出何种反应：

● 你是一名宿管助理。有一天晚上，当你在宿舍前厅闲逛时，被一间宿舍里传出的嘈杂声音所吸引，你顺着噪声来到这个房间。你敲开了房门，发现和你住在一栋宿舍的几个同学正在房间里吸食大麻。也是这个房间，在你刚才敲门之前，你看到另一名宿管助理离开了这个房间。考虑到所闻到的气味以及所观察到的情况，你很清楚这些行为已经持续了相当一段时间了。对于你的宿管助理同事和房间里的这些学生，你会怎么做？

● 为了支持癌症研究，你为一个大型的校园慈善组织筹集资金。恰巧你的物理学教授的女儿也参与了该项目活动并成为慈善组织的一分子。可是，在一天的捐赠活动结束后，你发现她偷用了部分捐款买了一箱啤酒。面对这种情况，你会怎么做？

238 ● 你刚刚签署了一项关于学术道德的荣誉规范宣誓承诺书，其中包括对任何考试作弊行为的举报。当你发现你最好的朋友在会计课程的课堂考试中作弊时，你会怎么做？

很多时候，我们都会发现自己处于上述道德困境之中，而我们的习惯做法是：要么采取快速的解决方法，要么就假装不知道。然而，回避往往会给我们带来更多的麻烦，而速战速决的方法却忽略了处境中所涉及的其他方面的问题。倘若当事人在忽略道德边界的前提下过急地做出决定，这些被忽略了的问题就会引起品格和道德方面的问题。当事人也许会陷入思想斗争，要么仅仅关注防守道德底线，要么为了获胜不惜任何代价。考虑到决策所涉及的其他方面及其长期影响，他们甚至觉得有必要去取悦他人。为了避免影响组织的声誉和引起团队中的不必要的矛盾，他们有可能会隐瞒出现的一些问题。

我们有必要学会放慢决策和行动的进程，然后，对影响决策和行动的伦理方面的问题进行反思。如果习惯了以快速的方式处理道德困境，那么，你最好放慢脚步，停留片刻，思考一下你所在的处境或者思考一下可否让他人助你一臂之力，并且权衡一下所有行动选择的轻重。最关键的是让你和他人一起解决复杂的问题，在行动前好好地分析一下问题，而且考虑到事情所涉及的方方面面的情况。关系领导力模型中包含了三个方面的要素：包容、过程以及授权。通过包容，团队成员共同解决道德困境问题，他们感到被赋予权利和责任，团队成员对过程的参与使得决策和问题的解决更加公开透明。

我们日常生活中的新闻报道充斥着违背伦理、 239
违法犯罪的例子。通常这些故事的焦点是领导者，因为人们期待领导者应该对公众和其他利益相关者负有诚信领导的特殊责任。这些故事之所以成为新闻，是因为往往负面的事件使报纸更有卖点，更能唤起公众的情感注意力。但是，同样你会发现许许多多正面的领导者和领导力过程的实例，在实现共同目标的过程中，增强了道德原则，提升了道德价值。当我们从这些负面例子中学习不应做什么之时，我们同样可以从这些正面的例子中学习应该做什么。

本章概观

在第 3 章，我们介绍了关系领导力模型中的道德要素，强调了领导过程中道德的重要性。在第 4 章，我们探讨了个人价值观和品质的基本要素。第 5 章则涵盖了与诚信领导有关的一些概念，例如理解他人、解决冲突以及领导力的文化影响。第 6 章包括三个方面的内容：（1）探讨构建和维持道德型组织环境（ethical organizational environment）的过程；（2）分析变革型领导力理论中的道德层面的问题；（3）审视参与者通过行为榜样如何对组织产生道德影响。运用道德决策模型（ethical decision-making models）进一步强调道德和领导力在实践中的重要性。

营造和维持组织的道德环境 240

理解和应用那些指导组织价值和行为准则的理论或模型，同时认识到自己和他人的道德发展模式，有助于营造和维持组织内的道德环境。纳什（Nash，1990）提出了组织的参与者提升道德水准所必不可少的四项品质：

（1）运用批判性思维技能分析和传达问题与困境所包含的道德要素。

（2）运用高度的职业诚信来支撑个人和职业道德规范。

（3）拥有站在他人的角度观察分析问题的能力（对他人施予关怀）。

（4）拥有能够在道德标准范围内正确做事的个人动机。（pp. 43 - 47）

当运用道德决策模型和原则处理问题的时候，应该做好心理准备去接受他人的批评，正视团队成员的反对，甚至经历团队成员的拒绝，意识到这一点至关重要。在组织中，并不是所有的人都拥有同样正确的道德导向，或是准备及愿意在道德标准范围内正确行事。大多数人更愿意采取简单或实际的方法或者采取阻力最小的途径解决问题。当我们尝试着为了公司的利益而做出正确的决策却又遭到组织其他成员的反对时，具备纳什（1990）所倡导的品质要素显得非常重要。领导过程中一个重要的环节是向团队成员全面解释存在的问题以及决策和行动的基本要领。

领导力的这四项道德品质要素一旦转化为实 241
际行动，将有利于创建一个道德型的组织环境。当你遇到一个涉及伦理道德方面的问题时，你若鼓励他人一起参与整个决策的过程，那么你已经创建了一个道德环境。在团队或组织环境下，为了创建和维持道德环境和氛围，领导者有必要采取一些策略和方法。这个过程需要具有一定的目的性，并且需要考虑到关系领导力模型的所有要素以及“知—是—行”理论与行动的各个维度。

所有的参与者——包括现任领导者和团队成员——都平等地享有创建和决定组织氛围的权利，共同培育和支持对伦理道德的行动和敏感性。组织的使命或团队的共同目标应该成为发现组织价值的动力。参与者应该发现和运用组织共享的核心价值，并将其落实在组织的活动、行动和决策的过程之中。这些核心价值使个体为了共同的目标而努力奋斗，而且使他们对组织的原则和标准有了进一步的理解。享有授权的组织成员相互信任负责，参与组织内相关的道德话题讨论，共同维持组织内部的道德环境。所有成员积极参与并弘扬正气，比起仅仅任命组织当中的一个成员作为道德标兵或标准范本，更能够达到组织道德氛围的标准。实际上，倘若领导者在独自或在脱离其他成员的情况下应对道德困境的话，其效果往往适得其反。

尽管新闻报道中触犯伦理道德的领导者比比皆是，“道德村研究院”（Ethisphere Institute）[①]作为一家非营利性组织，却在通过一些竞争性的选拔过程来推动、遴选全球最有道德的公司组织。
242 在2012年，来自100多个国家的5 000家组织获得提名，其中145家获得“道德村伦理奖”（Ethisphere Ethics Award）。（http：//ethisphere.com/）这145家获奖者的产生是通过道德村研究院开发的“道德商数量表”选拔系统精心调查统计所获得的结果。所考虑的因素包括伦理规范、伦理资源和雇员伦理培训项目、揭发者保护以及组织所有层次的员工对伦理、政策、法律和道德规范的内部交流。2012年，道德村研究院收到了创纪录的申请评估企业数量，为这些企业的雇员增长做出了贡献，因为越来越多的雇员愿意去那些与他们的价值观和标准一致的组织工作。自从2006年道德村研究院发起此项奖励至今，许多企业连续获得此项殊荣，例如，沛可动物用品连锁店（Petco）、通用电气公司（General Electric）、日本花王公司（Kao Corporation）、巴塔哥尼亚（Patagonia）、美国运通（American Express）、塔吉特（Target）、星巴克（Starbucks Coffee）和英国渣打银行（Standard Chartered Bank）等。

从好与坏的领导力中吸取经验教训

克雷格·约翰逊（Craig Johnson，2012）使用“光”与“影”的鲜明比喻来说明道德与非道德领导者的差异。那些“散发光明”的领导者在他们的行动过程中和对待他人的方式中推动伦理进程、维护伦理原则。那些“投下阴影”的领导者滥用权力，操纵信息，实施欺骗。（p.3）“散发光明”的领导者的行为和特征包括谦卑、怜悯、勇气、乐观、正直。

我们来看一下“安然”（Enron）的例子。“安然”这家公司曾用了长达64页的稿纸详尽地描述了公司的道德标准，而最后e-Bay网上仅用了“非公开性”来描述这些所谓的“道德标准”。（Kidder，2005，p.203）早在21世纪初期，“安 243
然”的董事会已经放弃了许多道德准则，其中包括让安德鲁·法斯塔（Andrew Fastow）——“安然”的首席财务官——同时为“安然”和另外一家公司工作，而这两家公司存在明显的利益冲突。“安然”倒闭后，其董事会才指出公司的异常“就像阿拉斯加大小的一面红色旗帜”，早该被注意到了。（p.203）

“安然”的事件表明：并不是所有的领导力都是好领导力——我们对领导力的理解来自正面和负面的案例。凯勒曼（Kellerman，2004）和李普曼-布鲁门（Lipman-Blumen，2005）阐述了有关糟糕和有害的领导者的定义以及他们所导致的负面影响。凯勒曼将糟糕的领导力划分为两种：“糟糕且无作为的领导力和糟糕且不道德的领导力”（p.32）。无作为的领导力（ineffective Leadership）包含不能够适应预期中的变化的意义，而“不道德的领导力（unethical leadership）则指是非好坏都不能够区分的领导力”（p.34）。有些人虽然是无作为的领导者，但他们却位于道德领导者行列，尽管无法实现预定目标，但是他们还能够诚信地领导他人。最理想的是，领导者和追随者都是有作为和有道德的，这样，他们就可以齐心协力实现共享的愿景和共同的目标。

李普曼-布鲁门（2005）是这样描述有害的领导者（toxic leader）的：“他们的各种行为都是具有毁灭性的，而且功能失调性是他们个人品格中的一个明显的特征。由于其毒害性，他们的这些行为和品格特征都会造成相当严重的后果，而且对他们的追随者和整个组织都会产生严重的危害。”（p.18）有些情况下，由于追随者的影响作用，非毒害性领导者也会进入有害行为的领地，或者至少是因为追随者拥护有害领导者的某些行动的缘故，诱发领导者产生有害领导行为。以下描述了有害的领导者的领导行为和特征。

- 任由他们的追随者处于消极状态，视而 244
不见。
- 侵害了他们的支持者以及那些并不算是他们的追随者的个人和团队的基本的人权。

① 道德村研究院是美国一家国际领先的智库机构，致力于构建、促进和分享商业道德、企业社会责任、反腐败和可持续发展领域的最佳实践。——译者注

● 有意识地向其追随者灌输一种错觉，强调领导者自己的权力作用，削弱其追随者独立行动的能力。（例如，告诫追随者，只有领导者才拥有拯救他人和组织的能力。）

● 引起追随者的恐慌，掌控追随者的需求。

● 通过精心设计的谎言和非真实的事件判断来误导追随者。

● 贪得无厌，野心勃勃，将他们自己稳定的权力、荣耀和财富凌驾于追随者的福祉之上。

● 极度的自我主义使得他们无视自身的缺点，从而束缚了他们自我革新的能力。

● 不顾他们的有害行为给别人和给他们自己带来沉重的代价。

● 唯唯诺诺使得他们在艰难的抉择面前退缩。（pp. 19 - 22）

组织鼓励什么、承认什么，将会告诉人们哪些行为在组织中是可以接受的，而哪些则是不可以接受的。对于那些不惜冒险也要按照道德标准处事以维持道德环境的成员，理应予以奖励和认可，这种公然的认可是提高道德行为的强有力的
245 途径。对道德问题进行交流，鼓励对话，是强化组织道德责任的有力方式。对团队成员施予道德关怀，公开提出伦理道德问题供大家讨论思考，这会向他人展现你的道德价值观，表明你对道德的优先重视程度。

实施积极的道德行为奖励的另一面是对非道德行为的处理，通常应该采取一种不同寻常的方式予以惩处。在过去，对待和惩处违背道德标准的行为的惯用方法是当众羞辱法，有的地方现在仍使用这种方法。惩处那些违背组织准则和惯例的人，这是参与者所应负的共同责任。尽管我们并不赞成当众羞辱法，但是成员们必须为他们的违纪行为负责。参与者有义务遵循“不伤害他人”的原则，对待检举违反规则和规范的行为应做到履行正当程序、安全合法、保护个体的秘密或隐私权。

伦理的缺失

有些组织缺少一种积极的道德环境，原因在于领导者和参与者没有明确的道德导向。实际上，这一类型的组织也许在鼓励不道德的行为，因为这样的行为被认为是在“增进”组织获利。这样的例子表现在某些公司组织的员工招聘之中——为了增加其成员的数量，往往采取一些不道德的手段。这种类型的组织环境一定鼓励员工走捷径，工作质量低下，掩盖事实，对错误和问题推卸责任。

大学和学院都存在同样的道德缺失问题。 246
2011 年，宾夕法尼亚州立大学曝出一大丑闻，前足球助理教练杰里·桑达斯基（Jerry Sandusky）卷入其中。他被控在 1998—2010 年间利用学校资金以及一家非营利组织的赞助经费对一些年轻男孩进行过性侵犯。已故的乔·帕特诺（Joe Paterno），当时是足球队主教练，与体育主任、一个副总裁、大学校长都被卷入到丑闻中，他们被指控的罪名是知情不报：当有人向他们反映桑达斯基的行为之后，他们没有及时向适当的权力机关汇报。

曾有人向主教练帕特诺报告过桑达斯基的行为。乔·帕特诺是一个信奉球员要有诚信、责任、团队精神和个性等价值观的教练。事情最初发生时，帕特诺教练曾向上级做了汇报，但可惜他未能继续跟进，杰里·桑达斯基继续在官方的大学对来自他的非营利组织的一群男孩实施性干预。随后大批的受害者对杰里·桑达斯基的性侵犯劣行予以揭发指控。宾夕法尼亚州立大学受到了美国大学体育总会（National Collegiate Athletic Association，NCCA）的严厉制裁，包括取消学生足球奖金的发放、取消参加资格杯赛的资格，以及 6 000 万美元的罚款等。公众舆论对此事的态度表现出了两个极端：一方面，很多人对掩盖杰里·桑达斯基的犯罪行为感到愤怒；另一方面，一部分人则认为对该大学的无辜球员、退役球员和学生的惩罚太过严厉。

从宾夕法尼亚州立大学的丑闻事件中可以总结出很多领导力方面的教训。围绕着该事件暴露出来的问题，最重要的领导力问题包括：该丑闻受到公众关注之前是如何在长达 12 年的时间里被
视而不见的？宾夕法尼亚大学的领导负有什么样 247

的责任（包括主教练乔·帕特诺在1998年面对第一次对桑德斯基的举报时所进行的干预）？李普曼-布鲁门描述的有害的领导者的什么行为和特征预示了这样麻烦的丑闻事件的发生？类似该丑闻的事件首次被曝光后，足球主教练或任何相关的负责的领导人应该怎样确保调查的全面进行？大学和学院如何在未来避免类似事件的发生？从这个案例中，在权力、问责、透明度、一致性、决策和组织文化方面能够吸取什么样的领导力教训？

2012年盖洛普价值观和信念民意调查（Gallup Values and Beliefs Poll）显示，关于道德价值观的评价，认为美国道德价值观“很差”的美国人数量是那些将美国道德价值观评价为“优秀”或“好”的美国人的两倍［盖洛普民意调查社会系列（Gallup Poll Social Series），2012］。被调查者中，只有19%的人认为美国社会的道德风气正在好转。这样的调查结果意味着越来越多的美国人认为本国的道德风气正走向错误的方向。2012年，由伦理资源中心（the Ethics Resource Center）对财富500强企业员工所做的一份调查显示，53%的员工在工作场所目睹过不道德行为［2012年财富500强员工的全国商业道德调查（2012 National Business Ethics Survey of Fortune 500 Employers）］。在同一份调查中，59%的员工相信他们的公司拥有很强的道德文化，与之相比，只有53%的美国企业员工持同样看法。另一个有趣的发现与管理的道德责任承诺有关：报告显示在那些具有很强管理道德责任承诺的企业中，相比之下，管理道德责任承诺最弱的世界500强企业中，不当道德行为的发生率是89%。这些发现表明，领导力在创造和维持组织的道德氛围方面发挥着重要作用。

248 我们目睹并了解了无数关于领导者在处理人际关系、金钱、法律、政策和个人事务时缺乏个人勇气和道德导向的事例。他们甚至在组织中创设了奖励不道德行为的组织环境。我们从报纸上了解到这些人的种种行为后不由得感叹：“他们究竟在想些什么呢？”这些事例表明了在社会中，人们的道德价值观正在不断地恶化。而拉斯莫尔·基德（Rushmore Kidder，1995）将这些违背道德的行为结果称作“职业生涯结束运动”（Career-Ending Moves，CEMs）（p. 38）。一旦涉及道德上有争议或不道德的行为，一般都会导致职业生涯的终结。作为奥美尼生活传媒公司（Omni Living）的首席执行官，玛莎·斯图尔特（Martha Stewart）由于隐瞒公司内幕交易计划而严重损害了公司的利益，为此她被强制性地关押进联邦监狱。而“安然”的前任首席执行官——肯·雷（Ken Lay），则欺骗了公司的股东和其他成员，损害了公司的利益，就在他于2006年7月猝死之前，法院已经以欺诈罪判决了他175年的徒刑。前参议员约翰·恩赛因（John Ensign）因为使用基金掩盖一桩婚外情而被迫辞去职务。西弗吉尼亚大学商学院院长为优待州长的女儿而为其伪造成绩单，最后被迫辞职。

这些关于道德沦丧的事例均以这些领导者职业生涯的结束而告终。即使玛莎·斯图尔特后来被从监狱中释放，但她的形象和声誉已严重受损。

当个人的价值观和原则与组织准则发生冲突的时候，以诚信领导为己任的官员们往往面临着该怎样去做的困境。这是一种非常矛盾且艰难的困境，在此有三种做法可供选择：

（1）忽略或容忍这种冲突； 249

（2）正视冲突和问题，通过努力改变组织环境使之进入健康的道德轨道；

（3）辞职离开所在的组织。

每天，领导者们都会为这些决策而进退两难。基德（2005）将道德健康（ethical fitness）描述为：“通过应对并解决随时出现的棘手的道德困境而保持健康的体型。同样，道德健康是在运用我们的能力来表达自己的道德勇气。”（p. 157）保持道德健康意味着人们精神层面的努力——思考你所面临的困境，对此进行推理，找准难题的症结。所有的努力都需要亲身的实践——深入分析组织中潜在的道德困境，这样当真正的道德困境出现的时候，你才能从容应对。这是为道德健康检验做准备的一种有效途径。

道德目标：一种勇气的行动

选择做正确的事情往往需要个人勇气。莎朗·沃特金斯（Sherron Watkins），作为“安然”的前行政长官，以巨大的勇气毅然揭发了她的上司肯·雷的违法行为。（Lucas & Koerwer，2004）她这样做，随时有可能丢掉她那高薪的职位。当她反对“安然”内部的不道德操作的时候，她表现出来的不仅是个人勇气，还有诚信的道德素质。在一次采访中，沃特金斯把她的努力描述为：“这象征着个人的行动往往是很重要的，而当你处在领导者的位置时，你更应该为自己的行为负责。”（Lucas & Koerwer，2004，p. 44）戈雷格·雷沃伊（Gregg Levoy，2000），“辛辛那提调查”（Cincinnati Enquirer）的前记者，曾运用雕刻石像的隐喻阐述个人勇气与诚信的重要性：

> 可以用锤子敲击的方法来鉴定一块石头的质地是否上成。质地差的石块总存在瑕疵，当你用锤子捶打它时，石块就会裂开。而若敲打时声响清脆的话，则意味着石块的质地真实可信。因为它经受得住无数次的打击。（p. 22）

250 深入细致的调查分析表明组织要求领导者和参与者以道德标准行事处世，塑造良好的领导力，即符合伦理的、具有勇气的和承担责任的领导力。通常，我们会在民族英雄或历史人物的身上寻找到领导者所应具有的道德品质。但是，我们同样也能够在日常生活中寻找到道德领袖的影子——地方的商业领导者、大学的教职工、行政官员、地方和社团的宗教领袖、社区组织的普通公民，甚至同龄人、家庭成员、那些默默无闻为他人服务的非营利性组织的领导者，等等。

基德（2005）这样描述道德勇气：“它是一种精神和心灵的品质，能够使人们坚定而自信地迎接任何的道德挑战，面对挑战毫不畏惧、退缩，勇往直前。”（p. 72）道德勇气也可以视为三个不同概念领域的交叉之地：原则性、危险性以及忍耐性。正因为毅然反对南非种族隔离政策，纳尔逊·曼德拉被囚禁了整整 18 年。当心怀道德勇气时，意识到危险的存在尤为关键。

愿意承受某种风险的煎熬，比如，失去朋友或工作的痛苦，这也是道德勇气的要素之一。相反的是，当遇到道德困境时，你也可以保持沉默，置之不理。始终坚守自己的原则并付诸行动才能使领导者以道德勇气实践领导力，用道德勇气去应对道德困境。大量详细的审查揭露了英国石油公司（British Petroleum，BP）的领导人由于忽视设备故障的缘故，导致了 2010 年美国海湾沿岸历史上最大的石油泄漏事故。公司的领导者在他们进行削减成本的决策和对待他们的安全底线方面未能表现出应有的道德勇气。

251 **❖ 学生文选**

我觉得我所参加的许多组织和社区服务方面的活动增强了我的学习和领导能力。在每一个领导职位上，都有为个人谋利的决策机会。我认为学生领导力就是为学生服务，以正直、诚信的更高的标准约束自己，作出对所有人都公平、有利的决策。我选择以一种引以为自豪的方式代表我的学校和我的社区，我希望其他人也能这样做。诚信造就了伟大的领导者，为组织提供了繁荣的基础，也产生了学生领导者和一般学生之间的差异。

杰克·斯旺森（Jake Swanson）目前是艾奥瓦州立大学（Iowa State University）的一名大三学生，他的专业是全球资源系统，专业方向是新兴全球疾病和商业管理。他是学校新生委员会（the Freshmen Council）的主席，担任学校学生管理委员（Government of the Student Body）的理事、学校冬季狂欢节组委会（the WinterFest Committee）的主席，积极参加学校“兄弟联谊会”（Beta Theta Pi 男学生的联谊会）社团组织活动。

道德领导力的假设

对于所谓“好的”或有效的领导力，至今依然存在着许多无法验证的神话和误解，然而，领导力就应该既包含道德性，又具有效性。（Ciulla，1995）卢卡斯和安尼罗（Lucas & Anello，1995）提出了八项关于道德领导力的假设，其核心主题是研究和实践道德领导力：

（1）道德是领导力的核心。道德在领导过程中是一个中心问题。（Ciulla，1995）如果在领导过程中忽视了道德元素的存在的话，你将无法对领导力进行全面的探讨。“好领导力”意味着领导力是有效的领导过程，在此过程中遵循健康、伦理的原则，实现预期目标。用正直诚信去领导，手段必然决定结果。

252 （2）所有的领导力都具有价值驱动性。我们有必要重塑领导力，这样的领导力既体现了一定的价值观，又反映了良好的领导力道德属性。领导者和参与者为组织输入了他们自身的价值观和信念，比如，人们如何相处相待，什么是正确、什么是错误的见解，何为公平正义的观念，等等。组织和社团都受到价值的驱动，这种价值驱动与价值中立背道而驰。

（3）个人价值观与组织价值观相结合。道德领导力的旅程应该从审视个人价值观开始，同时，继续对个人核心价值观进行反思，进而思考个人的核心价值观如何与组织和团队价值观连在一起。你个人的“伦理指南针”会引领方向，指引你应对道德困境，最终指引你基于道德分析做出正确决策，综合考虑与你不一致的观点，认清个人的价值观和组织的价值观。

（4）道德领导力可以习得。伦理学习是一种过程，涉及你的个人体验、对自己的反省、概念的形成和实践应用。应用反复试错（trial-and-error）的方法体验会增强你对道德问题分析的敏感度，也会增强你在特定情境下对何为公平公正进行反思的能力。在作出决策和行动之前，你有必要学会这一点。以往长期的人生经历也在一定程度上影响到你怎样成为一个道德领导者。

（5）道德领导力需要思想和行动的结合。在领导过程中，将道德推理与价值观和行动联系在一起是至关重要的。这一章的重点不在于让你牢记所有的伦理道德理论，其目的在于将你所掌握的理论知识运用到真实的生活经历之中，学会如何洞察、分析道德问题。

（6）品格发展是道德领导力的基本要素。领 253
导者的品格特征不仅体现在他的个人价值观上，而且表现在他的行动和行为上。领导者也许是些家喻户晓、妇孺皆知的人物，但是可能由于他们的言行不一而得不到公众的尊重。换言之，他们“说一套，做一套”，很难让群众信服。

（7）道德领导力是一个共享的过程。组织和社团中不同级别的成员均有机会和责任参与和学习道德领导的整个过程。道德领导过程是全体成员有责任参与的共享过程，这并非只是职位领导者所特有的责任。领导者和参与者均有责任提升组织的核心价值，均有责任做正确的事情。即使冒着丢掉工作和被亲友疏远的风险，组织也通常号召团队成员心怀勇气，弘扬正气，坚守道德准则。提倡授权和包容的组织需要成员们齐心努力应对道德困境，广泛征求如何解决道德问题的建议。

（8）从我们所做的每件事情中学习道德领导力。树立角色榜样对于渲染家庭、组织、社团的道德氛围是一个强有力的途径。我们通过观察他人来判断在组织中哪些行为是可以接受的，而哪些则是不可以接受的。如果有成员（包括现任领导者）在招募过程中一贯地歧视前来面试的其他种族的学生，那么组织中的其他成员将会认为这种排斥有色种族的学生加入组织的行为是可以接受的。相反的是，如果领导者尊重多样性原则并且决定将少数民族高级职员的数量增加到50%，那么公司中的其他管理者也会随之效仿他的这种做法。

254 以道德为目标的领导力要求我们对以下问题进行假设性验证：什么是道德的行为，什么是不道德的行为；什么是好领导力，什么是差领导力；什么是有危害性的行为，什么是无危害性的行为；为提升自己的核心价值观和秉承道德行为，你心甘情愿付出多大努力；你情愿冒什么样风险去实现公平、正义的价值；当个人价值观与组织的价值观发生矛盾时，你如何处理。回答这些假设问题的目的并不是去发现简单的答案或者快速地提供一种简捷的解决方案，真正的目的在于对这些问题进行道德分析，运用道德的想象力去解决这些让你进退两难的道德问题。

文化假设

道德存在于一定的文化情境之中，具有文化制约性和文化特殊性。在形形色色的文化背景下，没有一种放之四海而皆准的标准来断定哪种行为和实践方式是正确的、合法的、道德的。（Henderson，1992；Toffler，1986）例如，故意歧视、压迫妇女的行为在沙特阿拉伯国家被认为是合法的，并不违背道德规范；然而在美国，歧视妇女的行为则是不道德、违法的。从本质上看，道德具有一定的时效性，尤其会随着法律法规的改变而改变。例如，早在 20 世纪 60 年代，大多数人都认为将黑种人和白种人的饮水器和其他基本设备区分开来是有必要且合法的，而现在这种行为由于法律标准实践的改变而被认为是不道德且非法的。特别是在商界，法律和法规的变化对于道德行为的改变具有根本性的影响。

255 有些学者争辩存在着普世的价值标准。（Kidder，2005）凯南格和曼东卡（Kanungo & Mendonca，1996）声称“良好的道德行为的基础建立在普遍的道德法则之上，这是因为这些法则包含了基本的价值观，如真、善、美、勇气和公正。这些价值观念存在于不同的文化之中，只是在不同文化中的运用会有所不同”（p. 35）。在对来自 16 个不同国家的 24 位领导者的采访中，基德（2005）发现他们所持有的价值观中有八个方面是相同的，它们分别是：爱、信任、公平、自由、团结、忍耐、责任以及对生命的尊重。（pp. 43－44）在对 200 多个有宗教哲学传统的国家进行的研究中，塞里格曼（Seligman，2002）发现了六个共同的美德：智慧与知识、勇气、爱与人权、公正、节制、精神追求与超越。（p. 133）虽然不同的文化对这些美德的定义会有所不同，但是大体上来看，文化间的根本道德理想是相似的。

人类学的一些研究已经记录了大量的跨文化和内文化背景下的不同的道德观念和道德实践。（De George，1986）由于既定文化中的价值观念和处世态度的不同，人们对待对与错、公正与不公正的看法亦有所不同。（Donaldson，1989）另外，仅仅通过跨文化比较来凸显道德概念是无意义的。例如，美国妇女认为穆斯林妇女披戴面纱的行为已经对妇女构成性别歧视。有些社会行为在一种文化中能够为人们所接受，而在另外一种文化中却遭到批判。这一系列引人深思的事实表明在国际事务中，很少出现达成道德共识的现象。伦理道德标准的差异不仅呈现在不同的国家中，而且就算在同一国家中，不同个人之间的道德标准也不尽相同。

文化包容意味着认可实践中存在的文化分歧，256
而不是为了适应和迎合一种特定的文化信仰而强制性地改变自身的文化行为。（Donaldson，1989）文化相对主义与特定的文化、社会和社区有着密切的关系。对文化实践差异进行比较的目的在于更好地理解不同的文化，而不是仅仅评价它们的好坏。例如，跨国企业的领导者必须遵守从事业务往来所在国家当地的法律、规范、风俗和习惯。

腐败是文化建构过程中的一种行为表现，不同国家对腐败的容忍度有所不同，所以不同国家里发生腐败的频率和程度也有所不同。2011 年的“国际腐败调查指数”（The Corruption Perceptions 2011 Index)，由世界上领先的反贪污腐败的非政府组织及国际透明组织联合发布，将所调查的国家和地区按照从 0 到 10 的分值进行排序，“10”分表示清廉，“0”分表示最腐败。该指数是一个民意调查，反映了商界人士和国别分析师的认知了解。在 2011 年所调查的 183 个国家当中，大部分国家的得分低于 5 分。新西兰、丹麦和芬兰位列得分最高的前三个国家，赢得了最清廉国家的声誉，而朝鲜和索马里排名垫底，被列为最腐败的国家。美国在 183 个国家和地区中排名第 24 位。腐败案例涉及广泛，包括一些父母为获取子女在教育方面的利益而贿赂那些收入较低的教师，以及大量的公共基金被公务员浪费或者贪污。那些得到最清廉分数评价的国家的领导人都具有强烈的责任意识推进反腐败的立法和政策制定，同时又极力维护人权和自由。

发展全球性思维和培养多样化技能是伦理领导的重要组成部分。约翰逊（Johnson，2012）确定了建立跨文化关系的 14 项个人能力。以下是这些能力中的一部分： 257

（1）客观性；

（2）灵活性；

（3）倾听/仔细观察；

（4）应对复杂性的能力；

（5）管理个人偏见；

（6）尊重别人；

（7）富有同情心。(pp. 374 - 375)

这些文化因素说明了影响领导力和伦理文化因素的复杂性，表明了伦理和文化之间的联系。接下来的内容是关于领导过程中的伦理理论及其基础的概述。

伦理理论和道德目标

对人类行为相关的道德、道德发展的研究可以追溯到哲学家鼻祖苏格拉底（Socrates）、柏拉图（Plato）和亚里士多德（Aristotle），同样，也可以追溯到 18、19 世纪的哲学家或学者，如伊曼努尔·康德（Immanuel Kant）和约翰·斯图尔特·米尔（John Stuart Mill）。道德理论简略介绍了人类判断力的形成过程以及个人在面临道德困境及其他棘手问题时的解决方式。下一部分我们首先会了解变革型领导力理论，这一重要理论主要阐述了作为领导力基础的道德要素。

变革型领导力理论 258

詹姆斯·麦格雷戈·伯斯恩（James MacGregor Burns）的变革型领导力理论是领导力理论中影响较大的理论之一，伦理和道德元素占据了该理论重要的地位。在第 2 章中，我们曾提到变革型领导力的过程是一个领导者和追随者相互提升更高水准的道德和动机的过程。（Burns，1978，p. 20）领导者与追随者之间由于相互影响的作用，他们的道德行为和伦理志向得到了极大提升，变革型领导力便进入了一定的道德维度。（Burns，1978）变革型领导力需要较强的说服力、强烈的变革愿望，以及领导者与追随者之间关系的多方面的影响。（Rost，1991）大多数情况下，追随者能够并经常影响领导者达到更高的道德结局。

变革型领导者所表达的一系列价值观和理想包括：和平、公正、公平、自由、平等机会，以及员工最基本的福利。而伯恩斯将其归类为“终极价值观”（p. 43）。领导者、公司高层人员、参与者、同事、追随者以及其他成员通过某些特定的行为影响这些价值观。“领导者最基本的行动是鼓励人们真正意识到他们的内心感受——感受到他们真正的强烈需求，理解他们自己的价值观的真正意义，这样，他们就能够真正地投入到有目

标的行动中去。”（p. 44）

变革型领导力是关于领导者与追随者之间的关系及其影响。伯恩斯（1978）将这种共生关系描绘成一种互动的力量和共享的价值观。“这种力量使得一个人在坚守自己的原则、战胜狭隘的个人利益的情形下成为领导者。这种力量最终使领导者和追随者共同发生了转变，他们坚守共同的价值，追求终极价值的实现”（p. 457）。领导者和追随者的道德目标是变革型领导过程的关键因素。变革来自这些共享的道德目的。

259 迪奇和戴瓦纳（Tichy & Devanna，1986）用来描述变革型领导者的七个特征中，有两个与伦理和道德维度有关，即勇气和价值驱动。变革型领导者拥有一种“能够直面痛苦现实”（p. 30）的勇气以及承受同辈指责、埋怨压力的健康心态。拥有积极的自尊心（并非为了博得他人的欢心而取悦他人）是道德领导的必要因素，这与有些领导者为了赢得选举而迎合大众有所不同。例如，高级理事会的主席决定严格执行学校的禁酒政策，禁止学生们在春假旅行中带上整箱的啤酒，哪怕是学生们全体投票一致赞成在旅行时带上啤酒。在这个例子中，尽管理事会主席了解到学生们沮丧的情绪和对她的决策的不满，但她依然坚持自己的决定和做法是正确的。

同样，变革型领导者具有价值驱动性。他们拥有一整套与其行动相符的核心价值观。领导者拥有多种途径激励他的员工们抵达更高的道德境地——通过自身的影响和自身的榜样使其成为他人效仿的楷模。

塑造道德榜样

如果参与者认可和赞赏某位领导者和其他成员的行为，那么他们很可能会模仿他的所作所为。社会学习理论为理解个体如何学习他人提供了一
260 个基本框架。（Sims & Lorenzi，1992）而班杜拉作为社会学习理论的先驱，则认为人们可以通过间接地观察或替代的方法（Vicarious Learning）进行学习。（Bandura，1977；Manz & Sims，1981；Rosenthal & Zimmerman，1978；Sims & Manz，1981）观察性学习可追溯到古希腊，这种学习方法主要指模仿或模拟式的学习。古希腊学者在古希腊罗马文献中挑选出最理想的榜样，然后让那些年轻的学生们进行模仿。（Rosenthal & Zimmerman，1978，p. 33）领导者和追随者的行为榜样在组织情境中提供了一种替代型学习的激发因素。

榜样在组织中既能引起道德的行为，也能引起不道德的行为。榜样或典范极大地影响了组织道德决策的制定。例如，拉丁裔学生联合会（the Latino Student Union）的一位学生主席非常希望授权予组织中的每个成员，这样他们就能够享有与领导者和其他成员一样的权利并能够为组织做出贡献。通过观察这位学生主席的行动，其他社团组织的领导者也纷纷赋予组织中其他成员以权利，让他们参与决策的过程。

替代性学习和行为榜样对于领导过程的影响作用意义深远。组织和团队成员可以通过观察领导力过程中领导者的典范行为学习道德实践。例如，军乐队的某些成员以一项新的活动替代他们传统的筹款方式，如播放适于成人观看的电影，可是，这种类型的电影一般品位低下，而且不适合校园情境，违背了校园社区尊重女性权益的社会责任。所以，他们坚决反对采用这种方式，用其他方式取而代之。

另外一个领导者行为榜样的实例是关于一个 261
足球教练处罚一个明星球员停止参赛的例子，原因是这个明星球员违反了球队规则。尽管这个球员是该球队在决赛中取得胜利的最为关键的球员，但教练还是让他坐了冷板凳。领导者对待同事的这种非道德行为，如果处理不当，就会在组织和团队的成员中产生消极的后果。西姆斯和洛伦茨（Sims & Lorenzi，1992）将这种现象称为“结果预期”（p. 143）。参与者可能会推断领导者一般拥

有较高的诚信度，所以他们鼓励员工去做的事情一般都是正确的。领导者的行为或上述实例中教练的行为，都影响到团队中其他成员能否遵守道德规范——这可能是因为他们的上级要求他们必须这样做或他们不想因为不道德的行为受到惩处——或许这两种情况都有可能存在。

追随者同样可以树立行为榜样，以此唤起领导者的道德觉醒。（Chaleff，1995）例如，学生食品合作社的成员们就说服学生管理处的负责人运用换位思考的移情方法决定是否应该解雇合作社的一名员工，该员工因为连续三天照顾他那年迈多病的祖母而耽误了工作。多数成员希望负责人能够考虑问题的现实状况，这名员工既要上学又要照顾他唯一的亲人——祖母。他们建议负责人重新对该员工做出工作安排，以使该员工既能够照顾他的祖母，又有时间完成合作社的工作。在这个事例中，合作社追随者利用移情的方法使负责人站在员工的角度思考问题，并使领导者意识到如果解雇了那位员工，后果有多么严重。

榜样的力量还可以跨越组织的边界，对组织
262 外部产生影响。本和杰瑞冰激凌公司（Ben & Jerry's Ice Cream）的掌门人本·克翰（Ben Cohen）和杰瑞·格林菲尔德（Jerry Greenfield）将公司的税前利润捐赠给社会时，他们在商界就塑造了一种社会责任形象。本与杰瑞这样做的目的在于塑造一种让其他商业领导者效仿的道德标准行为。（Howell & Avolio，1992）像本和杰瑞一样，作为行业领头羊的戴尔电脑公司（Dell computer company）发起了循环利用的回收计划；汤姆布鞋连锁店（Toms Shoes）每售出一双布鞋，就为那些残疾儿童捐赠一双布鞋；由好莱坞明星演员保罗·纽曼（Paul Newman）组建的纽氏（Newman's Own）食品公司将其盈利部分捐献给了慈善组织机构。同样，我们也目睹了一些没有履行社会责任的公司，例如沃尔玛（Walmart）在其招聘和提升员工的规定中涉嫌种族和性别歧视，而耐克（Nike）和其他一些工厂的产品是使用发展中国家的童工在血汗工厂里制造的。

这些正面和负面的事例，进一步表明了领导者和参与者通过行为的榜样作用影响着组织道德氛围的形成。树立榜样的另外一种形式是当领导者或追随者在讨论道德问题或遇到道德困境时，通过多种观点的交流碰撞达成解决问题的共识。

道德对话

在组织的会议上或课堂上，你多久才会发现有人就你们团队所正在开展的工作提出有关道德或伦理的讨论？通常我们面对一些有关道德问题的对话会感到手足无措。实际上，领导者和参与者都能够从这些讨论中获益，因为这种讨论使人们能够对道德复杂性问题和一些矛盾问题与困境进行深入探讨。伯德和沃特斯（Bird & Waters， 263
1989）提出了一个很有趣的建立行为榜样的观点，该观点主要通过口头言语交流（verbal exchanges）——又称“道德对话”（moral talk）或“对话领导力”（dialogic leadership）——的方式影响道德行为。（Neilson 1990，p. 765）

❖ 学生文选

作家道格拉斯·亚当斯（Douglas Adams）曾经说过：“要想提供真正的服务，你必须增加某种东西，这种东西不能用金钱购买，也不能用金钱去衡量，它就是正直和诚实。”我是佛罗里达州冬季公园洛林斯学院（Rollins College）的一名新生。在我来学校之前，我就有幸经介绍成为一年级新生的、一个由学生自主领导的、学习指导服务型组织团队的成员，该社团被称为“加入我们——共同进步”（Join Us in Making Progress）。在整个高中期间，我一直热衷于服务他人，参与了许多宣教性的旅行（mission trips）活动，并为多家俱乐部的许多慈善项目提供帮助。

我加入大学一年级这个团队，后来成为饥饿和无家可归者关爱协会的联合主席，后来又成为学生管理协管员。是我的服务热情使我成为一个诚信的领导者。我最大的激励源于我知道自己在进步，源于为他人提供帮助给我带来的真正的快乐。服务是无私的、无章可循的，是不可预测的，但是我的热情会激励他人也成为一个诚实的领导者。我希望自己不仅成为最好的领导者，而且有能力去授权他人并激励其他人体验服务的热情。正直和诚实使服务具有真正的影响力，但这需要正直和服务精神来造就伟大的领导者。

梅丽莎·卢比（Melissa Looby）是洛林斯学院的一名音乐专业的学生。加入国际音乐联合会（Sigma Alpha Iota），是女大学生音乐联谊会（the Delta Zeta sorority）会员，也是洛林斯学院"加入我们——共同进步"学生学习服务社团组织的学生管理协管员。

264 对话型领导者可以与同事和团队成员就何为道德、何为个人利益等主题展开讨论。同样，"对话领导力"或"道德对话"作为一种可以塑造道德行为和帮助构建、维护道德环境的方式，可以运用到学生组织中。例如，学术荣誉学会的学生主席在会议议程中讨论了有关学会团队测验试题档案相关的一些问题。其中，有一个成员表达了她对小部分考试试卷被盗窃的担忧。之后，她又问其他会员对这些试卷的保存是否有必要由学术荣誉学会自身的团队来保管，因为大家知道这样做违背了学院的学术诚信准则。接着大家继续展开讨论，这样的行为是否与整个组织的使命以及组织卓越的学术成就和诚信理念相违背。

学生可以借助参与"心理顾忌"（Scruples）的游戏（可通过 www. scruplesgame. com 查看或参与）来培养或体验学生自治管理协会的成员如何运用"对话领导力"的方式来激励团队中的领导者和其他会员讨论价值观和道德问题。尽管表面上看起来会员们只是在玩纸牌游戏，但实际上他们所关注的是，当游戏过程中出现道德问题的时候，他们是如何解决这些问题的。游戏结束后，学生自治管理协会的成员会要求参与者对游戏的整个过程，如发生了什么、如何发生等问题进行反思。作为团队公认的领导者，他/她应该与大家一道应对校园中出现的复杂问题。

遗憾的是，一涉及关于道德困境的讨论，人们就似乎很不愿意去参加。（Bird & Waters，1989）尽管关于道德的问题经常遇到，但是团队成员对关于道德的话题却谈及得很少。道德问题讨论的缺乏，一般被称为"道德沉默"（moral muteness）。（Bird & Waters，1989）造成"道德沉默"的原因包括：以泛道德或隐晦的方式回避复杂的 265 道德问题，保护现任领导在解决问题时所拥有的管理弹性权力以及回避处理各种涉及意识形态和道德的观点和问题——所有的这些都潜在地阻碍了解决问题的整个过程。团队中的成员也有可能因为他们本身对道德缺乏一定的理解和认识而逃避讨论道德问题。而由此所引起的潜在危害在于：没有通过对话或讨论来建立起道德氛围，无视非道德行为泛滥或造成一个对道德关注冷漠的环境氛围。发起道德对话以及避免道德沉默是领导者和团队成员的共同责任。

道德表达（moral expression）具有引发道德行动的潜在力量。为了产生榜样效应，道德对话的语言应该与参与讨论的成员的经历和期待有一定的联系。当利用对话交流的方式去发现问题、思考问题、支持或批评某些政策、判断和解释某种决策时，道德对话起到了一种榜样影响的作用。（Bird & Waters，1989；Pocock，1989）领导者和参与者可以借助道德对话去影响他人，认真考虑他们对所存在问题的见解和立场。

问自己一个问题：身居高位是感到孤独还是愉快？你可能会认为高处不胜寒，因为领导人基于原则和道德所作出的决策，有时候是不受欢迎的选择。在这些情形中，领导人有时候会感觉到高高在上的孤独感。特维诺、韦弗和布朗（Trevi-

no，Weaver，& Brown，2007）提出了领导人感知该问题的另一维度，即领导人身居高位感觉很
266 愉快。他们对三家公司的高管人员和低层次的普通员工进行了比较研究，发现高管人员对各自公司的伦理具有积极的认知（在公司每个人都应坚持遵守伦理规范），而低层次员工对各自公司的组织伦理持有更多的消极认知。他们的研究表明，拥有不同组织身份的个人（高管人员与基层员工）对组织伦理持有不同的认知，高管人员持有更为积极乐观的态度。

为了避免这些认识上的差异，领导人可以向员工提出问题，征求意见，比如组织在解决伦理问题和困境时如何更好地开展道德对话，以此准确把握组织伦理道德的脉搏。领导人也可以定期与追随者交流价值观和道德承诺，将这些议题列为会议的常规议程或经常参加员工伦理道德沙龙等。

道德决策模型

在领导过程中总都会遇到各种道德困境和问题，这些困境和问题没有现成的解决方案，但领导者与追随者必须面对并加以解决。因此，突破道德困境或直面非道德行为就不单纯是领导者的责任。关系领导力模型在强调通过践行包容的和过程导向的领导力实现共同利益目标的同时，还建议无论是领导者还是追随者都应该共同参与，携手应对道德困境。领导者和参与者在解决道德困境问题的过程中，都必须积极反思，勇于挑战，关心体贴，追求目标，虚心请教。

267 你可以运用多种方法来解决道德困境问题。在某些情境条件下，可以运用职业行为准则（professional code of conduct）来约束道德问题，例如，律师和物理学家的职业行为受制于他们相应的职业协会所制定的执业标准。宗教和咨询专业人士的职业操守则由一整套对客户资料严格保密的执业标准予以指导。除非某个客户对他们或其他客户存在一定的危害，否则不允许他们将这些信息泄露出去。许多大学校园都制定了一套禁止性骚扰和歧视的准则来引导学生们的行为，男女生联谊会也拥有一套符合整个联谊会准则和价值观的声明和宣言。学生参加课堂测试就要遵守学术诚信准则（honor code）。学生自治管理委员会一般都会在符合宪法和其他相关法律规定的前提下作出一些决策，而协会的基金及学生对组织的认同程度都会影响到决策过程。

如同领导力概念界定一样，道德概念本身也不是井井有条、随手可用的。并不是所有的问题都可以通过职业行为准则或组织的规范得以解决。（Beauchamp & Childress，1979；Kitchener，1984）这需要领导者运用判断力和分析力来确定面对的处境是否是道德困境，诸如两个员工之间的人格冲突这样的问题。

既然可以使用某种模型指导我们做出符合道德标准的抉择，接下来的部分所介绍的几种模型可以作为我们解决道德困境的实践工具。领导者和参与者都可以运用这些模型共同解决道德困境问题。但是，对这些模型的应用需要予以仔细的分析，不能生搬硬套某一个特定的模型，因为对这些模型的应用需要进行反思并考虑到其他因素。总之，模型的运用需要你对道德的想象力——找到替代旧方法的解决途径，或找到应付无法解决的问题的新方法。否则，这些理论框架还是形同虚设的。

268
实践应用

想象一下这样的情境：你所在的学院拥有一整套非常严格的学术荣誉准则，而且要求社团的成员检举违反学术准则的行为。你作为学校跨学生联谊会（Interfraternity Council）的主席，在一

次考试过程中，发现联谊会的一名成员有作弊行为，而且这名成员是你最好的一个朋友。你该如何面对这样的处境呢？你真的会遵循学院的准则，将这名成员的名单上交给执法监督办公室吗？抑或是当考试结束后，通过你的影响力劝说他在今后的考试中再不作弊了，否则，你得把他供出来，但这会对联谊会声誉造成不良影响；抑或是你开始进行一系列的决策选择，从你对整个情境的解释分析阶段开始——如果我采取某种方式作出回应的话，那将会怎样影响到其他人呢？——到最终遵循你内心的道德信念和道德目标实施行动；抑或是你什么都不做，放弃你的道德目标，袖手旁观。

道德决策模型鼓励人们凭借心目中的道德目标解决道德困境问题，提供指导人们作出正确的分析和决策的框架。人们不仅要对道德问题做出快速反应，还应该仔细考虑解决问题的步骤，其中包括对伦理的分析，最终做出正确的选择。

269 基德（1995）将“艰难的抉择”定义为“一种‘正确的’价值观对另一种价值观的抗争”（p. 16）。“因此，真正艰难的抉择并不聚焦于‘正确’与‘错误’之间的选择，而涉及‘正确’vs.‘正确’的选择。显而易见，这是一种真正的两难选择，因为问题的任何一方都具有坚实的基本的核心价值基础。”（p. 18）那些代表着“正确”vs.“正确”情形的道德难题，实际上是两种核心价值观产生了冲突，这与出自“正确”vs.“错误”的道德难题有很大区别，在这种情形下容易产生道德诱因（moral temptations）。基德（2005）提出了四种解决道德困境的范式模型基本框架，可以使用它们来检验我们对“正确”vs.“正确”情形的价值选择。

（1）“公正”与“仁慈”：公正平等与同情关爱之间的矛盾。

（2）“短期”与“长期”：当前需求与长远目标之间的矛盾。

（3）“个人”与“整体”：自我与他人之间的矛盾，小集体与大集体之间的矛盾。

（4）“真实”与“忠诚”：诚实与承诺、责任、守信之间的矛盾。（pp. 18－23）

这些两难选择范式表明了一种价值观与另一种价值观之间所产生的矛盾冲突。2005年特丽·夏沃（Terry Schiavo）死亡的事件，表明了公正与仁慈的价值观之间所产生的矛盾是合乎常理的。事件中的特丽因意外而失去意识，依靠药物维持了整整15年的生命。这一司法事件引起公正与仁慈的大碰撞，也引发了公众对生命与死亡的道德和法律权利的大讨论。

关于真实与忠诚两难问题的一个经典案例发生在1996年，大卫·卡钦斯基（David Kaczynski）因为怀疑他的弟弟希奥多尔·卡钦斯基（Theodore Kaczynski）是“尤那邦摩”（the Unabomber）恐怖分子而向当局检举揭发并请求给予 270
法律制裁。在过去20多年里，希奥多尔曾经在邮寄的书信中藏有炸弹，引起爆炸事件，杀害许多无辜的民众，严重危害到国家的治安。大卫·卡钦斯基确实拥有非凡的勇气，他认为他的所作所为是正确的，是忠诚的体现。他这样做实际上要付出沉重的代价，因为倘若他的弟弟被证实是一名恐怖分子的话，那么将会被判刑，而且极有可能是死刑。另一方面，大卫·卡钦斯基采取这样伤感的痛苦行动，是因为他更愿意相信他的弟弟并不是“尤那邦摩”恐怖分子。这一事件表明了人类思想与行动斗争的艰难过程，特别是在真实与忠诚相矛盾或是个人价值观与整体价值观相矛盾的时候，而影响大卫·卡钦斯基行动的是略胜一筹的正确的价值观。在这种或与之相似的情况下，扪心自问，如果你怀疑你的某个亲人或好朋友是“尤那邦摩”恐怖分子，那么你会将他交给联邦调查局吗？如果你父亲抢劫了银行，那你会将他送到警察局吗？抑或是你的母亲在路上打了人并逃离了现场，你又该怎么办呢？

关于真实与忠诚两难选择的另一个典型案例发生在2008年。伯纳德·麦道夫（Bernard Madoff）的两个儿子，马克和安德鲁·麦道夫（Mark and Andrew Madoff）毅然向当局检举报告他们的父亲设计了一个“庞氏骗局”（Ponzi scheme）[①]从1 000多个投资者那里骗取了数十亿美元。第二天，伯纳德·麦道夫被抓获，后来被判处终身监禁，留下了史上一笔最大的通过金融诈骗计划所获得的遗产。马克和安德鲁·麦道夫在这个事件中面临着多重两难选择，包括如何处理那些他们通过自己的父亲以及通过在父亲公司工作所积累的财富。两年后，在越来越多的诉讼和媒体的负面关注等压力下，马克·麦道夫自杀了。

271 **❖ 学生文选**

今天是周五晚上，也是你作为公寓助理值班的第一个晚上。那种孤独让你感觉良好，因为从一大群人中你脱颖而出，并且学会了应该始终坚持学校制定的标准和规则。这说起来容易做起来难。

作为大学二年级一名学生，刚刚成为希腊裔学生联谊会组织的一名新成员，最令你提心吊胆的就是当你走在希腊裔学生联谊会学生公寓区行使公寓助理职责所面临的两难抉择。一方面，你可以保全你朋友的面子而忽视规章制度，任由违反校规的行为继续发生；另一方面，你也可以将你的朋友的违纪行为记录下来，最后他们对你怀恨在心，很长时间对你不理不睬。

对你来说，除了敲开房门并记录下所发生的事，你别无选择。

人们总是要做出最困难的抉择。做合乎伦理的事就是做正确的事，即使这意味着惹你的朋友生气、离你而去或在此过程中你有所失去。你被放在了领导位置上，理应如此，既是权利也是义务。

达尔西·菲斯特（Darcie First）是瑞普学院（Ripon College）的一名人类学和商业管理专业大三学生。三年来她担任学院公寓助理，并兼任瑞普人类学协会（the Ripon Anthropology Association）主席。

基德的道德决策模型

基德（1995）为如何做出道德决策提出了三条原则。

（1）以目的为基础的思考。哲学家将其称为“功利主义”或“实用主义”（utilitarianism），最著名的座右铭就是：“为最多的人获得最大的利益。”这句格言的基本意义是在成本效益分析基础上，确定谁将对我们有害，谁又将对我们有利。这一原则的核心是：衡量后果，预测结果。

272 （2）以规则为基础的思考。康德的“绝对命令理论”（categorical imperative）[②]遵循唯一一条你想要让其他人也一起遵循的规则。扪心自问：如果世界上其他人都遵守一条我所遵守的行为规则的话，那么这样会产生最大的利益和最大的行为价值吗？以规则为基础的思考是基于责任的——我们应该去做些什么，而不是我们认为哪些是有用的。这是关于道义论的思考，意味着道德上的“义务”和“责任”。

（3）以关怀为基础的思考。这首先要求做到施爱予他人。待人处事的黄金法则“你希望别人怎样对待你，你就应该怎样对待别人”，就是基于关怀思考的基本原则。以关怀为基础的思考富有“可逆性”色彩，强调换位思考：站在别人的角度检验一下自己的行动，想想如果你是接受者的话，

---

① 亦称“庞氏阴谋”，指骗人向虚设的企业投资，以后来投资者的钱作为快速盈利付给最初投资者以诱使更多人上当。Ponzi系意大利裔美国人，曾于1919—1920年间行此骗术。——译者注

② 康德所谓“绝对命令”是指主体无条件地服从义务以践履道德行为、实现道德价值的道德律令。作为理性存在者的人的道德行为乃是绝对命令作用的结果。康德认为，绝对命令作为指导人们行为的道德律令，其有效实践源自人们的意志自律，以及“以人为目的”的价值目标的实现，其价值在于获得理性幸福。——译者注

你的感觉将会是怎样的，而不是作为行为人或执行者的身份去分析问题。

当你开始着手解决具有一定复杂性的两难问题时，你可以应用以上三项原则审视道德困境，并决定采取何种正确的途径进行解决。一个有效的途径是在你作出决策或采取行动之前，最好事先运用每一个原则进行思考检验。此外，基德还进一步提出了人们面对道德两难选择进行检验的九点提示。

273 **❖ 基德关于处理伦理问题的九点提示**

1. 意识到存在的道德问题。
2. 确定参与人。
3. 收集相关事实。
4. 检验对与错的问题。
5. 检验权力与权力范式。
6. 运用解决原则（基于结果的原则、基于规则的原则、基于关心的原则）。
7. 调查研究“三难选择”（trilemma options）：两难之间有解决这种困境的第三种方式吗？（中间立场有时是两个正确立场妥协的产物。）
8. 做出决定——这需要道德勇气，一个对领导力来说至关重要的品质。
9. 重新审视和反思决策过程——回顾决策过程并找出其经验教训。这种反馈循环建立起专业技能并有助于调节道德方向。（pp. 180 - 186）

试思考以下情况：假设你是学院青年民主党俱乐部（Young Democrats Club）或青年共和党俱乐部（Young Republicans Club）的主席，一天，俱乐部的成员发现了一篇对俱乐部影响非常不好的报告，而且这份报告将会刊登在下周的校刊上。得知这一消息，俱乐部的成员们开始计划着在学院学生拿到这份报纸之前，将所有的报纸都偷走。运用道德决策模型的原则，你该怎样处理这种情况呢？这种情形属于什么道德范畴？它是否触犯了宪法规定的出版自由的权利？抑或是
274 否触犯了学院的学术诚信准则？如果这样做团队的成员会被捉住，俱乐部可能会被吊销执照，你会劝服他们不要采取这样的行动计划吗？或是你会威胁他们，如果他们真的这样做的话，你就检举揭发他们吗？或者是因为偷到报纸是一种错误的行为，而且妨碍了宪法的新闻自由的权利，你会向他们施加影响让他们取消这样的行动吗？假如俱乐部成员坚持将这些报纸偷出来，那么，你会冒着他们将被学校开除或永远都不可能重返校园完成学业获得学位的风险，鼓起勇气把他们的名单交给学校司法监督办公室吗？假如你袖手旁观，你岂不是为他人树立了无视非法行为的典范？你该怎么做呢？这种情况有哪些解决方案？你所做出的决策又将怎样影响到整个组织的道德氛围呢？假如团队成员真的偷了报纸的话，你又该怎么做呢？

道德原则和规范

在救助领域研究中，许多学者都引用了亚里士多德对道德原则的论述，这些原则被视为道德生命的生活基础，尤其是指导医生、心理学家和法律顾问行为的原则和规范。（Beauchamp & Childress，1979；Kitchener，1984）比彻姆和吉尔德瑞斯（1979）提出了五项关于生物医学伦理

的原则：而后这些原则被凯伦·特罗姆·基奇纳（Karen Strohm Kitchener），一位教育研究的教授，应用于心理咨询领域中。这五项伦理原则分别是：（1）尊重自主性原则；（2）不伤害他人的行为原则；（3）利他原则；（4）公平公正原则；（5）忠诚原则。作为领导者或组织成员，你可以运用一览表6—1中所阐明的这五项原则，将其作为道德推理和道德决策过程中批判性的评价方法。（Beauchamp & Childress，1979）运用这些批判性的评价方法让领导者和团队成员“增强他们平常的道德判断力，对他们行动的基础进行重新道德定义”（Kitchener，1984，p.45）。

一览表6—1：决策中的五项伦理原则

尊重自主性原则：为领导者及其成员提供选择的自由，允许个体自由发展他们自己的价值观，尊重他人独立行动的权利。自主，就如同宪法所规定的自由权利一样，是有条件的自主，并不意味着无限制的自由。自主权的一个重要的假设是个体拥有一定程度的能力作出理性和明智（informed）的决策。

不伤害他人的行为原则：提供一个不伤害他人身心的环境，领导者及其成员理应终止“危及他人的行为活动”（Kitchener，1984，p.47）。

利他原则：将提升组织利益置于个人利益之上。提升整个组织、社团和团队利益的观念是以利他原则作为基础的。

公平公正原则：公平公正地对待他人，这一原则可以追溯到亚里士多德关于道德的论述。

忠诚原则：兑现诺言、坚守信念，对团队和组织忠诚。诚信是以忠诚和信任为前提的，若作为领导者和组织成员的你违背了诚信忠实的原则，那么你将会发现很难或根本就不可能与他人建立互信的关系。

275 这五项伦理原则可以应用于许多领导力和组织管理的情境之中。运用这些原则有助于你对行动的进程做出正确的判断，并关系到你的决策如何对他人产生影响。运用这五项原则，设想一下，你是校友委员会（homecoming committee）的主席，在为一个校友分会做形象营销时，设计了一款新的T恤衫，可是你发现这款T恤衫的图案设计似乎与校园里的少数民族文化传统相抵触。可是为这款T恤衫委员会已花费了近1万美金的投入，正在向社团成员出售，以此赚回1万美金的成本费。那么，你将运用这五项原则中的那几项来解决这一难题呢？而这五项原则之间又会不会发生矛盾冲突呢？比如，针对T恤衫上的象征图案冒犯了少数民族群体的现象，你面临尊重委员会的自主性和不对他人产生伤害的两难选择。

各种行业协会制定的道德行为准则构成了指导职业人士的决策和行动的标准。职业伦理研究中心（The Center for the Study of Ethics in the Professions）从广泛的范围包括法律、政府、工程、医疗保健行业、体育、社会友爱组织、媒体等行业领域收集了850条道德标准。（参见http://ethics.iit.edu/）尽管对职业道德准则的有效性存在某些质疑，但是，这些准则还是能够保护专业人士免遭压力，避免产生一些有争议性的行为。
它们是与特定行业相关的共同价值和伦理的统一 276
准则，当面对行业道德两难困境的时候，可以运用这些决策工具帮助解决。

还有一种快速、普通的决策方法，通常称“报纸新闻检验”（newspaper test），也能够影响
到你本身的行动和决策的模式。考虑一下——在 277
你行动或决策之前，仔细想想如果你的行动和行为刊登在报纸上你是否在意，对你是否有利，你的决策是否能通过“报纸新闻检验”呢？

这些道德决策的方法，在你采取任何行动之前，将能够帮助你形成更加明智的、更加谨慎的、深思熟虑的决策。通常情况下，我们会急于求成，

匆忙对道德的两难问题做出反响，忽略了对作出正确决策提供某些充分验证的过程。当然，仅凭这些方法还不能真正地帮助你解决你所面临的每一个道德问题，它们只能给你提供一个基本框架，指导你作出正确的决策。这些方法本身还难以为你提供解决复杂情境的道德想象力和创新思维模式。

本章小结

诚信领导是一个复杂的过程，涉及个人的道德发展、角色榜样的影响、价值驱动的领导力以及组织的道德环境。成为道德参与者和构建道德氛围的过程并非一朝一夕。任何一个团队或组织都是由不同的人组成的，人可能，甚至一定会犯错，这是学习过程的一个重要部分。针对道德事件提出问题是诚信领导的基本要素，具有道德目标的领导者既要提出道德问题，也要对这些道德问题给出答案。关系领导力模型所包含的领导力意义在于以道德目标进行领导：并向团队其他成员授权实施榜样领导，以身作则，这意味着你要包容、团结其他参与者，共同解决道德两难困境，用道德行动积极地对公共利益产生影响，通过践行领导力的过程应对那些没有明确答案的问题。

我们的社会需要一些能够互相信任和能够奉 278
行道德准则的领导者和参与者。尽管当今世界快速发展，充满着激荡，但是在领导过程中，以道德为目标的领导力仍是整个领导力的核心。想象一下，如果团队和组织通过奖励倡导道德行为，使每个人都奋力去创造和维系道德环境，使每个人都参与道德对话，使每个人都以团队的形式认真努力工作，使每个人都运用道德决策模型去解决两难困境，那么，这个团队，这个组织，乃至我们的世界会是什么样的！

下章梗概

前面几章已经表明了在领导力过程中关系本质的重要性，以及践行基于道德目标领导的复杂性。在接下来的第三部分我们将学习并了解小组、团队、组织和社区之间的复杂关系。了解自己、理解他人是诚信领导的关键所在。我们希望大家挑战自我，将这些知识运用于相互依存的共同合作之中，在各种各样的情境下携手他人，共同促进积极的变化。

本章练习

1. 对你认为的民族的、历史的或者当地的道德型领导者进行思考。这位领导者表现出了哪些技能、行为、态度和品格？同时，对你认为的民族的、历史的或者当地的非道德型领导者——甚至是很糟糕的破坏型领导者进行思考，他/她又表现出什么样的技能、行为、态度和品格？这两种类型领导者的行为会如何影响到他们的追随者和组织中其他成员的行为？

2. 对你来说，你追随的角色榜样是怎样一个
人？为什么你挑选他/她作为你的榜样？他/她所 279
展现出来的技能、行为、态度和性格又是怎样的呢？

3. 你在你所在的团队或社团中，是怎样为他人树立角色榜样的？

4. 在你所在的团队或社团中，对某些行为不道德并违反了组织规章制度的人，你如何对待他/她呢？

5. 试想你所面对的或身临其中的一个道德两

难问题，应用文中介绍的三种道德决策模型中的一种去解决该两难困境，在团队中你如何与他人进行道德对话呢？

6. 想象一下，某种时候你或其他成员扮演了变革型领导者的角色，你对这样的经历感觉如何？领导者和组织成员之间是如何做到互相激励，使得彼此之间达到更高层次的道德水平的？

7. 试想目前你是某个组织中的一名成员，然后回答以下问题：你会怎样描述这个组织的道德氛围呢？该组织是怎样鼓励成员采取正确的行动的？该组织的哪些方面可能鼓励不当行为？当有人违反了该组织的道德规范会有什么样的结果？该组织如何更加有效地倡导道德行为？列出你所在组织内能够奖励道德行为的方式。制订一个行动计划把这些想法付诸实践。

8. 列出在你所在团队、公寓、实习单位等组织中你能实施的奖励道德行为的方式方法。制订 280
一个行动计划把这些想法付诸实践。

9. 确定一个你信任的、有强烈伦理道德承诺的组织或机构。你如何描述那个组织？那个组织的成员和领导者如何营造和保持组织的伦理氛围？他们如何塑造伦理行为？这个组织与其他组织有何不同？

10. 使用约翰逊的关于散发光明和投下阴影的隐喻，识别一个领导者散发光明和一个领导者投下阴影的例子。其他人是如何回应这两者的？从这两者中，你能学到什么领导教训？

11. 设想你面对两种价值观冲突的伦理选择，如真实和忠诚发生了冲突。你如何处理这种冲突，结果是如何？如果可能的话，让你再次回到那个情境中，你会用不同的方式去处理吗？

补充阅读

1. Johnson, C. E. (2012). *Meeting the ethical challenges of leadership: Casting light or shadow*. Thousand Oaks, CA: Sage.

2. Kellerman, B. (2004). *Bad leadership*. Cambridge, MA: Harvard Business School Press.

3. Kidder, R. M. (1995). *How good people make tough choices: Resolving the dilemmas of ethical living*. New York, NY: Fireside.

281 4. Kidder, R. M. (2005). *Moral courage: Taking action when your values are put to the test*. New York, NY: William Morrow.

5. Lipman-Blumen, J. (2005). *The allure of toxic leaders*. New York, NY: Oxford University Press.

6. Transparency International 2004 Annual Report (pp. 1–24). Retrieved February 8, 2006 from http://www.transparency.org/publications/annual_report.

7. Trevino, L. K., Weaver, G. R., & Brown, M. E. (2007). It's lonely at the top: Hierarchical levels, identities, and perceptions of organizational ethics. *Business Ethics Quarterly*, 18 (2), 233–252.

第三部分　领导力实践情境

283 任何领导力情境我们都可以把它看作人们为了共同目标合作共事的一个社区。当你将任何种类的团体或组织看作一个社区时，关系领导力才能得到更好的应用。

在《领导力之道》一书中，海德（Heider，1985）这样解释道家领导力：

> 深谙领导过程之道的领导者，很少使用权威的力量干预性地了解实现过程，进而向人们施加压力确保团队运行。
>
> 运用权威之力必然导致冲突与争论，团体瓦解，群体氛围敌视僵化，封闭而缺乏生机。
>
> 睿智的领导者不会使用争斗来保持团队正常运行。领导者释放的是光芒，既抵挡不住也攻无不克。
>
> 切记：强烈的团队意识，克己奉公是教导他人的最好的老师，团队成员会挑战那些自私利己的领导者，唯有无私、和谐的领导力才能不断成长，永续长存。（p. 59）[①]

因此，我们最好把团体或组织理解为人们为实现共享目标而合作共事的相互依存的社区。

284 本部分探讨了团体发展的阶段，团队如何通过关注过程得到加强，他们如何能成为复杂系统和组织的基石。团体和委员会中的领导力与组织系统中的领导力（如大学、公司、医院和教堂）的复杂程度有很大不同。本部分的最后一章将描述组织及其重要性，组织应该是自我更新的统一体，组织能够保持极强的适应性和灵活性，能够通过自身的发展为其成员的发展创造条件。

---

① 译文选自海德的意译本，出自《老子》第三十章“不以兵强天下”，原文是：以道佐人主者，不以兵强天下。其事好远。师之所处，荆棘生焉。大军之后，必有凶年。善有果而已，不以取强。果而勿矜，果而勿伐，果而勿骄。果而不得已，果而勿强。物壮则老，是谓不道，不道早已。国学导师张其成先生的解读是：用“道”来辅佐君主的人，不靠兵力在天下逞强。用兵这件事一定会遭到报应。军队所到之处，必定发生荆棘。大战之后，必定出现荒年。善于用兵的人，只求达到目的罢了，不敢用兵逞强于天下。达到目的而不自大，达到目的而不炫耀，达到目的而不骄傲，达到目的却是出于不得已，达到目的而不逞强。事物强壮就会衰老，这就叫不符合“道”，不符合“道”就会早早灭亡。——译者注

第 7 章

置身于社区之中 285

丹尼斯（Denise）在家里感觉不舒服，多睡了一会儿。结果，她缺席了今日早上的讨论毕业典礼事宜的委员会会议。为此，她感到很抱歉。这时，杰森（Jason）打来了电话，他和史黛希（Stacy）及卡罗（Carl）在一起，他们都为丹尼斯的缺席感到很担心。

杰森：“丹尼斯，我是杰森，我现在和史黛希及卡罗在一起。早上的会议你没来，我们委员会的人都为此感到很担心。系主任雅各布（Jacobs）询问有没有人知道你的情况，因为你一向都会出席这种会议。你的声音听起来很糟糕！你还好吗?”

丹尼斯：（清了清喉咙）“谢谢你，杰森，很感谢你们的关心。我昨晚忽然患了重感冒。我应该早点给你们打电话的，这样就不用你们担心了。”

286 杰森：“没关系，丹尼斯。希望你快点好起来。史黛西说她晚上会把毕业典礼发言人人选的简历送到你家，因为我们需要在星期五前投票决定人选，然后推荐给上级委员会。对了，史黛希问你需要什么东西吗？她可以一起带过去。”

这个委员会看起来是一个很和谐的群体。委员会的成员及顾问都注意到了丹尼斯的缺席。通过询问她的情况以及送去资料副本，表示了他们的热情和足够的关心。在这样的情形中丹尼斯也因此了解到了自己存在的重要性。

不管是从个体层面还是从更宏观的国家层面来讲，社区都是一个特别的情感归宿。就个体层面来说，试想一下，如果置身于一个健康和谐的社区，比如你的家庭、公寓的一层楼、学术盛会、你工作的办公室，你会感到何等的舒适开心，充满自信；相反，试想一下，如果你生活在一个充满敌意、功能失调的社区之中，你会感到何等的担惊受怕，焦虑不安。我们可以回想一下当灾难发生之时社区是如何凝聚力量共同应对危机的：从 2012 年在康涅狄格新城的桑迪胡克（Sandy Hook）小学发生的枪击事件，到 2012 年在科罗拉多州奥罗拉城（Aurora，Colorado）的《蝙蝠侠》（*Batman*）首映式上的屠杀；从 2011 年在密苏里州的乔普林（Joplin，Missouri）的毁灭性的龙卷风，到 2005 卡特里娜飓风后大学或学院对那些残疾学生的收留。

287 本章概观

把你所处的每一团体或者组织都想象成一个社区，这个社区提供了一种对快速变化时代中的关系需求做出反应的心智模式（mental model）。与此同时，个体在各种不同类型的社区里发挥不可或缺的作用。如果你把一个你所在的正式及非正式的团体看作一个社区，你就为形成相互依存的关系领导力奠定了框架基础。本章将会讨论社区的性质、社区发展的原则，以及个人作为社区积极成员所发挥的角色作用。

社区的重要性

了解社区，从哲学意义上相信社区的存在价值并具有可持续发展社区的技能，这些都是关系领导力的重要方面。重视社区就是珍惜我们相互依存的价值取向。理想且完美无缺的社区在现实中是不存在的，我们都在不完美的社区中生活、工作和学习。在这样的环境下，如果我们共同努力使社区变得美好，那么，就可以改变社区，营造一个为个人及团体的成长提供支持的环境。任何为了一个目标而聚到一起的团体（如邻居、办公室、班级或者一个遭受灾难的城市）都持续地参与到关于这些问题的对话之中，如：“我们是谁?”“什么对我们来说最重要?”（Wheatley & Kellner-Rogers，1996，p. 17）同时，他们会提出这样的问题：“我们和谁在一起?”

加德纳（Gardner，1990）提出：“建构或重建社区的技能不仅是当代领导力实现的众多要求之一，它已经是一种一个领导者必须掌握的最高的和最基本的技能。”（p. 118）关系领导力把融入社区作为准则，在这里，“准则”是指一个需要被学习研究和实践的概念，正如人们需要学习生物、英语或历史一样。（Gozdz，1993）仅仅理解自己和他人是不够的，理解的本质是生成和培养环境，288
促进团体或组织功能发挥作用。想象一下，在这样一种环境下的社区关系，社区成员专心致力于责任担当、参与过程，具有团结合作的精神信念。

回想一下你经历过的最有效及最有意义的班级、俱乐部、委员会或者团体生活。在这样的环境里，你会全身心地投入，也会感到自己备受重视，感受到自己对他人的价值。但并不是所有团体都让人有这样的感受。你也许会想起或想象你的经历感受，虽然作为团体的一分子，但你找不到自己的位置，感受不到他人对你的重视，也没有发现自己与成员的共同目标，缺乏完成任务的使命感。这样的团体即使完成了目标任务，也几乎没有人会说工作给他们带来了喜悦，如果可以选择，他们再不会选择这样的工作环境。关系领导力要求我们把所处情境看成一个健康和谐的社区，这样，就会达成一种统一的参与者共享领导力的有效合作共事的期望和范式。

社区的要素

社区经常被描述为“一个社会群体，人们不仅具有共同的身份和交往模式，而且拥有共同的地理范围”（Goodman，1992，p. 48）。因此，社区不单单是交往互动发生的地方，也是观点交融、履行承诺、维系关系和实现共同目标的地方。分享担当社区义务是关系领导力的本质所在。本章
289 开头给丹尼斯打电话的情形，从表面上看似乎不能阐释关系领导力，但是想象一下，在这样一个小小的委员会或班级里，成员们都如此重视彼此，成员的缺席得到了指导教师甚至教授的关注，而且还成为大家关心的事件，大家都关心彼此的需求，在这样一种环境下，每个成员都拥有了主人翁的感觉，共享了领导力。

社区成员清楚他们是个体的集合，通过信任与团队合作实现共同的目标。团队合作（teamwork）要求注重决策的程序，讲究交流的方法、社区成员在某种程度上参与的责任担当。加德纳（1990）拓展了对社区传统意义上的定义。他指出，有效的社区应该践行以下八点要素：

（1）整体性与多样性相统一；

(2) 共享文化；
(3) 内部交流良好；
(4) 关爱、信任以及团队合作；
(5) 团队维护及管理；
(6) 参与及分享领导力任务；
(7) 培养年轻人（发展新成员）；
(8) 与外部世界保持联系。(pp. 116-118)

通过一起合作，社区成员间形成了一种相濡以沫、关怀体贴的共享文化。有效的社区并非与世隔绝的孤岛，而是时时刻刻与周围环境保持充满生机的互动。把这些都统一起来，你会发现，团体就是一个社区——一种反映社区精神的共享文化，社区精神使得许多相关的过程成为可能。

290 许多传统的社区观念正在发生着改变。传统的观点认为社区是由同种人组成的群体，这些人有很多共同点并且在意识形态、种族或阶级上有很多相似之处。实际上，这或许没错，他们可以称得上社区，但是，文化和种族的多样性（以及其他形式的多样性）也是形成社区的必要因素。一个真正的社区的存在离不开多元化。(Gudykunst，1991，p. 146) 正是多元的思想观念、多元的技能、多元的经历、多元的世界观使得许多有才干的人士汇聚到社区形成团体的共同目标。假设社区所有的成员都用同样的方式看待问题，拥有同样的技能，感受同样的生活经历，那么，他们个人的能力就可能反弹复原，应对变化的能力受到限制。"社区就是一个你最不想一起生活的人却一直在这里生活着，而且当这个人一搬走，就立刻有人来顶替他/她的角色。" (Palmer，1981，p. 124)

还有一些传统观点认为社区需要面对面的交流，而这也许只能通过地域相近来实现。然而，"社区"(community) 这个词，也指那些虽然地域并不相近，但却有着共同特点和相互往来的群体。例如，医疗社区、聋人社区，以及宗教社区 (the spiritual community)，都能看出他们共同的架构或观点而非他们日常形式上的互动交流。这些社区中的成员确实找到了达成共识的方法。一些行业性社团通过协会和专业协会的会议约定或在线研讨会等形式，提供了社区连接、交流发展的论坛平台。

电子网络为社区发展共同兴趣及交流提供了新的方式。网络聊天室、博客、留言板、网上讨论小组，以及个人网页等网站把世界各地志同道合的人联系在特定的社区里进行思想的碰撞。有人担心电子交流方式如个人帖子、邮件、短信以 291
及聊天室等会弱化社区的功能，事实上，当人们大部分的交流方式是通过电脑进行的时候，确实有可能隔绝面对面的交流。但是，有效及负责任地使用电子网络进行交流会有利于社区的发展。

❖ 学生文选

在我的专业学习领域中，我很庆幸获得领导力发展的机会，但并不是每个人都如此幸运——那些不幸的学生怎么能找到一个领导者的社区形成相互交流的链接呢？科技越来越先进，这些学生第一次有了个人的选择：在线社区 (online community)。在美国大学领导力协会 (the National Collegiate Leadership Association) 工作期间，我不仅在全国范围内帮助领导者创建一个虚拟空间，寻找到领导力资源，而且实现了彼此的交流。两个从来没有交流过的学生，甚至不知道彼此的存在，却能够实现相互交流，这是这种经历的最大收获之一。每当我创建新的社区，促使他们相互交流，而且每一天都变得便利自如的时候，我为自己能够充当领导者的角色而感到无比高兴。

贾娜尔·菲利普 (Janae Phillips)，亚利桑那大学 (the University of Arizona) 主修家庭研究和人类发展的高年级学生。她是"亚利桑那蓝色芯片项目" (the Arizona Blue Chip Program) 的主题协调员助理、美国大学生领导力协会 (the National Collegiate Leadership Association) 的学生领导者以及亚利桑那大学哈利波特联盟分会 (University of Arizona Harry Potter Alliance) 的创始人之一和主席。

292 想象一下，当你加入 Facebook 等交友网站建立一个高中同学对话平台，无论他们住在哪里，无论他们在其他的大学，还是入伍在部队，或者是在任何单位工作，你都会感觉到在这个同学社区里你们是何等的亲近！网络社区为同性恋学生和残障学生的交流提供了帮助，否则，这些学生会感到隔离孤单。研究表明，“线下”和“在线”之间的关系在深度及广度上并无差别，但是，可能与社会的福祉具有一定的相关性。（Bonebrake，2002）

即使没有与他人相互交流的机会，你也能够发现社区的共同特质，感觉得到社区归属感。例如，如果你是一个热心的环境保护主义者，当你在报纸中看到关于“国际绿色和平组织”或“塞拉俱乐部”（亦称“山峦协会”，美国一环保组织）的新闻的时候，你们会因为共同的环保事业而感到连为了一体；如果你加入到一个关心被虐儿童的社区服务活动中，那么，你会对广播中最新报道的儿童被虐待的悲剧感到愤怒，也会为那些奋力寻求解决办法的社会工作者表示同情敬仰；如果你是一位父亲，看到操场上别的父亲在安慰擦破膝盖的孩子，你会投去微笑的赞许；如果你加入的是全国性组织，像女大学生联谊会，那么当你在假期邂逅另一个分会的成员时，亲切感便会随即而来；当你搬到新的地方的时候，你可能会寻求某种社区的归宿，因为你知道新社区会为你敞开怀抱。

作为人类，我们每个人都想与他人建立有意义的联系。包容的和授权的情境是健康、有效社区的最好象征，在这样的情境中，通过伦理的和合作的过程实现有目的的变革。关系领导力正是在重视群体要素的情境中得以繁荣发展的。

293 **共同目标**

马丁·布伯（Martin Buber）1958年在他的《我和你》（*I and Thou*）一书中声称，在人类的聚居生活中，某些社区的形式让生活变得更有意义。他形容社区是一群人围绕着一个共同的目标做出选择。一个真正的社区并不是一群想法一样的人聚集在一起，而是一群想法各异且能互补的人聚集在一起。

我们曾参加过一个领导力教育者的团体，这个团体主要探讨共享领导力中社区所起到的作用及其重要性。最终，他们把社区定义为“一群多样化的个体成员集聚到一起，在关怀和社会责任的精神感召下，共享经验，致力于寻求公平和共同的利益”（National Invitational Leadership Symposium，1991，p. 19）。发展这样的社区有赖于包容、授权所有成员，并为共同的目标齐心协力的关系领导力。

在这样的社区里，公开、透明和对话成为关键的行为准则。真正的对话交流需要聆听，即使你的思想观点与其他人有所冲突，你也愿意放弃控制的欲望。倘若你不愿放弃你的控制欲，那么你就在演独角戏，不可能促进社区的发展。置身于社区的个体需要意识到个体成员的需求、欲望不可能横行无忌。布伯（1958）曾提醒我们，这并不是说接受他人的观点是在创造一种假和谐，相反，它是在为社区的使命创造更大的价值。“社区向我们发出的是道德的呐喊，它向成员释放权力并得到成员的认可，事实上，比起个人的能量，这才是最重要的道德声音可持续的来源。”（Etzioni，1993，p. 31）现在你可以停下来想一想你对 294
你感到重要的所在社区怎样给予足够真实、真诚的支持。在家里、在宿舍里、在办公室里、在专业学习中，你是如何帮助社区的？

社区是我们展示我们所奉行的价值观的地方。在社区里，我们所信仰的价值观与实际的行为之间的差距显露无遗。事实上，“社区是让我们能够看见真实自我的一面镜子”（Hesselbein，Goldsmith，Beckhard，& Schubert，1998，p. xiii）。

社区实践

仅仅认为你已经成为众多社区的成员是远远不够的，成为某个社区中的一员仅仅意味着具有了被动的隶属关系，或者社区成员花名册上有你的名字而已。也许你非常热情地参与或投身到很多社区中，如学生联谊会、高年级理事会、某些种族或宗教团体，以及其他你担任领导职务的服务性组织。但是，因为时间精力有限，随着兴趣的转移和优先顺序的调整，你最终只会隶属某一个社区，不会全身心投入其他社区活动。

没有人有足够的时间和精力投入到他/她所加入的社区的全部活动中。然而，作为社区实践的一员，意味着要与其他人共同承担任务并落实到行动中去。该社区的人们一直在行动，你就要以一种有意义的方式参与其中。“每个人都会参与很多社区的实践活动，但其参与度并不一样，有一些社区我们只需要象征性地参与，另外一些需要我们专心致志。”（Drath & Palus，1994，p. 11）
295 你可能会自觉不自觉地把更多的精力花在家庭上，花在工作的某些需要上或者你的高年级毕业设计上，因此，你不可能尽己所能全身心投入到你顶礼膜拜的社区或其他组织的活动之中。

就像某些学生公寓楼层里的情形一样，有些同住在一个楼层的学生紧闭房门不与他人交流，甚至早上同乘一部电梯去上课也相顾无言。反之，有些楼层的学生之间则交往频繁，经常进出彼此宿舍，聚在楼层休息厅里看电视，每天晚上还会聚集在同一个饭堂吃饭。有些人即使身边簇拥同班的同学，与同学共进快餐小酒吧，或者与他人同在工作场所，他们生活里也仍然充斥着孤独隔离。相反，有些人置身于有意义的社区活动，他们的生活丰富多彩，与他人建立了关联性的关系。不管在什么样的环境里，人们都可以找到像哈佛社会学者赫伯特·甘斯（Herbert Gans）所称道的“城中村”（“urban villages”）的感觉。（Etzioni，1993，p. 120）所谓“城中村”，指的是在大的系统里的许多小社区。如果把大型的讲座课堂比作大系统的话，那么它可以依照课堂结构分为很多小的社区，如讨论组和项目组。

我们在社区实践中所形成的社会网络（social network）不但对群体共同目标的达成很重要，而且有效地促进了个人的认同感与满足感。人们对多样社区的高度参与展现了美国人的民主。20年前，罗伯特·普特南（Robert Putnam，1995）曾对美国生活的这些方面给予了关注。他研究人们的公民生活参与度时发现，人们对工会、教堂、家长会的参与指数大大降低。这些现象可以在他的观察论述中体现出来：“在1980—1993年间，美国的打保龄球的人增加了10%，但是保龄球联盟缩减了40%。”（Robert Putnam，1995，p. 70）因此他得出结论，美国人现在都是一个人在玩保龄球。新型组织与议题不断增加，正在引起人们 296
的注意，像环保组织“塞拉俱乐部”、爱书俱乐部，还有兴趣爱好俱乐部——此类互助支持性团体增加了40%，美国人希望成为这些团体的一员并得到团体成员的关爱和帮助。（Wuthnow，as reported in Putnam）当前，大部分的美国人的社交方式都是与工作场所的朋友或同事交往，而非街坊邻居。这种由为公共结果的团体参与向鼓励个人成就的团体参与的转变值得我们注意。察觉到社会网络的重要性后，普特南对社会资本（social capital）做了这样的描述：“如果对有形资本（physical capital）和人力资本（human capital）的概念——它们都是增强个体生产力的工具和训练——进行类比的话，社会资本指的是社会组织的特征，如关系网、规范，还有社会的信任，这些都有利于协调合作、互惠互利。”（p. 67）

关注社区实践也会引发人们思考这样的问题：这样的社区如何发挥它们的功能，使社区成员全身心投入呢？政策、行为、期望、规范，以及其他的结构都可能促进或者束缚你在社区中的参与程度。设想你全身心地投入到社区实践中，比如你兼职的办公室管理工作，你生活在这样的办公文化氛围之中，可以参与决策，行使促进个体发展的管理职权，奖励制度充分尊重工作的价值，同事间互信互助，得到全体办公室人员分享团队成功的喜悦，这些都为社区的归属感创造了良好的环境。对你所参与的任何社区进行评价就能够看出社区的结构体系和实践过程如何影响了或阻碍了那些有意义的特质的发挥以及文化的交流融合。应该强调指出的是信息沟通有助于社区营造更加有效的环境。

置身于社区要求具有强烈的交互过程（recip- 297
rocal processes）意识。个体需要做出决定，成为某个更大社区的成员，社区也要欢迎并吸收个体加入其中。哈佛社会学者查尔斯·威利（Charles

Willie，1992）相信，任何社区（包括工作团体、教室、邻里或志愿者组织）都有义务维护正义和宣传正义。每位社区的成员都必须维护正义，个体成员奉行公正的团体信念，每个人都理性地在更大的范围内承担各自的角色，为共享的目标履行义务、担当责任。与此同时，群体也必须弘扬正义，那就是关爱社区每一位成员，确保每个人都融入到集体之中，让每个人都发出声音，而且不会因为会员关系而受到伤害或处于弱势地位。当然，有一些人在社区里既不愿意承担责任，也不愿意分享使社区融为一体的卓越价值观，因此，社区有时会剔除一些不维护共享价值观的成员。那些经常乱拉消防警报的学生就不适合成为公寓社区的成员，也不配成为一项实验团队项目的成员，因为他给该社区的实验项目埋下了被破坏的隐患。

社区应为“连续的交互”（serial reciprocity）而共同奋斗。（Ulrich，1998，p. 161）举例来说，在学生公寓社区，克里斯会帮忙玛丽搬冰箱，玛丽也会感谢克里斯的好意，这样的交互不单纯是帮克里斯搬搬东西，而是这种善良行为的传递。同样，玛丽接下来可能帮助同楼层的黛安娜在大厅里贴广告，黛安娜也会帮玛丽拣拾溢出的垃圾。（Ulrich，1998）同一楼层居住者之间的助人行为和责任感，创造了一种楼道的公共文化，生成了或再生了社区的归属感。

在社区中，责任和权力同在。“圣雄”甘地 *298*
（Arun Gandhi，1998）分享了很多童年时代从外公穆罕默德·甘地（Mohandas Gandhi）那里学到的经验教训。以下就是他的外公在对引起人类暴力的行为进行反思的过程中总结出的：

- 不劳而获的财富；
- 不知羞耻的快乐；
- 没有创新的知识；
- 没有道德的商业；
- 没有人性的科学；
- 不愿牺牲的崇拜；
- 毫无原则的政治；
- 没有责任的权利。（p. 90）

在社区实践中，学会对他人负责是人们交往沟通的关键所在。

社区发展

第一天入学，你和其他30个人同时入住学生公寓；第一堂课，你和班级里的其他50个同学一起听讲；你第一次与其他12位成员举行班委会：这样的实践预示着社区的活动并非魔术般地发生，一种社区精神的发展必须有目的地进行。

❖ 学生文选 *299*

我的故事要从看护两岁孩童的婴儿车谈起。在读大学的时候，我在校园儿童教育中心做志愿者。在这3年中，我目睹了孩子们学会走路、学会说话和学会写字。在帮助他们成长的同时，他们也帮助我成长，我会学了做人，学会了做领导者。他们教会了我如何感知生活中的点点滴滴，与人分享，保持耐心和怀有感恩之心。我能够把这些简单的生活经验应用到现在的领导角色中，尤其应用到公寓助理（resident assistant，RA）的角色中。在加州大学梅喜德分校（University of California，Merced）的经历中，最值得我珍藏和记忆的是在梅喜德分校学生公寓作为一年级的学生兼任公寓助理的经历。我懂得了，作为一个领导，不仅仅是开会或者领导团体，更主要的是要有首创精神，积极主动地去帮助那些需要帮助的学生，非常耐心地花上数小时去倾听那些需要倾诉的学生的声音。当然也包括有时午夜被叫醒去帮助那些具有创伤成长经历的人。与这些最优秀的和普通的人一起工作的机会，不断地挑战着我作为领导者的角色，这些经历造就了今天的我。我给我的公寓区的学生建立了一个安全和包容的学习氛围，帮助60名新生顺利度过了第一年的大学生活，这些都成为我非常自豪和备受感动的经历，也是让我继续回馈我的社区的动力所在。

陈海迪（Heidi Chan）是加州大学梅喜德分校大四学生，主修社会学专业，辅修公共卫生专业。在加州大学梅喜德分校儿童教育中心从事志愿者工作4年，曾担任过两个暑假的任职培训领导者，目前兼任二年级学生公寓助理。

史考特·佩克（Scott Peck，1987）总结出了发展真实诚信的社区所经历的四个阶段。第一个阶段是“伪社区”（pseudocommunity）阶段。在此阶段里，团体看起来一切正常，成员和睦相处，彬彬有礼，关系融洽。但事实上，这些都是表面的，社区处于一个初级发展的层面。正可谓“伪社区会逃避冲突，而真社区会解决冲突”（p. 88）。

300 第二个阶段是社区建设的“混沌”（chaos）阶段。这个阶段里嘈杂喧嚣，不同观点同时存在。不同的人或派别都坚持以自己的观点设置社区议程或决定社区的重要程序。各种委员会成员都会提出自己的议程，学生公寓的楼层里也会形成派系圈子。该阶段面临危险的考验，因为某些人会放弃或回避而不能走完本阶段的路程。因此，重要的是去发现思想理念的真正意义，“争吵比掩饰观点有分歧更可贵”（Peck，1987，p. 94）。该阶段与第8章阐述的团队发展的头脑风暴阶段很相似。

佩克（Peck，1987）发现，团队选择两条路径之一来走出混沌状态，即“组织化”或者“空白化”（emptiness）。组织化会远离争端源头，通过形成结构、规则、系统来管理和处理不同的观点。例如，学生公寓会制定新的规定来控制楼层休息室的滥用情况，一个饱受争议的委员会可以决定采用少数服从多数的投票裁决原则。这些结构或许可以解决某些突发问题，但却可能成为紧张压力或意见争端恶化的源头。尽管我们可以非直觉地（人为地）认为“空白化”这个词代表了某种积极正面的意义，但佩克使用“空白化”这个词的真正意义在于通过社区成员互动的过程“清空”影响彼此间真正交流的障碍，比如改变对他人的看法，纠正对事务本来面目的固有观念，消除隔阂，统一思想，这也是社区建设的第三个阶段的主要任务。

第三个阶段就是“空白化”阶段，也就是要意识到个人感觉、猜测、想法、偏见、动机可能成为聆听和理解（被理解）的障碍物。同样，“空 301
白化”指的是“清空”那些妨碍真正聆听的个人预先的假设和先入为主的观念，可能有些像我们常说的“等一等”的意味。比如，大一新生可能觉得大四学生都很缺钱，都是自私自利的；而大四学生往往觉得大一学生都是不切实际的理想主义者。我们需要放弃某些我们固有的看法，正视每个团队提出的正确的建议。

第四个阶段是社区建设的“自然真实”（true，authentic）阶段。该阶段的社区冲突依旧出现，但它们有沟通的渠道，聆听成为常态，成员们意识到没有分歧和反对很难真正达成共识、作出更好的决策。建构社区就是从无数的“我”之中创造“我们”的感觉。许多团队无法跨越“伪社区”的藩篱，找不到良好的沟通方式去完成既定的任务，或许对于他们的目标来说已经足够，但是艰难前进中的团队却可能从佩克的社区建设四个阶段的论述中得到启发，努力走向真正的真实诚信的社区。

致力于发展过程的社区，虽然进入到社区正常运转的阶段，但有时仍然意识不到社区建设过程的重要性，错把社区看成一种终极状态，而非一个过程。社区不是静态的——它们是在不停地变化中。新成员会加入团队，外部危机会引起新的类型和层面的冲突，还有对发展培育社区起重要作用的核心成员可能会离开。社区成员必须意识到他们随时都要加入到重建自然真实的社区的循环过程中。

想要高度参与社区活动的参与者必须考量他们成为有效成员的方式。古迪孔斯特（Gudykunst，1991，pp. 147－148）提出了个体参与社区建设需遵循的七条原则。

302 （1）承担责任（Be Committed）：对他人负责任是社区存在的先决条件。

（2）用心思考（Be Mindful）：思考我们的言行，注重过程而不是结果，对我们自己的行为要深思熟虑。

（3）无条件接受（Be Unconditionally Accepting）：接受其他人的现状，不要试图改变或控制他们，使自己的期待、偏见、怀疑和不信任最小化。

（4）关心自己与他人（Be Concerned for Both Yourself and Others）：尽可能地融入对话交流，对于对他人有影响的事情要咨询并接受他们的意见，在对不同意见进行的争论时要有风度。

（5）通情达理（Be Understanding）：尽可能试着全面地理解他人。

（6）坚守道德原则（Be Ethical）：言行举止不要有极端表现，内在和外在的行为应符合伦理规范。

（7）爱好和平（Be Peaceful）：杜绝暴力和欺骗，不违约，不搞秘密活动。为内部和谐奋斗，与他人和睦相处。（pp. 147－148）

如果每个参与者都把社区看成是他们组织的一种心智模式，并且实践建设社区的技能，那么团队将会变得丰富多彩。参与者会更热衷于倾听，尽管在某些特殊问题上存在意见分歧，但他们能互相尊重，求同存异，在过程中学习。艾齐奥尼（Etzioni，1993）倡导我们“调动其他人和我们一样地参与其中，献身于社区建设之中”（p. 142）。

303 带头参与社区实践对成为一名有贡献的社区成员是必不可少的。关系领导力与社区建设直接相关。表7—1展示了关系领导力元素之间的联系，参考了加德纳（1990）的社区元素理论和古迪孔斯特（Gudykunst，1991）关于社区构建的原则的建议。

表7—1　关系领导力与社区元素之间的联系

关系领导力（见第3章）	社区元素（加德纳，1990；古迪孔斯特，1991）
包容性	整体性与多样性统一，与外部保持联系，承担责任，无条件接受
授权性	共享文化，团队经营和管理，年轻人（或者新成员）的发展，通情达理，互相关心
道德性	关爱、信任和团队合作，符合道德规范
目的性	参与并共享领导任务
过程导向	良好的内部沟通，用心思考，以和为贵

大学社区

几百年来，大学校园都被描绘成学者的社区或学习者的社区。但是在现实世界里，真正的社区并不只是具有共同的经历。仇恨和犯罪在校园里也时有发生，无礼在大学评议会上也不少见，一些组织藐视其他的组织的现象也很频繁，不是所有的人都互相了解或相互关心。卡内基基金会 304
教学促进委员会（The Carnegie Foundation for the Advancement of Teaching）对教学发展进行了一项普遍调查（1990），主要调查学生和学校员工对学校变革的期望。所有的团体都认为需要全新的社区感——不是回归较陈旧的、同质的模式，而是一个求同存异、向往共同目标的多样化的社区。该委员会指出，健康大学社区的概念应该定义为：有目的性的、开放的、公正的、有原则的、仁爱的和勉励的。大学校园可以通过采取一些有效的方式鼓励共同合作，创造社区价值。

作为一个小社会，整个校园就是一个社区，这个大的社区又包含着很多各种各样的小社区。这些社区在校园里面向不同的目标团体（如学生、教师、管理者、员工、校友）。在这些团体里还存在着更小的社区群集（如学长社团、亚洲学生社团、研究生社团等）。每个群集都有其独特的追求和共享的社区事务。也有按系别或按专业功能形成的社区（如历史系、工程学院、学生活动办公室、跨校际的运动项目和妇联中心），所有这些社区都是紧密相连的，有着共同的目标，致力于学习和提高自己与他人的教育水平。

不同的组织有不同的目标和关注点。高等教

育社区更加重视这样一些要素——联合治理、共享权力、鼓励学习、崇尚学术、坚守学术自由、促进学生发展；反之，一个社会性组织会更加重视保持友谊、寻求乐趣、丰富经验等要素；而运动性团队则更加重视竞技能力、团队合作、身心健康等要素。不管这些团体和组织具有怎样的特殊使命或关注焦点，只要它们中的成员都自觉地履行社区规则，就能感受或融入健康的社区生活。

305 “未来的全球性社区将会由一系列不同的社区组成，它们将呈现相互依存、具有多样性、求同存异、释放能量、凝聚发展等特点。”（Hesselbein，Goldsmith，Beckhard，& Schubert，1998，p. 6）我们身处的这些较小的社区正成为发展中的全球化社区的雏形。“发现我们共同的兴趣，拓展我们共同的友谊将是 21 世纪社区发展的决定性因素。”（Morse，1998，p. 230）许许多多小型的、构成总体的健康社区的发展将促进更广泛的大型社区的健康发展，而正是生活在每一个社区的成员将决定社区的一切。（Hesselbein，et al.，1998，p. 6）

在校园的各种角色中发挥作用，全身心促进社区发展，是建设和支持更广泛的校园社区发展的有效途径。

本章小结

我们可以把任何团体或组织看作人们为共享目标而合作共事的社区，在这样的框架下，关系领导力会不断得到增强。将团体置于社区的框架范围可以使参与者与共享的期望和义务紧密地联系在一起。为了繁荣发展，社区离不开关系领导力。关系领导力的实践过程重视社区环境的作用，因为在这里能够发生有意义的转变。

306 下章梗概

团体或团队构成了最小的关系社区。无论它们是正式的还是非正式的，重要的是了解这些组织单位是怎样形成的和怎样发展的，这也是第 8 章的主要内容。

本章练习

1. 思考一下你所在的特殊社区或者是其中的成员，请指出加德纳的八个社区要素中的哪些要素在你所在的群体中是显而易见的？哪些是不存在的？为什么？

2. 描述一个作为活跃成员的你所在的社区，尝试用佩克总结的社区发展的四个阶段的框架进行分析。你经历了每个阶段吗？如果没有，为什么？每个阶段如何？它们有哪些相似之处？又有哪些不同？

3. 社区意识在多大程度上在关系领导力模型中起到了重要的作用？即使社区意识在你的团体或组织中还未形成，这样的模型对于引导你的领导角色（作为参与者或职位领导者）也还是有用的理论框架吗？

4. 回顾你所在或者相关的健康的社区，并指出它有哪些特征。现在考虑一下你所了解的不良社区或者还处于初始阶段的社区，这种状况是怎么造成的？你怎样提升这样的社区？

5. 社区有时在危机中得到强化和发展。给出 307
一个本章没有提及但在危机中获得发展的个案。

补充阅读

1. Chinn，P. L. （2007）. *Peace and power*：*Creative leadership for building community* （7th ed）. Boston，MA：Jones and Bartlett.

2. Pearce，C. （2009）. *Communities of play*：*Emergent cultures in multiplayer games and virtual worlds*. Boston，MA：Massachusetts Institute of Technology Press.

3. Peck，M. S. （1987）. *The different drum*：*Community-making and peace*. NewYork，NY：Simon & Schuster.

4. Schmitz，P. （2012）. *Everyone leads*：*Building leadership from the community up*. San Francisco，CA：Jossey-Bass.

第 8 章

团队和团体中的交流 309

你的大学将要举行 100 周年校庆，你所在的学生组织——STEM 学生会分会被要求为此次校庆安排活动或节目。你的小组决定成立一个 10 人的团队。胡安（Juan）自荐成为团队负责人，开始筹备会议。在刚开始的几次碰面中，小组成员集思广益，想出了一些点子。比如，点子 1：举办一次募捐活动并用筹得资金购买一张长条椅安置在学生活动大楼的入口处；点子 2：面向全校和当地社区举行一场音乐会。最后，在离校庆 2 个月的时候，团队一致决定要举办音乐会。在随后召开的会议上，胡安告诉小组成员，组织里没有资金举办音乐会。所有成员都对此颇感失望，也对自己在这次活动策划过程中要干什么感到困惑。有不少人对这次举办周年庆典的目的提出质疑——小组发起成立之初的意图是拓宽教育视野，对理科专业的学生进行学业指导。

胡安虽然积极安排了随后的头脑风暴式的讨论活动，但似乎所有团体成员都变得一蹶不振， 310
纷纷离去。现在离周年庆典只有 6 周了，开会时，仅有 3 个成员出席，更令人忧心的是这 3 个人在会上没有一件事情能达成共识，也不知道利用哪些资源来完成任务。

这个小组失败的原因是什么呢？

本章概观

为了凸显团队中领导力的形成过程，这一章将探讨小组或团体的特征、发展的方式以及调动团队成员的动力。本章把团队作为小组或团体的独特类型，介绍了团队协作的概念，以及在应用关系领导力模型过程中团队合作的作用。此外，本章还论述了如何在团体和团队背景下发挥团队成员的优势，最后展示了盖洛普组织（The Gallup Organization）的团队和团体情境下的基于优势的领导力模型（strengths-based leadership model in team and group settings）的应用。

理解团体

每周你都会接触到许多类型的团体：其中有些具有严密的组织结构，拥有明确的角色及过程规则，比如一个班集体或者一场学生会理事会议；其他的团体则结构松散，非正式化，例如一次在餐桌上的讨论，或者一场自发组织的垒球比赛。
但是，这种团体和我们所讨论的与领导力相关的 311
团体并不仅指人群的聚集。在我们看来，团体就是三个或三个以上的人之间“为了达到一个共同的目标而进行不断的交往与沟通的过程”（Cathcart，Samovar，& Henman，1996，p.1）。

评判一个团体的构建有许多不同的维度，每一个维度都饱含着团体中的领导力动力。以下的三个关键维度将有助于我们理解不同的团体类型，这三个维度分别是“目标”、“结构”和“时间”。

（1）目标：团体因不同的目的而存在，但它们都有各自的存在原因，它们可以是非正式的依靠友谊支持而存在的松散团体，可以是高度集中的任务型团体，也可以是长期由成员提供服务或产品的服务性团体。建筑界的名言“形式服务于功能”同样适用于团体的建设。团体目标会产生所需要的团体结构和团体过程，这样就会有助于团体中的人们实现他们的目标。高度结构化的团体形成了组织的雏形（如俱乐部）。

（2）结构：团体结构与该团体中人们彼此联系交往的机制密不可分。有些团体高度结构化，具有高低层级的角色及职务；有些团体则没有明确的层级划分，具有自然发展的特点。就团体中的领导角色而言，团体可以是无领导人的团体（leaderless group），即一群人聚集在一起共同做事，但是没有人担任该团体的正式领导；团体也可以是高度结构化的团体，即有一个人会充当团体的正式领导，如董事长、主席或主管。在非正式的团体环境中，参与者共享所需角色，领导力在团体的各个成员之间均有体现。在正式的结构化团体环境中，职位领导可能负有责任义务，但他/她可以运用不同的领导风格，从高度的专制独裁（制定一切决策，管理、控制属下）到让团体成员参与其中，并通过本书所述的关系领导力因
312 素实施授权。甚至在层级组织中，也存在非正式的领导者，他们因为年长资深、在组织中长期的影响力以及个人品格而对整个集体以及决策过程产生影响作用。在大学的学生组织中，那些在团体中待了三四年而又没有处于正式领导职位的高年级学生，就有可能会在集体中体现这种类型的影响力。

（3）时间：团体存在于不同的时间阶段。有些团体可能是时限性的（time-limited）（如团体为了讨论特定的问题而碰一次面，或三次会议团体完成一项任务的讨论），有些团体也可能持续一段特定的时间。团体中的成员会有特定的任职期，比如一个来自你们专业的代表参与学生会理事会一年，或者在你们班上待上一个学期。这样的团体可以看作持续（常设）的团体（像职员天天上班，社团、家庭或大学生联谊会）。时限性团体往往被称为任务驱动的团体或临时委员会。而那些持续（常设）团体却常常被赋予这样一些名称，如委员会、董事会或理事会。一个团体持续时间的长短会给该团体带来不同的挑战：时限性团体必须在团体成员间快速建立起密切联系与共同目标，并使他们保持积极向上的精神，专注于自己的工作；而持续（常设）团体则必须长期激发成员的积极性，构建过程，为吸纳接收新成员做出努力，并使整个团体聚焦于共同的目标。

静下来想一想你所参与其中的团体，这些团体是因为什么目的创立起来的？怎样的组织结构帮助这些团体完成了目标？团体中的成员分别扮演着怎样的角色？这些在团体存在时间长度上有 313
何承诺？时间的长短又是如何改变团体关系的动机的？显然，这些团体的发展各不相同。对领导力的挑战之一就是要关注团体的发展过程，以便使更多的团体成员以最有效的方式参与其中，并做出最正确的选择。

团体发展

罗伯特（Robert）在春假前拜访了他的朋友肖恩（Sean）并参加了肖恩的“商业企业家俱乐部”（Business Entrepreneurs Club，BEC）的一次会议。肖恩是这个团体的共同创办人之一。罗伯特对他所看到的感到很困惑。会议的大部分时间都在争论两个问题：（1）是否要参与拳击短裤的商标的售卖，并用所得利润去举办一场集体派对；（2）是否设计一款T恤从而为当地的一个青

年娱乐社团筹钱。会议期间只有两种强势的声音，一种是几个人都力争要成为众人瞩目的焦点，另一种是有些人极力想说服大家成为领导者。这种现象让罗伯特感到很迷惑，同时也意识到这个团体存在一些问题。

这件事使罗伯特意识到：无论是正式的还是非正式的团体，基本都会经历几个特定的可预料的发展阶段才能成为一个团体。表现团体发展的一种经典模型是将团体分为四个发展阶段：形成（forming）、震荡（storming）、规范（norming）、执行（performing）。（Tuckman，1965）如果一个团体能够解决好每个阶段里的突出问题，那么这个团体就能完成既定目标，并且保持活力与健康；如果这个团体停留在某个阶段徘徊不前，那么它可以在任何一个阶段里重新有目的地共同学习如何更加有效。肖恩的团体目前正陷于第二阶段——"震荡阶段"，也称"头脑风暴阶段"，这个阶段表现为群体中不同意见和不同目标频现。因此，他们需要重新回到第一阶段，也就是团体形成阶段，反思一下团体发展最初阶段的目标。

314 **形成阶段**

形成阶段是一个团体集聚到一起的开始阶段，该阶段包括了诸如成员招募及形成联盟等任务。在此阶段首先要回答这样的问题：我如何适应该团体？团体成员需要什么信息？该团体什么时候集会？该团体怎样进行通信联系？该团体中的承诺意义何在？该团体的目标和使命是什么？需要什么协议来使该团体实现其功能？一旦团体建设初具规模，队员信任初步建立，便进入了团体发展的形成阶段。团体形成阶段的成功战略包括理解团体目标，了解彼此，构建一种开放的、重视包容的信任关系。

震荡阶段

在震荡阶段，团体处于运行就绪的状态，意见的差异化开始出现。如果团体对自己的目的和目标不清楚，或者不能达成一致的目标，那么团体就可能在这一阶段瓦解。肖恩的"商业企业家俱乐部"的成员在团体应该做什么等问题上就持有不同的意见：如团体是提供服务还是追求利益？抑或两者兼备？因此，他们需要重温团体形成的第一阶段的某些过程，并解决相应的问题，这样才能决定应该选择哪一个方案。在这一阶段里，团体里的每个成员都会坚持己见，充分表达个人的需求，得到他人的承认。

震荡阶段可能是一个短暂的过程，团体可能会迈上十分清晰的轨道，也有可能走向自我毁灭。在此过程中，一些团体成员之间建立了互相信任的关系，从而很快就结束了震荡期。实际上，某些从感觉上经历了震荡过程的成员，可能自始至终都没有提出他们的观点，因为他们和共享目标紧密相连，因此，他们知道个人的意见没有多大的用处。一些组织就存在于这样的震荡状态之中， 315
并发展出具有对抗性的运营模式，他们在很大程度上依赖于这样的模式，将其作为团体完成任务的必经途径。这样的情形在两党制的政治体制和政府的制衡过程中都是司空见惯的。其他的团体虽然已经习惯于这样的对抗性的过程，但是如果能够实施更加有效的关联方式，增加联系，团体将获得更长足的发展。例如，解决大学校园里教师与行政管理者之间经常发生的冲突，以及大学里希腊大学生同盟成员与学生理事会干部的冲突。

规范阶段

规范阶段是继震荡阶段之后的又一团体发展阶段。当一个团体解决了差异化所带来的问题后，便建立了各种工作模式。团体建立了各种正式或非正式的规则，如需要什么报告、谁负责什么工作，以及成员之间如何交流等问题。在这个阶段，团体中的成员之间相濡以沫，确定彼此的身份。成员们开始了解团体的文化。例如：该团体的会议是否总是推迟10分钟召开，以便成员们在会前有几分钟时间来接触彼此？成员们是否了解了在新任务面前，他们应该主动接受任务还是等待别人分配？局外人比团体内部的成员更能看清处于规范阶段的团体的一举一动。这些实践行动和特点可能就是团体内在品格特征的真实写照。

执行阶段

执行阶段是团体发展的第四个时段。基于前

面三个时期，团体开始进入一个成熟的均衡阶段（stage of equilibrium）——完成任务阶段。（Lip-
316 pitt，1973，p.229）时限性团体需要尽快进入执行阶段，以便可以在有限的时间内完成任务。这些团体需要在先前的几个时期内有目的地、高效地工作，但不能略过前几个基础阶段而直接跳跃到执行阶段。时限性团体同样需要在重要的形成阶段完成团队建设：在震荡阶段需要鼓励意见的多样化并解决相关问题以达到团体的共同目标，在规范阶段需要建立清晰的工作流程以便有效地执行团体的任务。而那些持续（常设）团体由于其长久存在特性，则必须保持不断更新（见第9章）和持续有效，否则会导致团体的功能障碍，甚至导致整个团体解体。即使是那些最成功的团体也需要始终处于团体发展的循环状态：团体中新成员加入（形成阶段），新问题挑战团体共同目标（震荡阶段），新的工作流程需要取代失效流程（执行阶段）。表8—1解释说明了关系领导力模型的要素内容会有助于团体顺利度过各个发展阶段并对各阶段产生积极的影响。（Tuckman & Jensen，1977）

表8—1　　关系领导力和团体发展阶段

阶段	关系领导力思想对参与者的激励作用
形成	包容与授权；确保所有股东和利益相关者的参与；招募各类成员为团体注入才能；建立参与的过程和共享领导力；识别共同目标，适应任务目标的变化。
震荡	创造成员之间尊重的氛围，建立社区实践的团体责任；奉行伦理和开放性；虚心接纳不同意见并保持耐心；警惕对其他成员的偏见或排斥他人的参与；及时、公开地解决冲突，鼓励成员识别成员间的偏见；重温团体目标和目标的变化。
规范	保持过程的公平；践行合作；善待新成员，确保知情权利和参与权利；既要明确个体对团体期望的责任，也要明确团体对个体应负的责任。
执行	鼓励奖赏成就，在关系中寻求革新；授权成员学习新技能，用新方式共享角色以便保持更新；重温回顾目标，重建责任。

终止阶段

终止阶段是团体发展的第五阶段，也是许多团体的最后阶段。塔克曼和杰森（Tuckman & Jensen，1977）修订了团体阶段模型以适应团体经历的终止（解散）状态。不同团体存在的时间长短各不相同。所有的短期团体，如任务型或临时委员会等都需要事先为它们的结束做好规划。这个阶段对所有团体来说都是一个艰难的阶段，因为它标志着团体的终结时期。（Smith，2005）一些成员在经历这个阶段时会有一种失落感。因
此，本阶段不仅要通过某种方式庆祝已取得的成 317
果，肯定团体所取得的成就，同时也要从中吸取教训，总结出什么地方达到了预期效果，什么地方做得不够好。那些已经运行长久的团体，一旦它们的使命同目标背离，也有可能面临解散、终
止的考验。在这种情况下，成员的失落感会随之 318
加重，一些人甚至会对组织的解体感到愤慨。尽管如此，我们依然要把团体经历的终止阶段当做一种学习的经历，同时对团体成员的贡献予以肯定。

当团体不能通过循环往复地经历发展周期来保持其活力与生机时，这些团体就会走向发展的最后阶段。如果一个团体不能促进成员发展或者了解当前的问题和需求，那么它将无法执行任务，并有可能需要解散整个团体。这时需要建立一个拥有全新目标与成员的新团体。而对于那些打算长期存在的团体，如果它们想要保持有效性，那么就必须保证整个团体生机勃勃且健康发展。

我们曾经参观过一所大学，那所大学的黑人学生联合会（Black Student Union，BSU）做出了大胆的举措：通过投票的方式终止了自身的存在。该联合会的退出参与的举动曾一度引起轩然大波，造成了一定的社会影响。许多成员认为他们可以通过其他的途径来决定此问题，该团体需要更广阔的视野。该团体的终止促使许多非洲裔美国学生干部认为，他们需要拥有一个更积极担当传播教育、维护大学精神角色的团体。因此，一些核心成员决定让其他的非黑人干部参与到规划的过程中，并成立了一个新团体，叫做“Umoja”，Umoja在斯瓦希里语里的意思是“联合”。他们根据新的目标招募了更加多样化的成员。这

个新集体还开展了一些大的项目和活动，吸引了更加广泛的参加者，整个学校也从中受益，该团体在那个大学里得到了普遍的认同。虽然曾经的黑人学生联合会也可以经过发展成为一个社交组织，但由于原联合会的领导者们没有聚焦于社会责任，新成员毅然以新的名称、新的结构，通过重组来完成以人种和种族为联合目标的社会行动和校园变革。因此，这不愧为一次大胆有力的举措。很少有团体会主动以投票的方式终止自身的 319
存在或者经历如此大的转型，但是很多团体迟早都需要这样做。

❖ 学生文选

拜博利兹（BioBlitz）是一个全天24小时观察的物种评估团体，它是由科学家和市民在自然环境中合作实施的。它也是“佛罗里达亚特兰大大学SEEDS协会”（SEEDS：Ecology Education，Diversity，and Sustainability，生态教育与多元化和可持续发展战略协会）下属的“生物俱乐部”（the FAU ecology club）的样板工程。每年4月初，拜博利兹开展长毛象项目，吸引300多名佛罗里达亚特兰大大学（Florida Atlantic University，FAU）学生的参与。过去的两年多以来，我参与了拜博利兹的项目，每年1月初，我和我的团队相聚在一起，讨论准备工作，每年我们都满怀兴奋地开始我们的工作。起初的规划都是完美无瑕的，经营管理者提出的思路极具建设性，甚至我们拥有无穷的动力来源。到了2月底，情况就开始发生变化，既定的任务还没有启动，其他计划也无理由地处于搁浅状态，一些成员也因疲于应付考试和家庭作业而消失在团队中。虽然如此，我依旧推动团队坚持做下去，因为我们可以做到。到了3月，我们的动力似乎销声匿迹，我们在销售和宣传方面奋力地推进，以便取得成绩。随着4月的到来，拜博利兹的即将到来重新燃起了我们的激情。我们抓紧完成任务，像花栗鼠准备过冬那样，精心设计规划，成功实施拜博利兹布置的计划。我们大家一致的想法寄托于来年：我们会不折不扣地、始终如一地贯彻实施我们的规划。

乔西·斯科尔（Josh Scholl）系佛罗里达亚特兰大大学生物学专业的本科生，主要专业方向为生态学。他是佛罗里达亚特兰大大学一个学生组织生态教育与多元化和可持续发展战略协会的前任主席，兼任学校学生联合会理事委员会（the Council of Student Organizations）的主任。

320 积极主动的参与者需要持续不断地去评估团体的发展。我有一个同事经常鼓励团体成员问这样的问题：“我们应该做吗？我们能做吗？我们在做吗？”“我们应该做吗？”这样的问题可以引导一个团体认清其目标及方向；“我们能做吗？”则引导团体成员通过震荡和规范两个阶段认识自己是否能胜任相关的任务；“我们在做吗？”是在执行阶段不断地评估团体是否真正在履行它的既定目标。评估具有形成性和终结性两个特征。形成性评估（formative evaluation）——像回答“我们在做吗？”这样的问题——会在不同的时段提出来以便重新制订计划目标和调整方向；而终结性评估（summative evaluation）——可能要回答“我们做到了吗？”这样的问题——在一件任务或者活动结束之时回答这样的问题，去分析验证是否完成了原来的计划。一个厨师品尝精心煲煮的老火靓汤是形成性评估，而一个顾客慢条斯理地品尝这盅靓汤，就是终结性评估。

团体动力

团体参与各种各样的活动过程，这种现象经常被称为“团体动力”（group dynamics）。团体动力是对团体生命的研究。（Johnson & Johnson，2006）它包括这些过程：团体是如何做决定的，团体是怎样解决内部争端的，以及团体如何适应领导力的要求。

团体角色

理解团体动力最基本的一点是认识到在任何互动情境中，个人都会采用扮演团体内赋予的各种角色的方式进行沟通交际。总的来说，团体中
321 存在两种角色：团体建设角色（group-building roles）和任务执行角色（task roles）：团体成员参与到这两种角色中对团体动力的有效性起着极其重要的作用。团体建设角色关注的是团体中的人，包括成员之间的关系。该角色通过参与团体运行的过程而发挥作用，它也被称为团体维护角色（group maintenance roles）。任务执行角色关注团体目标的完成，包括通过总结和使用多种决策策略的方式来提供相关信息和提出各自的观点，使团体始终沿着任务的轨迹向前推进。任务执行角色还特别重视团体讨论的内容。

有时，团体成员可能会表现出某种反常的或不正常的角色行为，这样的角色可能阻碍团体的进程。例如：有些人可能会在团体准备进入下一个话题的时候还固执地宣扬自己的观点。这样的人被称为“特殊利益辩护者”（special interest pleader），他们往往带着某种“秘密”的缘由阐述事情——一个隐藏的动议。有的成员可能通过消极对抗或反对任何事情的方式来阻挡、妨碍团体的行动。这样的人被称为“阻碍者”（blocker）。在此必须强调的是，具有反常的或不正常的角色行为的人应当是那些真正妨碍了一个团体的目标实现和发展过程的人。那些由于关心团体的行动而发表了一些消极观点的参与者是对团体有帮助的，我们不能将其同那些“阻碍者”混为一谈。而对于那些利用幽默（不管多么愚笨）来缓解成员紧张情绪或者为集体创造和谐氛围的人，我们不能把他们同那些行动像小丑、既不把团体当回事又分散团体的注意力的人混淆起来——后者可能表现为角色的功能障碍特征。另外，有些人在会议上保持沉默，但却仔细地倾听他人，独立思考，并对集体的决策给予支持，这样的人也是积极向上的成员（他们往往被称为“追随者”）；而 322
有些人却坐在会议室的后面看报纸，对别人讲话不理不睬，这样的人可称其为“非参与者”（non-participan）。

表8—2列出了帮助我们更好理解团体中常见的团体角色的行为表现。对这些角色的研究总结体现了从20世纪40年代到20世纪50年代之间的早期团体动力的研究成果（Benne & Sheats，1948；Knowles & Knowles，1959），并且今天仍有一定的实用性。想想你自己或别人引用的例子，并描绘一下你在不同团体中扮演的各种各样的角色。不同的团体之间有没有相似之处？你是否发现你在不同团体中扮演的都是同一个角色？或者你的角色各不相同？你扮演的角色对你如何做好一名团体成员会有所启发吗？

在团体中，我们每个人都会偏爱某种习以为常的实践行为。这种情况称为我们的“角色定位”（role set）。你可能会乐于在一个团体中征询别人的看法，确保人们有机会分享彼此的意见，抑或在投票之前对讨论的内容进行一下总结，这些都是你感到惬意和简单的事情；其他人也许会喜欢与他人分享观点或提供相关信息。你的角色定位很可能建立在自身优势的基础之上。一个团体的高效运行需要让其参与者扮演任务执行和团体建设这两种角色。你可能会喜欢更多地发挥团体建设角色的作用，也可能会喜欢更多地发挥任务执行角色的作用。

尽管不是所有成员或职务领导者都会得心应手地扮演所有的角色，但是了解团体到底需要什么样的角色并且安排某些人去发挥这些角色的功能是非常有必要的。例如，你可能不擅长对讨论做出总结，因为你感觉总结对你来说杂乱无章，但是，如果你清楚在团体作出最终决策之前需要做出归纳总结，那么，你是可以参与完成的。这 325
时，你可能会说：“如果有人能对该议题正反两个方面的关键点做出总结，这将对我在投票前对议题的充分理解有所帮助。”在这种情况下，擅长于此类总结角色的人就会提出总结性的建议，帮助

表 8—2　群体中的角色和角色表现　323

角色	角色描述	角色表现
任务执行角色		
信息猎取者	任务执行前关注团体所需的更多的资料和数据。	“我们还不能就此投票，我们首先需要更多的信息，因此，让我们在下次会议中让莎伦做简要阐述。”
观点猎取者	任务执行前关注团体所需的更多的思想、观念和看法。	“罗杰，你的看法是什么？关于这个问题，你有丰富的经验。”
观点发布者	分享每个人的看法、情感或者观点，群体受益于这些人的思想。	“如果我们打算服务更多的学生，我强烈地支持我们需要为这个项目增加预算。”
总结者	提炼观点的实质或使用概述形式清晰地讨论。	“在我们深入讨论之前，准确地说我们都同意做这个项目，是吗？尽管我们中还有人认为我们不能投入更多的资金。”
分析说明者	使用新的表达方式详细描述或解释，丰富其内涵。	如果采纳该方案要说明其有何效果。“吉姆，你的意思是需要我们更多的参与，这是数量的意义，更好的参与就是质量的意义吧？”
团体建设角色		
守门者	邀请那些尚未说话或打算加入谈话中的人发表意见。	“塔尼娅对讨论的内容正要试着说些想法——我想听听你的意见。”
激励者	欢迎每个人和不同的观点，热情地作出反应，鼓励他人的参与并授权他人。	“这些大二学生对此问题的看法很有启发性，非常高兴你们能冒险告诉我们这些，谢谢。”
协调者	协调、缓和冲突，寻找协调相反观点的具体方式。	“关于这个问题你们俩有不同的看法。你们英雄所见略同，有许多观点达成了共识。”
追随者	一个积极的倾听者，乐于支持团体的行为和决定。	“我没有太多要说的，但讨论得很充分，我学到了很多，我完全支持这样的决定。”

324

注：关于团体的其他角色描述，参见 Benne & Sheats，(1948)；Knowles & Knowles，(1959)。

你完成这个任务。请求团体成员担任他们喜好并擅长的角色，在团体建设中发挥他们的优势，这就是在向参与者授权。

团体规范

想象一下你第一次参加一个进行中的团体会议。你走进会议室，开始观察其他的成员以寻找可接受的或期待看到的迹象。譬如，这个团体是紧紧跟着它的议程表行事，还是在讨论其他的一些事情？成员是友好的、社交的还是冷漠的、孤独的？人们是正襟危坐等待领导的邀请才讲话还是在自由讨论？所有这些实践都是团体的规范或规则，它会指导团体实现行为的一致性。

一些规范对团体成员而言是显而易见的。当你打牌时，你会出同花色的牌；当你打棒球时，你会按次序击球。当你的团体使用“罗伯特的秩序规则”（Robert's Rules of Order）时，你就知道自己必须提议，寻找支持者，轮流发言并最终对提议进行投票。其他的规范则是在团体的文化实践中逐渐形成的，例如：将椅子排成一个圈，在会议开始之前介绍新成员和嘉宾，对团体成员取得的成就表示祝贺或者庆祝生日，等等。有些团体还习惯于在会议结束时邀请顾问进行评论或发表观察性发言，这些都是一个团体的规范。

团体规范是团体氛围的重要组成部分。氛围就像团体的特性，正如每个人都有自己的个性一样，团体也是。或许你所处的团体是一个开放的、弹性灵活的、相互支持的团体，在团体内可以经常听到快乐幽默的声音，每个成员都得到同样的尊重；你也可能处于一个形式化的、谨慎且相互猜忌的、缺乏人情味而又死气沉沉的团体中。如 326
果你期待你所处的团体具有鲜明的个性，那么，你就得考虑制定或形成什么样的规范可以导致这些期待结果的发生。因此，团体规范的发展有赖于团体过程对规范的应用。关系领导力模型就是为创造一个成员都能充分参与其中的团体而设计的。

创造性冲突

团体发展的震荡阶段可能会终止团体的发展。

当然，任何阶段的冲突没有得到解决都有可能导致团体氛围的紧张和敌视，但是，利用冲突也有可能会成为提高团体发展的有效方法。

当你想到“冲突”这个词时，你的头脑中会浮现什么想法或闪现什么情绪呢？对大部分人来说，一说到冲突，他们就会感到不舒服甚至觉得心揪得紧紧的。我们中的大多数人还是比较喜欢和谐融洽。在许多早期讨论领导力的书刊里，“冲突”这个词甚至都不会在索引中出现；间或出现在权利机制模型中，或仅仅在讨论获胜的经过中才会被提及。

性格的扭曲、对角色的不同期许（角色冲突），抑或意见的分歧等问题都会导致冲突。性格的冲突经常可以通过回过头来审视一个人的性格偏好和他的长处（在第 4 章和第 5 章中有论述），或者通过更加注重倾听和了解他人等方式来获得别人的理解。经常思考你的哪些假设致使你自己在角色扮演过程中产生了冲突，或者你认为别人的期望与别人的假设之间哪些是相抵触的，这样，
327 角色冲突就会得到更好的解决。因意见不一致而导致的冲突经常被称为争论，对大量不同观点和意见的充分的辩论气氛对团体作出正确的决策是极其重要的。这样的争论需要通过以礼相待以及公开对话的方式加以控制。（Higher Education Research Institute，1996）

人们普遍都想逃避冲突，因此，大家经常会对冲突视而不见，抑或假装没有冲突的存在。一些人说这就像房间里出现了一头大象，每个人都意识到了冲突所产生的压迫感——如同大象伫立在狭窄的角落里——但是却没有人去谈论它。也有一些人到处制造冲突，就好像这一切都毫不重要，并且能在另一时间将其控制住。真正的社区都会主动去解决冲突而非逃避它们。当我们面对冲突时，最好的解决方式是采用协商和调解的策略，而非通过运用权力的手段。

解决冲突的不同结果有三种：双赢（win-win），一赢一输（win-lose），双输（lose-lose）。在双赢的解决方法中，双方都倾听了彼此的意见，并且都很满意处理彼此间分歧的方式，团体会因为经常的对话讨论而变得更加健康，同时，所作出的决策也会比未经过交流讨论所作出的决定更加合理。在一赢一输的处理方法中，其中有一方会使用权力的策略，不经过讨论，而通过压制或仓促投票的方式来取胜。但是在此过程中，必然有一方会输掉。输掉的一方的成员（或者潜在的同盟）会觉得被边缘化、气愤、仇恨，团体内部的和谐就会被破坏，失败的成员会觉得自己没有得到相应的权力或没有参与其中。在双输的方式中，双方都运用了权力策略，并且都极其顽固和固执或相互伤害，双方无法找到有效的解决方法，甚至连彼此妥协都做不到。

领导力的交互模型和关系领导力模型承认冲 328
突的存在，认为有些冲突是自然发生而又不可避免的。关系领导力模型鼓励我们在过程中解决冲突，这将促进包容和授权。可以预期的是当一群优秀分子集聚一起的时候，他们就会有不同的意见和看法，此时，团体可以设定一些基本准则（ground rules），即团体规范（group norms），以此为准绳去创造一种开放、诚实的氛围，在这种环境中，人们再提出可能会产生争议的问题。这些基本准则能够“为人们之间的差异创造一种‘避风’的环境”（Lappé & Du Bois，1994，p. 251）。这些准则可能包括：任何想要表达的人都享有被尊重和聆听的机会；团体会主动听取赞成的观点，同时也会尊重反对的意见。因此，以公开、文明的方式来解决分歧是极其重要的。（Komives & Wagner，2009）为了包容所有成员的观点，团体中的每个人都必须坚持“没有永久的敌人”的原则。（Lappé & Du Bois，1994，p. 255）

在团体得出结论之前，当在争论的过程中提出了需要引起注意的观点时，这种冲突就是有用的。一个团体的内部越相似，那么它就越有必要从多个角度来思考问题。即使在一个团体内部很少有分歧，有人可能也会问：“如果有新成员在这儿，他们会如何看待这项政策呢？我们需不需要重新考虑其中的某些内容呢？”又或者会问：“如果有留学生在这里，他们能否看出一些我们尚未

提出的问题呢？”通过这种方式，即使团体中没有人提出异议，我们也可以尽可能通过拓宽我们的思维和视野来增强我们决策的智慧性。

329 **团体中的决策**

传统的领导力观念通常认为，一个团体或组织会有一个集权力和责任于一身的正式领导最后拍板定论。的确，在许多的场合中，领导者必须代表整个团体作出决策。出现这种情况可能有许多原因。例如，没有足够的时间举行会议或同团体成员协商；或者领导者在其他会议上代表了自己所在的团体，并且需要以整个团体的身份表态；或者领导者可能觉得这个决策不重要，不需要花费整个团体的时间和精力。无论何时，当一个领导者个人要作出决策时，应用关系领导力模型对于引导决策过程将起到积极的作用。领导者可以回答以下问题：

- 该决策是否符合我们的愿景和使命？（目的性）
- 对此问题，团体中的成员有什么看法？（包容性）
- 该决策会增强广泛的参与，还是会限制参与权？（授权性）
- 做这件事情是正确的吗？符合原则吗？（伦理性）
- 为了让其他人都能参与进来，我应该放慢作决策的步伐吗？（过程导向）

对于正式的科层组织中的职务领导者来说，分布式领导力或曰参与式领导力（participative leadership）通常被认为“运用了参与的决策程序以便允许（*allow*[①]）其他人对领导的决策施加某种影响”（Yukl，1989，p. 83）。分布式领导力的
330 价值在于认识到了当每个成员都成为决策过程的参与者时，团体才能做出一个较好的、并能得到较高接受度的决策。在这种情况下，团体内的成员可能会得到授权，也可能会学到更多有效的领导技巧，并在所有人都参与进来的时候对决策的过程保持强烈的责任心。当你对分布式领导力定义中的“允许”一词进行仔细审视的时候，你会发现比较明显的哲学差异。“允许”一词准确地定义了谁（职务领导者）有责任，谁能让其他人参与或不参与进来，这是由领导者选择的。在大部分的工作环境和志愿者组织里，有些领导者就假定他/她应该有权作出决定或“允许”其他人的参与，这是一种传统的看问题的方式。正确的观念应该是与此相反，每个单位（组织、工作小组或团体）的成员都必须参与关键决策——这是他们的权利，也应该有这种权利。现在的问题不是他们是否应该参与其中，而是他们应该如何更好地参与其中。显然，在某些正式的（科层）组织环境下，人们对于当权者和参与者在决策过程中的作用仍然心存余悸。我们可以感受到人们期待的转变——他们想要的，实际上也是他们要求的决策过程中的角色参与。例如：大学生十分想参与学校课程的评价，家长想参与到校本管理的改革运动中，雇员想参与到挑选福利一揽子计划的过程中，等等。

尤克尔（Yulk，1989）提出了可能出现的四个连续决策程序：独断专行（autocratic）→协商（consultation）→共同决策（joint decision）→授权或参与（delegation or participation）。该决策程序在成员对决策的影响程度上有所区别，从其他人对决策过程毫无影响（在成员不参与的情况下会作出专制独裁的决策）到有深远影响（在充分 331
授权的情况下作出集体决策）。

约翰逊等人在2006年阐述了制定决策的七种方法：（1）不经讨论直接由权威决策；（2）专家成员决策；（3）在听取团体成员意见的基础上决策；（4）讨论后由权威决策；（5）在少数人控制的条件下决策；（6）在少数服从多数的条件下决策；（7）在达成共识（意见一致）的条件下决策。每一个决策方法都有其各自的目的，但是无论什么时候，关系领导力都极力主张采用“在达成共识的条件下决策”的决策模式。当一个团体内部形成互相信任的氛围时，也可以轻松自如地选择

① 斜体强调为原作者添加。——译者注

使用其他的模式，比如，“在少数人控制的条件下决策”模式或“在少数服从多数的条件下决策”模式。

在我们看来，有一些决策最好是由权威或专家来作出。但是，对于那些影响整个团体的重要决策，最好还是采用讨论式的共识决策模式，这样团体才能从中受益。越来越多的团体成员都希望能够参与决策的过程，事实上，参与决策是关系和授权的实质。即使职位领导者有权力自己作决策，但是一旦他们采用专制独裁的方式制定决策，他们就疏远了团体中的成员。

“在达成共识的条件下决策”并不意味着每个单独的决策都由整个团体决定，也不意味着通过少数服从多数的投票方式来达成共识，团队的一个重要任务就是作决策，大多数团队都喜欢在关键问题上达成一致意见。瑞奈尔（Rayner，1996）对“共识”（consensus）作出了如下定义：“共识并不意味着团队里的每个人都认为最好的决策已经达成了，而是说从职业的角度来看该决定未对任何人产生妨碍，并且所有的团队成员都会支持
332 该决定的贯彻实施。”（p. 74）达成共识并非易事，并且要集中精力，所花费的时间会比通过投票或给出反馈和让领导者作出决策要多得多。瑞奈尔对团队内部达成共识给出了如下四条建议：

（1）清晰地定义团队所面临的问题；

（2）关注立场观点间的相似点；

（3）确保有充足的时间进行讨论；

（4）避免减少冲突的倾向（如采用投票的方式）。（p. 76）

并非所有的决策都能引起整个团体的关注。如果事事都要浪费全部人的时间及资源来会商，你会感到很荒唐。作决策时考虑两个方面的问题会很有用处，即需要考虑注重决议的质量，还是需要考虑决议的接受程度。决议的质量指的是它的重要性及准确度。例如：艺术节委员会决定要举办一次电影节，但是选出来的电影可能影响并不大，委员会或个人按照团体规则均可以作出决定。任何决议如若想要得到成员的普遍接受，就得在一种公开、宽容的条件下进行。例如，艺术节委员会需要为举办电影节分配工作人员，它根据每个人的时间多寡的空当来安排，这样人员分配就不妥。安排工作人员的正确方法应该是能被大家普遍接受的做法，应当根据具体的日程安排来分配每个人的工作。

达成共识需要全体参与者的高度承诺，需要团体成员多种知识基础的铺垫，需要全体成员投入大量的时间。达成共识需要团体能得心应手地 333
解决冲突，了解、掌握那些不断出现的可能产生正确决策的争执意见。那些不能处理好内部争执，或者不能通过开明的方式对这些争执进行处理的团体，最终就有可能通过仓促投票的方式来维持团体的发展。达成共识还需要团体愿意尝试使用相关的策略，比如主动倾听、妥协或合作等方式，鼓励不同见解的提出，倾听他人的意见，抑或允许他人有礼貌地对对方的观点提出异议，这些都是达成共识的过程所具备的重要特征。

当团队无法达成一致意见时，经常是因为这些团体没有给大家充足的时间对不同的看法进行讨论，从中发掘出共同点；抑或因为团体里管理、控制冲突的方式不当，削弱了成员之间的信任感。团体成员相互之间的尊重和信任是一个团体通过达成共识成功地作出正确决策的关键因素。

团队与团队合作

很多人用体育运动中的团队作比喻来说明团队中的每个人应该怎样为一个共同目标而进行合作。

> 我们不再能承担组织中的一些个体成员游离于组织之外孤军奋战所造成的奢华代价……力量不在于个人，而在于整个团队。假设把一群巨星安排在同一支队伍中，无论是棒球、曲棍球、足球还是橄榄球的队伍，如果他们都以独立的个人形式来行动，那么他们最终都必败无疑。但是一旦他们成为一个整体，那么他们就会变得坚不可摧，势不可挡。（Taylor，1989，pp. 124－125）

许多组织都认可了泰勒的隐喻，把工作的单 334
位重新定义为一个团队。例如：医院对每个病人

都有一个治疗团队，安排一名主要的诊疗护士作为团队协调者；商业上有集装运、营销、生产功能于一体的团队，以便提高生产率。团队的隐喻饱含着士气、动机、激励、支持、共同目标、多重角色和包容性等深刻意义。在前面的章节我们曾使用“爵士乐队”的隐喻来象征参与者的集合效应，所有成员都是一个集合体的乐团。在本书中，我们把社区看成一个隐喻的集合体，团体的参与者就是一个个隐喻的团队。

但是，无论这种隐喻的意义何在，同一团体中的参与者应该具有为创造一个有效的团队而努力的共同目标。那些流行的电视节目中所刻画的强大的集体形象，都展示了合作的交互作用，为了共享的目标赴汤蹈火，在所不辞。思考一下《欢乐合唱团》（*Glee*）这个电视音乐剧中各种人物角色在团队中的差异，抑或看一看《哈利·波特》中霍格沃茨（Hogwarts）魔法学校中哈利的密室伙伴的团队角色形象。

团队和团体

人群的集合并不能自发形成团体，同样地，并非所有的团体都能成为团队。科特和科恩（Kotter & Cohen，2002）通过观察指出：一个强有力的团体应具备两个特征——由正确的人组成并表现出了团队合作的精神。当然，团队是团体的一种类型，它不仅仅是一组人在一起工作。休斯（Hughes）、吉奈特（Ginnett）和科菲（Curphy）在 1993 年时曾经区分过团体和团队，他们注意到了虽然两者都有相互作用和相互影响的特征，但是团队更具有一种强烈的认同感以及共同的目标和任务。此外，团队中任务之间相互依存
335 的程度比团体中的依存程度更高，并且团队里的成员经常比团体中的成员有着更加明显的角色分工。

团队的类型包括那些具有较高个人责任感的团队，比如，工作小组（working group）的作用与功能（如高尔夫球团队）；也包括那些无法单纯依靠个人来达成目标的真正团队（如足球队或校友活动委员会）。表 8—3 说明了工作小组和团队之间的差别。

表 8—3 工作小组与团队的比较 336

工作小组	团队
任命强有力、责任明确的领导者	共享领导力责任，人人有责
一般的组织使命是团体的目标	具体的、明确的、适合团队的目标
个体工作提供的仅仅是产品	团队和个体工作共同作用于产品
通过小组对他人的影响间接地评价其效果（如商业上的经济业绩、标准考试中的学生分数）	通过团队产出的评估直接评价其效果
仅仅个体义务是明确的	团队和个体的义务都是明确的
个体成就得到承认，获得奖励	团队庆祝。承认个体对团队成功所做出的贡献并予以庆功表彰
会议有效简短	会议需要开诚布公地讨论和积极解决问题
会议成员讨论、决策，委托代表参会	会议成员讨论、决策，真正地在一起解决实际问题

资料来源：转引自 Johnson & Johnson，(1994)，p. 504，Allyn and Bacon，Boston MA.，(1994)，Pearson Education。

奎因（Quinn，1996）将团队定义为：“由一群有能力的人组成的一个充满激情的集体；这些人拥有各自明确的角色，他们在日常活动中相互联系，并且在一种相互信任的人际关系下共同工作，践行个人准则，奉献于团队共同利益。”（p. 161）关于团队解体或者无法达到目标而失败例子不胜枚举。这里只呈现了一种当团队实现协同效应并发挥了潜能时的形象化描述。“维萨国际组织”（Visa International）的前任总裁迪伊·豪克（Dee Hock）通过对团队的观察，给出了以下的描述：

> 在一个以团体形式共同努力的领域里，你可以发现这种不可思议的现象：整个团体表现出来的才能远远要比这个团体中每个人的才能总和多得多。这种现象经常会出现在交响乐演奏、芭蕾舞表演、戏剧表演，以及体育运动和商业活动中。这种现象往往容易发现却难以阐释清楚个中原因。它是很神奇，但如果没有艰辛的努力、训练和合作是无法取得这样的结果的；但是光有努力、训练和

合作，也不一定会创造这样的结果。有些团体靠持之以恒实现了目标，但只有很少的团体能够一直坚持下去。（Quinn，1996，p. 162）

派克（Parker，2003）将团队定义为：“拥有高度相互依存度的一群人，为实现同一目标或完
337 成同一任务而努力奋斗。”（p. 2）团队可分为三种基本类型：功能型（functional）团队、自我管理型（self-directed）团队和跨职能型（cross-functional）团队。功能型团队就像等级森严的组织一样，权力和权威都掌握在高层手里。在自我管理型团队中，成员具备完成任务和达成目标所需要的所有技术和技能，同时他们从领导或经理那里获得一定程度的权力。跨职能型团队经常由具备多种技能、来自不同部门或区域的个体组成，他们将并非某个人所能具有的整套技能综合运用。例如，苹果电脑公司（Apple Computer）或Facebook公司可能会成立一个由软件开发工程师、营销专家、项目经理应用设计师共同组成的多功能团队来发明新的产品。

团队必须拥有可获得成功的清晰目标。通常情况下，团队既不会花费长时间去设计目标，也不会设立那些模糊不清、不能实现的目标。以下的“西玛特目标法则”（SMART rubric）为团队建立目标提供了应用的框架（Parker，2003，p. 94）：

（1）具体的（specific）——制定的目标必须让大家一目了然。

（2）可衡量的（measurable）——制定的目标必须是可以量化的。

（3）可实现的（attainable）——制定的目标必须是现实的且有可能实现的。

（4）相关的（relevant）——制定的目标必须同组织的前进方向及整体战略相一致。

（5）时间限定的（time-bound）——制定的目标应当规定一个实现目标的时间期限（例如，在一个学期或一年内）。

338
❖ 学生文选

很难定义如何做一名领导者。领导是体验和分享，而不是与生俱来的。通过“蓝筹领导力计划”（Blue Chip Program）的历练，我意识到必须通过学习来开发自己。我带着成为优秀的领导者的愿望加入“蓝筹领导力计划”，当时我能想到的就是要改善我的表达技巧和自信心。领导力不在于领导者本身，而在于领导者如何带好团队和你身边的成员。直到2月19日，我才领悟到了领导力的真谛。亚利桑那大学（University of Arizona）举办了美国大学生领导力年会（the National Collegiate Leadership Conference），这个由学生主办的领导力会议每年都有超过650人参加。今年我被批准成为大会筹备委员会成员之一。我不知道这能给我带来什么，但我只知道全身心地投入到计划筹备之中，为会议举行做好一切准备。不幸的是，你不能计划所有事情，也无法预料任何不期而至的事件。就这样我们的团队成了一个家庭，相互间以微笑给予鼓励，以拥抱增加自信，分享工作的信任与激情，就这样，我们在逆境低潮之时帮助彼此，在顺境高潮的时候分享相互的感激。我们的导师对我们充满信任，默默地支持我们，通过授权锻炼我们成长为领导者。

劳拉·索托（Laura Soto）系美国亚利桑那大学幼儿教育专业学生，辅修社会学专业。她是亚利桑那“蓝筹领导力计划”社团成员，并担任团队负责人，“全国大学生领导力年会”轮值主席，“露营野猫”（Camp Wildcat）夏令营项目的露营主管和拍卖主管，亚利桑那大学医疗中心（the University Medical Center）的志愿者，雄狮俱乐部（Lions Club）会员，有国际旅行的丰富经历。

应用“西玛特目标法则”建立目标的过程，通常要求团队成员在接到团队任务后24小时内对目标进行梳理，以邮件形式将回复汇集起来统一整理。

团队不仅仅是各种技能的结合体，也不只是团队成员执行各种功能角色的组合，而是来自不同背景与历史文化，拥有各种风格、才能和性格的人的融合。

339 派克总结了以下决定团队成功的至关重要的因素（Parker，2003，p. 260）：

- 竭尽全力冲破组织的边界限制，寻找最好的解决方案；
- 设计工作项目时应积极关心并考虑其他团队成员；
- 清楚共同目标和任务是所有团队成员的义务；
- 确保经常（无风险地）开展开放性的交流讨论；
- 所有团队成员都竭尽全力实现共同目的；
- 充分发挥团队成员的优势；
- 在团队成员之间培养信任感；
- 乐于接受不同的意见，尝试打破常规，即使这样做会改变通常的程序；
- 当讨论变得紧张或工作压力很大的时候，适当使用一些幽默来缓解气氛。

团队学习

个人学习是大学生学习的一种传统模式。只有你才能读那本书，写那个计算机程序，参加那场测验。然而，学习也可以通过其他多种形式进行——在团体项目中，在实验环境下，在学习团体中，等等。无论何时，当一个团队拥有一致的责任时，团队成员就必须想方设法共同学习，而非各自学习。“组织的学习单位是‘团队’，即需要彼此协调行动的一群人。”（Senge，1993，
340 p. 134）团队学习的方法主要是积累团队中大多数成员的学习偏好和经验（例如，在科学研究团体中的成员较倾向于事实和细节的学习，而友谊型团体中的大多数成员则更喜欢弹性的或非正式的学习）。然而，有目的的团队学习需要有针对性地行动。

团队学习还可以在相互间的对话交流中进行，也可以在对共享的经验进行反思的过程中进行。所谓对话就是“对日常经验和我们认为理所当然的东西的一种持续的共同探究”（Senge，Kleiner，Roberts，Ross，Smith，1994，p. 353）。对话交流不仅仅是单纯地运用词汇来表达意思。它包括语调、笑声、停顿，寻找适当的词语和进行有意义的讨论。当一个团队处于对话状态时，参与者就会意识到他们交流的过程以及交流的内容。为了能够真正理解或取得对话的效果，在团队和团体中建立能够解决争执的基本准则和规范就显得尤为重要。（Higher Education Research Institute［HERI］，1996；Komives & Wagner，2009）

对话和讨论的过程还是存在着某些微小的差别。有些团体成员参与到大家彼此交换意见的讨论中时，却很少尝试真正理解彼此的观点。这就会引起打压对立观点的争论，抑或引起导致成员间关系的恶化，从而拆散整个团体的争论。那些重视共同学习的团体就会建立真正的对话方式，其目标在于适应不断变化的环境，共同学习。对话也可以建立在反思的过程中，这有赖于参与成员的共同思考，集思广益。所以，有人给出了有效对话的经验，就是“不要总是忙个不停，停下你的脚步”（Isaacs，1994，p. 375）。作为一名倾听者，你的义务是去理解和交流。对话让你在这个过程中阐释自己的观点，而非检验证明它们。为了更好地理解对话的含义，建议你参考第5章，回顾一下不同的个体是如何学习真正倾听他人意见的。

理解和利用团队优势 341

在第4章，我们强调了了解和发挥自己的优势的重要性。团队成员优势（strength）的最大化可以提高团队的生产力和参与度。拉思和康奇（Rath & Conchie，2008）总结出了领导力的四个领域，他们依据盖洛普优势识别的评估体系，通过对突出的34项优势项目的在各领域范畴的分布研究，认为领导力优势项目存在于以下四个方面：执行、影响、关系建立和战略思考。表8—4显示了每个领导力优势主题项目在四种领域范畴的分布及其相关性。在对团队如何更加有效和团队如何变得更强大的因素研究中，他们发现，领导者需要有目的地重视和发展各自的优势。他们还发

现大部分成功的团队都在四个领域范畴表现出较突出的集体优势。

表 8—4　　领导力的优势领域

执行	影响	关系建立	战略思考
成功者	催化	适应性	分析
统筹	控制	开发	语境
信仰	交流	联系	前瞻
一贯性	竞争	移情	意念
审慎	最大化	和谐	输入
纪律	自信	包容性	思考
专注	意义	个性	学习者
责任	说服	积极性	战略
修复		交际	

资料来源：Rath & Conchie，(2008)。

342 领导力优势领域的实现包括了促使事情发生的行为，也包括了有助于从计划转变为行动的行为。执行领域的专注或成就者等优势因素促使团体更加接近达成任务和目标。影响领域的优势因素能够帮助团队在主张新政策或倡导新变革等方面取得进步，优势因素说服和交流在维护团队方面显得格外重要。团队成员具有了关系建立领域方面的优势会使组织的内部和外部产生凝聚力。当团队发生冲突或其他成员参与度降低的时候，团队中个体和谐的价值就显现出来了。领导力优势的第四个领域范畴是战略思考，它可以让团体思考未来并帮助团体作长期决策，前瞻和输入等优势因素可以帮助团队描绘未来的宏伟蓝图。

拉思和康奇（Rath & Conchie，2008）争辩道，最大化地发挥每位成员的优势，形成完美的团队远比试图仅仅使个体多才多艺导致团队平庸更好，何况在人力所及范围内，样样都做好是不可能的事情。在团体或团队情境下，领导力的领域优势向传统观念发起了挑战，尽管一个领导者可以更加重视发挥所有成员的才能和优势，但领导者不是万能的，他/她不可能具备所有的四种领导力领域的优势和技能。

343 **领导力含义**

“在一个富有成效的工作团队中，领导者不是指挥官、控制者、老板抑或有权势的人，而是服务者和支持者、伙伴和提供者。”（Kouzes & Posner，1993，p. 7）在团队合作背景下的领导者也是团队学习的促进者。促进团队学习要求每个参与者都理解自己的动机，聆听他人意见，寻找共同点，同时也提出自己的观点。（Ross，1994b）

参与者和领导者都必须共同承担责任，对共享的团队经验进行加工，使之成为团队的意识过程。成功和失败都需要得到理解。许多情况下，很多团队都花费很多时间来细细推敲失败中的错误，但却不会反思为什么有些事情做得这么好。

团队领导力

团队绩效和团队发展是领导力的两个极其重要的功能。关系领导力模型非常重视这两种功能的发挥，既重视过程导向（团队发展）也重视目标性（团队绩效）。团队绩效意味着完成团队的目标，作决策和制订计划，实现目标及解决问题。团队发展包括建立有效的成员关系，创造团队成员能够感觉到受到重视的环境，促进团队内部的凝聚力。团队研究表明：当人们在团队结构中共同工作的时候，生产力、创新力、创造力、决策、质量、解决问题的能力以及使用资源的能力都会得到提高和加强。 344

在平衡团队或团体日常运行事务的同时，领导者也会不断面对内部和外部需求的挑战。领导者需要在控制、行动和专注与团体内外部问题之间进行转换。团队成员也可以行使这些功能，这是一个富有经验和更加成熟的团体的具体体现。在这样的情况下，领导者就可以轻松自如地站在一边，把责任和任务交给团队来承担。事实上，领导者决定哪些问题需要自己亲自去干涉，哪些问题需要放手让整个团队去解决，这是一种微妙的决策平衡技巧。

几位专家和学者通过对团队领导力的研究，总结出了团队领导力所具有的以下几个特征（Larson & LaFasto，1989，2013，p. 299）：

（1）清晰的、积极向上的目标——团体中的成员都相信该目标是富有价值的，并且当目标实现的时候能够讲述出来。

（2）以结果为导向的团队结构——团体的目标能够驱动团队的结构。

(3) 胜任的团队成员——作为合作共事的团队，团体中的成员必须拥有一定的技术知识和相互交流的技能。

(4) 一致的承诺——团队成员必须具备对团队的归属感，有目的地创造和提升团队精神的水平。

(5) 合作的氛围——所有成员都为团队项目的成功做出了集体的贡献，个人的成就归功于整个团队的共同努力。

(6) 卓越的标准——建立并让团队成员理解优异表现的标准，重视让所有人都发挥出最高水平。 345

(7) 有原则的领导力——团队领导设立优先权，帮助成员聚焦目标，维持团队的合作氛围，正确管理绩效。 346

(8) 外部的支持——团队需要得到外部的资源（资金、设备、供应品）来完成目标，也需要得到外部对成功的承认与支持。

❖ 学生文选

3年来，作为马尼托巴大学（University of Manitoba）第一任学生设计纳米卫星（nano-satellite）团队的项目领导者（Project Leader），我面临许多挑战，比如，协调来自不同的6个系的100多名本科生和研究生，与来自学术界和产业界的50多位指导教师进行合作。开始的时候，我仅仅关心有关航天器和技术的问题。然而，随着项目的深入，我才逐渐进入了项目负责人的角色。我树立了“以人为本”（always put people before purpose）的哲学信念，这给了我努力工作的方向和动力。这样的变化要求我关心团队，保障必要的资源，向每位成员学习，尽我最大的努力满足成员的需要。这些变化还包括，选择有利于团队生活或工作的会议时间和地点，在可能的条件下随时随地庆祝表彰突出的个人成绩（如成功的论文答辩会、毕业典礼、签约会等）。我注意到，这样下来几周之后就有了成效，随着团队成员更加专注于卫星的设计，团队已经充满了授权、自信、热情、归属的气氛。有些人可能会说，这些变化不是什么大的变革，但是却改变了我们的心智（mindset），帮助我们实现了设计纳米卫星的目标。

达里奥·斯科尔（Dario Schor）获马尼托巴大学计算机工程专业硕士学位，曾担任马尼托巴大学空间应用与技术协会（Space Applications and Technology Society）项目负责人，马尼托巴大学无线电业余爱好者协会（Amateur Radio Society）主席，美国电气和电子工程师协会（Institute of Electrical and Electronics Engineers，IEEE）温尼伯格（Winnipeg）地区教育、管理、通信联合分会的副主席，是加拿大马尼托巴省另外6个委员会的活跃成员。

团队的领导者对于团队（团体）的发展、内外部的关系，以及采取适当的行动等负有监控的责任。当一个团体陷入困境难以前行的时候，当一个团体发生冲突自己无法解决时候，就需要呼唤团队领导挺身而出，采取必要的行动。这时，团队或团体领导者可能需要协调冲突，帮助团体聚焦于目标，或者培养团体成员的人际交往能力。在一些情况下，团队领导会通过与其他联盟建立关系或者与成员共享外部信息的方式来借助外部角色的力量促进团队发展。

本章小结

团体是社区实践的基石。我们应该在团体发展的不同阶段，发挥许许多多不同类型的团体的作用。本章展示了团体发展的模式和团体动力的原则，它包括如何作出决策、怎样解决冲突、为什么要实施反映团体实践的团队学习等方面。更重要的是，能够注意到团体和团队之间的区别，了解将那些工作小组发展为有效团队的有目的的过程。了解和发挥团队成员的各种优势将使团体（团队）更加完美、更加高效力、更加积极地推动变革。

347 下章梗概

组织是由各种各样的团体和团队组成的。下一章我们将探讨那些正式的组织是如何发挥功能的、领导力在组织背景下有哪些独特的角色作用，以及如何促进复杂组织的变革。

本章练习

1. 根据目标、结构、时间等三个关键维度，对你作为其中一员的几个团体进行分析，这些团体有什么相似之处？又有什么不同之处？

2. 对你在其中担任成员的一个团体进行思考。运用塔克曼（Tuckman）所提出的团体发展模式来描述一下在团体发展的四个阶段中，该团体成员在每个阶段是怎样表现的。这个团体有没有遇到一些问题？在哪个阶段？为了解决问题你做过什么？你知道哪一个团体是自行解散的吗？如果知道的话，该团体是在什么环境下做出这个决定的？指出一个应该解散的团体，你认为为什么这个团体还没有采取最后的步骤？

3. 想一想你面对冲突的个人风格。请读一读以下的描述，根据你平时使用的情况给每种风格打出百分比，最终加起来的百分比应当是100%。

348 风格一：我逃避冲突，不介入存在冲突的问题。

风格二：在冲突情况下我要成为赢家。

风格三：我不想得罪任何人，所以我避开一切冲突。

风格四：我选择妥协让步。

风格五：我把冲突看成发现问题和解决问题的机遇。

每种风格的优点和缺点分别是什么呢？考虑一下你最喜欢的风格，试分析在什么条件下这些风格最有效，在什么情况下最无效。

4. 找出你所在或曾经加入的团队（运动、组织、班级等）。运用希尔（Hill）的团队领导力八个特征来分析你所在的团队的领导力。看看你的团队在这八个方面的表现如何。可以通过哪些改进来提高它的有效性？

5. 回忆一个你曾经加入过的最好的团队。这可以是任何类型的团队（如报社、学生会、俱乐部或组织、童子军、四H社团①、运动团队）。是什么因素使该团队如此独特？该团队也曾必须通过学习来提高吗？谈谈你在这个团队的这种经历。

6. 使用“西玛特目标法则”来建立清晰的目标，应用该法则中的每一个要素来形成团队的目标陈述。检查你的陈述，确保它能符合“西玛特目标法则”的检验。

7. 对你自始至终都参与其中的团体进行思考，对照一览表8—1，反思一下该团体一直以来的变化，运用量表的项目，标注B代表团体功能的开始情形，标注M代表团体开始成熟的中间阶段情形，标注T代表团体的现状。 349

8. 对一个你所参与的并且你认为最具经历感的团体或团队进行分析，参阅表8—4并找出你认为对该团队最重要的一些优势，你如何以团队的形式更加有效地、最大化地发挥你和大家的优势？

---

① 四H社团指美国等国家和地区面向农村青少年的农民教育社团。教育目标是使农民具有聪明的头脑（Head）、健康的心理（Heart）、健康的身体（Health）和较强的动手能力（Hand）。——译者注

一览表 8—1：评价你的团体

使用下面的量表可以表明你如何评价你所在团体的组织动力。你也可以请求其他团体成员完成这个量表，以此建立团体优势和劣势的档案。

1. 团体目标是否清晰？

/__________/__________/__________/__________

不清晰或混乱的　　　　非常清晰，所有人都能够理解

2. 成员是否受到尊重？

/__________/__________/__________/__________

很少人受到尊重　　　　团体中人人受到尊重

3. 权力在团体中是如何分布的？

/__________/__________/__________/__________

权力由一个人或少数人掌握　　　　共享权力，授权给成员 350

4. 团体中的领导力是怎样运行的？

/__________/__________/__________/__________

领导力来自高层　　　　领导力是由大部分参与者共享的

5. 团体中的道德氛围能持久吗？

/__________/__________/__________/__________

成员不考虑别人的感受，为所欲为　　　　以原则为核心

6. 团体中的决策是如何形成的？

/__________/__________/__________/__________

少数人作出每个决策，最少的团体输入　　　　达成一致共识后作出决策

7. 团体过程受到怎样的关注？

/__________/__________/__________/__________

不关心过程　　　　非常重视过程

8. 团体是如何有目的地实现变化的？

/__________/__________/__________/__________

非常混乱模糊　　　　非常清晰和有目的性

补充阅读

1. Hill, S. E. K. (2013). Team leadership. In P. G. Northouse (Ed.), *Leadership: Theory and practice* (6th ed, pp. 287 - 318). Thousand Oaks, CA: Sage.

2. Howard, V. A., & Barton, M. A. (1992). *Thinking together*. New York, NY: Morrow.

3. Johnson, D. W., & Johnson, F. P. (2008). *Joining together: Group theory and group skills* (10th ed). Boston, MA: Allyn & Bacon. 351

4. Kotter，J. P.，& Cohen，D. S.（2002）. *The heart of change：Real-life stories of how people change their organizations*. Boston，MA：Harvard Business School Press.

5. Parker，G. M.（2003）. *Cross-functional teams：Working with allies，enemies，and other strangers*. San Francisco，CA：Jossey-Bass.

6. Rath，T.，& Conchie，B.（2008）. *Strengths-based leadership：Great leaders，teams，and why people follow*. New York，NY：Gallup Press.

7. Schirch，L.，& Campt，D.（2007）. *The little book of dialogue for difficult subjects：A practical hands-on guide*. Intercourse，PA：Good Books.

第9章

理解和更新复杂的组织 353

康斯薇拉（Consuela）和马丁（Martin）是新成立的多文化学生组织里最新选举上任的两位负责人。他们同为二年级学生，并且在高中和各种社团里曾有过许多领导经历。当他们聚在一起制订下个月的工作计划时，两个人都感到手足无措，因为在如此之大的校园里，他们的组织不仅小而且处于萌芽状态。于是，问题接踵而来：怎样才能激发起他人对新组织使命的兴趣？怎样招募新会员？如何组织会议？我们需要哪些工作人员参与这样的工作？怎样作决策和解决将会面临的各种矛盾？第一场会议结束后，他们所得到的问题比答案还多，但他们仍然对眼前的挑战满怀激情。

作为一名学生，你每天都会和各种社团打交
354 道。早上起床后你会阅读校报的新闻，或者收听学生电台的广播——两者都是重要的学生组织。你必定去过学校里的行政办公室，并且也有过在充满官僚作风的组织里工作的不愉快经历。

各类学生管理组织都代表着学生的意愿，同时也维护着学生的权利。例如，学生项目委员会（student programming boards）要和行政机构密切合作，为学生提供校园的教育、文化、社交、娱乐等各类活动。像“人权栖身俱乐部”（Habitat for Humanity Club）和“OK店俱乐部”（Circle-K）等校园服务组织都是更大的国际化组织的当地分支，它们为学生提供了帮助他人的机会。美国预备役军官训练营（Reserve Officers' Training Corps，ROTC）也下设学生组织机构，在大学里是一个学术性社团，也是政府军事机构的一部分。各种形式的商业组织为学生提供了校内外兼职的机会，其他组织为不同文化团体的成员提供了联谊会、课程活动等帮助支持。校内校外随处可见的各类组织，增进了人们的生活质量，可以说，无论是在校园内还是在校园外，组织中的领导力在我们的生活中已经成为既普遍又普通的现象。

学会在组织中得心应手地工作，这将使你收获终身受用的技能。教师在校园里工作，工程师和律师在公司里工作，社会工作者在各种服务机构里工作，并与法律制度打交道。同样，我们要在管理有序的城市里生活，要在教堂里做礼拜，去医院里做手术。不管你是学什么专业的或干什么的，组织一直与你同在。

355 本章概观

在上一章中，我们探讨了在团队和团体情境中的领导力。这一章，我们将拓展情境的范围，在组织的背景下讨论关于领导力的问题。在组织的情境中，通过进一步论述关系领导力模型的五个方面（目的性、包容性、授权性、道德性、过程导向），关系领导力的重要性将更加清晰可见。

团体与组织

把团体和组织区别开来是很困难的，两者之间存在着一些显而易见的不同点，但有些差别却很细微。通过回答表9—1中的“是谁”、“什么”、“何时”、“哪里”、“怎样”、“为何”等问题，对有关规模、构成、时间、地理、结构和原因等方面进行两者的比较，可以感受到它们之间的差别。组织是许多群体的人们在一个复杂的结构中为实现某种特定的目标以连续的方式进行交流的大型集合体。组织是一个固有的社会实体，虽然传统上地理位置的接近是组织成立的决定性因素，但我们认为这并非必然的因素。

356 **表9—1** 团体和组织

	团体	组织
是谁？（规模）	从小到中等（至少3人）	大（20人以上）
什么？（构成）	个体的集合	团体的集合
何时？（时间）	持续相互交流	持续相互交流
哪里？（地理）	非常相近	相近性不重要（从近到远的分布）
怎样？（结构）	简单的结构	复杂的结构
为何？（原因）	目的性	目的性

组织里有许多参与者。你是否记得跟你一起成长、一起玩耍的好伙伴？虽然有时候你们之间会有或多或少的矛盾，但是解决起来是相对容易的。当你的朋友圈扩大了，事情也就跟着复杂化了。突然地，你发现不是每个人都想跟你玩一样的游戏，或者说他们想玩的根本就和你的不一样。然后，你的交际圈更进一步扩大到了高中或者工作场合，你会逐渐认识到与越来越多的人交往意味着你会面临各种不同价值观念和意识的碰撞，你会感受到不同的处事方法。尽管组织充满了复杂性，但这可能会使你的生活更加有趣，正如戈德斯坦、哈兹和利兹坦斯坦（Goldstein，Hazy，& Lichtensten，2010）所指出的，一个组织有8名成员，则可以形成56个联结关系，这似乎很好管理，但是如果你的组织达到100个成员时，联结关系就会高达9 900个——这其中的任何联结关系都可能影响到组织效果。（p. 5）

回过头来，思考一下为什么把组织看成许多群体成员的集合体。想象一下，一所大学里有学生、教授、管理人员、校友、家长、评议员、立法者和其他的一些人，这些人在行政办公室、院系和其他实体部门共同工作，努力实现共同的目标：培养学生。然而每一个团体对学生培养的看法可能不一样。哪些团体在你的组织运行中起作用呢？

组织中的交流互动是连续不间断的。任何组 357
织的成功都依赖于内部各团体保持密切联系，这样它们才能更好更有效地合作。孤立，或者脱离彼此不仅会对孤立的团体产生不良影响，也会给整个组织带来消极的影响。

近距离亲近——同其他的参与者保持物理上的近距离联系——对组织固然有益，但在现代的组织里却并非绝对必要。这一观点，与我们认为的组织就是人们在同一间办公室或至少在同一座大楼里工作的观点是相悖的。像我们将会讨论到的“虚拟组织”——越来越多的组织虽然形式上是分离的，却通过技术和对使命感的坚定信念以及共同的目的保持联系。你可能已经经历了参与国家或区域规划委员会的会议，但从来没有面对面地在一起相处，而是使用网络电话或其他技术保持密切的联系。

组织具有很复杂的结构。它通常包含许多层级和部门，许多人发挥领导力作用并参与决策。还是用大学来打比方，要顺利地使不同团体都参与到教育的过程中，就必须使不同角色、政策和程序都各司其职。除此之外，大学里也有许多不同的领导职位。

组织存在的目的是为了实现一项特定的目标。我们都曾经是许多组织的参与者或领导者，但我们可能一直都在不停地询问：“这个组织是怎样建
立起来的呢？”除非你是组织中核心团体的一员， 358

否则你可能永远都不知道其中的“奥秘”。你的参与始于你出席会议的那一刻，而决定你是继续留在组织中还是退出组织的，就在于组织是否能够满足你的需求。如果我们一定要对组织存在的原因追根究底，那么，我们很可能得出这样的答案：组织存在的理由是为了实现其特定目标。这就是确切的答复。

❖ **学生文选**

领导一个组织不仅为了满足眼前的需要。领导一个组织不仅要承担关怀下属的责任，还要有强烈的自我意识。一个组织的领导者应该知道用什么来激励下属，同时也要懂得自我激励。尤其在组织领导力中，这是不能忽视的特性，因为个体的作用是显而易见的。组织领导力中另一个重要方面是授权下属，要试图缩小领导者和追随者之间的等级隔阂。通过以上描述可以对组织领导力略窥一二。

科雷·卡莫福特（Clay Comerford）是美国圣诺伯特学院（St. Norbert College）的研究生，主修专业为商业管理，辅修领导力研究；他喜欢运动和户外旅行活动。

作为复杂系统的组织

“组织永远充满着复杂性，注意到这一点很重要。”（Goldstein，Hazy，& Lichtensten，2010，p. 5）组织也是一个系统。系统可以被定义为一种特定的环境，在这样的环境下，组织成员间的每次互动所产生的结果都会影响到每个个体，影响
359 到组织后续的互动和成果。（Tubbs，1984）伴随着组织成员和团体的增多，交流更加频繁，组织生活也变得更加繁杂，因为相互影响的作用牵一发而动全身。

在《失控》（*Out of Control*）一书中，凯文·凯利（Kevin Kelly，1994）引用了“造物九律”（The Nine Laws of God）。他把这九项法则描述成“像生物进化、模拟城市（SimCity）这样变化莫测的运作系统中的组织原则”（p. 468）。正如表9—2中所示，这些“法则”同样可以作为系统
360 运用于组织当中。这些特征与在第2章末尾提到的新的范式材料有很大关联性，可以直接或间接地应用于组织活动中。我们认为这些特征是组织内外生活的缩影，在新的世纪里会表现得更加透彻。仔细阅读表9—2中凯利所列出的原则，哪一个能引起你的共鸣？哪一个已经在你的组织或生活中起作用了？

表9—2 “造物九律”——作为系统的组织

分布式存在	组织的实质是由相互联系的个体组成
自下而上的控制	在组织的各个层次授权
培育增长的回报	充分关注组织行为，并且努力使其更好
组块式成长	组织不是靠一时发达而是靠长期的积淀发展
放大“边缘”	尊重创造性员工及其思想，即使他们是“弱势”的
尊重失败	组织的学习源于试验和失败的经历
没有唯一，目标多元	复杂问题没有唯一的正确答案，只有多途径解决
保持永久的不均衡	不均衡为组织注入发展的活力
变化带来变革	变化引起更多的变化，最终带来自身的变革

资料来源：改编自Kelly，1994，pp. 468－472。

组织是参与和领导的一个极具有挑战性的地方。因为有大量的各种各样有才华的人与你为伍，所以，组织也是一个极具潜力的地方。作为领导者，你可能会向往回到你从前的比较简单而不复

杂的生活时光。但是，请别担心，你以后也许会发现在你的青年时代有助于你成功的那些品质，诸如热情、主动、诚实、勤奋等将使你大有所为，为你成为一个复杂组织的优秀领导者做好准备。

组织领导力

在前几节中，我们回答了“什么是组织”、“组织存在的原因”等问题。那么为什么组织需要领导力呢？这也是一个有趣的问题。那是由于人们广泛地认为组织是一系列团体在一起合作交流的结构体系，组织中的领导力可以帮助各团体合作共事，完成既定目标。这样的定义可能过于简单，那么，领导力还能起什么作用呢？抛开它的成因如何，领导力的存在只有一个原因，那就是帮助组织实现既定的目标。组织目标可能随着实践的推移不断变化，但领导力必须永远奉行其最初的承诺，把握组织的方向，追求并完成组织的使命。

361 **❖ 学生文选**

作为女学生联谊会主席，我学会了在领导一个组织时，不仅要对自身领导能力有信心，而且要使你的成员对自身的能力充满信心。如果有机会，组织成员经常希望帮助维持和改善组织。对于那些因为充满激情并具有领导素养而加入到组织中来的成员，作为联谊会主席有责任和义务鼓励这些成员充分发挥他们的潜能。主席的工作就是确保所有任务都被分配给渴望参与其中的成员，因为主席不单纯是非凡的领导者，他/她也要帮助别人成为伟大的领导者。当主席将任务委托给他们的成员时，他/她会充满期待地帮助成员学习和成长。成员应该从失败和成功中吸取教训和经验，这些经验将帮助塑造成员最终成为多才多艺的领导者。组织的领导者不只是用“正确的方法”做事，但他们需要通过自己在领导力形成中因错误和成就所获得的经验来帮助别人获得信心，这样，组织才能不断地发展和改进，成为每个人都向往的组织。

麦丽莎·齐斯曼（Melissa Zissman）是马里兰大学帕克学院（the University of Maryland，College Park）家庭科学专业的一名高年级学生，辅修专业为人类发展学和领导力研究。她是 Alpha Delta Pi 女学生联谊会（Alpha Delta Pi Sorority）主席和 Phi Upsilon Omicron 家庭消费荣誉学会（Phi Upsilon Omicron Honor Society）副主席；担任性健康和生殖教育协会（Sexual Health And Reproductive Education，SHARE）教育观察者，希腊组织成员欧米茄领导力荣誉协会（Order of Omega Leadership Honor Society for Members of Greek Organizations）会员，和“马里兰家庭关系委员会”（Maryland Council on Family Relations，MCFR）成员，长期护理照顾一位有特殊需要的残疾女孩。

362 通过聚焦使命，领导力使组织得以持续、长期存在。这是领导力最为关键的作用。我们认为关系型领导力模型为领导者提供了一个可以实现组织目标的应用框架。在帮助组织成员有目的地、积极地为实现组织目标而共同奋斗的同时，只要积极参与、团队授权、遵守道德原则、注重过程导向，领导者和成员就能够成功合作并实现重大转变。

组织结构

正如所有组织都因为某种目标而存在一样，它们也拥有有一套便于日常运作的结构。马克斯·韦伯（Max Weber，1924/1947）构建了组织的古典官僚模型——一个凸显等级的“劳动分工”的模型，清晰地描述了控制组织如何运作的规章制度。这种结构的设计理念是促进内部的秩序化和提高组织成员的责任心。在图9—1中，经过改编的内容结构显示了一个典型的学生社团组织的结构体系。在这种模型下，组织领导的权责集中在顶层，首先是主席，下面各层才是其他干部和委员会干事。这些权力根据需要以代理的形式授予各个层级。

在传统结构的组织“游戏规则”中，组织的成员几乎没有什么权力和责任，他们仅仅按吩咐做分

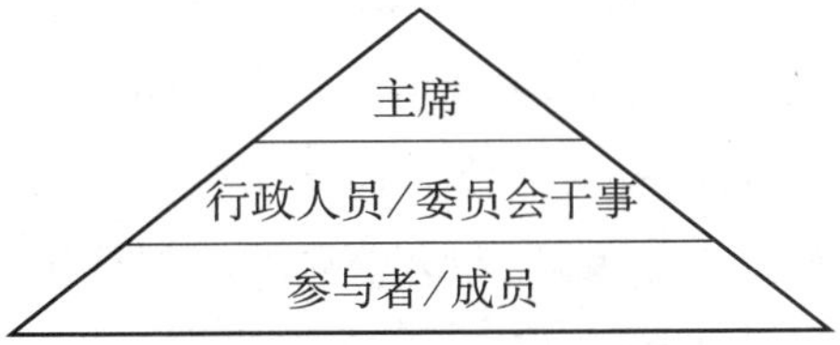

图 9—1　传统组织结构图

内的工作，无论如何都很少参与到决策过程当中。
363 然而，组织正在发生着改变，人们呼唤组织的合作（Berry，2004），给予关怀与同情（Hill & Stephens，2003）、移情式的换位思考（Lei & Greer，2003）。区别于传统的领导力的“命令与控制”功能，这种结构中的领导力需要组织成员的愿望、需求以及才干的全程参与，在组织整体环境下实现人们的交流。（Allen & Cherrey，2000）

定义组织的一种新的概念提出，传统金字塔结构应倒转方向翻转，这意味着成员在上，主席在下，如图 9—2 所示。这种新概念意味着主席的工作是为行政管理的中层或委员会干事提供帮助，以便他们更好地满足成员的需要和期望。这对任何组织都是一个有影响力的尝试。如果把你的组织金字塔翻转过来，你的领导力为了维系组织的存在是怎样帮助组织的其他成员共同实现组织的战略目标的？假设作为领导，谁是你的成员？你是怎样满足你的成员的需要和需求的？你又是怎样实现人尽其才的？

364

图 9—2　倒立的组织结构图

另一种组织结构概念是网状结构。（Allen，1990；Helgesen，1990，1995）网状的概念是由它的形态（类似蜘蛛网）和网状的形态随时变化（称作系列过程）的思想所决定的。（Helgesen，1995）新成员可以很容易通过组织网络的宽松的、易渗透的外围边缘进入组织的结构，与组织连接起来。（Helgesen，1995）由于网状模式经常处于“健全，延伸，变换，更改和转换”的状态下，这种结构在充满变化的环境里运行良好。（Helgesen，1995，p. 20）

图 9—3 向我们展示了网状结构组织的形态。正如你所看到的，共同目标（common purpose）位于网络结构的中心。我们认为，组织目标——组织存在的原因——远比领导力重要，是组织目标使人们成为组织的参与者。关系型领导力模型（见图 3—1）同样把目的放在模型的中心，这与赫尔格森（Helgesen，1995）的见解有所不同，赫尔格森把领导者放在网状中心和组织活动的中心，其他参与者散布周围。

365

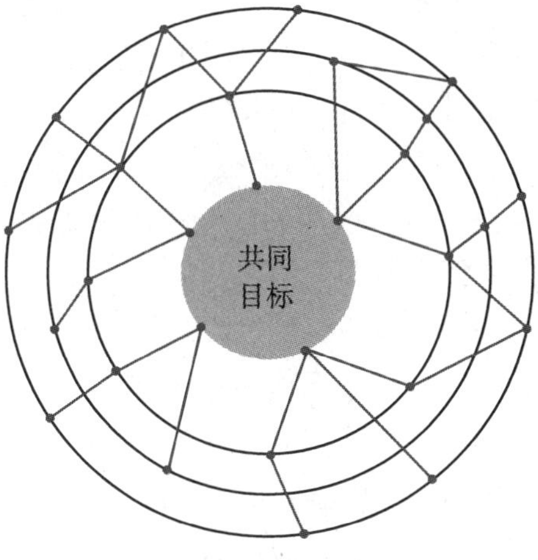

图 9—3　网状结构图

赫尔格森（Helgesen，1995）曾列出了更清晰地解释网状结构的六个重要过程。在网状结构内，交流是开放式的，可以在组织的各个层次上进行。由于信息和专业技能分布到了整个体系，“想做什么”与“实际行动”难以分离（思想与行动的统一）。网中的一根根线将权力分布于整个网络结构，因而那些具有创新思想的人感到他们既享有责任又具有权威来实施他们的想法。组织重组变得简单，整个体系收放自如，既可以向中心靠拢，也可以向外延伸，很少有人注意谁在哪个职位上或谁的权力大小，从领导者辐射出来的一根根线汇集成了通向外部环境的链接点，从而使组织的新成员不断地向组织靠拢。最终，网状结构通过不断探索与纠正的过程，能够得到不断更新，成功的程序得以继续，进一步强化了整个组织体系，而不成功的程序可能会转变为新的因素。由于交流与决策权遍及整个体系，实现变化就显得更加容易。（Helgesen，1995）

组织结构的最后一种形式是无层级组织（nonhierarchical organization）。在平行组织中，成员共同享有权力与权威。这种组织结构扁平
366 （flat）而无层级。通过达成共识来作出决策，所有人都享有领导者角色。许多组织采用平行组织结构的原因是出于对一种哲学信仰的追求——组织成员相信真正意义上的公平。

请注意：无论你现在处于哪一种组织结构中，重要的是切记结构并非组织本身。组织是人们为了特定目标而走到一起的成员集合。结构的创立是为了帮助组织成员实现有利于组织发展的目标。正是组织的存在，才把人们联系在了一起。当组织的结构一旦失去这些功能时，它就必须改变。我们会很容易相信结构的改变将解决组织存在的问题，但我们发现事情并非如此，改变组织结构可能使问题变得简单或者使组织运行更加有效，但是，它无法解决存在于人与人之间的更深层次的问题。

组织的使命、愿景和核心价值

组织为了一个具体的目标而存在，组织的这些目标包含了代表成员的观点、生产产品、为成员提供活动或服务等其他无数的因素，这就是人们之所以加入组织的原因。决定任何一个组织成功与失败的关键是组织目标（使命）在愿景和行动上怎样得以实现。一个组织的使命、愿景和核心价值的重要性是无法充分估量的。

组织的使命是非常简单易懂的，也就是为什么它会存在。琼斯和卡哈纳尔（Jones & Kahaner）收集了50家公司的使命宣言，这些读起来很
367 有趣。浏览大多数知名公司的网站，我们很容易找到他们的使命宣言。西南航空公司（Southwest Airlines）的使命是："传递温暖、友好、个体自豪和公司精神，将最高质量的服务奉献给顾客。"（http：//www.southwest.com/html/aboutsouthwest/index.html）谷歌（Google）以其使命宣言确立了一种难以想象的高标准："汇集全球信息，使人人皆可亲近受益。"（http：//www.google.com/about/company/）亚马逊（Amazon）将其愿景或使命描述为："成为地球上最大的顾客中心公司，建立一个人们可以网购任何想要的商品的网城。"（http：//phx.corporate-ir.net/phoenix.zhtml?c=97664&p=irolfaq#14296）可口可乐公司（Coca Cola）的使命是：

- 让世界清新畅快……
- 让我们激发乐观向上……
- 让我们创造价值成就非凡。

苹果公司因其不断创新产品而闻名于世，在一些新闻报道或发布会上都能感受到苹果公司使命宣言的独特之处，下面是苹果公司发布过的愿景陈述：

> 伴随着OS X操作系统、iLife、iWork与各种专业应用软件的发展，苹果设计了"麦金塔"（Macs），一举成为世界上最优秀的个人计算机。苹果还以便携式音乐播放器（iPod）和在线音乐商店（iTunes）领跑数字音乐的革命。苹果已经通过个人移动手机（iPhone）和苹果商店（App Store）的再次创新，引领了移动电话的革命。苹果正以平板电脑（iPad）的出现重新定义并描绘移动媒体和计算设备的未来。（http：//www.apple.com/pr/library/2012/07/30Mountain-Lion-Downloads-Top-Three-Million.html）

一个组织的使命宣言应该回答这样的问题： 368
该组织为什么而存在？使命陈述的语言必须清晰、简明，还应该包括从整个组织收集而来的语言表达，以此来反映组织的个性特征。使命宣言一旦确定下来，就应该以尽可能多的形式共享与传播，这样可以用来真正引领组织的行动。（Jones & Kahaner，1995）

使命宣言还应该发挥其他作用。它应该为组织的存在提供一个有说服力的理由。组织对学校、社区或世界所做的贡献需要以一种能吸引潜在参与者和鼓舞激励成员的方式表达出来。组织的使命的体现可以是社会性的、服务性的、注重实际

的、政治性的或其他的综合，但是，决定组织效能的将是如何推进并实现组织的使命。

正如你所想象的，可以用许多定义来描述一个组织的愿景。库泽斯和波斯纳（Kouzes & Posner，2008）称愿景“非常像一个文学或音乐的主题。它包含你想要传达的广泛信息，你希望人们记住它的主要旋律，无论何时当旋律再次奏响之时，它会提醒观众回味整个乐章”（p. 106）。阿尔布雷克特（Albrecht，1994）这样定义愿景：“一个企业的人们向往它会是什么样子或将会变成什么样子的一种形象。”（p. 150）愿景将回答诸如此类的问题：“我们想成为什么？我们的什么是最好的？”（Jaffe，Scott，& Tobe，1994，p. 146）我们认为，愿景应该回答这样的问题：组织的理想未来是什么？因此，它应该是鼓舞人心的、富有弹性的、清晰具体的、可实现的、反映崇高价值的、简单明了的。（Jaffe，et al.，1994）组织所拥有的愿景挑战着组织的领导者和成员尽一切所
369 能——有时候甚至超出了想象的可能——为了组织的存在而向组织使命迈进。

让组织成员共享愿景可能是件具有挑战性的任务。如果组织成员不能共享或接受组织愿景，任何有意义的事情都不会发生。所以，需要将愿景融入到组织人员的动力机制之中，这也是为什么使命和愿景必须表述清晰和鼓舞人心的重要原因。此外，这也是为什么使命和愿景的陈述总是普及或深入到领导者和成员之中，用以指引组织的各项活动。就像玛格丽特·惠特利（Margaret Wheatley，2006）所说：“创建愿景过程中，我们是在建立一个权力，不是一个地方；是在建立一种影响，而不是一个目的地。”（p. 54）换句话说，使命与愿景在贯穿组织领导与成员的行动过程中，应具有活力并保持其强大的生命力。

在这一部分中，我们探讨的最后一个概念是关于核心价值的问题。在没有核心价值，只有动机的前提下，组织的任何行为也能够推动组织向使命和愿景迈进，这常常被认为具有一定的合理性，所以，在生活中当你听到人们说“目的决定方法”的同时，也会到处发现这样的实例。在对一些公司的愿景加以审视研究后，柯林斯和波拉斯（Collins & Porras，1994）对核心价值做了如下描述：“核心价值是组织必要的和持久的信条——一套简明的一般性指导原则；不要与特定文化或操作实践相混淆；不能向金钱利益或短期的权宜之计相妥协。”（p. 73）一般情况下，核心价值条目的数量较少（通常 3～6 条），“但只要确立下来，它是那样固若磐石，深入人心，很少改变或变动”（p. 74）。核心价值回答这些问题：作为组织成员，在我们追求使命和愿景时，我们如何对待自己和其他人？尽管核心价值对组织的成功至关重要，但在一些组织的成员间却很少被提 370
及。因此，作为个人也好，代表组织也好，我们鼓励你花一些时间反思你所在组织的核心价值意味着什么，这将会使你受益匪浅。

组织文化

许多人相信，由于组织的强大和具有一定的影响力，它们形成了自己的组织文化。埃德加·塞因（Edgar Schein，2010）在他的经典著作《组织文化和领导力》（*Organizational Culture and Leadership*）中，这样定义文化：“文化是一个抽象概念，但是社会和组织情境的创建源于文化的强大力量。”（p. 7）他进而定义了组织文化的形态：

> 一个团体学习共享的基本的假设模式。伴随着团体外部适应和内部整合的过程，团体内的问题得以解决，形成了经验共享的模式。这种模式作用效果突出并被认为行之有效，因此，组织向新成员传授承继，使其成为一种对问题进行感知、思考和体验的正确方法。

詹姆斯·卡尔斯（James Carse，1986）用稍微不同的方式定义文化：“文化是一种无限的（永无终结的）游戏。文化没有边界”（p. 53），“因此，我们可以说，如果界限决定社会的话，那么，视野决定文化”（p. 69）。

塞因（Schein，2010）提出文化有三个不同的层次。最易观察的层面类似人工制造物——组织

的“结构和程序”；信仰和价值观构成第二层次，包括组织奉行的“理想、目标、价值观和抱负”；
371 位于最深层的是潜藏或深层的假设，包括被组织成员认定为正确的“潜意识的信仰和价值观”。这些潜藏的假设促进价值取向的形成，驱动组织的运行。他断言“领导者的中心问题是理解潜藏的更深层次的文化，评估在此水平上所做出的假设功能作用，当这些假设受到挑战，释放出焦虑担忧的时候，应该给予积极应对”（p. 33）。

特伦斯·迪尔和阿伦·肯尼迪（Terrence Deal & Allan Kennedy，2000）提供了一个审视组织文化的不同框架。他们强调了组织的价值观、形象、仪式和惯例，以及沟通网络的重要性。价值观尤为重要，因为它确立了组织的核心并引导组织成员的行为。普通个体成员崇高的形象作用至关重要，因为从他们身上更有可能体现成功。他们树立角色榜样，对外代表了组织的形象，维持了组织的独到之处，建立了绩效的标准，鼓舞鞭策了组织成员的行为。(Deal & Kennedy) 仪式和惯例为组织提供了如何在组织内开展日常活动的正式和非正式的行动指南，它们包括成员的交流方式、社交方式、工作方式、娱乐方式、行为的认可方式以及奖惩方式。仪式和惯例还控制着组织运作的错综复杂的程序——例如，如何按流程召集会议。最后，迪尔和肯尼迪通过研究怎样收集和传播信息——无论是正式还是非正式的——分析了组织的沟通渠道。正如他们所说的，“整个过程取决于人，而不是文件”（p. 87）。

372 迪尔和肯尼迪（2000）描绘了组织里各式各样的角色特点，分析了他们对沟通交流网络如何产生影响。讲述者（storytellers）角色只是讲述组织正在发生的事情，他们说的或真或假，只反映了他们的所见所闻。牧师（priests）角色把自己看成组织文化的价值引导者，另外的作用就是使组织成员聚合到一起。造谣者（whisperers）角色在暗中操作，由于与组织领导者关系密切而具有一定权威。传谣者（gossips）角色能够传播组织内部的一些最新消息，但所提供的信息有些是真实的，有些是虚假的。组织成员具有信息的知情权，行政管理的信息部门应通过一些渠道告知组织成员正确的信息和真实情况。间谍（spies）角色往往忠诚于组织的领导者并为他们提供正在发生的事情的有关信息。最后，小集团（cabals）角色是由两个或以上的人组成，为了提高他们在组织中的地位而聚集在一起，他们的结盟通常是秘密进行的。

鲍尔曼和迪尔（Bolman & Deal，2007）为我们提供了理解组织的另一种方式。他们认为组织由四种框架构成：结构、人力资源、政治和象征框架。正如你所想象的，结构框架关注正式程序，比如组织结构图、角色和工作描述等；人力资源框架强调组织里的人——他们的感受与动机；政治框架的运行建立在资源永远是紧缺的这一认识基础之上，因此，组织之间不可避免地会发生冲突，这就要求组织必须以形成联盟的方式进行运作，以便获得更多收益；象征框架注重仪式风俗、典型事例和先进人物的挖掘，这些形象不仅可以
帮助弘扬组织，也能反映组织的价值追求。如果 373
能够注意到这些不同框架在你所在的组织里是怎样运行的，你就会找到为什么组织在一些环节上运行良好、为什么在一些方面苦苦挣扎的线索。

吉尔特·霍夫斯塔德（Geert Hofstede，2003）通过对世界各地的社会研究，加深了我们对组织和文化的理解。他提出人们在文化认识程度上存在着以下五个方面的不同：一是权力距离指数（the Power Distance Index，特定的社会支持不平等或平等的程度），二是个人主义（Individualism，强调有多少个体工作超过集体行动的程度），三是男性倾向（Masculinity，传统的男性价值观接受传统的女性价值观的程度），四是不确定性规避指数（Uncertainty Avoidance Index，对模糊和不确定性的容忍程度），五是长期取向（Long-Term Orientation，支持长期观念超过短期观念的程度）。

可以将以上研究和第2、5章中介绍的GLOBE项目研究中提出的几个文化维度比较一下。霍夫斯塔德（Hofstede）论述的五个维度提醒我们注意人们在如何认识世界方面存在着不同

的信念与偏好，他帮助我们更深刻地去理解我们的组织。比如，假设许多学生想加入你的组织，他们都推崇平等观念，即所有的观念都应给予平等的考虑（权力距离）。不幸的是，至少对于这些人来说，你的组织是一个有等级传统之分、偏向于优先考虑有资历成员的意见的组织（长期取向）。这也是你的组织的一贯做法，并且证明其操作有效。在这种情况下，作为领导者，让学生相信他们能够为组织出谋划策或有所贡献，可能会有一定的难度。

374 了解你所在的组织的文化是非常重要的，因为文化能洞察组织的运行本质。我们都以为了解自己组织的运行方式，所以都觉得对此无关紧要。甚至老成员对组织的体验可能与新成员或未来成员就有所不同。就认识变革的基本概念而言，在某些组织中，“不破不立”的原则反映的是一种组织文化形态，而在其他组织中，“不破无忧”则反映了另一种组织运行法则。一名以变革为中心的组织的新成员会因为自己的观点比在那些安于现状的组织里更受关注而感到兴奋不已。然而，老成员也可能会认为现状一切都好，根本无需改变。

一个组织的文化同样会对组织活动产生消极的影响。斯特西（Stacey，1992）提到：“强烈的共享文化不可避免地阻碍了新的学习并消减了对某个问题产生影响的不同观点。”（p. 143）换句话说：“我们越固守着规范，我们就越是抗拒改变它们。”（p. 143）虽然文化发展在帮助追求组织使命、价值观和目标等方面是十分重要的，但每个人都必须意识到文化也许对组织会起到阻碍作用。人们还必须意识到不去改变组织文化的话，任何改变组织使命、愿景和价值观的努力都会遭遇阻力。想一想一个刚刚发起的组织在消除对新成员的欺侮这个简单问题上所遇到的阻力，欺侮是违法的，对组织有百害而无一益。然而，许多组织的文化还是强烈坚持这种惯例传递的必要性，以便给新成员机会展示他们对新组织的忠诚。改变
375 组织的使命与价值，拥护无欺侮的原则是相对简单的。而改变组织的文化，让组织里的个人不再向新成员实施欺侮却比较困难。规划一个奖励替代活动，以庆祝的方式确认过渡的新成员的正式身份，可以丰富组织的文化。

组织网络

网络体系的重要性在近些年来备受关注。（Barabási，2002；Fisher，2009，Watts，2003）在人们玩“六度分离理论”（Six Degrees of Kevin Bacon）时，网络体系进入了流行文化当中。将凯文·贝肯（Kevin Bacon）与威尔·史密斯（Will Smith）连接在一起的“链条”有多少？或许是两条！贝肯（Bacon）在肯尼迪机场遇到汤米·李·琼斯（Tommy Lee Jones）——和威尔·史密斯（Will Smith）合拍了《黑衣人》（*Men in Black*）——而获得灵感？杰西卡·利普耐克（Jessica Lipnack，1993）和杰弗里·斯旦普斯（Jeffrey Stamps，1993）把网络体系定义为：“不同团体的人们基于共同目的而联系在一起的地方。”（p. 7）这些团体的人们可能是组织成员，也可能是组织以外的人，关键在于他们为了共同的目标而一起工作。更重要的是网络体系为大范围的人聚集在一起提供了机会。因此，网络体系既能用于解决某个具体的问题，比如大范围学生、教员和工作人员为计划筹备某个机构的百年庆典而聚集在一起共同工作，也能用于解决某个当下的问题，如学生保留问题。同样，学生的种族或文化团体也可以利用网络在 376
校园提供各类课程或进行种族问题的宣传活动。网络体系形成的核心问题包括目标一致，在网络体系的成员中创造尽可能多的联系，并确保网络体系内有多元领导者。（Lipnack & Stamps）

当你判断你的组织是否是一个网络或网络团体时，请考虑回答以下问题：

- 网络必须实现什么目标？
- 谁和谁需要联系？为了什么目的？
- 创建什么样的联系能够减少网络体系路径的平均长度？
- 网络如何维持？也就是说，组织如何保持网络的健康？
- 在整个网络中，你将如何提高互动共鸣？

（Goldstein，Hazy，& Lichtensten，2010，p. 169）

组织的生命周期

尽管第2章里描述的新兴范式认为组织是无法控制的，但我们相信一个成功组织的关键在于它的随机应变能力——变化的环境、变化的成员、变化的领导力。这种适应能力促使组织自我更新，保持其活力。一个由个体组成的有技能有决心的小型团体通过聚焦行动也会使一个组织变得更加强大。

这种情况有时会在新兴组织里出现。一群学生为一个新想法兴奋不已，在另外几个学生的帮助下，成立了一个组织并专注于一个特定的目标。这个小团体所付出的精力、热情与奉献为他们带
377 来了丰硕的果实。然而，这样的成功收获可能是短暂的，除非该组织为接下来的行动制订计划，尤其在招募新成员、培育未来组织的领导者等方面未雨绸缪。这也是领导力责任中的一项最重要的又经常被忽略的责任——去发现、招募、准备、培养组织的未来领导者。感受到这种义务并维持组织未来的可持续性被称作组织的“繁衍力”（generativity）。

约翰·加德纳（1990）和伊查克·阿迪思（Ichak Adizes，1988）提出了组织的生命的概念。加德纳使用“婴儿期”（infancy）和“成熟期”（maturity）这两个术语来区别那些处于早期阶段的组织和那些比较成熟、中规中矩、更有方向感的组织。阿迪思（Adizes）的研究则更加深入，他使用了下列术语来描述组织的生命周期变化过程：孕育期（courtship）、婴儿期（infancy）、学步期（go-go）、青春期（adolescence）、壮年期（prime）、稳定期（stable）、贵族期（aristocracy）、官僚化早期（early bureaucracy）、官僚期（bureaucracy）和死亡期（death）。正如加德纳所述，“在每一个阶段组织都可能有得有失”（p. 122）。当组织处于早期阶段时，它们非常灵活和创新，乐意尝试新事物，具备快速反应迎接新挑战的能力。然而，它们可能花费大量精力却收获极小。而当组织处于成熟期时，灵活性变小，它们正在变得中规中矩，很满足于缓慢平稳的发展。（Gardner）组织的这些生命阶段与第8章里所描述的团队发展的阶段相类似。

据说有人曾经询问过有关“和平卫队”（Peace Corps）的早期阶段的事情，萨金特·施赖弗（Sargent Shriver）主任这样陈述，当时组织的领导力适应性不强——他们都忙于事务不可开交，这种情况在新兴的组织的最早期阶段经常出现，激动振奋，甚至欣喜若狂，但它总会终结。阿迪思（Adizes，1988）的生命周期模型对启发学生 378
干部对组织的理解来说十分重要，因为该模型专注于整个组织是如何变化的。仔细观察你的组织，你所在学校的任何一位学生会如何描述学生管理组织？他们的评价是正面的还是负面的，抑或中立的？他们是否了解目前团体最新的一些成就？

你的组织必须在常规的基础之上，询问自己两个问题：

我们最近已经取得了哪些成就？

我们所取得的成就怎样反映了我们组织的使命？

如果你感到回答任何一个问题有困难，那么你也许需要重新审视你所做的一切和你所用的方式。我们都要记住，各种会议的目的和程序运行的标准是帮助你的组织用最适宜的方式来完成事情，它们并不是用来成就你自己的。作为一名领导者，你必须发现和描述你能够帮你的组织去取得的一些有意义的成就，而不是列举你参加了多少场会议或主持了多少场会议的事实。

跨文化组织发展

一个组织在较长的一段时间内能保持生机与活力，它必须愿意去重塑自己。组织转型的一种方式是借助跨文化组织发展的概念。（Armour & Hayles，1990；Jackson & Holvino，1988；Pope，1993；Wall & Obear，2008）组织的多元 379
文化发展过程强调了来自各种文化和社会团体成员的全面参与，重视了对消除可能存在于组织内的各种类型的社会压迫的承诺，因为社会压迫将阻碍所有成员有意义的、包容式的组织参与。

对于多样性和社会公平的关注，提供了一种组织转型的新视角。由于关系领导力模型强

调包容性和授权性，因此，理解组织如何实现向多元文化的转型显得十分重要。如果你所在学校的每个组织都承诺结束各种社会压迫，你觉得会产生什么样的影响？这显然是一种变革转型，校园将成为对所有学生和教工而言最美好的地方。

在跨文化组织发展方面，阿莫尔和海尔斯（Armour & Hayles，1990）以及杰克逊和豪威尔诺（Jackson & Holvino，1988）也提出了相似的模型。他们的模型显示，组织的视角正在通过对过程的重新定义，从单一文化的和排外的观念向顺应的和非歧视的观念转变，最终转向多元文化的视角。

杰克逊和豪威尔诺（1988）的一项特殊的重要研究是对变革代理人作用假设的详尽阐述，代理人的作用取决于他们是否持有单一文化的、非歧视的、或者多元文化的观点（见表9—3）。那些持有单一文化观念的变革代理人认为社会基本上处于和谐状态，一切运转良好；而那些拥有多元文化观念的代理人认为社会充满冲突，需要快速的变革。你也许在你所在的大学中，就已经看到这些对立观点的例子。学会理解、尊重，并有效地和其他持有明显不同于你自己的观点的人合作是领导者面临的巨大挑战之一。同时，如果你试图努力使你的组织和学校成为所有人的理想家园，这也是绝对必要的。

380 **表9—3** 多元文化组织发展变革代理人假设

	单一文化的	非歧视的	多元文化的
社会的性质	和谐的 相似的利益 需要改善，总体良好		冲突的 不同的利益 压迫的，疏远的，需要急速变革
压迫性	支配地位	废止种族歧视	多元主义
自由模式	同化性	合作性	多样性
变革中的自我利益	生存和社会的可接受性	适应和充分利用人力资源	平等，授权，集体成长
价值与观念	个体的基本权利 奖励优秀人才 有效率和经济的生存		相互依存 生态的生存 人和社会的发展潜力

资料来源：改编自 Jackson & Holvino (1988)，p. 18。

381

组织中的学习

领导者和参与者在组织中持续的学习始终是个十分重要的问题。只有通过不断的学习，组织才能够改善它们的运作方式，提高价值和不断成长。在一览表9—1中，尤克尔（Yukl，2009）提出了领导者鼓励学习的系列方法。

一览表9—1：领导者加强组织学习的方法 ◇

- 鼓励人们去质疑传统的方法，寻找创新的、更加有效的新方法。
- 表达一个鼓舞人心的愿景，从该组织成员中获得支持以实现变革。
- 通过个体和团队来鼓励和促进集体学习所需要的技能。
- 强化从经验和开放中学习新知识的价值，从而有利于创建组织学习的文化。
- 鼓励社会网络，以便促进知识共享，支持合作发展的创意，寻求创新的政治支持。

- 当重要的学习已经发生，帮助人们提高认识，理解对团队或组织的影响。
- 鼓励团队开展活动后审查评估，发现有效和无效的过程。
- 当一项新计划是失败的，鼓励人们予以承认并终止计划以免继续浪费资源。
- 开发、实施和支持有利于发现新知识的项目和系统，鼓励和奖励它们在组织中的扩散和应用。（Yukl，2009，p. 50）

382 彼得·圣吉（Peter Senge，1990）、沃特金斯（Watkins，1993）以及马斯克（Marsick，1993），以及其他一些学者提出了理解组织的新概念，这种新的方法有利于组织在混沌的世界中成功运行，第2章中对此曾有叙述。他们运用“学习型组织”（learning organization）的标签描述组织拥有能力成长、变革、发展，以适应组织对不断变化的环境的挑战。在他的学习型组织的概念形成中，圣吉等（Senge et al.，1994）总结出了自我超越（personal mastery）、心智模式（mental models）、共享愿景（shared vision）和团队学习（team learning）等模块要素，这些要素构建了系统思维的框架，每一个要素都与其他要素相互联系。我们相信学习型组织的概念、整体优先的指导原则、自我的社区本质，以及语言的生成力等，对我们关于组织的讨论有着很大的启发。

自我超越的含义是个体努力把工作做到最好。对组织中的财务主管来说，这可能包括掌握新的财务软件，知道采购的每一个环节，具备制定、执行预算的技能。对一个副董事长而言，这肯定包括与各委员会主席合作共事的技能，这样，相关团队才能有序组织起来产生效能。组织里的每
383 一个人，各级官员或成员，都拥有为组织做贡献的技能和能力。非常重要的一点是，领导者要与团队成员一起工作，这不仅有利于个体在组织的现有岗位上获得高效工作的能力，也有利于团队成员为未来的职务做好准备。当一个团队的成员具备了这些技能并获得授权运用这些技能时，整个组织都会由此受益。

心智模式是人们对于世界各个方面的假设。例如，当别人说起“领导”、“冲突”、“多样性”或“会议”等这些词汇时，什么样的画面会忽然浮现在你的脑海中呢？这些心智模型很难掌握，因此也很难做出改变。但是，如果周围世界发生了积极的变化，人们就必须改变原有的认识模式。有时会出现分歧，因为这些不同的心智模式不会表现在表面上，所以，要对它们进行审视，如果必要的话，就要改变它们。仔细思考一下“顾问”这个概念。如果你的组织中有一名顾问，当你策划一个大的事项时，你会假设这个人会保证在细节问题上不能有半点疏忽，如果真的出现了疏忽，每个人都会损失惨重。将你自己的心智模式与你所在的组织里其他人的心智模式进行比较，这是非常重要的，这样做可以尽量减少错误的假设。心智模型对整个组织都有影响。每当组织的成员想起组织的时候，如果“宽容”、“过程”、“道德”和“共同目标”等概念迅速浮现在他们的脑海之中，思考一下这将会是什么情形！这些形象和感觉会成为巨大的力量，以某种方式引领组织并使之更加强大，走向成功。

共享愿景的思想关注组织使命、愿景和目标 384
都必须被每个成员接受。共享愿景——或共同目标——当前尤其应该强调授权的重要性。人们得到授权，个人的心智模式水平就会得到提高，如果缺少共享的方向感，每个人将会走向不同的方向，其结果是组织毫无方向地盲目发展。虽然愿景十分重要，但是赫尔格森（Helgesen，1990）认为，愿景对于一个人言语表达中的自信心同样重要，因为正是这样，愿景才能与他人相关联，并与他人共享。

团队学习在学习型组织中也是十分重要的。正如圣吉（1990）和其他人（Kline & Saunders，1993；Watkins & Marsick，1993）所说，个体层面的学习（圣吉的“自我超越”的概念），倘若期待真正的学习发生的话，必须通过团队学习、组织或社会层面的学习给予补充。这可能包括学习如何作决定，学习如何真正沟通，学习如何争执反

驳——这些组织生活的方方面面，我们通常不以为然，但在组织中却表现得十分糟糕。同时，团队学习的概念强调需要将领导力看作一个持续的过程而不是一个终结的结果或产品。正因为团队成员通过不断的努力相互学习新方式和新方法，所以领导者必须不间断地与组织中的成员展开对话沟通。

最后，系统的方法在学习型组织中主导着思维模式。当人们系统思考时，他们有责任同甘共苦，而不是坐视某个人受到责难。学习型组织里的每个成员都应以别人为镜，反思别人为解决问
385 题所做出的贡献。试想一下，我们在许多问题面前如何责怪别人或把原因推卸到其他事情上，而没有承担自己应负的责任，努力去找到解决问题的办法。圣吉（1990）称其为特定的“学习障碍”（learning disability），信奉的是“以敌为镜”的信念。就像我们之前把组织比作天气系统的例子一样，系统的每一个方面都相互联系，最终创造出系统的现实。因此，所有的模块要素：自我超越、心智模式、共享愿景、团队学习和系统思考，形成关联机制，共同创造出学习型组织。

我们如此详尽地探究学习型组织的原因在于，当一个组织面临新的挑战时，持续的学习能力将使它获得持续的再生能力。请思考以下的例子：一个学生管理组织要推荐一个学生代表进入其学院的理事会。这名学生代表应该拥有什么素质？如何挑选出合适的人选？哪些问题应该由该学生代表带到理事会会议上？豁然间，这个学生管理组织似乎从一个只重视课程项目的组织变成了一个倾听学生在团体中的声音、对校园生活作出重大决定的组织，这是组织聚焦点的重大改变。为了充分利用这个机会，该组织必须能够了解该学院理事会如何运行，什么样的问题会使该理事会感兴趣，什么方式方法最能取得成功。多数这样的学习都将成为一种“兼顾的快速行动”（Stacey，1992）。一个组织只有真正开放并乐意学习新方法，才能更好地利用这种机遇。

386 **❖ 学生文选**

作为一个领导者，我所学会的并且感悟最深的一个概念是从失败中学习的力量。如果你能从经历中学习，失败不是什么坏事情，不幸的是，在与同学们的交流中我发现他们对此概念的认识还很肤浅。

在大学学习期间，我曾在校园里创办过一个组织，但失败得很惨。从我的错误中我学会了很多，两年之后，我在总结经验教训基础上创建了一个更富有成效的组织，现在运行良好并扩大到其他校园。你要面对挑战，战胜逆境，但从错误中学习对进步起到了巨大的帮助作用。

不要害怕失败，而是应该害怕不去尝试。失败等同于经验，它可以成为一名神奇的老师，但一个人要能够学会把它转化为成功。作为一个领导者，关键是理解为什么某些想法没有按计划进行，学会利用你的专业知识技能实现改变，以避免类似的结局的发生。马尔科姆·福布斯（Malcolm Forbes）曾说过：“失败是成功之母，如果我们从失败中学习。”在你学会领导别人之前，首先要学会了解你自己。如果不能从以前的失败中学到教训，你仍将重蹈覆辙。

萨文·莫沙德格扎德（Shawhin Mosadeghzad）毕业于田纳西大学（the University of Tennessee），主修管理学。他是田纳西大学“非我基金会”（It's Not About Me Foundation）的创始人和“卡帕西格玛兄弟会”（Kappa Sigma Fraternity）的资深会员。

科技的虚拟性及其影响

了解科技的重要角色及影响对组织的生存是十分重要的。（Oblinger & Oblinger，2005；Postman，
1992）虚拟团队和组织的增长已在大量的出版物中 387
予以记载。（Avolio & Kahai，2003；Mockaitis，

Rose，& Zettnig，2012；Zigurs，2003；Zofi，2012）查尔斯·汉迪（Charles Handy，1996）将虚拟组织（virtual organization）定义为："那些并不需要所有的人甚至不需要任何人集聚在一个地方提供他们的服务的组织确实存在，但你不能看到它。它是一个网络，而不是一个办公室。"（p. 212）吉格斯（Zigurs）认为我们应将"虚拟性"（virtuality）看作连续统一体。团队在地理上、时间上、文化上或组织上分离越大，就越能体现虚拟性。

那么，这些虚拟组织是怎样的呢？汉迪（1996）、吉格斯（2003）以及扎卡罗和巴德尔（2003）认为，信任十分重要，在人们很少面对面接触情况下，建立信任是十分困难的。他还强调了组织成员拥有共同目标、共享价值观的必要性。达维多夫和玛龙（Davidow & Malone，1992）注意到，组织必然更加趋于扁平化（多层级的科层制将成为过去时），有必要建立组织成员之间的相互信任，使越来越多的各层级的组织成员参与到决策的过程之中。

阿沃里奥和喀哈伊（Avolio & Kahai，2003）描述了虚拟环境下的领导力："从本质上说，领导力是关于关系发展的能力。无论是否是通过信息科技的连接，领导者为了有效领导都必须构建关系。"（p. 331）在类似的"主要变革与未来趋势"的课题研究中，阿沃里奥和喀哈伊提出："领导者和追随者都有更多的知情权和了解对方的途径……领导力正在向越来越低的组织层面上移动……领导力
388 创造于和存在于网络之中。"（p. 333）奇丝勒（Kissler，2001）发现了许多有利于成功的网络领导力（e-leadership）特质。除其他特征之外，成功的领导者"善于驾驭复杂性、含糊性和不确定性；具有难以置信的好奇心，成为永不知足的终身学习者；由于其根深蒂固的价值观和坚定的信念而变得勇敢果断，有能力培养和储备人才"（p. 132）。扎卡罗和巴德尔（2003）总结出许多网络团队（e-team）领导者促进网络团队高效率的角色功能，包括"提高凝聚力，培育信任，促进信息和思想共享，缓解团队冲突，增强团队协调与综合，开发社会和人力资本"（p. 382）。

你所在的组织可能已经很像一个虚拟组织，成员不分白天或晚上来来往往，进进出出，但却没有时间集聚到同一个地方面对面相见。在你的校园里，你可能已经参与过很多类似的虚拟组织，你的学生管理组织可能是州、地区或者全国的其他学生组织的联盟，你可能通过邮件、电话、传真策划了一场领导力研讨会议，但直到会议开始都从来没有在同一房间里面对面相见。甚至在校园里，比起面对面的会议，你可能发现你更多地通过手机、电子邮件、信息、雅虎微信、谷歌群或其他技术手段来与你组织中的成员交流。

这种科技的影响力是无法比拟的。我们如今 389
能随时随地与任何人进行交流，分享信息。这对你的组织意味着什么？这又对未来的组织意味着什么？我们已经看到了科技是如何把人们组织起来的。（Rheingold，2003）科技又会以其他什么方式改变组织的运行？更多的通信交流会使组织变得更美好吗？什么时候所有的这些信息的使用会变得势不可当？此时此刻，我们无法预测由于科技应用的结果组织将会如何改变，但是，我们知道它们一定会改变。

传统范式文化中的新范式领导力

阅读一本书，比如本书，最具挑战性的一个结果就是意识到你可能会接触到许多新范式的领导力原理，但同时你也会发现你自己深陷传统文化的束缚而不能自拔。这带来了一个两难选择，但你可以采取行动继续应用这些原理。首先，与其他任何愿意与你分享的领导者、组织成员、顾问共享你对新范式领导力的理解。通过分享，你要做两件事：一是你自己必须更扎实地掌握新范式领导力的知识信息；二是找到一些与你志同道合的朋友不断地进行交流。承担个人责任主动寻找利用信息的方式，而不要找借口说："是的，就是这样，某种情况不允许我这样做。"保持积极乐

观的态度，努力寻找你能运用这些知识的领域，而不要将精力集中到不着边际的其他方面。持续不断地尝试新事物，即使是在很小的方面也要坚持不懈。你可以通过《第五项修炼实战手册》（*Fifth Discipline Fieldbook*）这本书找到大量的不同类型的练习及思想观念的训练（Senge，Kleiner，Roberts，Ross，& Smith，1994），该手册的练习及训练可以运用到组织内部和外部的不同的情境中。此外，可以自愿地与其他组织做项目或者做嘉宾演讲或辅导来应用实践领导力。最后，要继续阅读和探索，本书提供了很多丰富的参考资源以便于查找研读，继续开发你本人的领导力资源，它将使你终身受用。（Allen，1990）

组织更新 390

一些典型的长时期存在的组织可能会变得僵化陈旧。加德纳（1990）发现，为了使组织更新理念或重新解释价值观，释放能量，重新激活遗忘的目标或再生新目标，取得新的理解，激发人的潜能，经常性和持续性的更新对于团体或组织是非常有必要的。加德纳进一步强调，“领导者必须理解持续性和变革相互交织在一起”（p. 124），持续性意味着保持团体或组织目前的最佳状态，在需要新方法的条件下继往开来。

根据加德纳（1990）的观点，组织更新过程最关键的一步是成员的“天赋和能量的释放”（p. 136）。正如他所强调的：“对于组织的更新来说，没有什么比促进和培养成员更快适应他们能够做出最大贡献的岗位显得更重要了。”（p. 127）这一过程开始于对新成员的招募，延续于他们的长期发展。为了更好地发掘团体、组织或社区成员的天赋和能量，你应该做些什么？你怎么能够做得更好？

加德纳（1990）还提出很多其他的建设性意见来帮助组织做出更新的努力。我们认为这些建议同样适用于团体和社区建设。团体、组织和社区应该赋予领导者新任务去迎接新的挑战；采取措施提升领导者和参与者的动机水平；创造多样 391
性和求同存异的环境，鼓励发展新思想；重温团体和组织形成的初衷；确保内部和外部沟通开放流畅；始终聚焦于所期待的未来愿景；最终实现组织的再造。其中一些步骤可能需要利用外部的评估观察员，因为人们通常习惯于满足现状，他们可能会对任何有意义的变化尝试提出反对意见。

❖ 学生文选

成为组织推选的行政职员，将面临一些挑战。你必须学会如何与那些之前从未共事过的人一起工作。最重要的是要了解你所在组织中的领导们是如何领导组织工作的。担任一个组织的副主席的经历使我认识到与人们共同工作是很有挑战性的。在我的组织里，我面临的挑战是要给两位行政人员分配任务并确保任务的完成，一段时间里，这成了我头疼的主要问题。为了解决这个问题，我分别与这两个人进行交谈，结果证明我所了解到的情况对组织工作很有利。其中一位不喜欢就组织的事务向不同地点的成员打电话沟通，另一位喜欢当天早些时候结束下班，因为傍晚他有其他工作任务要完成。为了解决这个问题，我把两个人的工作任务做了调整。作为领导者，你必须记住，当领导一个组织时，你必须清楚什么最适合你组织内的成员去完成。这使每个人都有尽可能多的机会参与。

雷金纳德·J·霍勒斯（Reginald J. Horace）是佛罗里达大西洋大学（Florida Atlantic University）大二学生，主修生物学，希望成为一名医学博士。他曾担任学校学生会众议院校园行动（the Campus Action）委员会副主席、学术咨询与迎新指导委员会（the Council for Scholarship and Inquiry，Orientation and Welcome）副主席。目前是生命接力委员会（the Relay for Life Committee，抗癌组织）的成员。

392 加德纳的思想很重要，因为他在我们遭遇挫折、不知所向的时候，能够给我们很多启示。他的著作也体现了关系领导力模型的一些基本概念。通过对目标、参与度、授权、道德，以及过程导向等方面的密切关注，团体、组织、社区能够成为所有成员保持创造活力的理想家园。当遇到挫折的时候，重温这些基本原理，又可以回到为组织更新目标而努力的美好愿望的起点。

另一种专注于组织学习的方法是由里克·罗斯（Rick Ross）提出的、被称为“五个为什么”（The Five Whys）的一种练习。（1994，p. 108）向你自己提问以下这样最简单的问题，例如：你的组织（或团体、社区）为什么存在？这个问题实际上与许多组织相关联，无论是学生会、一个服务组织、国际象棋俱乐部，还是学生公寓管委会或房管会、男女学生联谊会，或是与你相关的专业俱乐部等，都需要回答这样的问题。因此，对问题需要深究。现在看一下你的回答并且问问自己为什么它重要。继续问第二个“为什么”、第三个“为什么”，就这样一直到第五个“为什么”。这样做可以帮助你找到团体存在的本质所在。表 9—4 提供了如何应用这种方法的一个例子。

尽管表 9—4 中最后一行的问题涉及努力为学生活动项目开发办而工作，似乎有点儿幽默，但这样的对话确实可以让我们更深刻地明白，为什么我们需要提供校园娱乐——为了留住学生，这就是此类组织存在的理由，它们主办的活动就必须吸引大范围的学生的参与。

393 **表 9—4** **五个为什么**

思考并想象一下与学校娱乐委员会主席的对话	
组织为什么存在？	为学生提供娱乐节目，供学生消遣。
它为什么重要？	这样，学生们有事情做并且从中得到乐趣。
为什么这样做重要？	这样，学生就会喜欢来这里上学，不会给社会添乱。
为什么这个也重要？	如果学生喜欢到这里上学，就会待在学校不惹麻烦，那么他们就有希望读下去，顺利毕业。
为什么这个更重要？	如果学生毕业了，那么就很有可能走出社会并取得成功，拿到很高的工资，并且回报母校。
所以，你真在为项目开发办卖力气？	是这样的！

资料来源：改编自 Ross（1994a），pp. 108-112。使用已获得授权。

思考并比较一下两种学生管理团体的不同：一种学生管理团体存在的理由是为校园社区提供社交、娱乐以及健身活动；另一种学生管理团体的目标是希望及时反映校园管理方面学生的心声。这两种学生团体的着力点大相径庭，因为没有一个团体或组织可以包罗万象，关键要决定什么是核心任务，而且在每次机遇面前坚守住核心任务，正是核心目标决定了组织为什么存在，决定了为什么人们从此出发、为什么人们宁愿与它为伍共存亡。作为领导者和积极的参与者，帮助组织成员始终保持对核心任务充满活力责无旁贷。

出现衰落 394

在第 10 章和第 11 章，我们将集中论述改变——变化的过程及促使组织发生变化的策略。

然而，在这一章中，我们还是想提供一些思考，当组织出现偏离轨道的迹象时，你会注意到有哪些表现。一览表9—2描述了某些你应该注意的状况。和其他任何列表一样，这些状况的描述只能用作参考指导，而不能作为衡量组织如何运行的唯一标准。

一览表9—2：处于危险期的组织表现

- 越来越感觉到，我们目前所做的工作不再有成效或不恰当。
- 规划会议和行政会议中充斥着一种紧急感。
- 精心设计的扩张计划无法实施，不断地更改所设计的愿景和期望，内部变化的速度明显加快。
- 不断变化的环境导致绩效下降，组织传统上所依赖的特殊活动或提供的产品等不再有效。
- 担心所有的微小变化都已无法满足现实的需要，大的变革势在必行。
- 对组织外部事件意义的解释出现相互矛盾和严重分歧的迹象，包括对与组织相关的事件的理解和应对外部事件应该采用的方法。 395
- 内部成员之间的冲突加剧——建设性地和破坏性地——将一线成员和管理者置于紧张的边缘。
- 个人焦虑感加剧，组织目标和个人的兴趣日益分化，表现在人员调整加速，产生普遍的质疑："我应该留下来还是应该走开？"
- 在尝试去改变的过程中，不确定状态在蔓延，正常工作中的重要性和意义在减弱，诚信受到抵制。有时使用非常规的手段如高压或威胁。
- 组织的未来令人质疑，经常听到"组织解体或解散"的呼声。

（改编自Goldstein，Lichtensten，2010，p.50）

本章小结

在这一章中我们讨论了复杂的组织，包括组织存在的原因以及组织如何结构化。我们强调了使命、愿景和核心价值的重要性。

正如普洛曼、索兰斯基、贝克、贝克尔、卡尔咯尼和特拉韦斯（Plowman，Solansky，Beck，Baker，Kulkarn，& Travis，2007）所指出的：

> ……在复杂的系统中，领导者能够创造而不是控制未来。传统的领导力的观念强调领导者有责任通过依赖强有力的控制机制来决定和指导未来，而我们可以从组织的复杂性视角为不同的领导力观念提供实证支持。我们的研究结果表明，领导者作为推动者可以打破现有的行为模式，鼓励创造奇迹，为其他人构建新兴事件的意义。（p.341）

我们也展示了虚拟组织在未来将会是什么样 396
子的。通过本章的学习，关系领导力模型的重要性显而易见。只有通过包容、参与，组织才能够创造性地使用人才，发挥所有成员的能力；只有通过授权和过程导向，组织才能够鼓励所有的成员在组织的生命中发挥积极的作用；只有通过提高道德水准，组织才能够确保所有成员坚守更高的行为标准，思想行动与组织的使命、愿景和核心价值高度统一；最后，只有当组织的全体成员真正分享组织的愿景或共同目标的时候，组织才能够发挥自己的潜能，实现既定的目标。

组织的生命中并不需要那些没完没了的一系列的受"罗伯特议事规则"（Robert's Rules of Order）所支配的会议成分。组织需要的是激情与振奋、活力与能量，我们期待你能够找到它们。

下章梗概

在接下来的章节中我们转换内容，开始我们对变革的讨论——如何理解变革，如何实施变革的策略。这将是本书耐人寻味的结尾。

397 本章练习

1. 团体和组织。审视一下你现在加入的某个团体与组织。查阅一览表9—1，你的经历对我们区别三种概念有什么帮助？你的经历如何不同于我们的框架？

2. 组织使命。找出你所在组织的使命宣言或者本章中没有提到的组织使命宣言的例子。它是否符合琼斯和卡哈纳尔提出的标准？你所在组织的使命宣言优点在哪里？哪里还存在不足？你如何进行修改完善并使它更好地反映你所在组织的组织目标和组织个性？它是如何令人信服的？如果你还没有完成使命宣言，现在就来写一份。你是怎么写的？如果你对所在的组织不了解，你的宣言会对你有激励启发吗？

3. 组织愿景。想象你所在组织的理想未来，并尝试在纸上勾勒出你的想象，要有创造力。你可以做一个拼贴画或绘图，或者使用文字——无论哪种方式都可以。当你完成时，看看你的描述。它是否鼓舞人心？它是否激励了你的成员？如何改进它？

4. 核心价值。思考一下你所在组织的核心价值，记下这些价值观。不要担心价值观的数量，但至少记十个，不要在乎排列顺序。一旦列出了自己的清单，选择排前的五个——五个最重要的核心价值。同样不用担心你所选的优先次序，在五个中选出最重要的三个价值观。最后，为组织选择最重要的价值观，可以与你组织中的成员反复练习。

5. 组织文化。回答下列关于组织的问题：价 398
值——你所在组织的成员所接受的基本价值观是什么？英雄榜样——谁是组织中的典范榜样？他们为什么出名或不出名？他们表现出什么品质？

6. 仪式和惯例。你的组织成员如何在一起工作？你的组织成员如何在一起娱乐？哪些行为是被认可的？组织如何奖励这些行为？

7. 组织的四种框架。审视你所在的组织。运用鲍尔曼和迪尔的四种框架理论对组织的四个方面进行分析描述。

8. 多元文化的组织发展。对多元文化的组织发展的概念进行思考。对各种文化和社会团体成员的高度参与，你的组织是如何承诺的？你的组织如何确保根除组织内可能存在的一切形式的社会压迫？为了增强承诺，你能够做些什么？

9. 虚拟组织。对你的组织进行思考。你的组织虚拟程度如何？如何运用科技进行互动？科技的使用会带来什么效果？科技的使用带来了哪些益处和挑战？

补充阅读 399

1. Allen，K. A.，& Cherrey，C.（2000）. *Systemic leadership：Enriching the meaning of our work*. Lanham，MD：University Press of America.

2. Collins，J.（2001）. *Good to great：Why some companies make the leap...and others don't*. New York，NY：HarperCollins.

3. Fisher，L.（2009）. *The perfect swarm*：

The science of complexity in everyday life. New York, NY: Basic Books.

4. Goldstein, J., Hazy, J. K., & Lichtenstein, B. B. (2010). *Complexity and the nexus of leadership: Leveraging nonlinear science to create ecologies of innovation*. New York, NY: St. Martin's Press.

5. Schein, E. (2010). *Organizational culture and leadership* (4th ed). San Francisco, CA: Jossey-Bass.

6. Wall, V., & Obear, K. (2008). *Multicultural organizational development (MCOD): Exploring best practices to create socially just, inclusive campus communities*. Paper presented at the American Association of Colleges and Universities Conference, Oct. 17, 2008. http://www.aacu.org/meetings/diversityandlearning/DL2008/Resources/documents/AACUMCOD handouts 2008-ObearandWall.pdf.

第四部分　领导力使你成就卓越

401 本书的最后部分将关注如何通过领导力使你成就卓越，创造非凡——通过变革的过程和应用基于优势的方法来帮助你和其他人共同成长为领导者。

在 40 多年前，未来学家阿尔文·托夫勒（Alvin Toffler，1970）观察到“变革是未来入侵我们生活的过程”（p. 1）。我们断言，领导力是我们入侵未来的方式。观察我们周围的趋势，从不同股东和利益相关者的角度在任何话题上产生意义，不断地寻求改进我们自己和我们的组织，使我们成为想要塑造未来的人，而不是等待未来发生的人。

领导力本质上是人们朝着改变而一起工作。提供领导力的人通常被称为“变革代理者”或“变革推动者”（change agent）。他们寻求有效地改善他们的组织和解决社会问题的方法。第四部分的前两章探索变革的属性和变革推动者所面临的挑战。第 10 章“理解变革”将探讨变革的过程。第 11 章“变革的策略”考察验证了社会变革模型。这个模型倡导以一种对社会负责的领导力视角，强调集体行动、联盟、公民参与的重要性。通过阐述过程导向如何促成组织目标的产生，本部分重点关注关系领导力模型中的“目标”这一要素。此外，本部分还介绍了“肯定（欣赏）式探询”（appreciative inquiry）过程和其他伴随着变革一起工作的方法。

402 第 12 章“共同走向成功”的重点是你如何运用基于优势的方法努力成为一名成功的领导者，形成健康的团队、组织和社区。这一章还介绍了积极性的概念，以及这种观点在与他人合作中的重要价值。最后，该章节展示了保持更新的不同方法，并阐明了对领导者来说保持更新为什么如此重要。

领导力旅程在这本书中开始于你自己的内心之路。拥有良好的自我认知，是你有效与他人打交道的最重要的一步。（Higher Education Research Institute，1996）通过本书的学习，你已经感受到了领导力作为一种过程使你和其他人融入到了团队、社区、团体和组织之中。

仅仅停留在了解或掌握“成为一个有效领导者的六个步骤”或者“适用于所有时代的领导力十项原则”是一个错误。这样的假定值得怀疑，甚至是可笑的。尽管我们极力提倡你对关系领导力进行思考，特别强调人们共同合作工作的重要性，但我们仍然鼓励你基于原理和价值观去开发适合你个人的领导力哲学，这将使你与他人建立和谐的关系，朝着共享的积极的目标而奋力前行。

海德（1985）分享了老子的思想，做出了如下释译：

> 初学者习得新理论和技术，直到他们的思想中充满各种选项；
> 善学者则通常遗忘了他们的许多选项，把所学的理论和技术归还于情境。
> 学会清理头脑，学会简化事务至于“无为”的境地。
> 越少依赖于仅仅知道要做什么，事情会变得越直接、有效，自省的品质比任何技术、理论或解释更强大。
> 切记当你把正确的选择让渡时，压抑的个体或群体顷刻间会如此富有成效。（p. 95）①

403 我们想要通过探索你如何构建你憧憬的生活来结束这段旅程，包括你如何看待自己，如何与其他人一道实现共享的目标。致力于领导力实践会是件艰苦的工作，它会增加紧张和压力，需要你努力去平衡生活的各个方面。如果你能注意到自身的优势与天赋，并通过你自身或周边的人们将这些优势和天赋在你所完成的任何事情中发挥到极致，那么这将有助于你的领导力旅程。最后，我们所有人，作为个体，必须使我们的头脑、身体和灵魂保持一致，与时共进。

“更新”的字面意义是“重新开始”，通过个体、团体以及组织共同学习的过程所带来的更新，是一项充满活力的艰巨任务。无论我们有多么繁忙，无论我们承受多么大的压力，无论我们有多么气馁，无论我们有多么高兴，无论我们有多么满意，无论我们有多么幸福，无论我们有多么高效——个体、团体和组织都能够通过聚焦于最基本的流程再造和更新，共同走向成功。

---

① 译文选自海德的意译本，出自《老子》第四十八章“为学日益”，原文是：为学日益，为道日损。损之又损，以至于无为。无为而无不为。取天下常以无事，及其有事，不足以取天下。国学导师张其成先生的解读是：求学的人，其情感文饰一天比一天增加；求道的人，其情感文饰则一天比一天减少。减少又减少，到最后以至于“无为”的境地。如果能够做到无为，即不妄为，任何事情都可以有所作为。——译者注

第 10 章

理解变革 405

劳拉（Laura）刚刚成为青年企业家俱乐部的主席，这是商学院下属的一个学生组织。她很兴奋自己能在一项议程中推动这个拥有 300 个成员的组织。这个雄心勃勃的议程是为进入商科专业的学生提供 10 万美元奖学金。劳拉认识到这样一个奖学金对吸引学业优秀的学生进入商学院是很有利的。她希望运用俱乐部的使命宣言使其他学生的生活发生改变。运用她在课程学习中学到的知识，在新学期的第一次会议前，她整理了一个详细的商业计划，希望与其他成员分享。劳拉知道不是每个成员都会参加第一次会议，所以她只制作打印了 150 份。

第一次会议只吸引了 30 名成员参加。劳拉介绍了她的计划，当她征求反馈意见时，委员们一言不发，沉默地盯着劳拉。最后，一名老会员站起来发言表示，他怀疑他们能否得到足够的成员支持这个好主意，因为他们从来没有做过这样的事情。他担心，如果他们预计这一计划需要投入 406
较多时间和精力，那会有更少成员愿意参与。另一位委员补充说，她相信学院希望本俱乐部开展传统的活动——赞助洗车，为年末的宴会筹集资金。

劳拉被他们的反应惊呆了，因为她预期成员会对新的想法感到兴奋。毕竟，他们是有抱负的商科专业学生，他们肯定希望获得这种类型的经验，并成功地实现这一目标。

本章概观

本章提供了关于领导力的主要元素——变革的概述。了解并促进变革是领导力过程的一个主要任务。促进变革是复杂、脆弱的，但令人振奋，功在当代，利在未来。本章提供了一个理解变革的概念框架，并介绍了实施变革过程的各种模型。

理解变革

自从我们写了这本书的上一版以来，很多东西改变了。变革似乎随处可见——从国家政治事件的发生到中东的“阿拉伯之春”起义（the Arab Spring uprisings）。许多这样的变革涉及了大学学生。正如公民学习和参与信息研究中心（Center for Information & Research on Civic Learning & Engagement，CIRCLE，2008）指出的：

> 估计有 2 300 万名 30 岁以下的年轻美国 407
> 人参与了 2008 年的总统大选投票，相比 2004

> 年，增加了340万。CIRCLE估计青年投票率上升了52%～53%，比CIRCLE基于2004年的出口民调结果增长了4到5个百分点。2004年的选举有强大的青年投票率，扭转了下降的悠久历史。如果我们比较2008年和2000年，青年投票率至少增加了11个百分点。（p.1）

我们可以看到变革在我们身边随处可见。我们拥抱某些变革的同时又担心其他类型的变革。本章的开头的情境下，劳拉没有预见到或计划到引入变化的挑战，其中包括她的想法可能遭到的阻力与反对。

我们不再是简单地管理变革，我们现在还要追求变革。（Conner，1992）正如科特（2008）所指出的："我们生活在一个加速度变革的时代。"今天，变革已超越了文化维度特征局限——在香港实施的变革策略看上去与莫斯科的变革过程非常相似。个人如何应对变革可能会表现出不同的文化特征，但我们关于如何在组织中促进变革的思想在不同文化中差异很小。（Conner，1992）当变革被引入到组织环境中的时候，失去控制是人类的共同恐惧，也是人类共同关注的问题。领导力中的一个关键任务是了解这种紧张的状态，并把他转换为圣吉（1993）所说的"创造性张力"（creative tension）（p.142）。

408 有效的领导者能以高度的敏感对待变革的过程，并且他们拥有这样的假设：人们能理解即使是最小的变革也具有不朽的意义。托马斯·爱迪生（Thomas Edison）在1879年推出电灯泡的时候便深刻地理解了这种人类现象。当相似的煤气灯在那个时代使用的时候，他使灯泡的外观更时尚，并增加了灯泡的亮度，以此减少了人们对这项不熟悉的发明的担心。（Conner，1992，p.101）

变革是领导力过程中的一个复杂概念。即使是最小的变化，也很难引进和管理。很多人抗拒变革，或者担心他们工作、环境、职业，甚至个人生活中的变革会对他们造成负面影响。变革会打破现状——事情会变得不同。某些人的办公空间的简单改变也会唤起他们的不确定性和怨恨的感觉。甚至你个人生活中的某些转变，也会涉及某种类型的改变，往往会产生不安全或不平衡的感觉。离开家乡去上大学，或者改变你的专业，可能使你兴奋不已，同时又提心吊胆。我们常常对未知感到害怕，或者是对我们的生活模式和方式在变化中的不稳定感到害怕。研究原始部落的人类学家得出这样的结论：人们需要用变革的阻力来维持社会秩序和团队的凝聚力。（O'Toole，1996）在领导力过程中加速变革会引起相同的反应。但是，健康的阻力会显示出重要的价值和远景，在变革过程中应该得到重视和支持。变革也能带来令人兴奋的可能性、新的能量和热情，以及对组织目标和未来的更坚定的承诺。

❖ 学生文选

成为一个领导者是困难的，这是我做过的事情里面最难的。唯一比成为领导者更困难的事情是成为一个变革型的领导者。我从自己的经历中学到的可能也是最重要的事情是，我认识到世界上存在着两种人：一种人是变革的催化剂，另一种人是变革的拦路石。你永远都不想成为拦路石，那就成为催化剂，成为行动的力量，这是促使事情发生难以置信的变化的能量。变革让人感到产生威胁，尤其是那些比你职位高的人，所以你要相信自己，没什么比这个更重要——尽管拦路石会在我们身边出现。

梅拉妮·海博卢姆（Melanie Highbloom）是威斯康星大学麦迪逊分校社会福利专业的大三学生。她是学校西格玛·德尔塔·陶（Sigma Delta Tau）女生联谊会的主席，是体育商业俱乐部成员，还是威斯康星大学麦迪逊分校曲棍球队的队员。

变革的过程中充满着复杂性，甚至那些致力于促成变革的个人或者团体，由于隐藏了竞争的设想，也可能会对变革产生免疫力，以致成为变
409 革过程中的阻碍。此时的组织最需要的是，呼唤领导者能够围绕变革的免疫力提出重大问题，来帮助其他人看到那些隐藏在背后的真相，帮助他们学习和成长，以使变革成为可能。变革免疫力的概念会在本章后面阐述。

从个体角度来理解变革

要充分认识组织如何变革，最重要的是首先探讨个人是如何经历变革的。威廉·布瑞奇（William Bridges，1980）和南希·施洛斯伯格（Nancy Schlossberg，1989a）提供的模型在这方
410 面很有帮助。布瑞奇认为变革和转型（transition）之间是有差异的。变革发生在一个特定时期，包含某些东西的开始或结束。转型不会针对某个特定时间，它的开始总是伴随着某种结束。转型要困难得多，因为它们是心理上的过程，需要时间来完成。

一个人们普遍经历过的例子是，有人离开一个重要的领导岗位，如组织的主席。当变革发生时会有一个特定的时刻——例如选举了新主席，或者举行仪式就任了新的职位。对即将离任的主席，不再是主席的转型过程会更困难或持续更长的时间，尤其是当这个人在位时工作非常投入，并占据重要角色时，他离开办公室会感到恋恋不舍。起初，这个人会感到失落——不知道如何度过空闲时间，不确定在组织中的新角色，怀念作为领导人所具有的居高临下的感觉。

这会是一个很艰难的时期。在一个新的开始之前，需要花很多时间去适应。新的起点同样也将是困难的，因为它需要生理和心理上的精力和能量的巨大投入。同样，组织成员需要适应新的领导力。他们可能会后悔换掉了经验丰富的领导者并对新的领导者存有疑虑。他们在全身心投入新的方向之前，可能会等待观望，看看新的在位领导者将如何发挥作用。

心理学家南希·施洛斯伯格指出，一个人的生活的变革是困难的，因为它会影响一个人的角色、关系、习惯和对自己的假定。为了说明这一点，我们可以看看两个学生的例子，他们对一个热点问题十分关心，因此他们加入了一个学生组织希望能解决这个问题。毫无疑问他们的学生生 411
活因为增加了这个新的活动而会受到影响。他们与组织中的其他成员会形成新的关系；随着他们更多地参与到工作事务中，他们每天的日程会发生改变；最后，当他们开始发挥影响时，他们对自己的假定也会发生改变。

施洛斯伯格同时确认了可用于帮助管理变革的四个潜在资源——情境（你对变革、时机的感觉如何）、自我（你如何看待变革，你以前的变革历史，等等）、支持（可提供协助的人和资源）、应对的策略（积极参与变革所采取的步骤）。了解变革如何影响你和周围的事物，将帮助你成为一个变革中成功的领导者。

每个领导者在行使和管理变革的时候都会遇到挑战和障碍。但变化的进程没有规则的约束，也没有一个唯一的经过检验的方法可以保证变革的成功。了解如何促进变革，就是理解人类的转型是如何发生的。（Bridges，2003；Conner，1992）当你准备进行变革时，如果你能够对人类的行为模式进行反思，回答人们如何对变革做出反应的问题，会对你产生极大的帮助作用。在所有变革管理方法中，理解别人是第一步。一般来说，人类希望控制他们的环境，更需要一些对周围环境进行控制的经验。康纳（Connor，1992）这样评论道："成功管理变革唯一的最重要的因素是人们显示适应力的程度，即接受高程度变革的同时表现出最小的失调行为。"（p. 6）

了解这些期望是了解如何促进变革的一部分。412
奥图尔（O'Toole，1996）提出了几个关于为什么人们抗拒变革的假设。

（1）满足感：满足于现状。你也许在你的组织中经常听到这样的说法："我们以前从未这样做过，为什么我们要改变?"这是一个抗拒组织变革的明显迹象。

（2）恐惧：对未知的担心。增加风险的行为——例如招募新成员会给组织经费带来什么影

响——引发对未知结果的恐惧或者对失败的恐惧。

（3）自我利益：即使变革会给其他人带来好处，也可能会改变他们的地位或特殊待遇，所以他们予以抵制。有时候变革意味着放弃权力或威望，以达到某种特定的结果。例如，一个对竞选组织中的主席有兴趣的人可能会抵制建立联合主席架构的变革提议。

（4）缺乏自信：变革会使我们易受伤害，需要用信心来激励他人去看到那些可能性。缺乏信心会阻止组织拓展新的领域。

（5）目光短浅：不能超越目前所能够看到的东西。历史学家约翰·卢卡奇（John Lukacs）是这样描述目光短浅的："当人们看不到某些东西，往往意味着他们不希望看到它——这是一种对他们而言可能舒适和有利可图的状态。"（转引自 O'Toole，1996，p. 163）

（6）习惯：习惯可以是积极的，但也可以抑制变革，导致团队被传统、习俗和模式所驱动。例如，拉丁裔学生组织在春季招募新成员可能是一种习惯，但更好的做法是招募在秋天举行，这样可能会得到更多的成员。

413 在过去的十年里，我们在如何学习和如何获得信息上发生了巨大改变——由互联网开始，然后是网络和电子邮件通信的发展，现在是微信和博客。在智能手机上，信息可以即时分享。这些以及其他的变化影响了个体对变化的体验，影响了发生在组织和社区水平上的变革的推进。

❖ 学生文选

如彼特·圣吉（Peter Senge）所说："人们不抵制变革，但他们抵制被变革。"无论是一个组织、公司、领导岗位还是个人，变革都是不可避免的。但为什么这么难做到呢？作为学校学生领导力参与协会（Student Involvement and Leadership，SIL）的一名研究生助理，我获得了领导变革和接受变革的经验。在领导力变革中，有两件事情我觉得需要去做，因为它决定了是否成功，一是建立相互信任的关系，二是关注个体的输入。在我看来，这促进了包容。在建立相互信任的关系中，我曾亲眼目睹人们如何成功地配合变革。至于个体输入方面，如果人们感到自己参与到决策之中，并融入到变革过程中来，他们就可能会以积极的方式对待变革。例如，一种鼓励我们的学生参与领导力变革的方法是通过我们对 SIL 课程项目的事后调查。学生参与评价课程项目，提出改善课程项目的建议。这不仅使 SIL 课程项目越来越受欢迎，而且增加了学生的参与度，因为学生希望看到变化的实现。

阿什利·尼克尔·威廉姆斯（Ashley Nicole Williams）是美国佛罗里达大学（the University of Florida）的毕业生。她目前正在攻读佛罗里达大西洋大学（Florida Atlantic University）高等教育领导力方向的硕士学位，兼任该校学生领导力参与协会办公室的研究生助理。她是金钥匙国际荣誉学会和 Zeta Phi Beta 女大学生联谊会的优秀会员。

414 **变革免疫力**

在促进任何类型变革的过程中，理解人类的行为都是至关重要的。一些个体不仅抵抗变革，还具有像基根和莱希（Kegan & Lahey，2009）所说的"变革免疫力"（immunity to change）。我们会经常遇到这样的情况，团队成员承诺变革，但仍然以某种表现的行为方式阻碍变革过程。

有些人可能无意中隐藏了一个障碍物或者具有隐蔽性的竞争承诺（hidden competing commitment），从而对变革的发生形成了阻碍。以亚历克斯（Alex）为例，他是研究小组的公共关系协调员。亚历克斯对为组织创建一个新项目感到兴奋，并渴望实现这个计划，其中包括动员他牵头负责的委员会的成员参与进来。在执行团队计划的过程中，乔（Joe）向组织的主席抱怨说，他的委员会中的一部分成员停止出席他的会议。在与亚历克斯探讨事情发生的原因时，组织的主席和亚历克斯都认识到亚历克斯对委员会成员隐瞒了信息，然后开始自己承担大部分的工作。亚历克斯自身的变革免疫力在于，他并没有想委托他的委员会成员实施他们大部分的项目，所以他停止了信息
415 沟通，并开始独善其行。亚历克斯意识到，之所以他表现出这种行为是因为他担心，如果他下放一些权力，使小组具有自治权，他就会失去对过程的控制。

这个变革免疫力的例子，在亚历克斯的个案中更多地促进了自身的成长和发展，同时，为领导者提供了深刻的理解力和洞察力，去探究为什么那些公开表示拥护变革的人，却表现出阻挠团队改变的行为。(Kegan & Lahey, 2009) 基根和莱希（Kegan & Lahey, 2009）借用医疗领域的免疫力来做比喻，从而说明个人和组织的优势和增长可能会滋生变革免疫力。在亚历克斯的例子中，他意识到他的行为实际上是变革过程中的障碍，对他的委员会成员造成了负面影响。基根和莱希把这种行为称为“隐性竞争承诺”（hidden competing commitment）。

当亚历克斯注意到这些隐性的竞争承诺行为时，他可以采用一些方法纠正自己的行为，更加敞开胸怀相信他的委员会成员们能够取得变革的结果。简而言之，有时个人或者整个团队有必要对可能抑制团队完成既定变革任务的行为进行检查。但是，团队常常急切地进入到变革程序，直到事后才开始分析为什么变革过程没有实效，也没有在变革进行的过程中向其他人求教，到底发生了什么事情阻碍了组织变革的动力。这为领导者提供了一个重要的教训，当目标没有实现或者团队没有成功实现变革计划时，对领导者而言，重要的是停下来思考问题，征求意见，而不应该将错误归咎于别人。

416 关于如何解除变革免疫力，领导者和团队可以通过以下三个程序来揭开隐藏的竞争承诺（Kegan & Lahey, 2009）：

（1）引导团队用问题来暴露隐藏的承诺。

（2）让个人或成员去发现他们隐藏承诺的核心问题（在亚历克斯的个案中，这是他的假设：除非他自己做，否则工作无法完成）。

（3）促使个人或团队成员开始改变他们自己 417
的行为，使团队推动组织拟定的变革目标的实现。

变革免疫力的过程是复杂的，需要一定的时间。以上三个程序的作用在于理解可能阻碍变革努力的隐性竞争承诺。可以运用下面这些问题来帮助别人发现他们隐藏的竞争承诺（Kegan & Lahey, 2001）：

（1）你想看到什么样的改变，使你在组织或者团队中更有效？（注意：这通常将引发抱怨，但这对于了解和用作个人成长和改变的跳板是有用的。）

（2）你的抱怨包含着什么样的承诺？例如，如果有人抱怨信息没有提供给每个人以作出正确的决策，这种抱怨里的承诺暗含着一个开放和透明的社区的信念。

（3）你在做什么或不做什么，这会促使你的承诺不能完全实现吗？（这些可能是无意识的破坏行为——控制信息或者不公开接受反馈。）这个问题会使你理解为什么有些人会表现出暗中破坏的行为方式。

（4）想象一下如果你能做与破坏行为相反的事情（回应第三个问题），你能觉察到自己有任何不适、担心或恐惧吗？亚历克斯的反应就是一个例子，他会担心该委员会的成员不能自己作出好的决策。

（5）在这种破坏行为实现的过程中，你在努力防止什么样的令人担忧的结果？问题的答案是竞争的承诺。在亚历克斯的案例中，他的反应可能是他在掩盖自己，不相信他的委员会能够作出他可以接受或符合他的标准的决定。(pp. 87 - 88)

这些竞争的承诺应被视为他人学习和成长的机会，而不是弱点。经常出现这些竞争的承诺是人们自我保护的本能反应。基根和莱希（Kegan & Lahey, 2009）把这些反应看做一个大的假设（big assumptions），或者是“深深植根于关于他们自己和周围世界的信念”（p. 88）。大的假设“可能是真实的，可能不是，但只要我们简单假设它们是真实的，我们就是盲目的，即使是对问题本身”

（Kegan & Lahey，2009，p.58）。

418 大假设有点儿像合理化辩解，竞争性承诺来源于这些大的假设。在亚历克斯的情况中，他的大假设是，他的委员会成员都不如他有经验或有知识去执行此项计划，所以，他认为最好他自己来完成，免得浪费别人的时间。大假设就像成为人们现实的感觉。关键是辨别哪些是大假设，了解它们的复杂性，然后协助其他人认识竞争性承诺的意义，使他们克服自身变革的免疫力。

以下的五个步骤可以用来质问大假设（Kegan & Lahey，2001）：

（1）注意并记录当前行为——意识到行为是跟你的大假设有关的，确认这些假设如何影响你。

（2）寻找相反的证据——对可能质疑你的大假设经验进行确认。

（3）探索历史——这些假设是何时和怎样第一次出现在你的生活中的？什么是这些假设中的关键转折点？（理解形成这些假设的情境。）

（4）检验假设——选择一个你的大假设，然后开始确定行为的变化是否会给你提供有关你的大假设有效性的准确信息。你可能会收到与你的大假设相悖的信息。检验你的假设的意义在于为你开始进行渐进的变革获取有关信息。

（5）评估结果——根据来自你自己对假设结果的验证，找到最有效的方法。（pp.88-91）

419 理解为什么别人甚至自己对变革有免疫力，可以解除变革过程中的障碍，促进个人和作为一个整体的团队更大的成长和进步。变革免疫力的过程是复杂和需要时间的。从长远来看，这个过程可以更好地调整团队的定位，使其通过实现变革达到最终目标。

库伯勒-罗斯（Kübler-Ross，1970）研究了人类对死亡及死亡过程的反应，借用他的研究结论，我们可以了解人们对消极变革或者对他们不能控制的变革的反应。例如，停止大众化的产品，精简组织，或更改名称或一个组织的身份。（Conner，1992）康纳扩展了库伯勒-罗斯的五阶段模型，增加了三个阶段。

阶段1：稳定（stability）。目前的状态。

阶段2：固定（immobilization）。初步变革的休克或瘫痪。

阶段3：拒绝（denial）。忽略与变革相关的信息或不接受现实。

阶段4：愤怒（anger）。对变革表现出失望和愤怒的反应，并经常直接指向那些最支持变革的努力。

阶段5：谈判（bargaining）。用谈判来避免不断逼近的变革，标志着已无法否认变革过程。

阶段6：沮丧（depression）。一种典型的理解变革的消极反应——包括静观其变以及减少身体和情感能量的投入。

阶段7：检验（testing）。恢复控制感和寻求新的方法来重新定义目标。

阶段8：接受（acceptance）。变革被现实地回应，即使个人仍然抵触变革。（pp.132-134）

以下便是一个对变革的努力作出相应反应的 420
情境分析案例。一所州立大学的文理学院每年举行两次毕业典礼，分别在12月和5月，每次活动都花费昂贵而且低效。因此，该院的院长宣布一项计划，取消每年12月份的毕业典礼。总体来说，春季学期结束时毕业的学生是秋季学期结束时毕业学生的两倍。当收到这个改变的通知时，校友、学生的家长、文理学院家长俱乐部、即将毕业的学生和一些教师惊呆了，他们感到不知所措（固定阶段）。他们希望能够继续秋季的毕业典礼传统（稳定阶段）。因此，每组的成员发送电子邮件跟院长说，不可能指望秋季毕业的学生和他们的家长在他们毕业一个学期之后的春季学期结束时回到学校（拒绝阶段）。其他人写电子邮件或信来抗议院长（愤怒阶段）。

随后，家长俱乐部联合起来，并写信给其他家长和校友，请求他们考虑财政捐款，以帮助支付秋季毕业典礼的开销（谈判阶段）。经过多次这样的组织尝试和其他的努力之后，家长们放弃了，因为院长办公室对他们的建议没有作出回应，他们开始觉得他们在浪费自己的时间和精力（沮丧阶段）。两个月后，家长俱乐部的领导层为毕业生策划了一场单独的秋季毕业生招待会，以表示对这些先毕业的学生的一种特殊认可（检验阶段）。院长办公室与俱乐部成员合作来举办这个招待会，这样花钱少而且教职员工也不用投入过多的精力。第一次招待会结束后，几个家长和一些毕业生做出了这样的评论，他们不仅充分享受了小氛围、
421 亲切的环境，而且还有机会参加年度的春季毕业典礼（接受阶段）。

这八个阶段体现了人类对消极变革感知（perceived negative changes）的反应。这些阶段是流动的和具有弹性的——它们不是固定的步骤或僵化的。有效的变革推动者应该关注对变革的消极反应，帮助其他人度过这些阶段，以重新获得控制能力，恢复参与度，履行义务，提高生产力。

虽然对反映死亡或正在死亡的过程的消极变革的几个阶段的回应是很正常的，但某些人最初可能对积极变革感知（perceived positive change）作出反应，然后开始抵制这种变革。例如，有些人在对事实和信息了解较少时，可能最初认为公司与另一个公司合并是积极的变革，但在获得一些悲观层面的信息后，担心或疑问相继而来。如果容忍超出了某种程度，那么“买单走人”的行为开始出现，人们会退出变革。

康纳（Conner，1992）提出了积极面对变革的五个阶段（见图 10—1）。

阶段 1：不知情的乐观（uninformed optimism）。

阶段 2：知情悲观（informed pessimism）。

阶段 3：希望的现实主义（hopeful realism）。

阶段 4：知情乐观（informed optimism）。

阶段 5：完成（completion）。

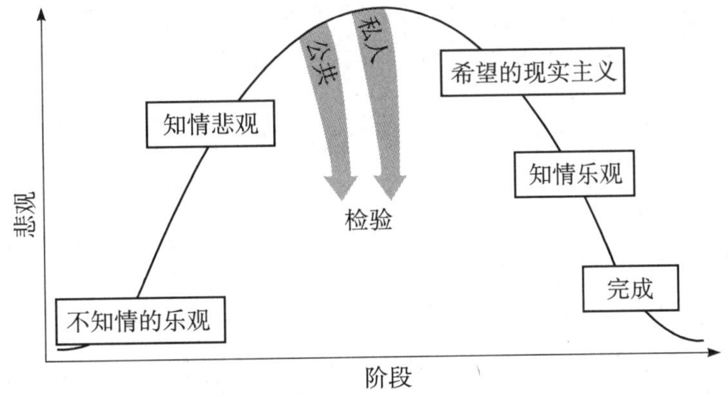

图 10—1　康纳的对变革积极反应的五个阶段

资料来源：*Managing at the Speed of Change* by Daryl R. Conner，Copyright © 1992 by O. S. Resources，Inc.，引用得到 Villard Books，a division of Random House，Inc. 的允许。

启动一个新的组织有时能唤起对变革的积极
422 回应（不知情的乐观阶段）。起初，个体会对轻易地创造新的事物的可能性感到兴奋不已；然后，当人们开始怀疑这个想法能否吸引足够的兴趣时，现实变得苍白无力（知情悲观阶段）。一旦个体开始看到这个新的组织可以提供的机会和利益时，他们又变得更加自信（希望的现实主义阶段）。集团创办人可能会通过焦点小组和网络调查等形式启动对发起该新实体的动议加以论证检验。结果表明，大多数人有兴趣，并会加入这样一个组织，更加激励了发起人以极大的信心和热情（知情乐观阶段）推进新组织的成立，规划小组继续专注于建立新的组织结构和招募新成员（完成阶段）。

我们也可以通过变革规划的深度和普遍性来理解变革。（Eckel，Hill，& Green，1998）如图 10—2 所示，“深度侧重于变革如何深刻地影响行为或促成其他结构的变化。变革越深刻，就越多地渗入并影响人们的日常生活”（p. 4）。一个深刻 423
的变革会导致不断变化的模式、行为、文化和态度。当组织决定改变它的使命，从一个社交及娱乐组织变为一个以服务为基础的组织，深刻的变革便随之而来。如果变革的努力是有效的，价值、

模式、行为和文化就都会转变。“普遍性指变革在一定程度上在一个组织内部所产生的深远意义。变革越普遍，越广泛，就越能跨越单元边界，触及组织的不同部位。”（p.4）例如，一所大学或学院决定，要求所有的教授和讲师实施对学生的课程评价，并要求对这些评价结果予以公开。这种学术文化的普遍变革是潜在的，并具有一定的预期结果。

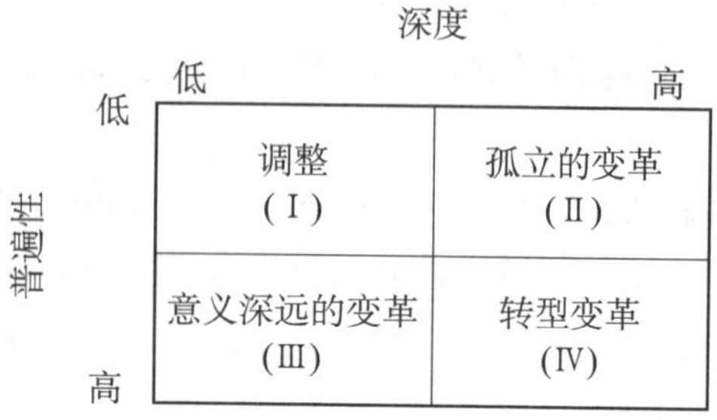

图10—2　变革的类型

资料来源：改编自 Eckel，Hill，& Green（1998），p.5，使用得到美国教育委员会（the American Council on Education）同意。

该矩阵图揭示了四种类型的组织变革，它们可以互相重叠：调整（adjustment）、孤立的变革（isolated change）、意义深远的变革（far-reaching change），以及转型变革（transformational change）。第一种类型的变革，即第一象限，被描
424 述为调整性变革，这是轻微的改动。如果一个组织改变对成员的要求、对未来成员的招募政策从3.0绩点变为3.1绩点，这就是调整型的变革，是一种修修补补的变革。如果一个组织的分委员会要改变它的筹款活动，募集资金只是分委员会参与的事情，这便是孤立的变革类型，因为它不会影响该组织的其他部门。如果一个组织决定更改其名称，这可能就是意义深远的变革的例子。因为从市场营销的意义上来讲，该组织会以一个新的身份去发展，其影响将会是深远的。但名字的改变还不太可能导致深刻的变革。第四象限的转型变革是显著的，它包含了深度和普遍性的变革。比如，多元文化的学生组织转变成多元文化的学生联盟，其办公大楼、工作人员和学术项目都要随之彻底改变，这便是一种转型的变革。

临界点

一些变革是渐进的、有限的、暂时的，另一些变革是转型的、广泛的和影响深远的。变革可能产生一种戏剧性的引爆效应，它会带来新的时尚，影响人口的变化，引发新的景象，或导致传染性的行为。马尔科姆·格拉德威尔（Malcolm Gladwell，2002）使用社会流行病研究来解释临界点，他将其定义为“在疫情发生的那一刻，一切变革都可以立即发生”（p.9）。当某些独特的或未知的东西变得普遍时，临界点便会到来。格拉德威尔用三个特点来描述变革的临界点：（1）出现一种趋势、理念、犯罪浪潮等现象——它们像
病毒一样传播；（2）微小的变化会有大的影响； 425
（3）变革发生在一个戏剧性的时刻，而不是逐步的。“临界点”这个词迅速成为我们共同语言的一部分，甚至成为“根”（The Roots）——在2004年发行的一张CD的名称。

格拉德威尔（Gladwell，2002）描述了三种能引爆“流行病”变革的原动力：（1）少数人法则；（2）附着力因素（stickiness factor）；（3）环境的力量。通常情况下，学生组织的领导人反映，20%的成员做80%的工作。你可能会发现这样的效应同样会发生在学术课程的团队项目中。这就是少数人法则——数量不成比例的人促成了临界点变革的发生。

营销信息说明了附着力因素的重要性——如何去创造一个持久的消息，使人们购买你的产品。电视或电台广告歌旨在创建附着力因素。“超级碗”（Jingles）比赛期间的商业广告靠的就是这种手段，然后他们在赛后附加分析评论，使你不得不在此刻回味“哪种广告是你最喜欢的”；大学和学院也在创建自己的营销信息——马里兰大学的巴尔的摩校区就以“荣誉学院”的广告信息营销滋生的品牌；乔治梅森大学的新世纪学院使用的营销信息口号是“连接世界的课堂”。他们使用这种策略作为树立品牌的方式，在他们的机构与一句座右铭般的广告语之间形成附着力，使人们难以忘怀他们传递的信息。

格拉德威尔（Gladwell，2002）的第三种变

革原动力——环境的力量——旨在理解人们切身环境下的最小细节。富兰克林·罗斯福（Franklin D. Roosevelt）著名的壁炉边的谈话便是情境力量
426 的最好的例子。在20世纪30年代初的历史背景下，家庭成员崇尚的是能够围坐在一起，通过无线电收音机收听音乐并获得当天的新闻。罗斯福对这种环境理解得透彻，他探索性地利用这种方法来接触美国公众并向公众发布他的信息。学院和大学的网站提供相同的公共媒介来向个选区传播信息和消息，学生会大楼的重建或修缮往往包含环境力量的思想——一如既往地吸引学生为了教育、娱乐、文化和社会的目的来到这座大楼里。

突发的变革是临界点概念的核心。（Gladwell，2002）“突变”（sudden change）的概念出现在描述20世纪70年代美国东北部大量白人移居到郊区的事件中。例如，社会学家预测，当白人居住小区有足够的非洲裔美国人移入，大约占据20%的家庭住户时，就会引起白人开始搬离该社区，致使白人居住小区发生“倾覆”。所以说，“临界点是临界时刻的最大容量，是最低阈值，是最高沸点”（Gladwell，p. 12），“当彻底的变革更具可能性时，临界点是从意想不到变为意料之中”（p. 14）。

预测未来是不可能的，有时甚至连预测的临界点也不会发生。2006年，全世界都不知道禽流感（avian flu）——起源于野生鸟类而蔓延到家禽，从家禽身上变异后传染给人类——是否会达到一个临界点，从而引发导致全世界数以百万计人的流行病。幸运的是这并没有发生，在2006年7月里，仅有131人死于这种流感（小事件）。与此同时，作为预防措施，2006年5月，美国政府
427 国土安全委员会发表了一份233页的《应对禽流感的国家战略实施计划》（http：//www.flu.gov/planning-preparedness/federal/pandemic-influenza-implementation.pdf）。

技术是用于理解临界点现象的一个功能强大的例子。近年来，移动手机已经取代了地上的电缆，笔记本电脑已经取代了台式机。在2012年8月，亚马逊英国分公司报告，电子书的销售比精装书和平装书的总和还多。近年来，看电视也发生了巨大的变革。观众不再锁定在某个时间观看提供给他们的节目，他们使用有线电视提供的服务，例如Netflix（在线观看电影的网站）和Hulu（美国一个视频网站）来观看几乎他们想看的任何节目。

变革和社交媒体

如果不提及我们在社会中经历的最大变革之一——使用社交媒体带来的变革，那么我们不会有本书关于变革的这一章节。在我们的生活中，社交媒体已经发挥并将继续发挥它的重要角色，影响了领导力、组织和全世界的变革。霍华德和侯赛因（Howard & Hussain，2011）讨论了在“阿拉伯之春”事件中社交媒体所起到的重要作用。伯里奥尼萨、库查、刘和金（Brionesa，Kucha，Liu，& Jin，2011）描述了红十字会如何使用各种各样的社交媒体来连接和保持与各地的赞助者的信息沟通。

我们都感受到了技术应用所发生的惊人变化。苹果现在是美国唯一最大的公司，拥有广阔的国际市场。当我们写这本书的新版时，谷歌和苹果控制了全球智能手机市场的85%。2012年，PEW 428
网（PEW Internet）和“美国生活项目”（American Life Project）发布报告如下：

> 截至2012年9月，85%的美国成年人拥有一部手机，45%拥有一部智能手机。截至2012年年初，58%的美国成年人拥有一台台式电脑，61%拥有一台笔记本电脑，18%拥有电子书阅读器，18%拥有平板电脑。[http://pewinternet.org/Static-Pages/Trend-Data-(Adults)/Device-Ownership.aspx]

大约在2011年5月，笔记本电脑拥有率超过了台式电脑。环顾四周，你或者你的同学中有谁还会购买台式电脑呢？也许是最后一次。

坚持和转变

在《粘住》（*Made to Stick*）这本书中，奇普和丹·希思（Chip & Dan Heath，2007）提供了一些原因来解释为什么有些新的主意、新的概念

一直“粘住”并仍在使用，但另一些却不久就消失了。他们认为新的主意必须是简明的（Simple）、意想不到的（Unexpected，能够获得并保持注意力）、具体的（Concrete）、可信的（Credible），富于情感（Emotional，使人们关心）并使用故事（Stories）情节（使人们行动）。当一个新的概念和想法被介绍给一个团队、组织或社区时，这些观点虽然看似平常，但往往却被忽视，因此很值得花额外的时间来让你的新想法尽可能的简单，尽可能的具体和详细。如果你可以通过情感的要素得到他人的关注，那么，对坚持一个想法会有帮助。同样，能够运用故事来激励人们采取行动，也会起到“坚持”的作用。

在《转变》（*Switch*）这本书中，奇普和丹·希思（Chip & Dan Heath，2010）提供了三个令人惊讶的关于变革的观点：“看起来像阻力的往往是缺乏清晰度……看起来像懒惰的往往是疲惫……看起来像一个人的问题，但往往是一个情境的问题”（pp. 17－18）。他们还从《粘住》这本 429
书的观点出发继续扩展了他们的研究，他们认为，如果你想改变行为，你必须提供“透明清晰的方向”和“吸引人们情感的一面”，“要改变一个人的行为，你必须改变一个人的境况”（pp. 4，17）。

推动变革

核心价值观是成功领导变革的一个根本驱动因素。社会运动领导者十分关注诸如平等、自由的巨大价值，并将其作为促成变革的最终目标。（O'Toole，1996）在崇高理想基础上，他们的领导力与坚定的信念相一致，从这些相似的核心价值观中可以看到他们对变革的专注。在引入变革的过程中，为变革而变革与基于基本价值观的变革目的背道而驰。在电影《狱长布贝克》[1]（*Brubaker*）中，一个雄心勃勃的监狱长试图通过深刻的变革来改造一个贪污犯，而这一变革危及了内部和外部的政治联盟。他在每个阶段都遇到阻力。直到最后，他最信任的盟友提出一个建议，如果他停止变革，他会得到资源以改善监狱的物质条件。但布贝克作出了这样的回应：“每个监狱长都是把新油漆漆在墙壁上。”（Quinn，1996，p. 122）他坚持认为，在原则或核心价值上妥协，并不能给这个陷入困境、弊病丛生的监狱带来根本的变革。

学生组织中也存在同样的道理。那些拼命想稳定成员队伍的学生组织认为，如果改变他们的标志，给每个人发免费的T恤，或者在会议上提供食物，就能提高成员的忠诚度。正如电影《狱长布贝克》展示的那样，成员只有在组织里感受 430
到意义，发现有兴趣的目标或找到归属感，才会愿意继续留在组织中，这些远非一件T恤或者免费的会议餐所能达到的。

当推进重大变革时，领导者的一个挑战是帮助其他人解决他们的不确定性和担心。（Quinn，2004）在试图进行变革的过程中，领导者的态度会产生巨大影响。正如鲁宾、迪多夫、布默和鲍德温（Rubin，Dierdorff，Bommer，& Baldwin，2009）发现的，如果领导者对变革有微词，那么组织的参与者会模仿这些态度，从而也会对变革冷嘲热讽。愤世嫉俗的领导者常常被管理层认为无效。在一个相关的发现中，凯勒曼（Kellerman，2004）指出：“坏的领导力包括两种类型：无效的和不道德的。”（p. 32）这种不良领导力的领导者表现形式常常是不称职的、刻板的、放纵的、无情的、腐败的、保守的或者邪恶的。

推动深刻的变革意味着帮助人们走出他们的

① *Brubaker* 这部电影是1980年拍摄的，有人译成“黑狱风云”、“黑狱金刚”或“狱长布贝克”。本片描述美国某州的狱政弊端百出，新任的年轻监狱长布贝克为了解实况，假扮犯人进入狱中，发现狱内各种腐败情况十分严重，于是正式接任后大力整顿，改善囚犯福利。布贝克的作风虽然获得囚犯的好感，却不容于地方人士，终于被迫离开，然而已将狱政改善带入坦途。这部影片根据真人真事改编，内容具有震撼力。——译者注

舒适区，支持他们努力尝试新的行动。同时，要求领导者和成员在当他们进行转变时提供相互支持。当引入一项新的变革，旧的惯例和传统被束之高阁，有些人会有损失感。其他人可能会觉得，他们将会在新的安排中失去地位或重要性。在第9章中，我们介绍了类似的概念去支撑组织重建的概念。布瑞奇（Bridge，1991）提供了七种方法来帮助组织和人们完成转变：

（1）解释这是你跳出条条框框的时候，需要抛弃对组织的旧的假设和思维方式。通过谈论他们也将如何被变革所影响，说明他们如何思考自己的不同角色和做法，变革进程的推动者可以起到带头的模范作用。

431 （2）为每个参与者创建机会或情境，使他们积极地对组织或活动做出不同的思考。组织一个务虚的或焦点小组讨论会议，在决策前使其他人在变革过程的初始阶段就参与进来。

（3）在如何跳出条条框框进行思考和如何推动创新上提供信息或训练。要求成员或个人进行变革并不意味着他们已经对变革带来的创造性过程做好了准备。

（4）建模和鼓励冒险与实验。当人们测试新的想法或新的实践时，他们需要感觉到安全和被支持。

（5）把错误和遗漏看作学习的机会，看作创新的机会。变革推动者将鼓励人们在经历失败的时候拓宽自己的思维。

（6）鼓励每个人打破常规，冲破藩篱，用头脑风暴法找出解决现存问题的新方法、新思路，或新的思维方式。

（7）说服团队适应模糊性和不确定性，向他们解释在事态更加清晰、方向更加明确之前，目前的现状是暂时的。否则，人们可能出现这样的倾向，要么快速进入解决方案，要么终止过程，继续保持他们处于平衡和安全的舒适区。（pp. 43－44）

432 **❖ 学生文选**

用变革来领导变革是不可避免的。变革是艰难的，但是要想成就非凡就需要变革。当我走上一个领导岗位时，这里的变革进入程序，但仍然需要进一步发动。成为一个变革的领导人绝不是一个简单的任务，事实上，他也有走弯路出错的时候。但尽管如此，令人不可思议的是我愿意承担这样的风险，成为事情开始的催化剂。就这样，在我作为学生组织理事会（the Council of Student Organizations）主任时发生的变革使成百上千学生受益。而后创建了一个“学生组织俱乐部之家”（Student Organization Club House），对校园里的学生来说，这在历史上都是一个重要的时刻和突破，它为学生提供了丰富的资源。这是一个变革的例子，看似不可思议的事情却成为事实。让每个人都参与，寻求后勤部门的支持，制定场地管理的基本政策，这些都是我们经历过的困难时刻。但最后的结果超越了这些困难，在学生组织理事会下面设立这样的实体，确保了理事会未来的成功。

艾拉·贝拉·阿瑞拉·塔培（Ella Bella Ariela Tepper）是佛罗里达大西洋大学（Florida Atlantic University）社会学专业的本科学生。她是西格玛卡帕（Sigma Kappa）女大学生联谊会的会员、佛罗里达大西洋大学舞蹈协会（Ballroom of FAU）会员、西格玛阿尔法艾奥塔（Sigma Alpha Iota）专业女士音乐联谊会的会员。她曾在许多学生管理部门包括学生众议院担任职务，担任过学生组织理事会主任，目前担任校园管理委员会（campus governor）主任。

至少对已经发生的成功变革来说，任何重大或深刻的变革都来之不易，而且，他们不会在一夜之间发生。约翰·科特（John P. Kotter），哈佛
433 商学院管理学的教授和学者，研究了大公司和非营利组织的变革过程。科特（Kotter，1996）根据他的研究和对成功实现变革的组织的观察，形成了一个八个阶段的连续变革的模型，如图10—3所示。

434

1. 建立紧迫感
   - 审视市场和竞争现实
   - 识别并讨论危机、潜在危机或重大机遇

↓

2. 创建指导联盟
   - 建立有足够力量的团队来领导变革
   - 使团体的工作像一个团队

↓

3. 开发愿景和战略
   - 创建一个愿景来帮助引领变革的努力
   - 发展战略实现愿景

↓

4. 沟通变革愿景
   - 利用一切可能的方式不断传达新的愿景和战略
   - 发挥指导联盟的角色示范作用，不负员工所望

↓

5. 实施大范围授权行动
   - 排除障碍
   - 改变不利于变革愿景的系统或结构
   - 鼓励冒险和非传统的思想、活动和行动

↓

6. 产生短期成效
   - 策划在业绩上的明显改善或“胜利成果”
   - 创建胜利成果
   - 公开表彰和奖励取得成效的人

↓

7. 巩固成果并产生更多的变革
   - 运用不断增加的公信力来改变整体上不适合或不适合转型愿景的系统、结构和政策
   - 招聘、提升和开发能实现变革愿景的人
   - 用新项目、新主题和变革推动者使变革过程充满生机活力

↓

8. 定位文化的新途径
   - 创造基于“客户—生产行为”的更高业绩、更有效的领导力和更高效的管理
   - 清晰地表达新行为和组织成功之间的联系
   - 开发确保领导力的发展与持续的方法手段

图 10—3　创造重大变革的八个阶段

资料来源：引用获得《哈佛商业评论》（*Harvard Business Review*）允许。“Leading change：Why transformation efforts fail” by J. Kotter，73，1995. Copyright 1995 by the President and Fellows of Harvard College；all rights reserved。

该模型是连续的，但多个阶段可以同时发生。此模型的构建是按顺序相互支撑的，所以重要的是当这些阶段过于费时或有挑战性时，不要跳过某个阶段。科特和科恩（Kotter & Cohen，2002）

在对这八个阶段的新研究的基础上修改完善了这个模型。他们的研究发现，组织变革的核心因素是改变人们的行为，而不是简单地进行结构、规则、制度或文化的变化。他们从自己对130个机构和400人的研究中得出这样的结果："人们之所以变革他们所做的事情，很少是因为给他们施加了转变他们思维的分析说明所致，而更多的是因为向他们展示了影响了他们的情感变革的事实。"（p.1）以下是得出的四条主要的经验教训：

（1）成功的组织都知道如何抓住机遇，避免危险。他们承认更大的失败风险与更大的胜利机遇并存，所以，微小的、逐步的改善是不够的。

（2）成功的变革过程沿着八阶段模型发展，直到建立一个能使新行为得以坚持固化的一种文化体系。

（3）每个阶段的核心挑战和重点是改变人们的行为——人们做些什么。

（4）变革推动者要帮助他人发现和感觉与变革努力相关的情感。"看—感觉—改变"（see-feel-change）途径模式比"分析—思考—改变"（analysis-think-change）的途径模式更加有力（p.2）。当我们详细生动地展示或介绍存在的问题现状时，"看—感觉—改变"的模式会使人们看到问题的真相，感觉到影响变革的消极情绪，增加可以创造变革的积极情感，改变或强化新的行为（例如，不自满，投入更多的努力来实现愿景，等等）。

下面的八步骤变革模型（见表10—1）表明了 435
在每个阶段新行为重要性（Kotter & Cohen, 2002, p.7）。这八个行动步骤在关系领导力模型的各个维度中都有所反映。

表10—1　与关系领导力模型（RLM）相关的重大变革的八个步骤 436

步骤	行动	新行为
1	增加紧迫性	人们开始告诉对方："我们来吧，我们需要改变一些事情！"（RLM——目的性）
2	建设指导团队	形成一个足够强大的团队来指导大的变革，能够成功地开始一起工作（RLM——包容性，过程导向）
3	树立正确愿景	指导团队为变革开发正确的愿景和策略（RLM——目的性和道德性）
4	沟通投入	人们开始投入到变革中来，并体现在他们的行为之中（RLM——目的性）
5	授权行动	更多人感觉可以行动，并为愿景实施实际行动（RLM——过程导向）
6	创建短期成效	形成人们努力实现愿景的势头，越来越少的人抵制变革（RLM——过程导向）
7	巩固成果	进行一波又一波的变革直到愿景实现（RLM——目的性）
8	坚持变革	尽管有传统的阻力以及变革领导者的更替，但新的成功行为持续，诸如此类（RLM——过程导向）

在一项变革的努力实现之前，关键是应该积极地去理解变革和了解人们对变革的反应。变革的推动者常常跃过这个重要步骤，直接进入发动变革的行动。由此疏漏所引发的后果就是混乱的状态，它会阻止组织达到预期的结果。当你计划一个变革努力时，传达的信息一定要周全和深思熟虑。预测和理解人类对变革的反应，可以导向更健康和更有意义的过程。这就要求变革发起人在开展清晰的、目的明确的和有愿景的行动的同时，一定要善解人意、富有同情心和考虑周全。

紧迫感

不管你采用什么方法试图变革，你都必须首先建立一种紧迫感。这才构成变革意义的全部。变革是如此的艰难，因为在你的生活中、组织中和社区中，人们通常喜欢已存在或已有的事物，
所以必须有令人信服的理由去发动变革。正如科 437
特（2008）指出的那样："我们太自满。甚至我们对此毫无察觉。"（p.1）对于如何成功地建立这种紧迫感，科特（2008）提出了下面的建议（见一览表10—1）。(pp.60-61)

一览表 10—1：增加真正的紧迫感

1. 引入外部压力

- 重新将内部的现实与外部的机遇和危险联系在一起。
- 带来有感情、有说服力的数据、人、视频、网站和声音。

2. 每天都有紧迫感

- 行动中切勿满足、焦虑或愤怒。
- 在会议上，在一对一交流、备忘录和电子邮件中永远都要表现出紧迫感，表达尽可能清晰，尽可能让更多的人了解。

3. 寻找危机中的机会

- 总是警觉地看看危机能否成为朋友而非仅仅是可怕的敌人，这样可以摧毁自满。
- 小心行事，永远不要天真，因为危机可以是致命的。

4. 处理紧迫感的"禁忌"（NO-Nos）

- 开除或中和所有顽固的"紧迫感杀手"（无紧迫感的人）。尽管有些人不是怀疑论者，但他们会执意维持团队的自满，或者如果有必要的话，他们会创建破坏性的紧迫感。

公益创业和社会创新 438

有两个概念——"公益创业"（social entrepreneurship）① 和"社会创新"（social innovation）——最近开始流行，它们用于描述社会变革和努力使世界变成更美好的地方。丹尼尔·伯恩斯坦（Daniel Bornstein，2007）定义公益创业家/企业家（social entrepreneurs）为"变革的力量：是那些拥有新思想来解决大问题，不断地追求他们的愿景的人；是那些不会把'不'作为问题的答案的人；是那些决不放弃直到尽可能广泛传播他们思想的人"（pp. 1-2）。他还指出："公益创业绝不只是少数显赫的人每天来拯救其他的每个人。从最深层次上来说是揭示目前无法看见的可能性和释放每个人的能力来重塑世界的每一部分。"（p. xvi）公益创业家/企业家包括所有年龄的参与者，他们目前在世界各地的农村地区和大城市从事活动。例如，温迪·科普（Wendy Kopp）在 1990 年成立的"支教美国"（Teach for America）组织，通过超过 33 000 名参与者的努力，已经帮助了 3 000 000 名儿童。

伯恩斯坦（Bornstein，2007）明确了公益创业家/企业家的六种素质（见一览表 10—2）。

① social entrepreneurship 在一些文献中被译为"社会创业"、"社会企业家"，这里采用了美国华裔学者胡馨的建议，译为"公益创业"。参见胡馨：《什么是 social entrepreneurship（公益创业）》，载《经济社会体制比较》，2006（2）。——译者注

439

一览表 10—2：成功公益创业家/企业家的六种素质

1. 愿意自我纠正
2. 愿意分享信用
3. 愿意打破已建立的结构
4. 愿意跨越学科界限
5. 愿意默默工作
6. 具有强烈的道德推动力

(Bornstein，2007)

另一个相关的概念是“社会创新”。小菲利斯、德米勒和米勒（Phills Jr.，Deiglmeier，& Miller，2008）把它定义为：“一种新的社会问题解决方案，比起现存的解决方案，它会更加高效，具有可持续性，在整体而非私人的个体层面上为社会创造基本的价值。”（p. 34）想象一个社会问题或者你的校园、社区或地区所面临的问题。什么可能是一些有创造性、可以用来解决这些问题的方法？在俄勒冈大学和其他机构中，学生可以申请微贷款（microgrants）的资助（通常在 100～1 000 美元之间），用来支持社区服务项目。

我们相信，当我们对领导力、组织和变革进行思考的时候，这些概念和它们背后的基本信念为我们提供了很多想象的空间。它们提供了这样的事实：各行各业的人们通过各种各样的方式，在广泛的领域里共同努力，世界会变得更加美好。它们给予了希望——这种希望就是当面对那些看似不可逾越的困难和挑战时，我们并非无能为力。

> 世界需要更多社会创新——因此，所有渴望解决世界上最棘手问题的企业家、领导者、管理者、活动家和变革推动者——不管他们来自商界、政府还是非营利组织，都必须摆脱孤立、独裁和敌意等旧模式，努力理解、接受和利用跨部门的动力去发现创造社会价值的新方法。（Phills Jr.，Deiglmeier，& Miller，2008，p. 43）

440

下章梗概

下一章将描述不同的变革策略，焦点将从理解变革转移到实施变革。你将了解通过建立联盟利用组织外部的人和力量的重要性。同时，你还将了解领导力社会变革模型怎样影响变革过程。我们还会讨论社交媒体在变革过程中的角色。

本章练习

1. 为什么在领导力过程中变革是重要的？推动变革的挑战是什么？

2. 在推动变革时你可能会面临哪些障碍？为什么有些人抗拒变革？原因何在？

3. 回忆一段成功变革的经历，在组织或社区环境中导致成功变革的因素是什么？领导者和成员为变革做了什么努力？人们如何跟随变革的步伐？

4. 根据基根和莱希的理论，通过回答本章提出的揭示你的竞争承诺的五个问题，找一找你自己的竞争承诺。

5. 对你所参与的一个组织进行思考，有什么重大变革可以产生，为什么？说明如何使用关系领导力模型的每个要素来推动变革。

6. 为什么对组织来说变革的灵活性和开放性很重要？抗拒变革的组织会发生什么？

441 7. 惯性在组织中的根源是什么？

8. 为什么一些思想，或行为，或产品开始流行，但其他却不行？你能做什么来使自己的东西开始在社会流行？

9. 思考公益创业和社会创新的概念。是什么原因使你有足够的激情通过这些类型的方式来实施公益创业和社会创新？你如何去开始呢？

补充阅读

1. Bornstein，D. （2007）. *How to change the world：Social entrepreneurs and the power of new ideas* (Updated edition). New York，NY：Oxford University Press.

2. Heath，C.，& Heath，D. （2007）. *Made to stick：Why some ideas survive and others die*. New York，NY：Random House.

3. Heath，C.，& Heath，D. （2010）. Switch：*How to change things when change is hard*. New York，NY：Random House.

4. Kegan，R.，& Lahey，L. L. （2009）. *Immunity to change：How to overcome it and unlock the potential in yourself and your organization*. Boston，MA：Harvard Business Press.

5. Kotter，J. P. （2008）. *A sense of urgency*. Cambridge，MA：Harvard University Press.

第 11 章

变革的策略 443

梅雷迪斯（Meredith）是生物学专业一年级学生，她对环境问题感兴趣。她最近关注校园实验室中使用的化学品如何处置的问题。她开始阅读有关“绿色生物学”的概念，这可能为化学品的处置提供更环保更友好的解决方法。她与几个同学分享了她的担忧，但有些人接受，有些人根本不关心。她找到她的生物学课程的实验导师。导师说，虽然他有兴趣，但他没有时间花在这个问题上。梅雷迪斯越来越关心这个问题，但不知道接下去可以做什么。她只是一个学生——她能做什么？她能去哪里寻找办法呢？她能和谁谈呢？她怎样才能让其他人对这个问题感兴趣？同样再考虑一下下面的情形：

- 君（Jun）和她的室友已经注意到校园里女性被攻击数量在上升。其中一件发生在她们宿舍后面的停车场。她们决定做一些事情。
- 塞缪尔（Samuel）决定在即将举行的全国性选举中有所表现，他已经加入了支持他所支持的候选人的校园团体。 444
- 从高二开始，塔米拉（Tamela）每周在同一所会计师事务所工作 20 小时。该公司位于一个小学旁边。在这个小学中享受免费或减价午餐计划的儿童越来越多，由祖父母抚养的儿童的比例也越来越高。她认为该公司作为社区的邻居，有义务与学校一起以某种方式支持这些儿童。

总之，这些学生已对某个问题兴奋不已，并希望做一些事情使情况变得更好。这些问题可能是一个环境问题、一个政治问题，或一个社会公正问题。你会做些什么呢？你从哪里开始呢？你如何使别人对这个问题感到兴奋？你会使用什么策略来使这种变革发生呢？作为变革的推动者意味着什么？

本章概观

第 10 章将你带入了变革的过程。本章将依赖那些变革的素材，介绍一些你可以用来实施变革的策略。本章将首先讨论涉及个人变革的相关问题，然后转入介绍有关组织变革的不同观点。最后呈现给大家的是领导力发展社会变革模型。

对变革的反思 445

本章开篇所描述的情况是每天发生在世界各地校园里的变革的例子。正如瑞林（Raelin，2003）所指出的：“一个组织或一个社区始终是处于运动中的。”（p. 155）政治问题、环境问题、课程问题、社会公正问题，以及其他不计其数的问题正从四面八方涌出，我们都要不断地去面对，没有什么唯一的方法可以囊括学生的救助或行动。

我们相信变革是领导力的核心部分。回忆一下第3章的定义：领导力是人们共同致力于完成积极改变的一个关系的过程和道德的过程。从我们的角度来看，维持现状不是领导力，因为它不涉及改变或朝着一个共同的目标前进。

然而，如果我们全面了解了变革，我们就会知道变革是困难的。每个层面——个人的、团队的、组织的、机构的、社会的变革都存在着困难。劳工组织者索尔·阿林斯基（Saul Alinsky）曾说过："变革意味着运动，运动意味着摩擦，摩擦意味着发热，发热意味着争论。"（Chambers & Cowan，2004，p. 31）如同个体一样，团队、组织、机构都可能因为各种各样的复杂原因而处于这种运行方式中。当然，这些原因对团体内的人或许有意义，或许没意义，甚至对团体外的人就根本没有意义。领导变革看上去似乎不可能，但必须要做。瑞林（Raelin，2003）对此作了这样的描述：

> 变革不可避免地转化为摈弃旧的、四平八稳的做事方式。成员与团体通常按照他们的心理安全程度对这种转变过程作出不同反应。帮助人们去克服与变革相关联的损失或失落，这是变革推动者角色的一个重要贡献。（p. 160）

我们在第10章曾探讨过其中一些与转变相关 446
的问题。

人类学家玛格丽特·米德（Margaret Mead）曾说过："毋庸置疑，少数有思想且信念坚定的公民可以改变这个世界。事实上，世界正是这样被改变的。"（转引自 Mathews，1994，p. 119）那些决意积极参与、投身于团体中并与他人一道围绕共同的需要齐心努力的个体，可以与众不同，创造非凡。正如莫顿（Morton，1995）指出的："变革……发生在这样的时刻：当不同的普通人发现他们的价值观、行动和他们的世界彼此更接近一致时。"（p. 28）创造卓越需要不同的团体形成联盟，朝着共同的结果一起努力。在这一章中，我们将概述变革的策略，这将有助于你领导或参与到变革的过程之中。

学生成为变革领导者

学生已经融入了全国各地和全世界的变革之中。例如，校园契约联盟（Campus Compact）——一个全国性的联盟组织，全美近1 200所学院和大学的校长联盟，代表着约600万大学生，其宗旨是"促进公共和社区服务，培养学生公民技能，帮助校园建立有效的社区合作，并为教师寻求将基于公民与社区的学习整合到课程之中提供资源和培训"（http://www.compact.org/about/history-mission-vision/）。在你的校园中，学生可能也会参与到校园生活政策的制定、课程计划的启动、循环利用的解决，或各种资金的管理等变革的努力中去。在社区中，学生可能会参与学校、机构和非营利组织的变革努力。

447 每一次变革的聚焦点可能要求有不同的变革代理人——那些能够推动变革的人。思考以下康纳（Conner，1992）所列出的对变革代理人的三种分类。

- 影响个人改变的人：家庭的父母亲、解决困境的辅导员、患难之交的朋友。
- 影响组织改变的人：工作现场的主管、经理、工会领导人，教育系统的行政管理者和教师，宗教机构的神职人员，医疗保健系统的行政管理者、医生、护士，校园文化中的学生，服务客户的顾问。
- 影响大规模社会变革的人：为了普通大众的政治家、为了政府的公务员、为了特殊利益的政治行动团体、科学界的研究人员、媒体的舆论领袖。（p. 9）

作为在许多领域的股东或利益相关者，有目的性的参与者可以成为变革的代理者，他们将有助于实现共享的目标。

在一切变革的努力中，有些人直接与解决某

个问题相关联——被称为“倡导者”（advocates），有些人支持直接面对解决问题的人——被称为“同盟者”（allies）。（Edwards & Alimo，2005）关于同盟者特点可以列举出很多方面。维杰圣和、格里芬和勒夫（Wijeyesinghe，Griffin，& Love，1997）便提供了一种特性，包括“他们出于信守他/她的个人利益的信念反对违反社会公正的行为”，以及“在他/她自己的影响范围内致力于反对社会不公正的行动”（p. 108）。在一览表 11—1 中，我们借鉴了《真正的变革领导者》（*Real Change Leaders*）的某些观点（Katzenbach，Beckett，Dichter，Feigen，Gagnon，Hope，& Ling，1996），提出了稍微有些不同的见解。我们相信，这些特质适用于倡导者（直接与问题相连的人）和同盟者（支持直接面对问题的人）。正如卡曾巴赫（Katzenbach）等人补充说的：“大量的这种批判性的领导在每一个机构争取重大变革中似乎是必不可少的。”（p. 15） 449

448

❖ 学生文选

“一直都是这么干的。”这句话是大多数变革发动者听惯了的一句话。我刚刚加入女生联谊会时听到的也是这句话。作为一个大胆和充满渴望的新成员，我试图创建各种方式的变革。其中的一个变革，同时也在我的记忆中留下印象最深的是我曾大胆地实施一项新会员计划，这个计划将消除我们的组织中老会员对新成员“倚老卖老”（hazing，罚做苦力）的弊习。有些姐妹不赞同，有些干脆直接反对，但作为一个领导者，我用我的影响力来推进这个积极的变革。

在我作为女生联谊会领导者期间，我感到一种天生的责任感去让我的组织重新回到正确的轨道上，即使我离开组织，也能留下一个激励和鼓舞人心的积极变革。

激情是我最大的驱动力。想想那些影响变革的伟大领导者——马丁·路德·金博士（Dr. Martin Luther King Jr.）、爱丽丝·保罗（Alice Paul）、哈维·妙可（Harvey Milk）、甘地（Gandhi）等，他们所拥有的共同特质是激情。他们追寻的信仰得以实现是因为他们激发了周围的人一起朝着相同的变革目标而努力。决定变革成败的就是充满激情的影响力；一种跨越 99 个“不”，达到唯一一个“是”的回答的推动力。

斯蒂芬妮·埃尔南德斯（Stephanie Hernandez）毕业于威廉帕特森大学（William Paterson University），主修幼儿教育、心理学，专业方向是妇女和性别研究。她曾兼任 Delta Phi Epsilon 国际妇女联谊会主席、女权主义者共同体（Feminist Collective）协会主席、公寓助理管理员。她还积极参与其他校园俱乐部和各种委员会的活动。

一览表 11—1：真正的变革领导者的共同特质

- 确保一种更好的方式。他们共同拥有看上去似乎竭尽全力和明显的承诺来确保以一种更好的方式方法推动变革。
- 敢于挑战现有的权力基础和规范。他们发挥个人所需要的勇气面对反对、失败、不确定性和个人风险，以维持其承诺。
- 发挥个人主观能动性超越限定的边界。他们坚持主动与他人合作，解决意想不到的问题，打破瓶颈，挑战现状和跳出条条框框。
- 激励自己和他人。他们不仅自身有很高的积极性，而且有能力去激励和鼓舞身边的人。
- 关心如何善待他人，促使行动。他们真正关心他人，但不盲目自我牺牲。他们不故意操纵或利用他人。
- 保持低调不张扬（staying undercover）。他们把他们的部分成效归因于低姿态；哗众取宠、过激的运动、自我推销被认为必然破坏自己作为变革领导者的信誉度和接受程度。

● 具有调侃自己和适合情境的幽默感。这不是一个简单的特质。幽默感往往是当周围的人开始失去信心时能进入他们内心的东西。

资料来源：引自 *Real Change Leaders* by Jon Katzenbach，copyright © 1995 by McKinsey & Company，Inc.，United States，使用得到 Times Books，a division of Random House，Inc. 允许。

450 这一切听起来不错，但是试图启动变革是非常困难的，因为具有挑战性，常常会导致领导者充满自我怀疑。学生很容易会找出许多没有投身于改变的原因，但犹豫不定的绝不仅仅是学生。亚历山大·阿斯廷和海伦·阿斯廷（Alexander Astin & Helen Astin，2000）在《领导力重新思考：在社会变迁中致力于高等教育改革》（*Leadership Reconsidered*：*Engaging Higher Education in Social Change*）一书中，概括出了一些观点，提出了可以制约和授权学生与教师去行动的见解（见表 11—1）。尤其请注意“制约”和“授权”这两组之间的某些观点是怎样相类似的。这可以有益于你在你的校园变革努力中争取获得教师、员工和管理人员的帮助。

在第 10 章中，我们探讨了变革过程对个人的影响，介绍了一些你可能经历的一些制约和授权的观点。领导力发展的社会变革模型将揭示个人和团队的关系，以及他们如何寻求积极的变革来造福于社区。

451 **表 11—1　对学生和教师制约和授权的观点**

制约个体的内部观点		授权个体的内部观点	
学生	教师	学生	教师
● 我没有时间去参加 ● 老师不会重视我的贡献 ● 我不能“领导”，因为我没有正式的领导头衔	● 我没有时间去参与到变革活动中 ● 我的同事不会改变他们的做事方式 ● 我不是领导，因为我不在领导的位置上 ● 我的角色是传授学科知识 ● 学生没有动力、兴趣或开展成熟行动的能力 ● 我的角色是批判，不是发动	● 我可以管理多重角色和任务，所以我可以在校园中与众不同 ● 作为校园一分子，我有责任去改变影响我的事情 ● 作为个人，学生有能力塑造他们的未来 ● 每个学生都有能力参与领导过程，而不需要正式头衔	● 我通过我的日常决策帮助创建制度文化 ● 领导力不是一种分散的活动，是我所做事情的整体部分 ● 学习是我可以每天作示范的活动 ● 我可以在每节课中示范领导力 ● 我有自由和自主权去解答和行动 ● 学生有能力，因此可以给予其机会参与制定影响他们的决策
452 制约团队的内部观点		授权团队的内部观点	
学生	教师	学生	教师
● 这个校园不关心学生 ● 学生没有足够的经验去领导校园的重大变革 ● 校园高级领导人（校长和副校长）不负责重大决策	● 教师的专业知识在机构运行中没有价值 ● 由于管理者的态度，什么都无法改变 ● 教师和管理者不能在一起合作共事 ● 所有的学习都发生在课堂中 ● 学生事务不如学术事务得到重视 ● 教师和其他职工没有共同之处	● 学生被看作主要的利益相关者 ● 学生被看作变革的代理人 ● 学生领导力会在校园里成就非凡	● 教师是机构中的管家 ● 机构中的每个人都对学生的发展义不容辞 ● 变革的主动权掌握在每个人手上 ● 我们可以通过集体行动来实施变革

资料来源：Astin & Astin（2000），pp. 25，26，42，46，引用得到允许。

领导力发展的社会变革模型 453

20 世纪 90 年代中期，一批高校教育工作者（包括本书的两个作者，考米维斯和卢卡斯）获得美国教育部“德怀特·艾森豪威尔（Dwight D. Eisenhower）领导力发展”项目资助，集聚到一起开发了领导力发展的社会变革模型。（Astin，1996；Higher Education Research Institute，1996）由此，“七个 C”（7Cs）模型（见一览表 11—2）很快被人们所知。模型所描述的价值观是领导者有在个人、团队、社会或社区层面上开展工作所必须拥有的素养。当你审视社会变革模型所包含的价值观时，你会发现它与本书所描述的关系领导力模型有很多相似之处。[关于社会变革模型如何应用的范例，请参见《校园的无层级领导力发展：高等教育的案例研究和最佳实践》（*Developing Non-Hierarchical Leadership on Campus：Case Studies and Best Practices in Higher Education*）（Outcalt，Faris，& McMahon，2001）；想了解更多该模型的研究，请参见《领导一个更美好的世界》（*Leadership for a Better World*）（Komives & Wagner，2009）。]

一览表 11—2：领导力的社会变革模型

个人（个体）价值

个人价值是指个体在团队活动的层面上努力发展，并予以表现。作为支撑团队运作的个人素质，它们是社会变革领导力的关键。

自我意识（Consciousness of Self）。自我意识是指对自己的认识，或者简单地说是自我认知。是对激励人们采取行动的价值、情感、态度和信念的自我认知。自我意识蕴含着正念和专注，一种成为个 454 人目前行为和心理状态的观察员的能力和倾向。具有高度自觉的自我意识不仅指具有相当准确的自我概念，而且指对自己的行为和心理状态在任何特定时间里都是一个良好的观察员。自我意识是我们模型中的最基本价值，因为这是实现模型中的所有其他价值的必要条件。

一致性（Congruence）。一致性是思想、感觉、行为的统一、真诚、可靠以及诚实待人。一致性的人的行动与他们最根深蒂固的信仰和信念相一致。培养一种较强的自我意识是保持一致性的关键因素。作为一个独立个体，明晰个人的价值观、信念、优势和局限性，是必不可少的。

承诺（Commitment）。承诺隐含着与个人、想法或活动相关联的强度和持续时间。它要求在承诺的目标和预期结果方面有重要的参与和自我投资。它是一种驱动集体努力的能量，是完成变革的关键。推动人们去行动的力量来源于内心和强烈的激情，所以说，承诺源于内心，没有人可以强迫一个人作出承诺，但组织和同事们可以创建和支持这样的环境来与每个人的内心世界和激情共鸣。

团队价值

团队价值可以在领导力活动团队工作中予以表现和实践。以下问题可以反映出团队价值，例如：为了实施积极的社会变革，如何发展合作？哪些团队互动要素的作用促进了集体领导？ 455

合作（Collaboration）。合作是模型中的一个核心价值，它把领导力看作一个团队过程。它增加了团队效力，因为它重视各类人才，吸纳每个团队成员的观点，发挥多样性的强大功能来制定解决方案和行动。合作突出了模型中关系的聚焦点。因此，合作是人与人之间的关系，是通过分担责任、权威和义务去实现共同的目标，是为了服务的领导力。

共同目标（Common Purpose）。当人们为了一个共同目的和价值取向与他人合作时，一个共同目标就发展起来了。共同目的促进团队成员参与到对问题和将要开展工作的集体分析之中。如果团队所有成员构建和共享愿景，积极参与团队工作目的和目标的制定，共同目标就会得以顺利实现。

文明争议（Controversy with Civility）。文明争议承认一切团队努力的两个基本现实：第一，观点分歧是不可避免的，有价值的；第二，这种差异必须尊重且礼貌地公开表达。分歧固然存在于几乎所有社会交往或团队过程中。它们带来了对集体有价值的观点和信息，但最终，它们一定会得以解决。通过开放和坦诚的对话所实现的解决方案是基于团队确保理解分歧的来源，并朝着共同的解决方案努力合作。

社会和社区价值

公民权（Citizenship）。一种社会变革承诺把个人和他们所在的集体与他们的社区相联系。社会和
456 社区的公民价值使领导力的目的得以明确。领导力发展活动所指向的是到达什么样的社会终极目标。

公民权意味着这样的过程，即自我负责任地与环境和社区相联系。它承认所有参与到领导力活动中的一切努力都是一种相互依存的关系。因此，公民权主张有效的民主既需要个人的责任，也需要个人的权利。公民权，在社会变革模型的背景下，比成员权力有更多的含义；它意味着个人的积极参与以及领导团队服务社区的共同努力。它隐含了社会或公民责任。总之，这是关爱他人的价值。

资料来源：改编自 Wagner，W.（2007），The social change model of leadership：A brief overview. *Concepts & Connections*，15（1），p.9。

图11—1的箭头显示了模型各个方面之间的反复循环。箭头A和B表明个人价值和团队价值如何相互影响；C和D表明团队价值和社会/社区价值如何相互影响；E和F表明社会/社区价值和个人价值如何互相塑造。每个箭头都代表了具体的含义。（Higher Education Research Institute，1996）

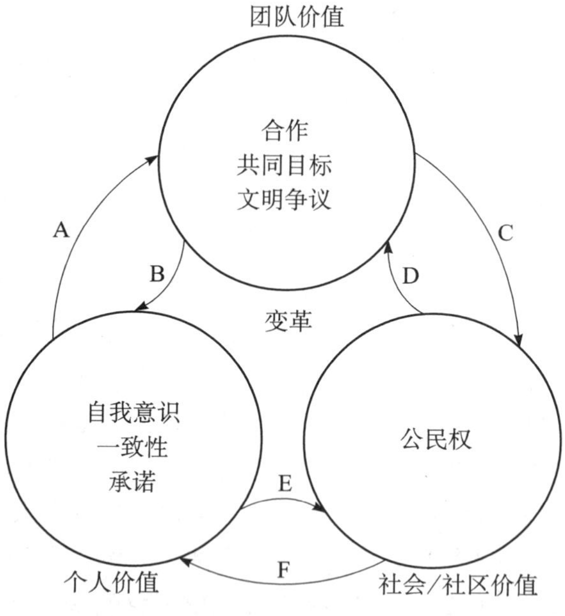

图11—1 领导力发展的社会变革模型

资料来源：使用得到美国领导力项目中心（the National Clearinghouse）允许。

箭头A：当团队成员询问“我们的共同价值观和目标是什么”时，自我意识是塑造团队共同目标的一个关键要素。相似地，基本的劳动分工导致真正的合作，这要求了解每个团队成员的特殊才能和不足。同样，文明争议往往导致创新的解决方案，因此，文明争议既需要一致性（一种与其他人分享观点的意愿，即
457 使他们所持的观点可能是相反的）也需要承诺（在争议面前坚持自己的信念）。

箭头B：当团队以共同目标协同运作并接受文明方式的争议时，来自任何领导力开发团队的反馈意见最有可能增强自我意识、承诺和一致性这些个人素质。

箭头C：当领导团队带着共同目标通过合作发挥作用，并鼓励文明争议时，负责任的公民权和积极的变革最有可能发生。

箭头D：相反，如果团队成员以竞争的 458
方式发挥作用，如果他们不能确定一个共同目标，或者如果他们做不到文明争议，团队将很难成为有效的变革推动者，或者难以履

行其公民权或社会责任。

箭头E：如果那些积极的个人努力都植根于自我了解、一致性和真正的承诺之中，社区就最有可能成为个人服务奉献的广阔天地。换言之，负责任的公民权，是建立在自我认识、一致性和承诺的基础之上的。

箭头F：个人通过服务来学习，通过意识到他/她能胜任的（或不胜任的）所作所为从而增强了自我意识。当个人感到自己可以有所作为时，承诺得到了增强。当个人认识到只有个人的行动植根于一个人所持有的最坚定的价值和信念之中，积极的变革才最有可能发生时，个体的一致性也得到了增强。（Higher Education Research Institute，1996，p.7）

459 让我们回过头来分析一下开篇中梅雷迪斯对绿色生态的关注（承诺）的情景。她已经敏锐地意识到，她不想用一种有害的方式来处置化学品（一致性）；她不知道如何对处置做出改变（自我意识）；她知道她需要寻求其他人的援助（自我意识，共同目标）；她的实验导师太忙（自我意识），尽管他对她的行动表示同情、认同（承诺），但他似乎没有足够的动力来参与（缺乏一致性）；梅雷迪斯决定找到学生环境工程师学会寻求帮助（承诺，公民权），学会主席同意把此问题作为下次会议的议题（共同目标，合作），目的是进一步提高认识（自我意识，承诺），明确本团队可以采取的行动（共同目标）。

在这次会议上，梅雷迪斯知道她很紧张（自我意识），但这个问题对她很重要（一致性，承诺），所以她带来了从互联网下载的印刷品信息。团队对此问题展开了激烈的讨论（共同目标，文明争议）。一位成员甚至说："这应该成为我们全年讨论的一类话题！"有许多成员点头同意（承诺，共同目标）。随着讨论的进行，主席通过观察说道："看来我们都希望把它作为一个议题，对吗？"（共同目标，合作）。团队讨论了可能采取的行动（共同目标，公民权），例如请求系主任参加下次的会议。几个成员自愿（承诺，合作）承担对与该问题相关的不同方面做进一步的审核调研（公民权），以便为下次会议作好充分准备。梅雷迪斯对团队表示感谢，回到座位上后才暗自对自己把问题带到会议以后所发生变化感到如此惊讶。

关系领导力模型与社会变革模型的比较

你无疑会看到，社会变革模型和关系领导力模型之间具有如此之多的共同点，同时也存在一些重要的差异。它们都把领导力看作关系和合作

460 的过程。它们都注重价值，强调道德和创造更大福祉的积极变革。两个模型之间的主要差异在于各自不同的聚焦点。根据关系领导力模型，领导力包含道德性、授权性和包容性的过程和目标要素；社会变革模型提出了个人、团队、社会价值观的一种动态交互体系。两种模型可以一起使用——事实上，我们鼓励你这样做，以帮助你更好地理解在特定情形下的领导力。例如梅雷迪斯。她知道她需要涉及他人（包容性）。她有权提出这个重要的问题（授权性）。她希望解决造成环境损害的一个问题（道德性，目的性）。做到这一点的方式是找到一个倡导者（过程导向）或一个团队、联盟，在这个问题上与她共同采取行动（过程导向）。说服学生团队成员将是至关重要的（过程导向）。她知道，提供有关信息将最具说服力（授权性）。

当你思考你自己的领导力发展或你的组织和成员的领导力发展的时候，把社会变革模型中的个人价值部分与关系领导力模型的要素结合在一起，你会发现你的优势所在以及哪些方面需要进一步加强。表11—2显示了两个模型之间的联系。

为了实现变革，你必须与其他个人和团队一起工作。在下面的章节中，我们将探讨在实现变革的过程中如何发展联盟。

461 **表 11—2　关系领导力模型和社会变革模型的比较**

关系领导力模型	社会变革模型
目的性	● 个人价值：承诺 ● 团队价值：共同目标 ● 社会价值：公民权
道德性	● 个人价值：一致性和自我意识 ● 团队价值：共同目标和文明争议
授权性	● 个人价值：自我意识和承诺 ● 团队价值：合作和共同目标 ● 社会价值：公民权
包容性	● 个人价值：自我意识和承诺 ● 团队价值：合作和文明争议 ● 社会价值：公民权
过程导向	● 个人价值：承诺 ● 团队价值：合作和共同目标 ● 社会价值：公民权

为社区行动建立联盟

今天的组织和社会问题很复杂，因此需要以社区为基础的解决方案。“如果没有社区意识，毋庸置疑，社区问题将是难以解决的……社区的人们必须具有公共精神和关系意识。”（Gudykunst，1991，p. 128）

462 无论是校园社区问题、你的公寓大楼问题，还是体育院系面临的问题，它们都需要几个团队的参与，而不是一个。一个团队或组织单独负责是很少的，除非它拥有足够的资源（包括信息）去创建、执行或维持一个复杂的变革。这一现实需要致力于建立联盟。“联盟通常是跨团队合作行动的首选手段，因为他们承诺保持成员组织的自主性，同时为团结努力提供了必要的结构。”（Mizrahi & Rosenthal，1993，p. 12）例如，如果公寓大楼管理部门只会在口头上抱怨说要改变校园停车政策，而不去联合学生会的交通通勤学生分会和研究生学生公寓管委会去协同进行改革，那么改变校园停车政策的方法就几乎没什么意义了。

联合其他有兴趣的团队和组织可以产生令人印象深刻的变革。“通过联盟，独立的团队可以发展共同的语言和理想，在此基础上，共享促进社会变革的集体愿景。”（Mizrahi & Rosenthal，1993，p. 12）米兹拉希和罗森塔尔（Mizrahi & Rosenthal）把社会变革联盟定义为“一组不同组织的代表共同参与所形成的力量，通过解决一个或多个问题对外部机构施加影响，在对他们的社区产生作用的同时保持了自己的自主权。联盟是：(a) 由共同目标的多个组织组成；(b) 有时间限制；(c) 以动态的紧张关系为特征”（p. 14）。

463 **❖ 学生文选**

大约一年前，我被选为博伊西州立大学学生会（ASBSU）的主席。我知道我需要和一个团队的新官员一起工作去指导大的变革。前一年的领导者想要振兴 ASBSU 去尽可能最好地服务学生。对他们来说，这意味着重建关系和花费他们最后几个月的时间坐在办公室里炮制一个体系性的修正方案，他们期待这会彻底改变 ASBSU 的组织结构。

作为一名所谓的“领导者”，经历这次转型活动，我遇到的最大的挑战是需要知道什么时候应该去咨询他人、寻求反馈，什么时候应该作出决定、保持前进。通过阅读旧文件，我们花时间去思考“这项规则制定时的目的是什么”。我和副主席经常一起讨论，然后得出我们自己的结论。我们在具体的、个人的问题上选择性地寻求其他官员和特别顾问的帮助。有时，感觉就像我们正在经受从别人那里失去了“空头买入”的风险，但是，随着一个更加有力的行动计划的出台，我们更快地进入了行动。对于我们整个团队来说，领导力意味着我们一起商议重要决策，在小的决策上互相信任，用我们的决策来建立统一战线。

布兰迪·温安德尔（Brandie VanOrder）是博伊西州立大学政治学专业应届毕业学生。她担任博伊西州立大学学生会主席，还参与女大学生联谊会、阿尔法伽马德尔塔协会（Alpha Gamma Delta）、荣誉学院以及新生课程项目的活动。

米兹拉希和罗森塔尔（Mizrahi & Rosenthal，1993）从联盟的目标和持续时间两个方面确认了四种明显的联盟类型：“短期具体目标（如组织示威或论坛）；长期具体目标（如消除家庭暴力、房屋法院改革）；短期一般目标（打击犯罪或毒品）；长期一般目标（邻里改善联盟、反种族主义网络）。”（pp. 14 - 15）想象一些例子，思考这像是哪类校园问题（见表 11—3）。

464 **表 11—3　　校园联盟**

	时间框架	
目标	短期	长期
具体	校友日；感恩节罐头食品售卖	减少约会强暴事件
一般	新生社区建立	多样性倡议；修改通识教育标准

联盟不容易建立。米兹拉希和罗森塔尔（Mizrahi & Rosenthal，1993）提出，每种类型的联盟都经历了一个“合作—冲突”的动态过程，以下四种动态形式的压力不同程度地出现。

（1）混合忠诚的压力：这源于成员对自己主办组织和联盟的感觉的双重承诺。例如，一位来自校园安全委员会的成员为了改进校园照明的方式，可能会去了解后勤和财政的现状，以便看看是否需要启动一个阶段性间断照明的项目，但她同时要面对来自她所代表的女生团体的压力，以致该项目不能马上启动。

（2）自主权和责任之间的压力：联盟需要有行动的独立性，但每个成员都需要与他们的组织
465 联系，以维持组织的承诺和认可。校园环境行动联盟刚刚发现了一个他们可以申请的州政府资助项目，但他们要为此突击申报，以便不错过仅为一周的最后期限。由于没有时间充分咨询其他组织，这可能会导致这些组织感到被排除在外。

（3）在联盟中确定重要程度的压力：团队应该被视为达到特定目的的手段还是作为合作的模式？压力产生于两个方面，一种人支持联盟作为一种实现预期结果的手段，另一种人不计后果只想维持关系。联盟可能两种都需要。它需要作为一种手段实现一些目标，也需要保持一种模式使不同团队可以有效地一起工作。例如，校园里的亚裔美国人学生协会，是一个为亚洲研究课程项目共同工作的团队联盟。团队中的一些人会看到同时可以为其他目标合作工作的可能性，希望与不同的亚裔美国人学生团体对话。但团队中的其他人则只是想完成一个目标，并认为没有必要维持这种团体联盟。

（4）统一性和多样性之间的压力：联盟的成员要想方设法采取行动实现共同目标，同时承认他们带来的目标的差异。“人们越想强化社区……就越关心自己，以确保他们看到自己作为依附整体的一部分，而不是完全独立和对立的。”（Etzioni，1993，p. 155）校友日委员会可能会努力去平衡运动项目、社会聚会、文化活动、当前学生的庆祝活动，以及学术讲座计划等选择，即使任何一项活动背后的负责人都会认为他这件事应该排在显著的位置。

波波、肯德尔和马克斯（Bobo，Kendall，& 466
Max，2001）指出：“联盟的建立不是因为它是良好的、符合道德的或适合使每个人一起工作。联盟是为了建立力量。之所以花费时间和精力来建立联盟的唯一原因是积累必要的能量，做一些你自己不能做但通过一个组织可以做的事情。”（p. 100）联

盟有其独特的优点和缺点（见表11—4）。

表11—4　　联盟的优点和缺点

优点	缺点
● 赢得不能单独赢得的东西 ● 建立一个持续的权力基础 ● 增加个别组织工作的影响 ● 发展新的领导人 ● 增加资源 ● 拓宽范围	● 从其他工作中分心 ● 弱的成员无法应付 ● 太多的妥协 ● 权力的不平等 ● 个别组织可能无法获得信贷 ● 不及时的策略

资料来源：Bobo，Kendall，& Max，2001，pp.101－102，使用得到允许。

当团体之间形成联合体后，联盟会面临着独特的挑战，因为各种团体之间在性别、种族、性取向或阶级等方面存在着不同的方法论和世界观。“人数少的团体在历史上被剥削、被指派、被主导，出于很多原因不信任人数多的团体。”（Mizr-
467 ahi & Rosenthal，1993，p.31）人数多的团体（一直处于主流文化）习惯于控制别人，经常用他们感到舒适的方式作出决定和接触问题。被边缘化的团队成员只能遵循主流文化的方式，此种情景中的领导力可能看上去就像被强加指派，提出有关利益的问题看起来像有一个特殊的议程，向主流文化的团队说明那些他们过去未曾了解的问题时需要花费很大精力，并可能遭遇不满和怨恨。处于主流文化的可能是管理者、拥有资源的人，或白种人文化。处于边缘文化的可能是学生、较低层的社会经济团体，或历史上的外围团体。虽然可能不是所有的代表人数较少的团队都会经历这样的遭遇、边缘化问题，但如果它确实是一个联盟中存在的问题，则应该引起重视并加以解决。关系领导力元素中的包容性、授权性、道德性、过程导向都与建立联盟直接相关。

在多样化的团体成员之间建立有效联盟对取得成功的结果是很重要的。帕斯卡莱、米勒曼，焦亚（Pascale，Millemann，& Gioja，2000，p.203）提出了一个关键问题：“如果对话是变革的源泉和灵魂的话，那么首先关注的应该是：谁应该参与其中？”米兹拉希和罗森塔尔（Mizrahi & Rosenthal，1993）建议所有联盟成员（尤其是他们确认为人数少的团体）从一开始就要参与设计联盟的目标和方法，而不是在后来的某个时间点加入做表面文章。此外，联盟必须把不断增强多样性作为当务之急，必须坚持让那些影响变革结果的人参与其中。关系型领导力重视的是那些一起做事的人，而不是那些事情。

468
公民参与

我们每个人都对参与所有与我们有关的社区的公民权负有责任。这种参与可以采取多种形式，将不同程度地存在。美国高校协会（Association of American Colleges and Universities）的副主席卡瑞·穆西尔（Caryn Musil，2003）分享了这样的信念：“我们正处于一个不确定、快速变化、以破坏性的不平等为标志的世界，学生应该做好充分准备，完全承担起在一个相互依存的世界里生活的责任。”（p.4）她设想出一系列不同的“公民权表达”的范围（如表11—5）。重要的是要注意，每个方面或阶段都描述了校园参与外界的不同形式，包含“不同社区、价值和知识的定义”（p.5）。

关系领导力模型——强调变革过程、目的性、授权性、道德性和包容性——与穆西尔的研究成果直接相关，特别是互惠的（reciprocal）和生产力的（generative）方面或阶段。从本质上说，穆西尔的公民权观点的核心是关系——你会注意到穆西尔如何用授权和相互依存的概念来定义社区。这个主题在“知识水平”栏目，以“多种视角（观点）”的定义特征给予了表达。在校园生活中有许多这样例子。当你说“我们打算做一些事情”时，问问自己：“我们的‘我’有多大？”（Bruteau，1990，p.510）在联盟形成过程中与其他组织合作，特别是如果这些组织与你少有接触，将扩大你的视野。

表 11—5　　公民权的方面或阶段 469

方面或阶段	社区是	公民范围	知识水平	利益	
排他性的	……你自己的	公民不参与	● 个人视角（你的） ● 单一文化	一点，短暂	
无视的	……一种未开发的资源	公民超然	● 观测技能 ● 主要的单一文化	一方	
天真的	……一种占用资源	公民失忆	● 没有历史 ● 没有视角（观点） ● 一种文化的	随机（任意）人群	
仁慈的	……一种需要援助的资源	公民的利他主义	● 对被剥夺的认知 ● 情感的慈爱和尊重 ● 多元文化，但你仍然是规范中心	给予者的情感，接受者的迫切需要	
互惠的	……一种授权和被授权资源	公民参与	● 不平等的后遗症 ● 合作的价值 ● 跨文化能力 ● 民主的艺术 ● 多视角 ● 多元文化	当前社会作为一个整体	470
生产性的	……一种充满可能性的相互依存的资源	公民繁荣	● 为民主而斗争 ● 相互联系 ● 连锁系统的分析 ● 跨文化能力 ● 民主的艺术 ● 多重交互视角 ● 多元文化	每个人的现在和未来	

资料来源：Caryn Musil，2003，p. 8，使用得到 *Peer Review* vol. 5 no. 3. 允许，Copyright 2003 by the Association of American Colleges and Universities（2003）。

为实施变革服务 471

服务是这样一种方式，很多大学生给他们的社区和更大的世界带来变革。大学校园的服务可以采取多种形式。可以因为个人对一项事业或项目的热衷开展服务，也可以因为它是某个组织努力的一部分来“回馈”社区。它可以是一门课程的某一个方面，或者甚至可以用作惩罚制裁的部分行动。从一次性志愿服务项目到不间断地持续性服务的努力，通过参与各种类型的服务，你可以更多地了解你自己，了解他人，甚至可以了解那些抑制或促进变革的方针政策。无论服务是否涉及学校、医院、环保机构，或其他许多人力服务机构或项目，美好的事情普遍会发生。

为了促进这些美好事情的发生，服务项目需要包含某些因素。服务项目必须将学生置于一个机构或社区，他们需要提供：（1）给学生真正的学习机会和给社区带来真正的益处；（2）一种学生对课堂上所学的知识的实践应用；（3）进行反思的机会；（4）给学生倾听和体验社区声音的机会。（Eyler & Giles，1999）重要的是要记住，服务不仅对被服务者有利，也有利于那些提供服务的人。艾勒、贾尔斯、斯腾森、格雷（Eyler，Giles，Stenson，& Gray，2001）通过多项研究强调了学生开展服务学习的好处：

- 服务学习对发展人际关系，提高与他人共同工作的能力、领导力和沟通技巧具有积极作用。
- 服务学习对减少陈旧观念和促进对文化与 472

种族的理解具有积极作用。

- 服务学习对提升社会责任感和公民权技能具有积极作用。
- 服务学习对服务承诺有积极作用。（pp. 2－3，引用得到允许）

个人如何参与服务会有很大差异。尽管看上去经历了服务本身就已经足够了，但是情况并非总是如此。想象一下有人不情愿地参加了作为一门课程的一部分的服务项目，或者该项目是一个组织对所有成员的要求。你是否常常听到有人说这样的话："我付学费是来参加项目的!？我不知道为什么我们要做这种事情——它没任何不同。这只是在做光荣的慈善。它肯定没有学术意义。我应该花我的时间去学习，而不是做这些。"反过来，对比一下另一名愿意参与的学生："从这个经历中我更加了解自己——比我在课堂中学到的更多！我学到了可以在实际中使用的技能。我宁愿做这些而不是被困在一个教室里。"当然，这名学生将获得一种完全不一样的体验。毋庸争辩，如果没有反思，从经验中学到的东西就会越来越少，作为个体或作为领导者的个人的成长就会受到限制。

莫顿（Morton，1995）描述了在不同的形态中服务的情况，提出了以下三种范式：慈善（charity）、项目（project）和社会变革（social change）。慈善范式是指"提供直接服务的条款规定控制在慈善提供者手中（资源和决策会影响其
473 分布）"（p. 21）；项目范式"关注对问题的定义和解决的方案，以及实施为解决问题所做出的周密思考的计划"（p. 22）；社会变革范式强调"过程：在利益相关者团体之间建立关系，并创造一个学习环境，不断拨开所谓'根源'的洋葱皮"（pp. 22－23）。引用格尔茨（Geertz，1973）所使用的术语，莫顿继续指出："每一种范式的内容既有毫无影响的、空洞的'薄弱'的一面，又有可持续的、具有潜在革命性的'厚重'的一面。"（p. 24）

莫顿（Morton，1995）对服务的潜力做出了以下总结：

> 当然，学生需要了解多种服务形式的存在；他们都是有意义的；他们可以选择做什么和怎样去做。他们需要面对挑战，根据经验和反思有意识地做出选择。具有讽刺意味的是，除非我们对所存在的服务范围做出充分的描述，否则学生将继续对服务给予狭隘和表面化的定义，致使服务产生两极分化：一种是有限的服务境地，另一种非服务的无限扩展境地。（p. 29）

这些服务的范式为我们拓宽领导力的概念提供了很多帮助。重要的是要牢记"薄弱"和"厚重"方面的关键特性。对待"薄弱"的方面需要维护权力，控制过程，服务于他人；对待"厚重"的方面需要服务团队对正在从事服务的机构群体予以尊重。正如关系领导力模型强调授权他人一样，当这些服务以体贴、尊重、互惠、反思的方式进行时，这些服务也是授权他人的。

474

确定关键问题

当你用批判性的目光观察你所生活的组织、机构、社区、国家和世界的时候，你会发现还有许多需要改变的地方。但是，从哪里开始改变呢？这是一个非常棘手的问题，因为它会导致人感到绝望——有这么多需要改变的，而你只有一个人，所以任务看似巨大和不可能。其结果之一是，我们放弃、绝望，决定不进行任何重大变革的努力。或者我们也可以直接与其抗争——但一旦我们决定要尝试有所不同的行动，我们如何在众多的领域里做出选择以便集中我们的注意力？当你考虑向哪里投放你的领导力努力和精力时，这里有一些问题要问问你自己。你可以参考前面所述的社会变革模型来回答这些问题。

- 我对什么问题最有激情？（变革需要能量。）

- 我是否愿意花时间和作出牺牲来解决这个问题？（变革是不容易的。）
- 我是否愿意面对与此问题相关的挑战？（变革需要勇气。）
- 对于什么样的问题我最有可能招募其他人？谁是股东或利益相关者？他们可能会与我为伍共同解决问题吗？（变革涉及其他人。）
- 在什么问题上我可以（对他人感兴趣）真正产生影响？（我们希望我们的变革努力有所作为。）

475 一旦你回答了这些问题，你需要在你关注的问题中艰难地选择出某一个问题。虽然大家都知道，学生向来会尽全力参与多种变革的努力，但在这些努力上需要的时间和精力通常会阻止他们获得成功。首先这似乎像站不住脚的理由，然而一项成功的变革努力会导致未来更多的变革的发生。同样重要的是要记住，在确定关键事件时，应与他人一起工作和遵守道德规则的核心本质。没有那些利益相关者的即时加入，有些重要的东西就会被遗漏，变革成功的几率可能就会很低。领导力中的道德要素在解决重大问题上也会发挥重要作用。这样的关键问题摆在我们面前：解决此问题时，我们愿意走多远？你会为了达到目的而不择手段吗？识别关键问题是对团队、组织或者社区领导力的一种检验。正如考米维斯和瓦格纳及其同事（2009）所指出的："社会变革就是要解决产生问题的根源"（p. 11），"社会变革是合作"（p. 12）。你真的愿意在你要解决的问题上做出不懈的努力吗？你是否广泛寻求其他人的支持来帮助解决这个问题？希望你能意识到考米维斯等人所提醒的另一个重点："社会变革并不是简单的事情。"（p. 14）

争取其他人参与

一旦你确定了一个选择的问题，你所面临的挑战就将变成如何与其他人一道实施变革。杰弗里·卢克（Jeffrey Luke，1998）通过提供一套用来发现潜在的利益相关者的普遍问题，帮助我们
476 进入接下来的步骤中（Bryson & Crosby，1992；King，1984）：

- 谁会被这个问题影响？
- 谁对这个问题有兴趣或者谁曾对这个问题表达过意见？
- 谁在这个位置上对这个问题施加积极或消极的影响？
- 谁应该去关心？（Luke，1998，p. 69）

鼓励其他人像你一样去关心一个问题是困难的。对你来说很关键的东西对其他人可能不是问题。当你考虑不同的问题解决方式时，对条件、问题、优先的事项加以区分是很有益处的（见表 11—6）。（Luke，1998）

477 **表 11—6　问题的注意周期**

条件 （现存的状况或潜在的问题）	问题 （问题吸引公众的注意）	优先事项 （问题上升为主要决策者的优先考虑）
● 不是每个条件都以问题形式呈现或被定义为问题。 ● 例如：住公寓的学生抱怨"周末无事可做"。	● 社会关注的问题变得突出和重要，通过提高认识、知名度和情感的关注来捕获公众的注意。 ● 例如：学生报纸刊出文章详细介绍不到法定年龄学生在由学生学费资助的学生会俱乐部酗酒。	● 感到问题的紧急和迫切，对问题解决持乐观态度，从而在政策议程上取代其他问题。 ● 例如：所有重要的校园委员会成员都由非常相似的学生组成。你和一组同伴决定尝试拓宽这个团体，以使其更好地代表学生的利益。

资料来源：改编自 Luke（1998），p. 44，使用得到允许。

卢克（Luke，1998）同时还指出，哪些问题可以优先上升到政策议程，应取决于四项要素的集合效应，这些要素不一定在预定的时间框架中发生，或按固定的顺序发生。这四项要素是：

（1）理智察觉到恶化的状况或不当的对比；

（2）情感觉醒和对条件状况加以关注；

（3）意识到问题紧迫性；

（4）坚信问题可以得到解决。（p. 54）

478 在考虑招募什么样的人加入到变革努力中时，有些人可能会立即浮现在脑海中。这些人可能是志同道合的朋友或熟人、你所属的组织成员中一起共事的人，或团队中对你提出的变革感兴趣并直接受到变革影响的人。卢克（Luke，1998）提供了一些供你回答的问题，可以帮助你考虑谁是你尽力要招募的人：

- 谁是利益相关者、知识拥有者？谁拥有其他资源？
- 在这个问题范围内谁可以促使事情的发生？谁可以阻止行动？
- 谁是那些拥有独特观点的合适的新成员或外部人员？
- 什么是开始采取行动的适当的临界状态？
- 谁应该被邀请参加到解决这一问题的努力中？
- 一旦那些核心的参与者被确定，如何激励他们积极地加入到变革活动中？
- 哪些其他的形式和水准或参与的方式能够产生有品质的思想？
- 首次召开的会议如何创建一个安全的空间和问题表决的合法程序？（p. 88，引用得到允许）

一旦你把团队组合在一起，奥斯皮纳和福尔德（Ospina & Foldy，2010）提供的行动建议就将有助于"把多样化的行动者组合在一起，促进他们持续协同工作的能力"（见表 11—7）。

479 **表 11—7　如何集聚多样化行动者协同工作**

● 迅速的认知转变（创建共同利益意识）	● 从环境恶化转到人权 ● 从其他人的问题转到我们的问题
● 认定和塑造身份（尤其是种族和性别）	● 颂扬赞誉身份 ● 质问查询身份
● 参与关于差异的对话	● 深入反复讨论 ● 确保周边不同声音的存在 ● 正视多样化的想法
● 创造公平的治理机制	● 强烈承诺民主管理 ● 代表结构加上包容性的过程
● 通过人际交往组合多个世界	● 一对一的联结 ● 个性化的关注

资料来源：改编自 Ospina & Foldy，2010，pp. 297－301。

❖ 学生文选

"变革"：如果有一个词既能鼓舞人心，又会令人沮丧，那就是"变革"这个词了……经历了极大的苦恼我才对此有所感悟。在哈特维克学院（Hartwick College）学生参议院（Student Senate）担任了两年执行秘书后，我大四时担任了学生参议院副主席。作为管理策略，我们出台了许多新流程、
480 政策和计划，以便实现对我们俱乐部的各种要求，提高信誉度，建立步入正轨的体系。这是一件我从未尝试过的努力，正如你所看到的，那些习惯于旧的管理体制的学生参议院的组织会将此束之高阁，敬而远之。这些组织习惯了无章可循，包括模糊的最后期限、文档丢失以及热衷于权力名声的"有毒"心态。

通过对总体结构重新格式化的系统构想，我们的管理实现了飞跃，开始发生一些有意义的重大变化。自然，挫折伴随着调整而来，但在我的脑海里，这是一个领导者如何管理对变革的反应的能力，以及如何在尊重和承认不同的观点的同时，引领团队里的成员朝着目标而努力奋斗。领导者

驱动外围；领导者奋力将他们自己和他们的团队推向一个不确定的地方，因为正是这个不确定的地方促使我们成长。领导者在分享他们的成长的同时，还要记住在穿越结果的“地平线”之前，不断地追问他们取得进步的原因。正如约翰·麦克斯韦尔（John C. Maxwell）所言：“……不要害怕打破传统去追求进步。”

彼特·科迪·菲杜萨（Peter Cody Fiduccia）毕业于哈特维克学院，主修工商管理，辅修金融。曾担任学生参议院副主席，是西格玛贝塔戴尔塔管理学荣誉学会（Sigma Beta Delta Management Honors Society）会员、罗伯特·霍顿领导力奖（Robert Houghton Award in Leadership）的获奖者，目前是在纽约宾汉姆顿大学（Binghamton University in New York）攻读 MBA 学位的一年级学生。

冲突 481

冲突是不可避免的，甚至在希望创建相似变革的个人之间。解决冲突是领导力最具挑战性的方面之一。很难坚持不把与我们意见不一致的人贴上“坏”、“错误”或者“不够关心”的标签。正如我们在前面所指出的，能够顺利通过团队发展震荡阶段的团队，将会变得更强大，并能比冲突开始前更好地协同工作。同样重要的是要记住，关系领导力模型把领导力定义为一个过程，冲突必然是这一过程的一个方面。正如我们在第 8 章关系领导力模型中鼓励由过程去处理冲突，这将会促进包容性和授权性。

此外，需要注意的是要保持专注于你正在积极努力去完成的目标，与此同时，也要保持与其他参与者的良好关系。社会变革模型呈现了一种“文明争议”的思想。因此，当你极力完成几乎所有有意义的变革时，分歧的存在是自然可以预料得到的，甚至应该举双手欢迎。卢克（Luke，1998，p. 198）提供了冲突产生的主要原因和可能的干预措施，有助于我们更好地理解冲突（见表 11—8）。

当你融入变革时，冲突难以避免。解决冲突也好，不解决冲突也好，最终决定的是变革努力的成功。冲突，在一般情况下，涉及关系和目标。当人们面对充满压力的变革努力时，会感觉精神振奋，所以对任何可以采取的行动都会给予特别关注。显然，解决冲突早比晚好，而且要用尊重的态度和保持开放心态的方式应对冲突。在工作中解决冲突可能是领导力最具挑战性的方面。

当你考虑从事社会变革时，有各种可能的陷阱会出现。考米维斯和瓦格纳及其同事（2009）找出了以下几种误区的存在：家长作风（paternalism）、同化（assimilation）、基于赤字的社区观念（a deficit-based perspective of the community）、寻求包治百病的灵丹妙药（seeking a magicbullet）、忽视文化差异（ignoring cultural differences），等等。只要联合社区的其他人专注于共同关心的问题，就可以避免落入这些陷阱，而不用刻意试图去“修复”或“帮助”它们。（pp. 31－32）

表 11—8　　**行动策略中的冲突来源**　482

冲突来源	典型原因	可能的干预措施
● 根本价值观的差异	● 不同的生活方式、意识形态和宗教 ● 强烈的情感信仰	● 依赖所有成员共享的崇高目标或结果 ● 避免根本价值观上的定义标准 ● 不要要求用分散的策略来坚持相同的根本价值 ● 寻求共同的利益，而不是共同的价值观

续前表

冲突来源	典型原因	可能的干预措施
● 不同的优先事项	● 对利益的感知或实际的利益竞争 ●“零和博弈”或“固定馅饼”假设（多分配给某些人一些资源将导致有人获得较少资源） ● 稀缺的资源将迫使只选择极少数策略去实施	● 促进以利益为基础的契约谈判 ● 选择策略的标准达成一致
483 ● 关系问题	● 历史上所制造的不信任 ● 成见和误解 ● 沟通和倾听不畅通	● 解决过去的关系问题 ● 通过程序的基本规则控制负面情绪的表达 ● 允许适当的情绪宣泄，作为发展过程策略的一部分 ● 提高交流的质量和数量
● 数据冲突	● 缺少必要的信息 ● 对数据的不同解释	● 对什么数据是重要的达成一致 ● 利用第三方的专家，获得外界的意见，并澄清数据解释

资料来源：Luke（1998），p. 198，使用得到允许。

在此需要强调的是，运用基于优势的方法来应对冲突是很有帮助的。你应该聚焦于积极的方
484 面而不是消极的方面，你应该重视你的同事带来的那些你的团队所匮乏的优势，你应该看到周围环境（包括周边的人）所产生的有益的条件，而不应该只是一味地怨天尤人。当你努力去解决那些看上去似乎极其复杂的问题时，优势的方法提供了一种实用的视角，因为这些复杂问题常常会对你的矫正补救的尝试努力发起公然的对抗。

掌控环境

学院环境可能很难掌控。如同任何复杂的科层系统一样，学院也有很多层级。就像一切官僚组织，很难搞清楚谁负责哪些方面。你会面对院长、董事、协调员和所有其他各级职位的人员。尽管校园和校园之间有相似之处，但每个机构都有它自己的做事方式。搞清楚联系什么人以便开始变革工作并不总是容易的事情。

回答以下问题会有助于你对环境的把握：

● 我要完成的任务是什么？能够明确而简洁地说出你正在试图做的事情。尝试向对这个特定主题或领域一无所知的人进行说明。这将迫使你用简单的方式阐述事情，使之更容易理解。

● 还有谁可能对这个项目感兴趣？我还可以与哪些个人或组织联系？无论你有多么尽心尽力或者有才华，你都不能孤军作战。

● 我可以从哪里开始？我应该最先接触什么人或哪个办公室？关键是启动起来——开始任何一个项目最初都可能会遭遇挫折。

● 对我而言，第一次可以开始接触什么样的人或办公室？人一般都是助人的，毫无疑问你会增加你的联系人名单。

485
肯定式探询

“肯定式探询”［或赏识式调查、赏识式探究（appreciative inquiry）］的研究进程最近受到教育者、组织顾问、人力资源专业人士和研究组织行为的专家的关注。（Whitney，2005，2008；Whitney & Trosten-Bloom，2010；Whitney，Trosten-Bloom & Cooperrider，2003）肯定式探询是“一种合作的、高度参与的、系统的方法，用来寻找、识别和提高在人类、经济和组织等方面最佳运行的系统中的‘生命的力量’”（Watkins & Mohr，2001，p. 14）。该方法的基本前提是，每个组织都在做正确的事情，创建积极的变革的关键是从这些积极的方面去发现和工作。库珀里德和惠特尼（Cooperrider & Whitney，2005）区别了肯定式探询方法和一个更传统的问题式解决方法的不同（见表 11—9）。

这种对组织内部运转良好状态的关注，在惠特尼和卓斯坦－布鲁姆（Whitney & Trosten-Bloom，2010）的研究中得到了进一步体现，可以在表 11—10 中略见一斑。

表 11—9　从问题解决到肯定式探询 486

问题式解决	肯定式探询
感到需要识别问题	赏识和评价最好的是什么
⇩	⇩
原因分析	构想可能是什么
⇩	⇩
分析可能的解决方案	对话应该怎样
⇩	⇩
行动计划（治疗）	基本假设：组织是一个可以接受的神秘物
⇩	
基本假设：组织是一个需要解决的问题	

资料来源：Cooperrider & Whitney，2005，p. 13。

表 11—10　从基于缺陷的变革到积极变革的转变 487

	基于缺陷的变革	积极变革
介入焦点	● 发现问题	● 肯定的主题
参与	● 人们选择性参与	● 整个系统
行动研究	● 诊断问题 ● 原因和结果 ● 定量分析 ● 需要的概要 ● 外界行动	● 积极核心的发现 ● 组织在最佳状态 ● 叙事分析 ● 积极核心的全貌 ● 成员行动
宣传	● 反馈给决策者	● 广泛传播和创造性地分享最佳实践
创造性潜力	● 头脑风暴式地列出选项	● 憧憬更美好的世界和组织的贡献
结果	● 用最好的解决方案来解决问题	● 设计实现梦想和人类愿望
获得的能力	● 实施和衡量计划的能力	● 持续的积极变革的能力

资料来源：Whitney & Trosten-Bloom，2010，p. 17。

肯定式探询的过程牵涉确定一个主题，然后通过四个探询的阶段——新知发现（discovery）、构筑梦想（dream）、设计组织（design）和把握命运（destiny）——来实现探询的过程（见图 11—2）。

所选定的主题可以是组织中任何重要性的事务——“组织中的任何人感觉在向组织体系释放生命”（Cooperrider & Whitney，2000，p. 9）。

尽管使用稍微不同的术语，查尔斯·埃利奥特（Charles Elliott，1999）提供了对探询的四个

488

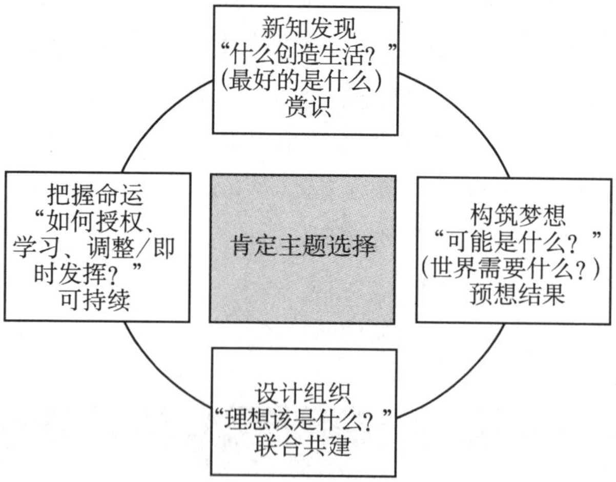

图 11—2 肯定式探询的 4-D 循环

资料来源：Cooperrider，Sorensen Jr.，Whitney，& Yaeger，2000，p.7，重印得到许可。

阶段的简洁描述。

● 新知发现（discovery）阶段：发现卓越和成就。通过访谈和讲故事，参与者记住了重要的成就和卓越的时期。

● 构筑梦想（dream）阶段：对理想组织和社区的憧憬。这一阶段人们用过去的成就来想象一个值得期待的未来……基于历史形成社区未来的图像，并以此表明了引人注目的可能性。

● 设计组织（design）阶段：设计新结构和流程。这一阶段意在具有刺激的挑战性——通过协商，对可能实现梦想的具体的长期和短期目标进行开发……挑战性的命题应该伸展到组织或社区，但它们应该是可以实现的，因为它们是基于过去的卓越历史阶段的产物。

● 把握命运（destiny）阶段：实现梦想。在这个阶段人们为挑战性命题而做出行动，建立角色和责任，发展策略，建立机构的联系和调动资源来实现梦想。（pp. 3 - 4）

489 格瓦斯·布舍（Gervase Bushe，2000）描述了运用肯定式探询的方法促进团队合作的事例。首先，团队谈论他们曾经有过的最难忘的优秀团队经历，每个成员都分享他的故事，其他成员认真倾听，并赏识性地参与对话。然后，团队一起工作，创建一个有共识的、描述“最佳团队”的特征的列表。最后，让成员们与其他团队成员分享任何他们曾经有过的体现这些属性的经历。可以想象得出这些相对简单的经历所产生的力量。

这样的过程为领导者提供了很多可借鉴的经验。一种仪式被发展成鼓励成员说出他们的所思所想，分享他们对组织和成员的相互赏识。团队可以举行正式或非正式会议，使成员分享他们的对于团队的想法和感受。有些组织会定期邀请所有成员围成一个圈，传递一个蜡烛或木槌。当停止到握着蜡烛或木槌的成员时，他/她可以自由地说出任何想说的东西。其他一些组织要求成员在评论一件在团队中进展不顺利的事情的同时，也要评说一件进展顺利的事情。这是一种向所有成员——包括那些通常沉默寡言的成员——征求反馈意见的好方法。以下简单的问题可以用来在组织或团队中开展肯定式探询的对话：

（1）描述你所在的这个组织或团队中最美好的时刻或者经历。

（2）是什么使它成为最难忘的经历？

（3）该组织或团队最大的优势是什么？ 490

（4）如果该组织最大化地发挥它所有的优势和积极的特质，它将会是什么样子的？

（5）该组织获得最大的成功是什么？

（6）你对该组织的最大梦想是什么？

（7）该组织的理想未来会是什么样子？

（8）从现在起的三年内会有什么样的成功？

（9）如何利用该组织的优势促进变革过程？

社区举办的公开论坛或城镇会议都是为了相似的目的。无论使用何种方法，领导者都需要确保他们知道成员的想法和感受。他们还需要努力创造一种氛围，使得成员感觉自由地表达自己的想法和感受，而不怕秋后算账。最后，他们需要进一步巩固组织已经取得的卓有成效的工作。惠特尼和卓斯坦-布鲁姆（Whitney & Trosten Bloom，2010）详述了把肯定式探询应用到社区环境会发生的情况（见一览表 11—3）。

一览表 11—3：在社区环境中成功应用肯定式探询

1. 使你的方法“社区化”。
2. 准备成为勇于担当的勇士。
3. 有目的性和最大限度的包容性。
4. 为点燃的火焰鼓风。
5. 保持信息畅通，接触机会。
6. 连续性的计划和转换。
7. 投资时间，享受回报。

491 8. 对新事物保持开放。

9. 提供人工智能方面的持续培训和教育。
10. 使肯定式探询成为日常实践。

(Whitney & Trosten-Bloom，2010，pp. 260 - 263)

肯定式探询的设计目的在于使个人和组织的积极潜能最大化，这是一个促进变革的强大杠杆。通常情况下，变革的策略往往起始于一个要解决的问题或马上激起一种消极负面的势态。这种诱惑的结果是促使立即回应问题并通过变革过程去修复问题。使用肯定式探询作为一种促进变革的策略，将会激励他人面向更伟大的未来，最大化利用组织的资产，在团队成员中创造和发挥更高的参与度。

变革与网络空间

在结束本章前，我们无法不提及网络空间与社交媒体在变革中的作用。霍华德和侯赛因(Howard & Hussain，2011)详细描述了数字媒体在“阿拉伯之春”中的角色作用：

492 有很多种方式可以讲述政治变革的故事。但其中那些来自阿拉伯国家民主社团的领导人的最一致的描述是，互联网、移动手机和社交媒体，如 Facebook 和 Twitter 等在这一次运动中起到了不同凡响的作用。使用这些技术，对民主感兴趣的人可以以前所未有的速度和规模建立广泛的网络，创建社会资本和组织政治行动。幸亏有了这些技术，虚拟网络可以在街头物化。数字媒体成了一种工具，使得社会运动可以达成以前无法实现的目标，尽管专制当局以惊慌的速度去设计技术含量或高或低的攻击措施，但也都无济于事。(p. 35)

他们继续概述这实际上是如何发生的：

当我们回顾 2011 年第一季度，数字媒体和“阿拉伯之春”的故事情节似乎可以划分为五个或者六个部分或阶段。第一个是准备阶段，包括激进主义者使用数字媒体，以创造性的方式来互相发现对方，围绕共同的怨气建立团结工会，并确定集体政治目标。第二阶段是点火阶段，对于一件突发事件，国家媒体却不予理睬，忽视的直接后果带来了网络上的广泛关注并激怒了公众。然后是第三阶段，这一时期街头抗议活动成为可能，大部分抗议活动通过在线网络联络和协调。随着事态的发展，进入了第四阶段的国际性

"买进"阶段。数字媒体的报道（起初大部分是在本地生成的）吸引了外国政府、国际组织、全球侨民和海外新闻机构的国际性支持。然后，事件的高潮阶段出现了对重建政权的要求。有关当局动用机动部队同时使用了妥协与镇压的手段，要么迫使抗议者离开街道，在无法平息的前提下或者恐吓抗议者，或者在反对者的要求面前开始瓦解崩溃；要么以一场血腥的僵局而告终，或者甚至进入一场内战，就像我们在巴林、利比亚、叙利亚和也门等地所看到的。在某些情况下，如在突尼斯和埃及我们所看到的，可能会进入另外一个阶段（第六阶段），即后续信息战争阶段，各路表演者远离直接的对抗竞争，通过获得革命性的网络媒体叙事的控制权去塑造未来的事件进程。(pp. 41－42)

在另一个例子里，伯尼萨、库查、刘和金（Brionesa，Kucha，Liu，& Jin，2011）描述了红十字会如何"使用各种各样的工具例如网站、博客、Twitter和Facebook去发展关系，致力于招聘和维系志愿者，及时更新社区的灾害防备与应对的信息，积极参与媒体活动"(p. 410)。

所以，在这些也许看似宏大和改变世界的事件中，社交媒体可以用较小的方式去鼓励每天的社会变革。这些媒体以之前被认为几乎无法想象的方式联系人们。它们允许人们以一种强烈的、时时刻刻的方式去沟通。最后，它们可以几乎瞬间传输各种信息。想想你的生活如何随着社交媒体的出现而改变。你的组织以相似的方式改变了吗？还是说你还在做Facebook和Twitter出现之前做的事情？你如何利用这些工具来成就你的优势？

493

本章小结

我们引用了玛格丽特·米德的一句名言开始本章："毋庸置疑，少数有思想且信念坚定的公民可以改变这个世界。事实上，世界正是这样被改变的。"（转引自Mathews，1994，p. 119）保罗·勒布（Paul Loeb，1999）在他的《公民的灵魂》（*Soul of a Citizen*）一书中向我们发出了行动的呼吁，在此，我们引用书中的简短而有力的一句话作为本章的结束语："我们永远无法预测我们行动的影响。"(p. 1）当你参与你的组织、社区、学校、居民区、州、国家和世界的领导力实践时，你在创造变革。通过这些变革，世界将变得更加美好。

494

下章梗概

致力于联合他人完成变革的表现反映了你是如何发展成为一名领导者，或者你是如何更新你的感觉去应对新的挑战的。本书最后一章将探讨如何使用基于优势的方法和重视积极性，使得领导力健康成长，走向成功。此外也将讨论自我更新（self-renewal）这一重要话题。

本章练习

1. 重新审视社会变革模型。什么个人价值观指导你的领导力？你的想法、感觉和行为如何围绕这些价值观显示出一致性？你如何证明你对这些价值观的承诺？

2. 再次思考社会变革模型，因为它与你作为参与者的组织直接相关。当你面对一个棘手问题时，会发生什么？如何理解和证明"文明争议"？你的组织如何在这方面改进？

3. 回想最近在组织中你已完成或试图完成的一项变革。冲突在变革过程中扮演什么角色？谁卷入了冲突？在解决冲突时，哪些是你不成功的尝试？哪些是成功的？

4. 成为一个有效的变革推动者意味着了解社区中的关键决策者。（Kahn，1991）你需要更好地了解哪些校园官员？你如何更好地接近他们？

5. 确定一个你所属的组织或团体，反思什么时候组织处在最好的状态。那看上去是什么样的？人们如何互相沟通？工作如何完成？想象一下如果你的组织获得年度最成功组织奖，现在组织有什么不同？是什么原因才使组织可以获得这个奖项？现在你的学院或大学的其他人关于你的组织都谈论些什么？

495

补充阅读

1. Aaker，J. L.，Smith，A.，& Adler，C. (2010). *The dragonfly effect：Quick，effective，and powerful ways to use social media to drive social change*. San Francisco，CA：Jossey-Bass.

2. Alinsky，S. (1989). *Rules for radicals*. New York，NY：Vintage Books.

3. Komives，S. R.，Wagner，W.，& Associates. (2009). *Leadership for a better world：Understanding the social change model of leadership development*. San Francisco，CA：Jossey-Bass.

4. Loeb，P. R. (2010). *Soul of a citizen：Living with conviction in a cynical time* (Revised ed). New York，NY：St. Martin's Griffin.

5. Whitney，D.，& Trosten-Bloom，A. (2010). *The power of appreciative inquiry：A practical guide to positive change* (2nd ed). San Francisco，CA：Berrett-Koehler.

第 12 章

497 # 共同走向成功

本书的许多领导力理论和概念源自心理学，以及源自对人类行为、性格和组织的研究。我们以心理学的最新领域——1998 年出现的积极心理学——作为本书结尾。积极心理学已经显示了并影响了个人层面与组织层面的领导力研究与实践。

本章包括了积极心理学背后的一个科学解释，以及它与领导力、与个人和组织的实践应用之间的关系。我们将会探索积极心理学中诸如“积极性”（positivity）这样的关键概念，以及从理论到应用的方法。这一章还将回顾临界点模型（Fredrickson，2007）、积极领导力模型（Cameron，2008）和幸福 PERMA（五要素）模型（Seligman，2001），并阐述它们对领导者和领导过程的意义。

498 ## 领导力与积极心理学的交叉点

在几千年前，苏格拉底和柏拉图、亚里士多德这些哲学家就开创了检验美好生活的方法。这个问题与我们当代关于领导力的假设产生了共鸣。人类渴望过上满意的生活。组织、团体和社区中的人们向往通过与他人合作过上有意义和有目标的生活。关系领导力模型各要素的目的是促进个人和团体的成长与学习，从而在领导力过程中达到更高水平的意义和目标。

心理学家和领导力学者们把积极心理学和领导力联系起来，目的在于使组织和社区实现更高水平的繁荣发展。研究者们探寻了为什么一些团队失去了活力，而与此同时其他团队却共同发展，走向成功。（Fredrickson，2009）本书的主旋律是认识自我和他人的重要性。使用积极心理学的框架去理解领导力的过程并成长为领导者，意味着你开始发挥你和你的团队成员已经拥有的优势。发现并使用团队或组织中每个人的优势可以最大化提高你的生产力，增加满意度和努力投入的水平，并且为个人和团队带来更大的意义和目标。有效的团队是包容性的，并能够发挥所有成员的优势实现目标和结果。（Linley，Garcea，Harrington，Trenier，& Minhas，2011）成功的团队彼此间有意义地相处共事，并建立持续久远的积极的人际关系。

499 ## 积极性和临界点

当你听到“积极性”这个词时，脑海中可能浮现出微笑的脸庞、嫩黄色的图片；但在积极心理学的语境中，积极性并不是这些意思。相反，它意味着诸如快乐、感激、欣赏、好奇和适应性这样的积极情绪与积极行为的科学应用。积极性"包括触发积极情绪的积极意义和乐观态度……以及积极情绪对你的性格、人际关系、社区和环境的长期影响"（Fredrickson，2009，p. 6）。在对情绪的研究中，弗雷德里克森（Fredrickson，2009）发展了积极情绪的"拓展和建构"理论：积极情绪打开个人的可能性并引发兴趣和好奇心。积极性改变人们，促进人们自身发展，并发现学习和获取新知识的新方法。（Fredrickson，2009）如同关系领导力模型假设领导力可以习得一样，这一理论也认为积极性可以学习和开发。在领导力中，积极性揭开了新的可能性，并为领导者和成员提供了更乐观和充满希望的视角。积极性还可以带来心态上的转变：从看到个人和组织负面的东西转到观察欣赏他们正面的东西。没有哪个人或哪个组织是完美的，但是他们常常比我们所认识到的有更多的积极方面等待我们去欣赏。

通过使用团队行为的数学模型和积极性背后的理论，芭芭拉·弗雷德里克森（Barbara Fredrickson）和马歇尔·洛萨达（Marcial Losada）研究了高绩效团队和那些失败的团队的特性。（Fredrickson，2009）总的来说，他们发现"团队成员连接性"（team members' connectivity）[1] 越高，则团队有更高水平的蓬勃发展和更高的绩效。
500 他们发现了在团队活动中，人的繁荣发展的临界点是 3：1——每三个积极的互动体验对应一个负面的互动体验，它被称为"积极率"（positivity ratio）。弗雷德里克森（Fredrickson，2009）定义临界点是"用来区分一个微小的改变是否带来不同结果的最佳位置"（p. 11）。弗雷德里克森进一步描述了积极率的临界点是"一个将你的生活向积极向上的一面转变的精确比率"（p. 11）。约翰·戈特曼（John Gottman）研究了已婚夫妇情绪的动态演变，发现美满、欣欣向荣的婚姻中临界点大约是 5：1。（转引自 Fredrickson，2009）

这些研究者提醒我们注意积极情绪也有负面的效果。在 3：1 的临界点中，那个负面的互动体验与三个积极的互动体验同样重要。弗雷德里克森（Fredrickson，2009）把这形容为"适当的消极"（p. 136）。一个适当的消极允许冲突，从而产生富有成效的结果而非破坏性的结果。他人批评性与破坏性的消极回应不属于临界点3：1中所说的消极因素，因为此类消极回应不会促进学习和成长。一个诸如内疚的消极情绪通过调整可以用来改善人际关系，但是像蔑视这样的情绪却会带来不可逆转的破坏。（Fredrickson，2009）适当的消极允许真实性、学习和成长，尤其是在与团队成员进行艰难的谈话时。

领导力和团队中的临界点带来了巨大的成果，包括持久而有意义的人际关系、更高的生产力和提升的满意度。弗雷德里克森（Fredrickson，2009）的研究证明积极性拓宽了思想，建构了资源，增加了适应性，预测了繁荣，并将衰弱的状态提升到了蓬勃发展的水平。

运用她在积极性研究中的科学理论，弗雷德德 501
里克森（Fredrickson，2009）提出了协助提高积极性水平的工具。以下是一些可以运用到你的领导力开发和团队中的例子。（pp. 200－213）

工具 1：开放的心态——培养好奇心并感受你在当下的经历。

工具 2：创建高质量的联系——建立有生命力的、动态的、有活力的并且相互欣赏的人际关系。

工具 3：培养爱心——向他人延伸自己，当他人注意到你的美好经历后，会做出积极的变化并建立积极的联系。

工具 4：制止干扰——有意识地摆脱你意识中不健康的干扰，当你注意到自己的消极性增加了，或当你即将出现潜在的破坏行为时要及时制止自己。确定有哪些活动和思想能够击退不良的干扰。

工具 5：阻止负面想法——用能阻止负面思维模式的事实，反击那些导致自我怀疑或恶意的负面想法。

[1] "团队成员连接性"是指反映团队成员对他人行为有多大影响、彼此之间有多少默契的指标。——译者注

工具 6：学习并运用你的优势——通过一些评估工具确定你的优势，如在第 4 章中介绍的“克里夫顿优势测评”（the Clifton Strengths Quest）和“性格表现”（Virtues In Action，VIA）评价。当你有机会运用你的优势时，将它反映在让你精力充沛的日常活动中，并且开发可以发挥你和他人优势的战略。

工具 7：将感恩仪式化——养成每天对你最感激的事物进行回顾的习惯。你可以在每天开始或结束时进行思考性反思，或通过每天写感恩日记的方式进行反思。你可以在会议开始或结束时询问成员他们最感激组织、会议或彼此的是什么。 502

工具 8：憧憬未来——在头脑中创造一个将来你会怎样或你希望未来你的组织怎样的景象。想象一下成功会是什么样的，想象一下如果你和组织中的成员都发挥了各自的潜能你们将有怎样的经历。反思驱使你和你的使命的目标。你可以利用你的反思帮助自己写一份使命宣言或你的组织的长期计划。

积极领导力

吉姆·卡梅伦（Kim Cameron，2008）使用了一个强大的隐喻构建积极领导的概念，被称为“向日效应”（heliotropic effect）（p. xi）。生命系统往往滋生于释放生命的向阳之地并远离消耗生命的土壤。向日效应的例子包括趋光植物的生长，以及人们在得到更多积极信息而不是消极信息后会学习得更快并记住更多知识。领导力也具有同样的特性。相对于消耗生命的东西而言，人们依靠给予生命的东西成长，被希望和乐观所启发。库泽斯和波斯纳（Kouzes & Posner，2003）也谈及在领导过程中展现人们最好的一面的重要性，这种方法能同时在领导和成员间促进成长和加强信任。卡梅伦的积极领导概念具有以下三种内涵（pp. 2 - 3）：

503 （1）积极领导力促进了积极的绩效偏差（positively deviant performance）。积极领导者协助成员和组织达到非凡的绩效和成就。积极的绩效偏差意味着团队显著地超过了它的绩效期望。

（2）积极领导力偏向于重视肯定他人，包括专注于优势并肯定人类潜能。积极领导力的定位是共同繁荣成功。即使面对挑战和难题，积极领导者也会以这些障碍为基础达到积极的结果。他们专注于为组织和团队成员提供正能量的战略，从而最大化地发挥每个人的潜能。

（3）亚里士多德的幸福论假说认为，人类系统倾向于达到人的最佳状态，积极领导者趋向正直善良——通过提升培养，萃取他们身上的闪光点并鼓励他人的善行。他们明白团队中的每一个人都有很大的价值和优势。

像其他积极心理学学者一样，卡梅伦告诫说消极性不可忽视，积极领导力的方法和战略意味着通过化解消极因素达到开发积极结果的作用。卡梅伦的积极领导力模型以对领导者的社会行为研究为基础，既专注于领导力过程中的绩效期望，又关注培养个人达到更高水平的共同成长。

卡梅伦（Cameron，2008）制定了四种战略措施，为领导者和成员获得更大的人类潜能（赋予生命）并促进绩效期望（积极的绩效偏差）提供了选择，它们是： 504

（1）创造积极的氛围——参考应用弗雷德里克森的积极率，创造领导过程中的积极情绪（快乐、感恩、欣赏）；领导者通过在这些行为上的表率作用，在所有成员中确定了培养同情心和善行的基调。这样，积极的情绪和行为相对于消极情绪便占据了支配地位。

（2）维持积极的人际关系——建立能促进积极的绩效偏差和学习的人际关系；体验令人振奋的关联，彼此建立有质量的联系。

（3）促进积极的交流——采用优势语言并使用那些正面语言和词语传达可能性、希望、主张和好奇（寻求他人的观点，对他人有好奇心）。相对于负面陈述，领导者更多地用正面陈述占据沟通的优势，并会使用支持性通信手段传达关心和缺点（给予负面反馈并建议可替代的行为，同时仍然保持相互间正常的尊重）。

（4）构建积极意义——领导者通过使成员看见自身价值和对他们工作的长期影响的战略，在成员的任务和职责中灌输意义和目标的价值；激活积极意义的战略包括建立团队高质量的联系和社区组织，让参与者看到他们的工作对他人所产生的影响。

卡梅伦（Cameron，2008）提出了一个有助于积极领导力四项战略的行为清单。作为一种使这些行为适合你的独特优势的方法，找出每一项战略中对你来说很自然的行为，并把它们应用到你和他人的交往之中。对此，可参见表 12—1“领导力的优势领域”中的积极领导力开发行为清单。

即使运用这些积极领导力战略，你也很有可能会碰到削弱团队能量的人。卡梅伦把这类成员称为“消极激发因子”（negative energizers）（p. 42）。消极激发因子打击团队，降低士气，制造不必要的戏剧性事件和干扰。反之，积极激发因子则为生活带来向日效应——他们通过提升彼此使团队向更高水平的意义和目标迈进。领导者倾向于花更多时间安抚化解消极激发因子，而讽刺性的是，他们忽略了那些表现突出并忙于有意义的工作的人。因此，应该格外留意那些你花了最多时间的人的行为，并将你的大多数精力投入到积极激发因子上。那些繁荣进步的并有更高水平绩效的团队的积极激发因子的力量是一般的团队中的消极激发因子的三倍。（Cameron，2008） 505

表 12—1　领导力的优势领域

执行	影响	关系构建	战略思考
成功者	催化	适应性	分析性
统筹	控制	开发者	情境性
信念	沟通	连接	前瞻性
一致性	竞争	移情	构思力
谨慎	最大化	和谐	投入
纪律	自我肯定	包容者	理解力
聚焦	意义	个性化	学习者
责任	追求	积极性	战略的
恢复性		叙述者	

资料来源：Rath，Conchie，2008。

幸福 PERMA 模型 506

基于积极心理学，包括积极情绪和人际关系的研究探索，马丁·塞利格曼（Martin Seligman，2001）提出一个有助于人的健康成长与成功发展的具有五个测量维度的模型，被称为 PERMA 模型（p. 24）。幸福被定义为主观生活满意感和一个人对什么是过好日子的评价。（Diener，2009）在团队和领导力语境中，健康成长与成功发展是一种能让人产生积极转变、具有影响、发现意义和目的、过着与价值观一致的生活的基本构造。塞利格曼的幸福 PERMA 模型的五个维度是：

（1）积极情绪（Positive emotion）——向他人表达积极情绪从而带来更高水平的生命力、适应性和自尊。

（2）参与（Engagement）——有好奇心和求知欲，善于学习，彼此交流。

（3）人际关系（Relationships）——关心其他人，也被他人关心。

（4）意义和目标（Meaning and purpose）——看到生活的重要性和价值。

（5）成就（Achievement）——完成一些比个人兴趣更大的目标。

幸福 PERMA 模型建立在优势领导力、积极性、临界点和积极领导力的基础上。模型的五个要素有助于个人和组织的茁壮成长。

无论是个人单独应用还是在领导力过程中运 507
用幸福 PERMA 模型的要素，这都能帮助组织和社区达到更高水平的繁荣发展。五个要素的联动能帮助组织成长，达到更大的意义和目的、目标，以及实现与他人高质量的联系。

“幸福”（well-being）的概念对个人和组织同样重要。在个人层面，提升幸福有助于个人取得更高水平的健康成长和快乐。在组织层面，更高水平的幸福导致更高的生产力、工作场景中更低的缺勤率和更高水平的员工承诺。（Robertson & Cooper，2011）在领导力情境下，领导者的重要责任是帮助和促进他人的幸福和成长。

领导力发展的更新周期

领导者和参与者的健康与组织的目标和成果同样重要。一个紧张的、不稳定的、身体疲惫的、不堪重负的领导者不可能像一个受积极性鼓舞的领导者一样有效率。在领导岗位上就像住在玻璃鱼缸里——其他人似乎总在观察你的一举一动，更关键的是所有的参与者都会注意领导者的心理和精神状况。领导者常常照顾他人并把自己的个人需求放在一边，因为他们将他们的团队和团队成员的需要放在前面。虽然这很高尚，但领导者的健康有时因为他人的利益而被牺牲或妥协。一
508 个兼顾的方法建议将领导者的需求，例如离开组织而没有负罪感的个人时间、反思的时间、其他自我更新的机会等，与组织的需求和优先事项相平衡。

个人或个体的更新可以被视为积极的前瞻性的战略，在这个战略中，一个人有意在任务和角色中注入新的观念和能量。反过来，更新也可以通过被动的方式或作为一个修正现有不健康和不平衡的生活方式的手段。不幸的是，一些学生太晚才意识到一天14小时、一周6到7天不停地工作会导致倦怠、破裂的人际关系、严重的健康问题和最终对组织负面的影响。此类案例非常多，并频繁见于报端，包括诸如大学校长、国会领导人或优秀运动员等不同职业人们的故事；这些人不得不退出他们的角色，因为他们需要花更多的时间与家人在一起或去追求其他兴趣。经过反思，他们意识到他们的工作不允许他们找到生活中的平衡。

女人和有色人群可能会感到压力而加倍努力地工作，以便获得与男性或白人对手一样的认可和信誉（Morrison，1996），而他们常常变成了他人的支持者。虽然那会增加他们的影响力，但是也会增加他们的压力。增加的压力会导致倦怠、不满意或失望。

❖ 学生文选

老实说，刚进大学，我就面临紧张的日程安排，以及各项重要事项的冲突选择。怎么可能不是这样呢？由从前那种独门独户间隔的生活习惯，一下子被扔进了一个生活、学习、工作、吃饭、睡觉和社交都在同一栋楼的世界里。把生活的方方面面都搅和在一起的同时，还要“发现自己”并找到“生活的意义”，还真是一项艰巨的任务。你会听到每个人都在说——“领导的关键是平衡”。不用马上堆积一些俗套的词语，似乎用“说的比做的容易”来形容更贴切。我被不利地吊在两个极端不平衡的天平上，不是倾向这边就是倾向那边——开始的时候从未找到一个中心点。这显然让我生活的每个方面都付出了代价。某一周我的成绩很好，却牺牲了规律的睡眠和饮食。另一周我睡得好，吃得好，但是我的个人生活却难以控制。所有花在尝试重建我过去“独立有序的”生活的实践都——周期性地——失败了，并不以我的意志为转移。我最终意识到一个真正伟大的领导者知道如何整合生活的各个方面。它听起来挺简单，但一旦我仅仅跟我的老板报告一下学校的事情，或跟朋友谈谈工作的时候，“平衡”这个概念就似乎变得备加现实和可行了。

苏卡妮娅（普利娅）·萝伊乔杜莉［Sukanya（Priya）Roychowdhury］是密歇根州立大学（Michigan State University）的本科生，主修心理学专业，辅修教育研究。她已经兼任了两年的学生公寓咨询师（mentor），同时也是学校最大的文化舞蹈表演的编舞指导（choreographer）。

在领导者和成员中间，我们也有积极的榜样，他们的生活方式使他们工作富有成效。也许他们通过艰辛的奋斗悟出了这样的道理，生活中有比职业的快速发展或努力工作获得更多的认可和物
509 质报酬更重要的事。这种认识可能来自他们个人生活中的“海难”——家人的突然离世或类似的个人悲剧可能致使领导者反思生命中最重要的是什么。

510 一些领导者秉持一种哲学理念，他们需要每天或定期进行身体的或精神的更新，他们尽力避免那种会导致倦怠的、有压力的、不健康的生活。弗里曼·洛堡斯基（Freeman Hrabowski）博士，马里兰大学巴尔的摩校区的校长，喜欢“阅读 19 世纪英国文学来摆脱这个快节奏的时代”（Lucas，1999，p. 179）。前切罗基族首领威尔玛·曼基勒（Wilma Mankiller）会和理解她的、能让她坦率诚实相待的密友定期促膝交谈。（Lucas，1999）马丁·路德·金三世（Martin Luther King III），前人权运动领导者小马丁·路德·金（Martin Luther King Jr.）的儿子和前南方基督教领袖会议主席，“通过冥想、求助于上帝、祈祷获得力量”（Lucas，1999，p. 181）。

本书中所陈述的领导力的相关理论强调过程导向，寻求与他人的共同目标，奉行包容性、授权性和道德性。正如我们之前提到的，实践这种领导力哲学的人就是科维（Covey，1991）所说的以原则为中心（principle-centered）的领导者。科维通过明确以原则为导向的领导者的特性将价值、信仰与领导力联系起来。他们是持续的学习者，他们以服务为导向，他们传播正能量，他们信任自己和其他人，他们引领平衡的生活，他们视生活为冒险，他们协同合作，他们不断自我更新。（pp. 33 - 39）

和谐领导者与更新

在数十年研究和与领导者共同工作经验的基础上，博亚特兹斯和麦基（Boyatzis & McKee，2005）用“清醒的、明智的、通达的面对自己、他人和周边世界”的领导者来形容伟大的领导者。
511 他们“坚守信念、秉持价值观、追求充实和有激情的生活”（p. 3）。为了形容这类伟大的领导者，博亚特兹斯和麦基用“和谐领导者”（resonant leader）来指代他们。这类领导者懂得开发实践的价值，善于管理他们在领导力中的生理和心理的波动来维持效率。他们通过开发自我意识、自我管理、社会意识和人际关系管理等能力素质，将和谐带给别人和自己。（Boyatzis & McKee，2005）当对积极的未来抱有希望和勇气时，他们能对领导中的需求和压力有效地作出回应。卓越领导者可以通过他们的热情、承诺、对他人的深切关怀以及对非凡绩效的珍视来鼓舞他人，并用这种情绪感染他人。

在领导过程中，为了他人而过分延伸自己和过多作出自我牺牲的领导者会经历和谐的反面——不和谐。博亚特兹斯和麦基观察了那些饱受倦怠、精疲力竭、压力过大的领导者，他们所经历的不和谐与和谐一样，不但具有传染性，还对他人有负面影响。导致领导者不和谐的因素包括紧张和缺少恢复更新的时间。他们犯了博亚特兹斯和麦基（2005）所提出的“牺牲综合征”。牺牲综合征中的领导者耗尽自己，或持续以不健康的方式行事，这可能损害人际关系、产生挫折，意识不到对他人的影响。

现实是，领导者一定会经历一定程度的牺牲，但是关键是不要过度牺牲而造成破坏性的效应。博亚特兹斯和麦基（Boyatzis & Mckee，2005）相信和谐领导者可以管理牺牲和更新的周期（the
Cycle of Sacrifice and Renewal）。在他们与总裁级 512
领导者也就是他们认为是和谐领导者的相处中，博亚特兹斯和麦基发现了牺牲和更新的周期的关键的三个要素：专注力、希望和同情心。（2005）他们把专注力定义为：“活在一种充实的状态之中，对整体的自我、他人及我们所生活和工作的

环境有清醒的意识……面对自己和周边世界，保持清醒、理智和专注。”（pp. 8－9）整合这三个要素——专注力、希望和同情心——可以为领导者提供一种更新和恢复的源泉，尤其在面对有压力的环境或复杂的挑战时。

❖ **学生文选**

脆弱并不是软弱的标志，而是可以鼓舞和授权他人的特性。这个启示与我刚进大学时的信念颇为相反，但我慢慢地从那些激励我健康成长的伙伴那里逐渐认识到了这一点。

作为来自中国香港的国际学生，我在一个崇尚互相尊重的家庭长大，尤其尊重那些比我有经验的人。不可否认，尊重是高尚的美德，但在美国，我有时就会表现得过于拘谨。幸运的是，学习的动力使我逐渐克服了这个障碍并积极争取去建立新的人际关系。然而，无论如何还是有一个方面难以克服——自我表现。谈论自己的感受似乎总是不很自然，所以我通常只能听任别人侃侃而谈。

直到一年级结束时（在一次新当选的学生团体执行主席疗养式营地培训时）情况才有所改观，
513 那时我才下决心去尝试展现自我。我们先谈论了我们愿意与他人分享的自己的某些方面。然后我们被要求大胆说出一些通常觉得不太“安全”而不愿意分享的事情。那是我第一次谈论我的性取向——这一刻的脆弱让我的生活从此变得更好。

观念的飞跃和朋友的支持帮助我获得了自信，愿意向更多人敞开心扉。当我开始与信任的人分享感受与经验时，我变得更愿意与有智慧的听众谈论我的努力和经历。这不仅更好地帮助我与他人联系，而且逐渐向一些年轻的同伴灌输了授权的思想。例如，我曾和那些少数被认为是LGBTQIA（女同性恋、男同性恋、双性恋、跨性别者、搞基者、阴阳人和无性人）的住宿生有过深入的交谈，去帮助他们适应校园生活。

我的转变使我发现了这样的领导力启示：为了在社区中扩大你的积极影响，你应该努力了解和接受你自己。当我变得更坦然地面对自己并且更公开地表露出敏感的一面时，我变得更加设身处地为他人着想、更有耐心。它让我更擅长说出自己的观点，礼貌地挑战同伴，向他人灌输一种自我肯定的心态。总而言之，我可以看到我已经成长为一个更积极的促进者去帮助我的同伴开发他们的潜力。

我最近四年的成长主要应归功于那些主动分享他们的脆弱一面的英雄，归功于那些激励我成为我自己的英雄，我希望沿着他们的脚步使我的校内同学成长为更好的领导者。

蒙娜特蕾丝·拉姆（Monatrice Lam）2012年毕业于华盛顿大学圣路易斯校区，获得化学物理学士学位。担任Liggett Koenig住宿学院的新生公寓生活指导；是圣路易斯地区舞蹈马拉松大赛（the St. Louis Area Dance Marathon）执行董事会成员，该组织经常为儿童奇迹网络项目（Children's Miracle Network）募集资金。

514 在更新周期中需要有目的和意愿去尝试新的行为，例如，实践专注力或尝试管理生活的新方法。博亚特兹斯和麦基（Boyatzis & Mckee，2005）断言领导者“需要谨慎地专注于创建自身的和谐——思想、身体、心灵和精神，然后将我们和谐的通道导向我们周围的人和团体”（pp. 9－10）。

在保持更新状态的同时，为了更好地获得领导力锻炼的机遇，可考虑参考以下几项干预或实践的策略。

（1）拓展自己，学习或探索新事物。学习和自信是建立在经历了让你运用你的技能和价值观去适应新的状况或改变的基础之上的。害怕失败是你成长的障碍。美国海军学院的第一位女指挥官被问及她的经历和在类似情况下对他人的建议。在描述她最好的学习方法时，她的回答是：“找到你的舒适区，然后远离它。”设想一下，如果处于“一种对不可能的理性蔑视”状态，你和你的组织将具有多么大的令人兴奋的可能性。(LeaderShape Institute，1996)

(2) 发展自我价值意识，你所做的每件事都重要。那些知道他们的贡献在某种程度上会成就非凡的人，或知道他们所从事的工作具有价值意义的人，都有明确的目标和坚定的信心支撑他们度过许多艰难的时刻。在一项对 6 万美国人的经典调查研究中，盖尔·希伊 (Gail Sheehy，1981) 力图确定幸福和生活满意感的特性。她发现能否说出“我的生活是有意义和有目标的”，是区分成年人幸福与否的最显著因素。

515 (3) 全方位更新。把更新看成整体的过程，包括思想、身体、灵魂和精神。(Boyatzis & McKee，2005) 领导力可能消耗时间和精力，导致自我牺牲，对你的生理和心理产生影响。领导力开发的关键是在领导过程中关爱你自己，寻求减压的方法，并关注你生理和心理的能量。博亚特兹斯和麦基 (Boyatzis & McKee，2005) 认为“更新可以是一个自觉的过程，它确实会引起生理和心理的改变而使我们克服长期的压力和牺牲的影响”(p. 8)。

(4) 经常静心反思，集中注意力。反思到底发生了什么事并确定你所有可能的行动。在个人层面上，经常的反思需要触及内核，不要偏离价值观和原则，更加明确什么对你最重要。很多练习能让你平静地反思和集中注意力，如保健、瑜伽、在周围环境中散步、记日志等，以清空思绪。

(5) 保持健康、支持性的人际关系。这意味着你在团队中和团队外保持良好的人际关系。在指导教师的帮助下开发人际关系。领导者还要经常指导组织中的其他人。领导者需要来自指导咨询导师的充分支持和授权，需要得到某些从内心对你感兴趣的人的帮助，需要在你领导他人时帮助你聚精会神、自我更新和平衡的人的指导。“被夹在无爱心的批评者和不加批判的爱人之间的领
导者最令人遗憾。领导者需要安慰，但同样重要 516
的是他们需要导师告诉他们真相，温柔但坦诚。”(Gardner，1990，p. 135) 维持支持你成长、为你提供领导洞察力和对他人产生影响力的个人关系将有助于你的领导力开发，同时给你一种更新的来源。找一个指导者、朋友或咨询师成为你的思想伙伴可以帮助你实现个人的转变。

❖ 学生文选

作为加州大学默塞德分校 (the University of California，Merced，UCM) 的一名学生，同伴的交互作用是我最好的经历。有位学生对我产生了积极的影响，他是约翰尼·莫厄 (Johnny Moua)。他的职业道德和知识感染着我向他看齐。我在 UCM 的两年中，约翰尼鼓励我的朋友和我承担领导角色。他帮助我与其他很多令人鼓舞的人交往，如梅纳德·米得费德 (Maynard Medefind)，一个传奇的约塞米蒂国家公园管理员。约翰尼是一个好教练，他看到我的潜能并给我提供很多不同的资源，尤其提供领导机会让我对自身发起挑战，例如提名我做苗族学生协会 (the Hmong Student Association) 主管。我所掌握的很多领导技能都归功于约翰尼，而且我非常幸运遇到了他这样令人惊奇的人。通过与人交往和参与其中，我变得更加自信和直言不讳。我迫使自己承担责任，变成一个更加成熟的人和一名合格的领导者。一路走来，我不断获取知识，因为学习是终身的过程。

娜·李 (Nou Lee) 是加州大学默塞德分校三年级本科生，她学习人体生物学并与教员和社区一起做研究。她曾担任新生入学指导的负责人，目前担任同伴导师，是项目预防联盟 (the Project Prevention Coalition)、药学预科俱乐部 (the Pre-pharmacy Club) 和苗族学生协会的会员。

517 为了实践你的领导力，你个人的领导力发展可能是寻求开发新技能和发现不同渠道（职业生涯、社区服务、娱乐活动等）的更新源泉。

精神与重塑

在第6章中，我们讨论了约翰逊（Johnson，2012），他用投射阴影或投射光线的暗喻描述领导力的道德维度。帕克·帕尔默（Parker Palmer，2000）使用同样的阴影和光线的类比描述灵性和领导力的关系。领导者可以“闪耀光芒，让新的成长蓬勃发展，而其他人投射阴影，在阴影之下幼苗死亡”（p. 78）。同时，注意到领导力的阴暗面和光明面（如领导者经常收到的批评）所带来的是对它们相互作用的了解而不是隔离区分它们。不加甄别、审查的阴影是危险的。“领导者不仅需要管理外部世界的专业技术，还需要精神技能，展开通往阴暗和光明之源的内部旅程。”（p. 79）散发更多的光芒、投射更少的阴影是利人利己的重塑战略。

奉献爱和接受爱在所有的关系中，不只是个人关系，还是自我更新者的特性。（Gardner，1981）“他们有能力依靠他人，也被他人依靠。他们可以从他人的眼中看到生活，也能从他人的心中感受到生活。”（p. 15）

518 积极领导力和幸福的构建与精神品质息息相关，完整、联系、意义、目的、灵感和超越等品质是这种精神品质的集中体现。这里所指的“精神”不是宗教语境下的同义词。阿斯廷、阿斯廷和林霍尔姆（Astin，Astin，& Lindholm，2011）这样来定义“精神”：

> 是我们所信守的最珍视的价值，是我们对我们是谁和我们来自何方的认识，是我们追问为什么存在于此的信仰——是我们在工作和生活中所发现的意义和目标——是我们对人与人之间以及我们与周边世界的联系的理解。（p. 4）

他们对拥有高尚精神的个体做了总结，认为这些个体具有诸如爱心、同情和淡定等品质。“淡定”（equanimity）被定义为“一般意义上心理和精神的幸福和乐观，外加内心层面的沉着和冷静的风度”（p. 50）。保持淡定的心态是领导者自我更新的一个重要的状态，对于调整愤怒和挫折等负面情绪将提供一种积极高效的能量。（Astin，Astin，& Lindholm，2011）像纳尔逊·曼德拉（Nelson Mandela）等英雄人物，这样的领导者在面对他们各自国家领导者给予他们的不公正对待时表现出了高水平的淡定。他们能够从失望或失败中迅速恢复，用谨慎的外交手段应对消极性，每天都能看到期盼的光明与善良，这些品质激励领导者始终保持自我更新的状态。

关系领导力模型的五个部分与积极心理学的领域中的很多概念有密切的联系。来源于积极心理学意义的积极情绪、积极的人际关系以及意义和目标等要素完整地贯穿于关系领导力模型的概念之中。表12—2展现了积极心理学不同的概念如何与关系领导力模型的五个要素相关联。

表12—2　关系领导力模型与积极心理学概念的联系 519

关系领导力模型	积极心理学概念
目的性	意义和目标（PERMA）；促进积极意义（积极领导力）、成就（PERMA）、精神
道德性	维持积极关系（积极领导力）（如何对待他人）；行为美德（VIA）；优势；专注力
授权性	积极性和临界点；和谐领导力；创建高质量的联系（积极性）；感激仪式化（积极性）；积极情绪（PERMA）；优势
包容性	创造积极氛围（积极领导力）；参与（PERMA）；人际关系（PERMA）；优势
过程导向	优势；和谐领导力；积极性和临界点

本章小结

第1章曾经提出了一些基本的问题：你的目标是什么？你是谁？你支持什么？这些问题是推

动共同走向成功的领导方法的核心。共同走向成功意味着领导过程中所有人都获得了达到更高水平的繁荣发展和幸福的路径和机会。了解你自己，认识你的内核，留意你的思想、身体、灵魂所释放的信号，保持知足常乐的心态，这些都是自我更新的要素。自我更新的旅程将永远没有终点，更新的过程是循环的、无止境的过程。

520 有时我们会误认自己已革故鼎新，而事实上还在固守陈规旧习，因此，应注意不要沦为认识误区的牺牲品。吐故纳新是影响你整个人一生的革新。在你更新的道路上，确保你的思想、身体和灵魂都在这个过程中受到洗礼。加德纳（Gardner，1990）说过：“体贴周到的领导者必须永不忘记更新的关键是释放人的能量和才智。”（p. 136）当你的思想、身体和灵魂处于和谐状态时，你可以与他人一起共同走向成功，并且成为你的组织和你自己的更巨大的资产。

本章练习

1. 举例说明谁是你们组织中的消极激发因子。他们对团队有什么影响？举出积极激发因子的例子。他们对团队有什么影响？你如何使积极激发因子最大化地发挥贡献？

2. 回顾弗雷德里克森的提升积极性的工具。哪些最使你产生共鸣？这些工具如何提升你的领导力影响？你能如何在你的组织或社区中应用它们？

3. 确定你的前五项优势。思考幸福 PERMA 模型，你能说出五个要素之间有哪些联系吗？在你的组织和团队中怎样应用它们？

521 4. 本章的标题是“共同走向成功”。如果你的组织或你的大学健康繁荣，走向成功，它会是什么样的？

5. 思考以下的问题：自我更新对你意味着什么？现在，你感受到更新了吗？为什么或为什么不？

6. 在你的领导力中，淡定起到了什么作用？

7. 设想一个你认为是和谐领导者的人。这个人是那么专注，充满希望和同情心，并有目的性地寻求自我更新。这个人做了些什么为他人和自己带来了和谐？（如果可能，安排访谈，为探索这个问题向他/她提问。）

8. 反思你生活的抱负和目标。你有什么需求？什么能为你的生活带来更大的意义和目标？

9. 你能使用什么自我更新的战略或技术手段，达到生命或领导力的最大潜能？

结尾的反思

通过前面 11 个章节的学习探索，我们经历了领导力世界的旅程。贯穿这本书的主题也是我们一直所相信的，那就是领导力意味着改变——为你的团队、组织、社区和世界中的人变得更加美好而改变。当你与他人合作去实现变革的时候，我们希望你已经发现关系领导力模型起到了实用的指导作用。

522 每一章结尾处都设计了一系列的反思和活动。所有的练习活动你可能都做完了，但在结束本书前，当你思考你学到了什么的时候，当你思考作为领导者你的未来可能拥有什么的时候，我们还是想提出几个问题供你去进行反思：

- 你会怎样运用你所学到的领导力知识？
- 你会怎样更好地认识你自己？
- 现在在哪些事情上你的看法不一样了？你是如何改变的？
- 你会如何继续你的领导力学习？
- 你自己的领导力哲学是什么？

- 你的领导力服务的目标是什么？
- 你怎样看到他人的优点？
- 你如何发掘他人最好的一面，如何最大化发挥他们的优势？
- 当你能够经常性地做自己最擅长的事情时，那会是什么样的情形，你的感觉如何？

在我们完成本书第 1 版时，当时马里兰大学帕克学院的学生迈克尔·萨里奇（Michael Sarich）和丽娜·梅尔泽（Reena Meltzer）曾这样说道："这本书的理论和概念确实有作用，但它们不能替代工作。"现在该是让你继续完成这个非凡的旅程的时候了——走进你现实的世界和思想的世界，走进你自己的未来。我们希望你会迎接挑战，甚至可能满怀信心地去发现如何创造卓越，成就非凡。

在这项艰巨的任务面前我们祝你好运。我们知道前面是波涛汹涌的海洋，但我们希望你能够带着激情、喜悦和惊奇，带着对未来旅途上的关系的承诺，扬帆起航，去应对一个又一个挑战。

补充阅读 523

1. Boyatzis，R.，& McKee，A.（2005）. *Resonant leadership：Renewing yourself and Connecting with others through mindfulness，hope，and compassion*. Boston，MA：Harvard Business School Press.

2. Cameron，K.（2008）. *Positive leadership：strategies for extraordinary performance*. San Francisco，CA：Berrett-Koehler.

3. Fredrickson，B.（2009）. *Positivity*. New York，NY：Random House.

4. Kashdan，T.（2009）. *Curious? Discover the missing ingredient to a fulfilling life*. New York，NY：Harper Collins.

5. Robertson，I.，& Cooper，G.（2011）. *Well-being：Productivity and happiness at work*. New York，NY：Palgrave Macmillan.

6. Seligman，M. E. P.（2002）. *Authentic happiness：Using the new positive psychology to realize your potential for lasting fulfillment*. New York，NY：The Free Press.

7. Seligman，M. E. P.（2011）. *Flourish：A visionary new understanding of happiness and well-being*. New York，NY：Free Press.

参考文献

Adizes, I. (1988). *Corporate lifecycles: How and why corporations grow and die and what to do about it.* Englewood Cliffs, NJ: Prentice Hall.

Alberti, R. E., & Emmons, M. L. (1974). *Your perfect right: A guide to assertive behavior.* San Luis Obispo, CA: IMPACT.

Albrecht, K. (1994). *The northbound train.* New York, NY: AMACOM.

Alinsky, S. (1989). *Rules for radicals.* New York, NY: Vintage Books.

Allen, K. E. (1990). Making sense out of chaos: Leading and living in dynamic systems. *Campus Activities Programming*, May, 56–63.

Allen, K. E., & Cherrey, C. (2000). *Systemic leadership: Enriching the meaning of our work.* Lanham, MD: University Press of America.

Andersen, P. A. (2003). In different dimensions: Nonverbal communication and culture. In L. A. Samovar & R. E. Porter (Eds.), *Intercultural communication: A reader* (10th ed, pp. 239–252). Belmont, CA: Wadsworth.

Angelou, M. (1994). *The complete collected poems of Maya Angelou.* New York, NY: Random House.

Armour, M., & Hayles, R. (1990, July). Managing multicultural organizations. Paper presented at the Summer Institute for Intercultural Communications, Portland, OR.

Astin, A. W., & Astin, H. S. (2000). *Leadership reconsidered: Engaging higher education in social change.* Battle Creek, MI: W. K. Kellogg Foundation.

Astin, A. W., Astin, H. S., & Lindholm, J. A. (2010). *Cultivating the spirit: How college can enhance students' inner lives.* San Francisco, CA: Jossey-Bass.

Astin, H. S. (1996). Leadership for social change. *About Campus*, July/August, 4–10.

Avolio, B. J., & Gardner, W. L. (2005). Authentic leadership development: Getting to the root of positive forms of leadership. *Leadership Quarterly, 16*, 315–338.

Avolio, B. J., Gardner, W. L., Walumbwa, F. O., Luthans, F., & May, D. R. (2004). Unlocking the mask: A look at the processes by which authentic leaders impact follower attitudes and behaviors. *Leadership Quarterly, 15*, 801–823.

Avolio, B. J., & Kahai, S. S. (2003). Adding the "E" to e-leadership: How it may impact your leadership. *Organizational Dynamics, 31*(4), 325–338.

Avolio, B. J., Walumbwa, F. O., & Weber, T. J. (2009). Leadership: Current theories, research, and future directions. *Annual Review of Psychology, 60*, 421–449.

Bandura, A. (1977). *Social learning theory.* Englewood Cliffs, NJ: Prentice Hall.

Bar-On, R. (2007). The Bar-On model of emotional intelligence: A valid, robust and applicable EI model. *Organisations & People, 14*, 27–34.

Barabási, A.-L. (2002). *Linked: The new science of networks.* Cambridge, MA: Perseus.

Bass, B. M. (1981). *Stogdill's handbook of leadership: Theory and research* (2nd ed). New York, NY: Free Press.

Bass, B. M. (1990). *Bass & Stogdill's handbook of leadership: Theory, research, and managerial applications* (3rd ed). New York, NY: Free Press.

Beauchamp, T. L., & Childress, J. F. (1979). *Principles of biomedical ethics.* New York, NY: Oxford University Press.

Beauchamp, T. L., & Childress, J. F. (1989). *Principles of biomedical ethics* (3rd ed). New York, NY: Oxford University Press.

Beck, L. G., & Murphy, J. (1994). *Ethics in educational leadership programs: An expanding role.* Thousand Oaks, CA: Corwin Press.

Benne, K. D., & Sheats, P. (1948). Functional roles of group members. *Journal of Social Issues, 2*, 42–47.

Bennett, M. (1979). Overcoming the Golden Rule: Sympathy and empathy. In D. Nimmo (Ed.), *Communication yearbook 3* (pp. 407–422). New Brunswick, NJ: Transaction Books.

Bennett, M. J. (2004). From ethnocentrism to ethnorelativism. In J. S. Wurzel (Ed.) *Toward multiculturalism: A reader in multicultural education* (2nd ed, pp. 62–78). Newton, MA: Intercultural Resource Corporation.

Bennett, M. J. (rev. 2011). A developmental model of Intercultural Sensitivity. Retrieved from IDR Institute website http://www.idrinstitute.org (pdf).

Bennett, J. (2011). Developing intercultural competence: For international education faculty and staff. Paper presented at the 2011 AIEA Conference, Feb. 20–23, San Francisco.

Bennis, W. G. (1989). *On becoming a leader.* Reading, MA: Addison-Wesley.

Bennis, W. G., & Goldsmith, J. (1994). *Learning to lead.* Reading, MA: Addison-Wesley.

Bennis, W. G., & Nanus, B. (1985). *Leaders: The strategies for taking charge.* New York, NY: Harper & Row.

Bennis, W. G., & Thomas, R. J. (2002). *Geeks and geezers: How era, values, and defining moments shape leaders.* Boston, MA: Harvard Business School Press.

Berman, S., & La Farge, P. (Eds.). (1993). *Promising practices in teaching social responsibility.* Albany, NY: State University of New York Press.

Berry, L. L. (2004). The collaborative organization: Leadership lessons from Mayo Clinic. *Organizational Dynamics, 33*, 228–242.

Bird, F. B., & Waters, J. A. (1989). The moral muteness of managers. *California Management Review, 32*(1), 73–87.

Block, P. (1993). *Stewardship: Choosing service over self-interest.* San Francisco, CA: Berrett-Koehler.

Bobo, K. A., Kendall, J., & Max, S. (2001). *Organizing for social change: Midwest Academy manual for activists* (3rd ed). Santa Ana, CA: Seven Locks Press.

Bok, D. (1982). *Beyond the ivory tower: Social responsibilities of the modern university.* Cambridge, MA: Harvard University Press.

Bok, D. (1990). *Universities and the future of America.* Durham, NC: Duke University Press.

Bolman, L. G., & Deal, T. E. (2003). Reframing ethics and spirit. In *Business leadership: A Jossey-Bass reader* (pp. 330–350). San Francisco, CA: Jossey-Bass.

Bolman, L. G., & Deal, T. (2008). *Reframing organizations: Artistry, choice, and leadership* (4th ed). San Francisco, CA: Jossey-Bass.

Bonebrake, K. (2002). College students' Internet use, relationship formation, and personality correlates. *CyberPsychology & Behavior, 5*, 551–558.

Bornstein, D. (2007). *How to change the world: Social entrepreneurs and the power of new ideas* (Updated edition). New York, NY: Oxford University Press.

Bothwell, L. (1983). *The art of leadership: Skill-building techniques that produce results.* Englewood Cliffs, NJ: Prentice Hall.

Boyatzis, R., & McKee, A. (2005). *Resonant leadership: Renewing yourself and connecting with others through mindfulness, hope, and compassion.* Boston,

MA: Harvard Business School Press.

Bridges, W. (1980). *Transitions: Making sense of life's changes*. Reading, MA: Addison-Wesley.

Bridges, W. (1991). *Managing transitions: Making the most of change*. Cambridge, MA: Perseus Books.

Bridges, W. (2003). *Managing transitions: Making the most of change* (2nd ed). Cambridge, MA: Perseus Books.

Briggs, J., & Peat, F. (1999). *Seven life lessons of chaos: Timeless wisdom from the science of change*. New York: HarperCollins.

Brionesa, R. L., Kucha, B., Liu, B. F., & Jin, Y. (2011). Keeping up with the digital age: How the American Red Cross uses social media to build relationships. *Public Relations Review, 37*(1), 37–43.

Broome, B. J. (1993). Managing differences in conflict resolution: The role of relational empathy. In D.J.D. Sandole & H. van der Merwe (Eds.), *Conflict resolution theory and practice: Integration and application* (pp. 97–111). New York, NY: Manchester University Press.

Brown, I. (1963). *Understanding other cultures*. Englewood Cliffs, NJ: Prentice Hall.

Bruteau, B. (1990). Eucharistic ecology and ecological spirituality. *Cross Current, 40*, 499–514.

Bryson, J. M., & Crosby, B. C. (1992). *Leadership for the common good*. San Francisco, CA: Jossey-Bass.

Buber, M. (1958). *I and thou*. New York, NY: Scribner.

Buckingham. M., & Clifton, D. O. (2001). *Now, discover your strengths*. New York, NY: Free Press.

Burns, J. M. (1978). *Leadership*. New York, NY: Harper & Row.

Bushe, G. R. (2000). Appreciative inquiry with teams. In D. L. Cooperrider, P. F. Sorensen Jr., D. Whitney, & T. F. Yaeger (Eds.), *Appreciative inquiry: Rethinking human organization toward a positive theory of change* (pp. 183–194). Champaign, IL: Stipes.

Cabrera, A., & Unruh, G. (2012). *Being global: How to think, act, and lead in a transformed world*. Boston, MA: Harvard Business Review Press.

Cameron, K. (2008). *Positive leadership: strategies for extraordinary performance*. San Francisco, CA: Berrett-Koehler.

Campus Compact. (n.d.). Retrieved July 28, 2006, from http://www.campuscompact.org/

Carnegie Foundation for the Advancement of Teaching. (1990). *Campus life: In search of community*. Princeton, NJ: Carnegie Foundation for the Advancement of Teaching.

Carse, J. (1986). *Finite and infinite games*. New York, NY: Ballantine.

Cartwright, T. (1991). Planning and chaos theory. *APA Journal*, Winter, 44–56.

Cathcart, R. S., Samovar, L. A., & Henman, L. D. (Eds.). (1996). *Small group communication: Theory and practice* (7th ed). Madison, WI: Brown & Benchmark.

Center for Army Leadership & Department of the Army. (2004). *The U.S. Army leadership field manual*. New York, NY: McGraw-Hill.

Center for Information & Research on Civic Learning & Engagement (December 19, 2008). Young voters in the 2008 presidential election. http://www.civicyouth.org/PopUps/FactSheets/FS_08_exit_polls.pdf

Chaleff, I. (1995). *The courageous follower: Standing up to and for our leaders*. San Francisco, CA: Berrett-Koehler.

Chambers, E. T., & Cowan, M. A. (2004). *Roots for radicals: Organizing for power, action, and justice*. New York, NY: Continuum.

Chickering, A. W., Dalton, J. C., & Stamm, L. (2006). *Encouraging authenticity and spirituality in higher education*. San Francisco, CA: Jossey-Bass.

Chrislip, D. D., & Larson, C. E. (1994). *Collaborative leadership: How citizens and civic leaders can make a difference*. San Francisco, CA: Jossey-Bass.

Ciulla, J. B. (1995). Leadership ethics: Mapping the territory. *Business Ethics Quarterly, 5*, 5–28.

Clifton, D. O., & Nelson, P. (1992). *Soar with your strengths*. New York, NY: Delacorte Press.

Cohen, M. D., & March, J. G. (1974). *Leadership and ambiguity* (2nd ed). Boston, MA: Harvard Business School Press.

Collins, J., & Porras, J. (1994). *Built to last: Successful habits of visionary companies*. New York, NY: HarperCollins.

Conner, D. R. (1992). *Managing at the speed of change: How resilient managers succeed and prosper where others fail*. New York, NY: Villard Books.

Cooperrider, D. L., & Srivastva, S. (1987). Appreciative inquiry in organizational life. In W. Pasmore & R. Woodman (Eds.), *Research in organization change and development* (Vol. *1*, pp. 129–169). Greenwich, CT: JAI Press.

Cooperrider, D. L., & Whitney, D. (2000). A positive revolution in change: Appreciative inquiry. In D. L. Cooperrider, P. F. Sorensen Jr., D. Whitney, & T. F. Yaeger (Eds.), *Appreciative inquiry: Rethinking human organization toward a positive theory of change* (pp. 3–27). Champaign, IL: Stipes.

Cooperrider, D. L., & Whitney, D. (2005). *Appreciative inquiry: A positive revolution in change*. San Francisco, CA: Berrett-Koehler.

Cormier, S., & Hackney, H. (2005). *Counseling strategies and interventions* (6th ed). Boston, MA: Allyn & Bacon.

Covey, S. R. (1991). *Principle-centered leadership*. New York, NY: Summit Books.

Crum, T. F. (1987). *The magic of conflict*. New York, NY: Simon & Schuster.

Cullen, M. (2008). *35 dumb things well-intentioned people say*. Garden City, NJ: Morgan James.

Cullinan, C. (1999). Vision, privilege, and the limits of tolerance. *Electronic Magazine of Multicultural Education, 1*(2), n.p. Retrieved July 28, 2006, from http://www.eastern.edu/publications/emme/1999spring/cullinan.html

Davidow, W., & Malone, M. (1992). *The virtual corporation: Structuring and revitalizing the corporation for the 21st century*. New York, NY: HarperBusiness.

Davidson, M. N. (2012). The end of diversity: How leaders make differences really matter. *Leader To Leader, 64*, 51–56.

Davidson, R. J., & Begley, S. (2012). *The emotional life of your brain*. New York, NY: Hudson Street Press.

De George, R. T. (1986). *Business ethics* (2nd ed). New York, NY: Macmillan.

De Pree, M. (1989). *Leadership is an art*. New York, NY: Doubleday.

De Pree, M. (1992). *Leadership jazz*. New York, NY: Doubleday.

Deal, T., & Kennedy, A. (2000). *Corporate cultures: The rites and rituals of corporate life* (2nd ed). Reading, MA: Addison-Wesley.

Diener, E. (2009). Subjective well-being. In E. Diener (Ed.), *The science of well-being: The collected works of Ed Diener*. New York: Springer.

Donaldson, T. (1989). *The ethics of international business*. New York, NY: Oxford University Press.

Drath, W. H., & Palus, C. J. (1994). *Making common sense: Leadership as meaning-making in a community of practice*. Greensboro, NC: Center for Creative Leadership.

Dugan, J. P., & Komives, S. R. (2007). *Developing leadership capacity in college students: Findings from a national study*. College Park, MD: National Clearinghouse for Leadership Programs.

Dugan, J. P., & Komives, S. R. (2010). Influences on college students' capacities for socially responsible leadership. *Journal of College Student Development, 51*, 525–549.

Eagley, A. H., Karau, S. J., & Makhijani, M. G. (1995). Gender and the effectiveness of leaders: A meta-analysis. *Psychological Bulletin, 117*(1), 125–145.

Eckel, P., Hill, B., & Green, M. (1998). *On change I: En route to transformation*. Washington, DC: American Council on Education.

Edwards, K. E., & Alimo, C. (2005, April 3). Social justice educator competencies. Pre-Conference Workshop, ACPA National Convention, Nashville, TN.

Elliott, C. (1999). *Locating the energy for change: An introduction to appreciative inquiry*. Winnipeg, Manitoba, Canada: International Institute for Sustainable Development.

Eoyang, G. (1997). *Coping with chaos: Seven simple tools*. Cheyenne, WY: Lagumo.

Erickson, A., Shaw, J. B., & Agabe, Z. (2007). An empirical investigation of the antecedents, behaviors, and outcomes of bad leadership. *Journal of Leadership, 1*(3), 26–43.

Ethics Resource Center. (2012). *National business ethics survey of Fortune 500 employers: An investigation into the state of ethics at America's most powerful companies*. Washington, DC: Ethics Resource Center.

Etzioni, A. (1993). *The spirit of community*. New York, NY: Crown.

Eyler, J., & Giles, D. (1999). *Where's the learning in service-learning?* San Francisco, CA: Jossey-Bass.

Eyler, J. S., Giles Jr., D. E., Stenson, C. M., & Gray, C. J. (2001). *At a glance: The effects of service-learning on college students, faculty, institutions, and communities*, 1993–2000 (3rd ed). Providence, RI: Campus Compact. (http://www.campuscompact.org/resources/downloads/aag.pdf)

Fairholm, G. W. (1994). *Leadership and a culture of trust*. New York, NY: Praeger.

Festinger, L. (1962). *A theory of cognitive dissonance*. Stanford, CA: Stanford University Press.

Fisher, L. (2009). *The perfect swarm: The science of complexity in everyday life*. New York, NY: Basic Books.

Fletcher, J. K., & Kaufer, K. (2003). Shared leadership: Paradox and possibility. In C. L. Pearce & J. A. Conger (Eds.), *Shared leadership: Reframing the hows and whys of leadership*. Thousand Oaks, CA: Sage.

Fredrickson, B. (2009). *Positivity*. New York: Random House.

French, J.R.P., & Raven, B. H. (1959). The bases of social power. In D. Cartwright (Ed.), *Studies in social power* (pp. 150–167). Ann Arbor, MI: Institute for Social Research.

Friedman, T. L. (2005). *The world is flat: A brief history of the twenty-first century*. New York, NY: Farrar, Straus & Giroux.

Gallup Organization. (2012). American's negativity about U.S. moral values inches back up. Retrieved from http://www.gallup.com/poll/154715/americans-negativity-moral-values-inches-back.aspx

Gallup Poll Social Series. (2012). Princeton, NJ: The Gallup Organization.

Gandhi, A. (1998). Lessons from Sevagram Ashram. In F. Hesselbein, M. Goldsmith, R. Beckhard, & R. F. Schubert (Eds.), *The community of the future* (pp. 83–90). San Francisco, CA: Jossey-Bass/The Drucker Foundation.

Gandossy, R., & Effron, M. (2004). *Leading the way: Three truths from the top companies for leaders*. Hoboken, NJ: Wiley.

Gardner, J. W. (1981). *Self-renewal* (rev ed). New York, NY: Norton.

Gardner, J. W. (1990). *On leadership*. New York, NY: Free Press.

Gardner, J. W. (1993). The antileadership vaccine. In W. E. Rosenbach & R. L. Taylor (Eds.), *Contemporary issues in leadership* (3rd ed, pp. 193–200). Boulder, CO: Westview Press. (Original work published 1965)

Gardner, J. W. (2003). *Living, leading, and the American dream*. San Francisco, CA: Jossey-Bass.

Gardner, W. L., Avolio, B. J., Luthans, F., May, D. R., & Walumbwa, F. (2005). "Can you see the real me?" A self-based model of authentic leader and follower development. *The Leadership Quarterly, 16*, 343–372.

Geertz, C. (1973). Thick description: Toward an interpretive theory of culture. In C. Geertz (Ed.), *The interpretation of cultures* (pp. 3–32). New York, NY: Basic Books.

George, B. (2007). *True north: Discover your authentic leadership*. San Francisco, CA: Jossey-Bass.

Gladwell, M. (2002). *The tipping point: How little things can make a big difference*. Boston, MA: Little, Brown.

Goldstein, J., Hazy, J. K., & Lichtensten, B. B. (2010). *Complexity and the nexus of leadership: Leveraging nonlinear science to create ecologies of innovation*. New York, NY: St. Martin's Press.

Goleman, D. (1998). *Working with emotional intelligence*. New York, NY: Bantam Books.

Goleman, D. (2004, January). What makes a leader? *Harvard Business Review*, pp. 1–11.

Goodman, N. (1992). *Introduction to sociology*. New York, NY: HarperCollins.

Gozdz, K. (1993). Building community as a leadership discipline. In M. Ray & A. Rinzler (Eds.), *The new paradigm in business: Emerging strategies for leadership and organizational change* (pp. 107–119). Los Angeles, CA: Tarcher/Perigee.

Greenleaf, R. G. (1977). *Servant leadership: A journey in the nature of legitimate power and greatness*. New York, NY: Paulist.

Greenwood, R. G. (1993). Leadership theory: A historical look at its evolution. *The Journal of Leadership Studies, 1*(1), 4–19.

Gudykunst, W. B. (1991). *Bridging differences: Effective intergroup communication*. Thousand Oaks, CA: Sage.

Haas, H. G., & Tamarkin, B. (1992). *The leader within*. New York, NY: Harper-Collins.

Handy, C. (1996). *Beyond certainty: The changing worlds of organizations*. Boston, MA: Harvard Business School Press.

Hanson, R. (2009). *Buddha's brain: The practical neuroscience of happiness, love, and wisdom*. Oakland, CA: New Harbinger.

Harriger, K., & Ford, M. (1989). Lessons learned: Teaching citizenship in the university. In S. W. Morse (Ed.), *Public leadership education: Preparing college students for their civic roles* (pp. 22–28). Dayton, OH: Kettering Foundation.

Hart, L. B., & Dalke, J. D. (1983). *The sexes at work: Improving work relationships between men and women*. Englewood Cliffs, NJ: Prentice-Hall.

Heath, C., & Heath, D. (2007). *Made to stick: Why some ideas survive and others die*. New York, NY: Random House.

Heath, C., & Heath, D. (2010). *Switch: How to change things when change is hard*. New York, NY: Random House.

Heider, J. (1985). *The tao of leadership: Lao Tzu's Tao Te Ching adapted for a new age*. New York, NY: Bantam.

Heifetz, R. A., & Linsky, M. (2002). *Leadership on the line: Staying alive through the dangers of leading*, Boston: Harvard Business School Press.

Heilbrunn, J. (1994). Can leadership be studied? *The Wilson Quarterly*, Autumn, 65–72.

Helgesen, S. (1990). *The female advantage: Women's ways of leadership*. New York, NY: Doubleday.

Helgesen, S. (1995). *The web of inclusion: A new architecture for building great organizations*. New York, NY: Currency/Doubleday.

Helms, J. E. (1992). *A race is a nice thing to have*. Topeka, KS: Content Communications.

Henderson, V. E. (1992). *What's ethical in business?* New York, NY: McGraw-Hill.

Hesselbein, F. (2002). *Hesselbein on leadership*. San Francisco, CA: Jossey-Bass.

Hesselbein, F., & Shinseki, E. K. (2004). *Be-know-do: Leadership the army way*. (Adapted from the *Official Army Leadership Manual*). San Francisco, CA: Jossey-Bass.

Hesselbein, F., Goldsmith, M., Beckhard, R., & Schubert, R. F. (Eds.). (1998). *The community of the future*. San Francisco, CA: Jossey-Bass/The Drucker Foundation.

Higher Education Research Institute (HERI). (1996). *A social change model of leadership development: Guidebook version III*. Los Angeles, CA: University of California Los Angeles Higher Education Research Institute. (Guidebooks are available from the National Clearinghouse for Leadership Programs; http://www.nclp.umd.edu/)

Hill, R. P., & Stephens, D. L. (2003). The compassionate organization in the 21st Century. *Organizational Dynamics, 23*, 331–341.

Hill, S.E.K. (2013). Team leadership. In P. G. Northouse (Ed.), *Leadership: Theory and practice* (6th ed, pp. 287–318). Thousand Oaks, CA: Sage.

Hodgkinson, C. (1983). *The philosophy of leadership*. New York, NY: St.

Martin's Press.

Hofstede, G. (2003). *Culture's consequences: Comparing values, behaviors, institutions and organizations across nations* (2nd ed). Thousand Oaks, CA: Sage.

Holland, J. (1998). *Emergence: From chaos to order*. Reading, MA: Helix/Addison-Wesley.

Hollander, E. P. (1993). Legitimacy, power, and influence: A perspective on relational features of leadership. In M. M. Chemers & R. Ayman (Eds.), *Leadership theory and research: Perspectives and directions* (pp. 29–47). San Diego: Academic Press.

Hoopes, D. S., & Pusch, M. D. (1979). Definition of terms. In M. D. Pusch (Ed.), *Multicultural education: A cross cultural training approach* (pp. 1–8). Chicago, IL: Intercultural Press.

Horwood, B. (1989). Reflections on reflection. *Journal of Experiential Education, 12*(2), 5–7.

House, R. J., Hanges, P. J., Javidan, M., Dorfman, P. W., & Gupta, V. (Eds.). (2004). *Culture, leadership, and organizations: The GLOBE study of 62 societies*. Thousand Oaks, CA: Sage.

Howard, P. N., & Hussain, M. M. (2011). The role of digital media. *Journal of Democracy, 22*(3), 35–48.

Howell, J. M. (1988). Two faces of charisma: Socialized and personalized leadership in organizations. In J. A. Conger, R. N. Kanungo, & Associates (Eds.), *Charismatic leadership: The elusive factor in organizational effectiveness* (pp. 213–236). San Francisco, CA: Jossey-Bass.

Howell, J. M., & Avolio, B. J. (1992). The ethics of charismatic leadership: Submission or liberation? *Academy of Management Executive, 6*(2), 43–54.

Hughes, R. L., Ginnett, R. C., & Curphy, G. J. (1993). *Leadership: Enhancing the lessons of experience*. Homewood, IL: Richard D. Irwin.

Hughes, R. L., Ginnett, R. C., & Curphy, G. J. (2012). *Leadership: Enhancing the lessons of experience* (7th ed). Homewood, IL: Richard D. Irwin.

Hurley, R. F. (2012). *The decision to trust: How leaders create high-trust organizations*. San Francisco, CA: Jossey-Bass.

Jackson, B., & Holvino, E. (1988). Developing multicultural organizations. *Journal of Religion and Applied Behavioral Science*, 9, 14–19.

Jaffe, D., Scott, C., & Tobe, G. (1994). *Rekindling commitment: How to revitalize yourself, your work, and your organization*. San Francisco, CA: Jossey-Bass.

Javidan, M., & House, R. J. (2001). Cultural acumen for the global manager: Lessons from Project GLOBE. *Organizational Dynamics, 29*, 289–305.

Johnson, C. E. (2012). *Meeting the ethical challenges of leadership: Casting light or shadow*. Thousand Oaks, CA: Sage.

Johnson, D. W., & Johnson, F. P. (1994). *Joining together: Group theory and group skills* (6th ed). Boston: Allyn & Bacon.

Johnson, D. W., & Johnson, F. P. (2006). *Joining together: Group theory and group skills* (9th ed). Boston, MA: Allyn & Bacon.

Johnson, D. W., Maruyama, G., Johnson, R., Nelson, D., & Skon, L. (1981). Effects of cooperative, competitive, and individualistic goal structures on achievement: A meta-analysis. *Psychological Bulletin, 89*(1), 47–62.

Jones, J. M. (Ed.). (2003). Issues facing state, local governments affect public trust. Gallup Poll Tuesday Briefing. Retrieved October 14, 2003, from http://www.gallup.com/poll/tb/goverpubli/20031014b.asp

Jones, P., & Kahaner, L. (1995). *Say it and live it: The 50 corporate mission statements that hit the mark*. New York, NY: Currency/Doubleday.

Jones, S. R., & Lucas, N. J. (1994). Interview with Michael Josephson. *Concepts & Connections: Rethinking Ethics & Leadership, 2*(3), 1, 3–5.

Kahn, S. (1991). *Organizing: A guide for grassroots leaders* (rev ed). Washington, DC: National Association of Social Workers.

Kanter, R. M. (1989). *When giants learn to dance*. New York, NY: Simon & Schuster.

Kanungo, R. N., & Mendonca, M. (1996). Ethical dimensions in leadership motivation. In R. N. Kanungo & M. Mendonca (Eds.), *Ethical dimensions of leadership* (pp. 33–51). Thousand Oaks, CA: Sage .

Katzenbach, J. R., Beckett, F., Dichter, S., Feigen, M., Gagnon, C., Hope, Q., & Ling, T. (1996). *Real change leaders: How you can create growth and high performance at your company*. New York, NY: Random House.

Kegan, R., & Lahey, L. (2001, November). The real reason people won't change, *Harvard Business Review, 79*(10), 84–93.

Kegan, R. & Lahey, L. L. (2009). *Immunity to change: How to overcome it and unlock the potential in yourself and your organization*. Boston, MA: Harvard Business Press.

Kellerman, B. (2004). *Bad leadership*. Cambridge, MA: Harvard Business School Press.

Kelley, R. E. (1988). In praise of followers. *Harvard Business Review, 66*(6), 142–148.

Kelley, R. E. (1992). *The power of followership: How to create leaders people want to follow and followers who lead themselves*. New York, NY: Currency/Doubleday.

Kelly, K. (1994). *Out of control: The new biology of machines, social systems, and the economic world*. Reading, MA: Addison-Wesley.

Kennedy, D. (2009). How to put our differences to work. *Leader To Leader, 52*, 49–55.

Kets de Vries, M.F.R., & Florent-Treacy, E. (2002). Global leadership from A to Z: Creating high commitment organizations. *Organizational Dynamics, 30*, 295–309.

Kidder, R. M. (1995). *How good people make tough choices: Resolving the dilemmas of ethical living*. New York, NY: Fireside.

Kidder, R. M. (2005). *Moral courage: Taking action when your values are put to the test*. New York, NY: William Morrow.

Kiefer, C. F., & Senge, P. M. (1984). Metanoic organizations. In J. D. Adams (Ed.), *Transforming work: A collection of organizational transformation readings* (pp. 68–84). Alexandria, VA: Miles River Press.

Kimmel, M. (2008). *Guyland: The perilous world where boys become men*. New York. NY: HarperCollins.

Kimmel, M. S., & Ferber, A. L. (Eds.). (2003). *Privilege: A reader*. Boulder, CO: Westview.

King, W. R. (1984). Integrating strategic issues into strategic management OMEGA: *The International Journal of Management Science, 12*, 529–538.

Kissler, G. D. (2001). e-Leadership. *Organizational Dynamics, 30*, 121–133.

Kitchener, K. S. (1984). Intuition, critical evaluation and ethical principles: The foundation for ethical decisions in counseling psychology. *The Counseling Psychologist, 12*(3), 43–55.

Kline, P., & Saunders, B. (1993). *Ten steps to a learning organization*. Arlington, VA: Great Ocean.

Knowles, M., & Knowles, H. (1959). *Introduction to group dynamics*. New York, NY: Association Press.

Koestenbaum, P. (2002). *Leadership: The inner side of greatness: A philosophy for leaders*. San Francisco, CA: Jossey-Bass.

Kohn, A. (1992). *No contest: The case against competition* (rev ed). Boston, MA: Houghton Mifflin.

Kolb, D. A. (1981). Learning styles and disciplinary differences. In A. W. Chickering & Associates (Eds.), *The modern American college: Responding to the new realities of diverse students and a changing society* (pp. 232–255). San Francisco, CA: Jossey-Bass.

Kolb, A.Y., & Kolb, D. A. (2005). Learning styles and learning spaces: Enhancing experiential learning in higher education. *Academy of Management Learning & Education, 4*(2), 193–212.

Komives, S. R. (1994). Increasing student involvement through civic leadership education. In P. Mable & C. Schroeder (Eds.), *Realizing the educational potential of college residence halls* (pp. 218–240). San Francisco, CA: Jossey-Bass.

Komives, S. R. (2000). Inhabit the gap. *About Campus: Enhancing the Student Learning Experience, 5*(5), 31–32.

Komives, S. R. (2010). Leadership. In J. Schuh, S. R. Jones, & S. Harper (Eds.) *Student services: A handbook for the profession* (5th ed, pp. 353–371).

San Francisco, CA: Jossey-Bass.

Komives, S. R. (2011). Advancing leadership education. In S. R. Komives, J. P. Dugan, J. E. Owen, C. Slack, W. Wagner, & Associates (Eds.), *The handbook for student leadership development* (2nd ed, pp. 1–32). San Francisco, CA: Jossey-Bass.

Komives, S. R., & Dugan, J. P. (2010). Contemporary leadership theories. In R. A. Couto (Ed.) *Political and civic leadership: A reference handbook* (pp. 111–120). Thousand Oaks, CA: Sage.

Komives, S. R., Owen, J. E., Longerbeam, S., Mainella, F. C., & Osteen, L. (2005). Developing a leadership identity: A grounded theory. *Journal of College Student Development*, *46*, 593–611.

Komives, S. R., Wagner, W., & Associates. (2009). *Leadership for a better world: Understanding the social change model of leadership development*. San Francisco, CA: Jossey-Bass.

Kotter, J. P. (1996). *Leading change*. Boston, MA: Harvard Business School Press.

Kotter, J. P. (2008). *A sense of urgency*. Cambridge, MA: Harvard University Press.

Kotter, J. P., & Cohen, D. S. (2002). *The heart of change: Real-life stories of how people change their organizations*. Boston, MA: Harvard Business School Press.

Kouzes, J. M., & Posner, B. Z. (1987). *The leadership challenge*. San Francisco, CA: Jossey-Bass.

Kouzes, J. M., & Posner, B. Z. (1993). *Credibility: How leaders gain and lose it, why people demand it*. San Francisco, CA: Jossey-Bass.

Kouzes, J. M., & Posner, B. Z. (2002). *The leadership challenge* (3rd ed). San Francisco, CA: Jossey-Bass.

Kouzes, J. M., & Posner, B. Z. (2008). *The leadership challenge* (4th ed). San Francisco, CA: Jossey-Bass.

Kübler-Ross, E. (1970). *On death and dying*. New York, NY: Macmillan.

Lappé, F. M., & Du Bois, P. M. (1994). *The quickening of America: Rebuilding our nation, remaking our lives*. San Francisco, CA: Jossey-Bass.

Latour, S. M., & Rast, V. J. (2004). Dynamic followership: The prerequisite for effective leadership. *Air & Space Power Journal*, *18*(4), 102–114. Retrieved April 14, 2006, from http://www.airpower.maxwell.af.mil/airchronicles/apje.html

LeaderShape Institute Manual (1996). Champaign, IL: LeaderShape.

Lei, D., & Greer, C. R. (2003). The empathetic organization. *Organizational Dynamics*, *32*(2), 142–164.

Leppo, J., & Lustgraaf, M. (1987). *Student government: Working with special constituencies*. Programming, Leadership & Activities Network, Memorial Union. Grand Forks, ND: University of North Dakota.

Levine, A. (1993). A portrait of college students in the 90s: Taking responsibility for educational management. Paper presented at the Annual Conference of the National Association of Student Personnel Administrators, Boston.

Levoy, G. (2000). *Character: Courage to follow your calling*. The Inner Edge, 3(3), 22–23.

Lewin, K. (1958). Group decision and social change. In E. E. Maccoby, T. M. Newcomb, & E. L. Hartley (Eds.), *Readings in social psychology* (pp. 197–211). New York, NY: Holt, Rinehart & Winston.

Lewin, R., & Regine, B. (2000). *The soul at work: Listen . . . respond . . . let go*. New York: Simon & Schuster.

Lewis, H. A. (1990). *A question of values*. New York, NY: Harper & Row.

Lichtenstein, B. B., Uhl-Bien, M., Marion, R., Seers, A., & Orton, J. D. (2006). Complexity Leadership theory: An interactive perspective on leading in complex adaptive systems. *Emergence: Complexity and Organization*, *8*(4), 2–12.

Linley, P. A., Garcea, N., Harrington, S., Trenier, E., & Minhas, G. (2011). Organizational applications of positive psychology: Taking stock and a research/practice roadmap for the future. In K. M. Sheldon, T. B. Kashdan, & M. F. Steger (Eds.), *Designing positive psychology: Taking stock and moving forward*. New York: Oxford University Press.

Lipman-Blumen, J. (1984). *Gender roles and power*. Englewood Cliffs, NJ: Prentice Hall.

Lipman-Blumen, J. (2005). *The allure of toxic leaders*. New York, NY: Oxford University Press.

Lipnack, J., & Stamps, J. (2000). *Virtual teams: People working across boundaries with technology*. New York, NY: John Wiley & Sons.

Lippitt, G. L. (1969). *Organizational renewal: Achieving viability in a changing world*. New York, NY: Appleton-Century Crofts.

Lippitt, G. L. (1973). *Visualizing change: Model building and the change process*. Fairfax, VA: NTL-Learning Resources.

Loden, M., & Rosener, J. B. (1991). *Workforce America!* Homewood, IL: Business One Irwin.

Loeb, P. R. (1999). *Soul of a citizen: Living with conviction in a cynical time*. New York, NY: St. Martin's Griffin.

Loeb, P. R. (2010). *Soul of a citizen: Living with conviction in a cynical time* (rev ed). New York, NY: St. Martin's Griffin.

Lucas, N., & Anello, E. (1995). Ethics and leadership. Unpublished paper. Salzburg Leadership Seminar, Salzburg, Austria. November 11–18.

Lucas, N., & Koerwer, V. S. (2004). Featured interview: Sherron Watkins, former vice-president for corporate development of Enron. *Journal of Leadership and Organizational Studies*, *11*(1), 38–47.

Lucas, N. J. (1999). Lives of integrity: Factors that influence moral transforming leaders. Unpublished doctoral dissertation, University of Maryland, College Park, MD.

Luke, J. S. (1998). *Catalytic leadership: Strategies for an interconnected world*. San Francisco, CA: Jossey-Bass.

Lussier, R. N., & Achua, C. F. (2004). *Leadership: Theory, application, skill development* (2nd ed). Eagan, MN: Thomson-West.

Luthans, F., & Avolio, B. (2003). Authentic leadership development. In K. S. Cameron, J. E. Dutton, & R. E. Quinn (Eds.), *Positive organizational scholarship: Foundations for a new discipline* (pp. 241–258). San Francisco, CA: Berrett-Koehler.

Luthans, F., & Slocum, J. (2004). Special issue: New leadership for a new time. *Organizational Dynamics*, *33*(3), 227.

Manz, C. C., & Sims Jr., H. P., (1981). Vicarious learning: The influence of modeling on organizational behavior. *Academy of Management Review*, *6*(1), 105–113.

Manz, C. C., & Sims Jr., H. P., (1989). *SuperLeadership: Leading others to lead themselves*. New York, NY: Berkley Books.

Mathews, D. (1994). *Politics for people*. Urbana, IL: University of Illinois Press.

Matusak, L. R. (1996). *Finding your voice: Learning to lead . . . anywhere you want to make a difference*. San Francisco, CA: Jossey-Bass.

May, D. R., Hodges, T. D., Chan, A.Y.L., & Avolio, B. J. (2003). Developing the moral component of authentic leadership. *Organizational Dynamics*, *32*(3), 247–260.

McFarland, L. J., Senn, L. E., & Childress, J. R. (1993). *21st century leadership: Dialogues with 100 top leaders*. Los Angeles, CA: The Leadership Press.

McGill, M. E., & Slocum, J. W. (1993). Unlearning the organization, *Organizational Dynamics*, Fall, 67–79.

McIntosh, P. M. (1989, July/August). White privilege: Unpacking the invisible knapsack. *Peace and Freedom*, 10–12.

McMahon, T., Kochner, C., Clemetsen, B., & Bolger, A. (1995). *Moving beyond TQM to learning organizations: New perspectives to transform the academy*. Paper presented at the annual meeting of the American College Personnel Association, Boston, March 18–22.

Meadows, D. (1982). Whole earth models and systems. *Co-Evolution Quarterly*, Summer, 98–108.

Mizrahi, T., & Rosenthal, B. S. (1993). Managing dynamic tensions in social change coalitions. In T. Mizrahi & J. Morrison (Eds.), *Community organization and social administration: Advances, trends and emerging principles* (pp. 11–40). New York, NY: Haworth Press.

Mockaitis, A. I., Rose, E. L., & Zettnig, P. (2012). The power of individual cultural values in global virtual teams. *International Journal of Cross Cultural*

Management, *12*(2), 193–210.

Morrison, A. M. (1996). *The new leaders: Leadership diversity in America.* San Francisco, CA: Jossey-Bass.

Morse, S. W. (1998). Five building blocks for successful communities. In F. Hesselbein, M. Goldsmith, R. Beckhard, & R. F. Schubert (Eds.), *The community of the future* (pp. 229–236). San Francisco, CA: Jossey-Bass/The Drucker Foundation.

Morton, K. (1995). The irony of service: Charity, project and social change in service-learning. *Michigan Journal of Community Service Learning*, *2*, 19–32.

Murrell, K. L. (1985). The development of a theory of empowerment: Rethinking power for organizational development. *Organizational Development Journal*, *34*, 34–38.

Musil, C. M. (2003). Educating for citizenship. *Peer Review*, *5*(3), 4–8.

Nanus, B. (1992). *Visionary leadership: Creating a compelling sense of direction for your organization.* San Francisco, CA: Jossey-Bass.

Nash, L. L. (1990). *Good intentions aside.* Boston, MA: Harvard Business School Press.

Nathan, R. (2005). *My freshman year: What a professor learned by becoming a student.* Ithaca, NY: Cornell University.

National Invitational Leadership Symposium. (1991). *Proceedings from the 1991 National Invitational Leadership Symposium.* College Park, MD: National Clearinghouse for Leadership Programs.

Neilson, R. P. (1990). Dialogic leadership as ethics action method. *Journal of Business Ethics*, *9*, 765–783.

Nicoll, D. (1984). Grace beyond the roles: A new paradigm for lives on a human scale. In J. D. Adams (Ed.), *Transforming work: A collection of organizational transformation readings* (pp. 4–16). Alexandria, VA: Miles River Press.

Northouse, P. G. (2004). *Leadership theory and practice* (3rd ed). Thousand Oaks, CA: Sage.

Northouse, P. G. (2013). *Leadership: Theory and practice* (6th ed). Thousan Oaks, CA: Sage Publications, Inc.

Oblinger, D. G., & Oblinger, J. L. (Eds.) (2005). *Educating the net generation.* Educause. http://www.educause.edu/content.asp?PAGE_ID=5989&bhcp= 1#copyright

O'Neill, N. (2012). *Promising practices for personal and social responsibility: Findings from a national research collaborative.* Washington, DC: Association of American Colleges & Universities.

O'Toole, J. (1996). *Leading change: The argument for values-based leadership.* New York, NY: Ballantine Books.

Ospina, S., & Foldy, E. (2010). Building bridges from the margins: The work of leadership in social change organizations. *The Leadership Quarterly*, *21*, 292–307.

Outcalt, C. L., Faris, S. K., & McMahon, K. N. (Eds.). (2001). *Developing non-hierarchical leadership on campus: Case studies and best practices in higher education.* Westport, CT: Greenwood Press.

Palmer, P. J. (1981). *The company of strangers: Christians and the renewal of America's public life.* New York, NY: Crossroad.

Palmer, P. J. (1998). *The courage to teach: Exploring the inner landscape of a teacher's life.* San Francisco, CA: Jossey-Bass.

Palmer, P. J. (2000). *Let your life speak: Listening for the voice of vocation.* San Francisco, CA: Jossey-Bass.

Parker, G. M. (2003). *Cross-functional teams: Working with allies, enemies, and other strangers.* San Francisco, CA: Jossey-Bass.

Parks, S. D. (2005). *Leadership can be taught: A bold approach for a complex world.* Boston, MA: Harvard Business School Press.

Parr, J. (1994). Foreword. In D. D. Chrislip & C. E. Larson, *Collaborative leadership: How citizens and civic leaders can make a difference* (pp. xi–xiii). San Francisco, CA: Jossey-Bass.

Pascale, R., Millemann, M., & Gioja, L. (2000). *Surfing the edge of chaos: The laws of nature and the new laws of business.* New York, NY: Crown Business.

Pearce, C. L., & Conger, J. A. (2003). *Shared leadership: Reframing the hows and whys of leadership.* Thousand Oaks, CA: Sage.

Peck, M. S. (1987). *The different drum: Community-making and peace.* New York, NY: Simon & Schuster.

Pedersen, P. (1988). *Handbook for developing multicultural awareness.* Alexandria, VA: American Association of Counseling and Development.

Peters, T. (1989). Foreword. In C. C. Manz & H. P. Sims Jr., *Superleadership: Leading others to lead themselves* (pp. xiii–xiv). New York, NY: Prentice Hall.

Peterson, C., & Seligman, M.E.P. (2004). *Character strengths and virtues: A handbook and classification.* New York, NY: Oxford University Press.

PEW Internet & American Life Project. (2012). http://pewinternet.org/Static-Pages/Trend-Data-(Adults)/Device-Ownership.aspx

Phillips, J. M. (1995). Leadership since 1975: Advancement or inertia? *The Journal of Leadership Studies*, *2*(1), 58–80.

Phills Jr., J. A., Deiglmeier, K., & Miller, D. T. (2008). Rediscovering social innovation. *Stanford Social Innovation Review*, *6*(4), 34–43.

Piper, T. R., Gentile, M. C., & Parks, S. D. (1993). *Can ethics be taught? Perspectives, challenges, and approaches at Harvard Business School.* Boston, MA: Harvard Business School Press.

Plowman, D. A., Solansky, S., Beck, T. E., Baker, L., Kulkarni, M., & Travis, D. E. (2007). The role of leadership in emergent, self-organization. *The Leadership Quarterly*, *18*, 341–356.

Pocock, P. (1989). Is business ethics a contradiction in terms? *Personnel Management*, *21*(11), 60–63.

Pope, R. (1993). Multicultural-organization development in student affairs: An introduction. *Journal of College Student Development*, *34*, 201–205.

Porter, E. H., Rosenbach, W. E., & Pittman, T. S. (2005). Leading the new professions. In R. L. Taylor & W. E. Rosenbach (Eds.), *Military leadership* (5th ed, p. 149). Boulder, CO: Westview Press.

Postman, N. (1992). *Technopoly: The surrender of culture to technology.* New York, NY: Knopf.

Potter, E. H., III, & Fiedler, F. E. (1993). Selecting leaders: Making the most of previous experience. *Journal of Leadership Studies*, *1*(1), 61–70.

Putnam, R. D. (1995). Bowling alone: America's declining social capital. *Journal of Democracy*, *6*(1), 65–78.

Quinn, R. E. (1996). *Deep change: Discovering the leader within.* San Francisco, CA: Jossey-Bass.

Quinn, R. E. (2004). *Building the bridge: A guide for leading change as you walk on it.* San Francisco, CA: Jossey-Bass.

The quotable woman. (1991). Philadelphia: Running Press.

Radostina K., Purvanova, R. K., & Bono, J. E. (2009). Transformational leadership in context: Face-to-face and virtual teams. *Leadership Quarterly*, 20, 343–357.

Raelin, J. R. (2003). *Creating leaderful organizations: How to bring out leadership in everyone.* San Francisco, CA: Berrett-Koehler.

Rath, T., & Clifton, D. O. (2004). *How full is your bucket: Positive strengths for work and life.* New York, NY: Gallup Press.

Rath, T., & Conchie, B. (2008). *Strengths-based leadership: Great leaders, teams, and why people follow.* New York, NY: Gallup Press.

Raven, B. H., & Kruglanski, W. (1975). Conflict and power. In P. G. Swingle (Ed.), *The structure of conflict* (pp. 177–219). New York, NY: Academic Press.

Rayner, S. R. (1996). *Team traps: Survival stories and lessons from team disasters, near-misses, mishaps, and other near-death experiences.* New York, NY: Wiley.

Rheingold, H. (1993). *The virtual community: Homesteading on the electronic frontier.* New York, NY: HarperCollins.

Rheingold, H. (2003). *Smart mobs: The next social revolution.* New York: Basic Books.

Riggio, R. E., Chaleff, I., & Lipman-Blumen, J. (Eds.). (2008). *The art of followership: How great followers create great leaders and organizations.* San

Francisco, CA: Jossey-Bass.

Roberts, L. M., Spreitzer, G., Dutton, J., Quinn, R., Heaphy, E. & Barker, B. (2005). How to play to your strengths. *Harvard Business Review, 83*,(1), 75–80.

Robertson, I., & Cooper, G. (2011). *Well-being: Productivity and happiness at work*. New York: Palgrave Macmillan.

Rogers, J. L. (1996). Leadership. In S. R. Komives, D. B. Woodard Jr., & Associates, *Student services: A handbook for the profession* (3rd ed, pp. 299–319). San Francisco, CA: Jossey-Bass.

Rosenthal, T. L., & Zimmerman, B. J. (1978). *Social learning and cognition*. New York, NY: Academic Press.

Ross, R. (1994a). The five whys. In P. M. Senge, A. Kleiner, C. Roberts, R. Ross, & B. Smith (Eds.), *The fifth discipline fieldbook: Strategies and tools for building a learning organization* (pp. 108–112). New York, NY: Currency/Doubleday.

Ross, R. (1994b). Skillful discussion: Protocols for reaching a decision—mindfully. In P. M. Senge, A. Kleiner, C. Roberts, R. Ross, & B. Smith (Eds.), *The fifth discipline fieldbook: Strategies and tools for building a learning organization* (pp. 385–391). New York, NY: Currency/Doubleday.

Rost, J. C. (1991). *Leadership for the twenty-first century*. New York, NY: Praeger.

Rost, J. C. (1993). Leadership development in the new millennium. *Journal of Leadership Studies, 1*(1), 91–110.

Rubin, R. S., Dierdorff, E. C., Bommer, W. H., & Baldwin, T. T. (2009). Do leaders reap what they sow? Leader and employee outcomes of leader organizational cynicism about change. *The Leadership Quarterly 20*, 680–688

Salzburg, S. (2011). *Real happiness: The power of meditation*. New York, NY: Workman Publishing.

Schein, E. (2010). *Organizational culture and leadership* (4th ed). San Francisco, CA: Jossey-Bass.

Schlossberg, N. K. (1989a). *Overwhelmed: Coping with life's ups and downs*. Lexington, MA: Lexington.

Schlossberg, N. K. (1989b). Marginality and mattering: Key issues in building community. In D. C. Roberts (Ed.), *Designing campus activities to foster a sense of community* (pp. 5–15). New Directions for Student Services, No. 48. San Francisco, CA: Jossey-Bass.

Seligman, M.E.P. (2002). *Authentic happiness: Using the new positive psychology to realize your potential for lasting fulfillment*. New York, NY: Free Press.

Seligman, M.E.P. (2011). *Flourish: A visionary new understanding of happiness and well-being*. New York, NY: Free Press

Senge, P. M. (1990). *The fifth discipline: The art and practice of the learning organization*. New York, NY: Currency/Doubleday.

Senge, P. M. (1993). The art and practice of the learning organization. In M. Ray & A. Rinzler (Eds.), *The new paradigm in business: Emerging strategies for leadership and organizational change* (pp. 126–137). Los Angeles, CA: Tarcher/Perigree.

Senge, P. M., Kleiner, A., Roberts, C., Ross, R., & Smith, B. (1994). *The fifth discipline fieldbook: Strategies and tools for building a learning organization*. New York, NY: Currency/Doubleday.

Shamir, B., & Eilam, G. (2005). "What's your story?" A life-stories approach to authentic leadership development. *Leadership Quarterly, 16*, 295–417.

Shankman M. L., & Allen, S. J. (2008). *Emotionally intelligent leadership: A guide for college students*. San Francisco, CA: Jossey-Bass.

Shaw, W., & Barry, V. (1989). *Moral issues in business* (4th ed). Belmont, CA: Wadsworth.

Shea, G. F. (1988). *Practical ethics: AMA Management Briefing*. New York, NY: AMA Membership Publications Division.

Sheehy, G. (1981). *Pathfinders*. New York, NY: Bantam.

Simons, G. F., Vázquez, C., & Harris, P. R. (1993). *Transcultural leadership*. Houston, TX: Gulf.

Sims Jr., H. P., & Lorenzi, P. (1992). *The new leadership paradigm: Social learning and cognition in organizations*. Thousand Oaks, CA: Sage.

Sims Jr., H. P., & Manz, C. C. (1981). Social learning theory: The role of modeling in the exercise of leadership. *Journal of Organizational Behavior Management, 3*(4), 55–63.

Smith, B. L., MacGregor, J., Matthews, R. S., & Gabelnick, F. (2004). *Learning communities: Reforming undergraduate education*. San Francisco, CA: Jossey-Bass.

Smith, M. K. (2005). Bruce W. Tuckman—Forming, storming, norming, and performing in groups. *The encyclopaedia of informal education*. Retrieved April 29, 2006, from www.infed.org/thinkers/tuckman.htm

Spears, L. C. (1995). *Reflections on leadership: How Robert K. Greenleaf's theory of servant-leadership influenced today's top management thinkers*. Hoboken, NJ: Wiley.

Spence, J. T. (Ed.). (1983). *Achievement and achievement motives: Psychological and sociological approaches*. San Francisco, CA: Freeman.

Stacey, R. (1992). *Managing the unknowable*. San Francisco, CA: Jossey-Bass.

Stogdill, R. M. (1974). *Handbook of leadership: A survey of theory and research*. New York, NY: Free Press.

Sue, D. W. (2003). *Overcoming our racism: The journey to liberation*. San Francisco, CA: Jossey-Bass.

Sue, D. W. (2010). *Microaggressions in everyday life: Race, gender, and sexual orientation*. Hoboken, NJ: Wiley.

Talbot, D. M. (1996). Multiculturalism. In S. R. Komives, D. B. Woodard Jr., & Associates (Eds.), *Student services: A handbook for the profession* (3rd ed, pp. 380–396). San Francisco, CA: Jossey-Bass.

Tannen, D. (1990). *You don't understand me: Women and men in conversation*. New York, NY: Morrow.

Taylor, H. L. (1989). *Delegate: The key to successful management*. New York, NY: Warner Books.

Terry, R. (1993). *Authentic leadership*. San Francisco: Jossey-Bass.

Thomas Jr., R. R. (2006). Diversity management: An essential craft for leaders. *Leader To Leader, 41*, 45–49.

Tichy, N. W., & Devanna, M. A. (1986). *The transformational leader*. Hoboken, NJ: Wiley.

Tjosvold, D., & Tjosvold, M. M. (1991). *Leading the team organization*. New York, NY: Macmillan.

Toffler, A. (1970). *Future shock*. New York, NY: Random House.

Toffler, B. L. (1986). *Tough choices: Managers talk ethics*. Hoboken, NJ: Wiley.

Trevino, L. K., Weaver, G. R., & Brown, M. E. (2007). It's lonely at the top: Hierarchical levels, identities, and perceptions of organizational ethics. *Business Ethics Quarterly, 18*(2), 233–252.

Tubbs, S. (1984). *A systems approach to small group interaction* (2nd ed). Reading, MA: Addison-Wesley.

Tuckman, B. W. (1965). Developmental sequence in small groups. *Psychological Bulletin, 63*, 384–399.

Tuckman, B. W., & Jensen, M. C. (1977). Stages of small group development revisited. *Group and Organizational Studies, 2*, 419–427.

Uhl-Bien, M., Marion, R., & McKelvey, B. (2007). Complexity leadership theory: Shifting Leadership from the industrial age to the knowledge era. *The Leadership Quarterly, 18*, 298–318.

Ulrich, D. (1998). Six practices for creating communities of value, not proximity. In F. Hesselbein, M. Goldsmith, R. Beckhard, & R. F. Schubert (Eds.), *The community of the future* (pp. 155–165). San Francisco, CA: Jossey-Bass/The Drucker Foundation.

Vaill, P. B. (1991). *Permanent white water: The realities, myths, paradoxes, and dilemmas of managing organizations*. San Francisco, CA: Jossey-Bass.

Van Fleet, D. D., & Yukl, G. A. (1989). A century of leadership research. In W. E. Rosenbach & R. L. Taylor (Eds.), *Contemporary issues in leadership* (2nd ed, pp. 65–90). Boulder, CO: Westview Press.

Wagner, W. (2009). What is social change? In S. R. Komives, W. Wagner, & Associates. *Leadership for a better world: Understanding the social change model of leadership development* (pp. 7–42). San Francisco, CA:

Jossey-Bass.

Wagner, W. (2007). The social change model of leadership: A brief overview. *Concepts & Connections, 15*(1), p. 9.

Wall, V., & Obear, K. (2008). Multicultural organizational development (MCOD): Exploring best practices to create socially just, inclusive campus communities. Paper presented at the American Association of Colleges and Universities Conference, Oct. 17, 2008. http://www.aacu.org/meetings/diversityandlearning/DL2008/Resources/documents/AACUMCOD handouts2008-ObearandWall.pdf

Walton, C. C. (1988). *The moral manager*. New York, NY: Harper & Row.

Watkins, J. M., & Mohr, B. J. (2001). *Appreciate inquiry: Change at the speed of imagination*. San Francisco, CA: Pfeiffer.

Watkins, K. E., & Marsick, V. J. (1993). *Sculpting the learning organization*. San Francisco, CA: Jossey-Bass.

Watts, D. J. (2003). *Six degrees: The science of a connected age*. New York, NY: Norton.

Weber, M. (1947). *The theory of social and economic organization* (A. H. Henderson & T. Parsons, Trans.). Blencoe, IL: Free Press. (Original work published 1924)

Webster's Ninth New Collegiate Dictionary. (1986). Springfield, MA: Merriam-Webster.

Weick, K. E. (1979). *The social psychology of organizing* (2nd ed). New York, NY: Random House.

Wheatley, M. J. (1999). *Leadership and the new science: Learning about organization from an orderly universe*. San Francisco, CA: Berrett-Koehler.

Wheatley, M. J. (2003). *Change: The capacity of life. In Business leadership: A Jossey-Bass reader* (pp. 496–517). San Francisco, CA: Jossey-Bass.

Wheatley, M. J. (2006). *Leadership and the new science: Discovering order in a chaotic world* (3rd ed). San Francisco, CA: Berrett-Koehler.

Wheatley, M. J., & Kellner-Rogers, M. (1996). *A simpler way*. San Francisco, CA: Berrett-Koehler.

Whitney, D. (2005). *Appreciative inquiry: A positive revolution in change*. San Francisco, CA: Berrett-Koehler.

Whitney, D. (2008). *Appreciative inquiry handbook: For leaders of change*. San Francisco, CA: Berrett-Koehler.

Whitney, D., & Trosten-Bloom, A. (2010). *The power of appreciative inquiry: A practical guide to positive change* (2nd ed). San Francisco: Berrett-Koehler.

Whitney, D., Trosten-Bloom, A., & Cooperrider, D. L. (2003). *The power of appreciative inquiry: A practical guide to positive change*. San Francisco, CA: Berrett-Koehler.

Wijeyesinghe, C. L., Griffin, P., & Love, P. (1997). Racism curriculum design. In M. Adams, L. A. Bell, & P. Griffin (Eds.), *Teaching for diversity and social justice: A sourcebook* (pp. 87–109). New York, NY: Routledge.

Willie, C. V. (1992). Achieving community on the college campus. Paper presented to the Annual Conference of the American College and University Housing Officers-International, Boston College, Boston.

Wood, D. J., & Gray, B. (1991). Toward a comprehensive theory of collaboration. *Journal of Applied Behavioral Science, 27*(2), 139–162.

Wood, J. T. (2004). *Interpersonal communication: Everyday encounters* (4th ed). Belmont, CA: Wadsworth.

Wren, T. (1994). Interview: H. Norman Schwarzkopf, General, USA. *Journal of Leadership Studies, 1*(3), 1–6.

Yukl, G. A. (1989). *Leadership in organizations* (2nd ed). Englewood Cliffs, NJ: Prentice Hall.

Yukl, G. A. (1994). *Leadership in organizations* (3rd ed). Englewood Cliffs, NJ: Prentice Hall.

Yukl, G. A. (2009). Leading organizational learning: Reflections on theory and research. *The Leadership Quarterly, 20*, 49–53.

Zaccaro, S. J., & Bader, P. (2003). E-Leadership and the challenges of leading e-teams: Minimizing the bad and maximizing the good. *Organizational Dynamics, 31*, 377–387.

Zaleznik, A. (1977). Managers and leaders: Are they different? *Harvard Business Review, 55*(5), 67–78.

Zigurs, I. (2003). Leadership in virtual teams: Oxymoron or opportunity? *Organizational Dynamics, 31* (4), 339–351

Zofi, Y.S. (2012). *A manager's guide to virtual teams*. New York, NY: AMACOM.

Exploring Leadership: For College Students Who Want to Make a Difference, Third Edition
By Susan R. Komives, Nance Lucas and Timothy R. McMahon

图书在版编目（CIP）数据

大学生领导力/（美）考米维斯等著；马龙海等译．—3版．—北京：中国人民大学出版社，2014.3
（心理学译丛．教材系列）
ISBN 978-7-300-18904-8

Ⅰ.①大… Ⅱ.①考…②马… Ⅲ.①领导学-青年读物 Ⅳ.①C933-49

中国版本图书馆CIP数据核字（2014）第045180号

心理学译丛·教材系列
大学生领导力（第3版）
［美］苏珊·R·考米维斯　南斯·卢卡斯　蒂默西·R·麦克玛洪　著
马龙海　蓝宝江　许国动　孙利平　李夏妍　万　春　译
马龙海　赵冬梅　审校
Daxuesheng Lingdaoli

出版发行	中国人民大学出版社		
社　　址	北京中关村大街31号	**邮政编码**	100080
电　　话	010－62511242（总编室）		010－62511770（质管部）
	010－82501766（邮购部）		010－62514148（门市部）
	010－62515195（发行公司）		010－62515275（盗版举报）
网　　址	http：//www.crup.com.cn		
	http：//www.ttrnet.com（人大教研网）		
经　　销	新华书店		
印　　刷	涿州市星河印刷有限公司		
规　　格	215 mm×275 mm　16开本	**版　　次**	2014年4月第1版
印　　张	15.75 插页2	**印　　次**	2016年5月第2次印刷
字　　数	380 000	**定　　价**	39.80元

推荐阅读书目

ISBN	书　名	作　者	单价（元）
心理学译丛系列			
978-7-300-14847-2	心理学	［美］斯宾塞·A·拉瑟斯	45.00
978-7-300-16117-4	什么是心理学	［美］艾伦·帕斯托里诺等	69.00
978-7-300-09188-4	日常生活心理学	［美］里克·M·加德纳	75.00
978-7-300-12644-9	行动中的心理学（第八版）	［美］卡伦·霍夫曼	89.00
978-7-300-13001-9	心理学研究方法（第8版）	［美］戴维·G·埃尔姆斯等	48.00
978-7-300-13932-6	心理学研究方法精要（第7版）	［美］尼尔·J·萨尔金德	32.00
978-7-300-11128-5	行为科学统计概要（第5版）	［美］弗雷德里克·J·格雷维特等	58.00
978-7-300-13306-5	现代心理测量学（第3版）	［英］约翰·罗斯特等	28.00
978-7-300-12745-3	人类发展（第八版）	［美］詹姆斯·W·范德赞登等	88.00
978-7-300-09563-9	现代心理学史（第2版）	［美］C·詹姆斯·古德温	88.00
978-7-300-10248-1	变态心理学纲要（第4版）	［美］马克·杜兰德等	98.00
978-7-300-09603-2	变态心理学案例教程（第3版）	［美］蒂莫西·布朗等	35.00
978-7-300-11012-7	心理治疗与咨询理论：概念与案例（第4版）	［美］理查德·S·沙夫	78.00
978-7-300-12478-0	女性心理学（第6版）	［美］马格丽特·W·马特林	58.00
978-7-300-12617-3	社区心理学——联结个体和社区（第2版）	［美］詹姆士·H·道尔顿等	58.00
978-7-300-16328-4	跨文化心理学（第4版）	［美］埃里克·B·希雷	42.00
978-7-300-14110-7	职场人际关系心理学（第12版）	［美］莎伦·伦德·奥尼尔等	39.00
978-7-300-15678-1	社会交际心理学——人际行为研究	［澳］约瑟夫·P·福加斯	39.00
978-7-300-14062-9	社会与人格心理学研究方法手册	［美］哈里·T·赖斯等	65.00
978-7-300-08008-6	动机与人格（第三版）	［美］马斯洛	45.00
978-7-300-10470-6	自我导向行为（第9版）	［美］戴维·L·华生等	48.00
978-7-300-14533-4	没有疆界	［美］肯·威尔伯	35.00
978-7-300-07160-0	万物简史	［美］肯·威尔伯	32.00
978-7-300-09927-9	性、生态、灵性	［美］肯·威尔伯	88.00
罗洛·梅文集			
978-7-300-14799-4	祈望神话	［美］罗洛·梅	58.00
978-7-300-15039-0	祈望神话（精装）	［美］罗洛·梅	69.00

978-7-300-11882-6	爱与意志	［美］罗洛·梅	55.00
978-7-300-11881-9	爱与意志（精装）	［美］罗洛·梅	78.00
978-7-300-09416-8	创造的勇气	［美］罗洛·梅	25.00
978-7-300-09779-4	创造的勇气（精装）	［美］罗洛·梅	40.00
978-7-300-11878-9	存在心理学：一种整合的临床观	［美］科克·J·施耐德等	75.00
978-7-300-11877-2	存在心理学：一种整合的临床观（精装）	［美］科克·J·施耐德等	99.00
978-7-300-09588-2	存在之发现	［美］罗洛·梅	39.80
978-7-300-09778-7	存在之发现（精装）	［美］罗洛·梅	54.80
978-7-300-09638-4	人的自我寻求	［美］罗洛·梅	45.00
978-7-300-09777-0	人的自我寻求（精装）	［美］罗洛·梅	60.00
978-7-300-11880-2	心理学与人类困境	［美］罗洛·梅	39.00
978-7-300-11879-6	心理学与人类困境（精装）	［美］罗洛·梅	55.00
978-7-300-11598-6	自由与命运	［美］罗洛·梅	45.00
978-7-300-11902-1	自由与命运（精装）	［美］罗洛·梅	60.00
978-7-300-13304-1	存在：精神病学和心理学的新方向	［美］罗洛·梅 ［加］恩斯特·安杰尔等	89.00
978-7-300-15042-0	存在：精神病学和心理学的新方向（精装）	［美］罗洛·梅 ［加］恩斯特·安杰尔 等	99.00

当代西方社会心理学名著译丛

978-7-300-13011-8	语境中的社会建构	［美］肯尼斯·J·格根	45.00
978-7-300-13012-5	社会表征	［法］塞尔日·莫斯科维奇	59.00
978-7-300-12765-1	社会支配论	［美］吉姆·斯达纽斯等	65.00
978-7-300-13004-0	自我归类论	［澳］约翰·特纳等	45.00
978-7-300-13005-7	精英话语与种族歧视	［荷］范·戴克	49.00
978-7-300-13006-4	社会心理学的解释水平	［比利时］威廉·杜瓦斯	35.00
978-7-300-13007-1	文化社会心理学	［美］赵志裕等	69.00
978-7-300-13008-8	欲望的演化（修订版）	［美］戴维·M·巴斯	59.00
978-7-300-13009-5	社会认同过程	［澳］迈克尔·A·豪格等	59.00
978-7-300-13010-1	论辩与思考（新版）	［英］迈克尔·毕利希等	65.00

* * * *